근대 서구의 충격과 동아시아의 군주제

아시아총서 11

근대 서구의 충격과
동아시아의 군주제

동아시아 5개국의 대응사례를 중심으로

박원용 · 박장배 · 신명호 · 이근우 · 조세현

산지니

책을 펴내며

　이 책은 한국연구재단의 지원을 받아 필자들이 수행했던 공동연구 "동북아시아의 군주제"의 성과물들을 모아놓은 것이다. 개별 논문들은 여러 형태의 학술지에 이미 게재된 바 있으나 책으로 엮어내면서 형식상의 통일성을 갖추기 위해 약간의 수정을 가하였다.

　필자들이 공동연구에 착수할 때 가졌던 문제의식은 다음과 같았다. 우선 이 책에서 다루고 있는 한국, 중국, 일본, 러시아, 티베트의 5개국은 모두 공통적으로 군주제를 경험하였다. 군주제의 외양을 공통적으로 가지고 있던 이들 지역에서 일본을 예외로 하고 군주제의 잔재는 완전히 사라져버렸다. 서구 열강의 침탈이 점차 강하게 밀어닥치고 있던 시점에서 조선, 중국의 군주들은 그러한 도전에 효과적으로 대응하지 못한 무능한 세력으로 간주되었기 때문에 군주제의 경험은 두 나라에서 오랫동안 부정적으로 평가되었다. 러시아의 군주제는 대외적 위협의 압력을 상대적으로 덜 받았지만 러시아의 군주정에 대해서도 말기의 위기적 상황을 효과적으로 극복해내지 못하고 사회주의 세력에 의해 무너질 수밖에 없었다는 부정적 평가가 우세하였다. 정교합일의 전통을 가지고 있던 티베트의 '종단국가'는 군주제의 변형된 형태이긴 하지만 이곳에서도 군주제는 민족의 주권을 유지, 발전시켜나가지 못하였다. 막부체제에서 명치유신으로의 이행을 통해 입헌군주제의 기틀을 마련한 일본은 이들 나라에 비해 군주제에 대한 부정적 평가가 상대적으로 적다고 할 수 있다. 이렇게 각 지역에 따라 군주제의 공과는 동일하지 않음에도 불구하고 한국에서는 군주제에 대한 부정적 선입

견이 강하였다. 냉전시대 연구로 명성이 높은 미국의 역사학자 존 루이스 개디스(John Lewis Gaddis)의 표현을 빌리자면 이러한 현상은 역사를 연구함에 있어서 기피해야 될 "일반화된 특정화"에 안주하고 있는 것이다. 다시 말하자면 각 지역에 따라 상이하게 표출될 수밖에 없었던 군주제의 특성과 한계를 지나치게 일반화하여 부정적으로 평가하고 있는 것이다. 필자들은 군주제의 위기 국면에 나타난 복잡다단한 역사적 양상을 재현함으로써 군주제에 대한 균형적 감각을 제시하려고 하였다.

필자들은 또한 최근 역사연구에서 강하게 제기되고 있는 '세계사적 전망'을 이 책을 통하여 제시하고 싶었다. 주지하다시피 오늘날의 세계는 고립분산적이고 지엽적인 전망을 허락하지 않을 정도로 긴밀히 연결되어 있다. '글로벌 시대'가 전개되고 있는 현 시점에서 민족과 국가를 뛰어넘는 '트랜스내셔널' 관점의 필요성을 강조하는 역사가들도 점점 늘어나고 있는 실정이다. 이들 역사가들은 거시적이고 비교사적 관점의 필요성을 역설하면서 역사적 현상을 국가를 초월한 지역 공동체, 더 나아가 전 지구적 차원에서 바라보자고 주장하고 있다. 필자들도 19세기 말과 20세기 초의 군주제라는 역사적 현상을 좁게는 '아시아의 지역 공동체,' 더 넓게는 세계사적 차원에서 바라봄으로써 일국사의 제한적 시각을 극복하려고 하였다. 21세기의 새로운 주도세력들은 이러한 전망을 통해 '글로벌 시대'에 걸맞은 대외적 전망을 체득할 것이라고 기대해본다.

필자들의 연구 성과를 대외적으로 확산하기 위해 어려운 출판업계의 사정에도 불구하고 출판을 허락해준 산지니의 강수걸 사장께 감사드린다. 강수걸 사장의 결단이 없었다면 이 책의 논문들은 전문가들을 위한 학술지에 묻혀 있었을 것이다. 아울러 전체적인 책의 통일을 위해 세세한 교정작업을 마무리해준 손수경 선생께도 감사를 드린다. 책의 발간을 위해 각자의 논문을 전체적 형식에 맞게 수정해준 논문의 필자들에게 감사의 말을 빼놓을 수는 없다. 모쪼록 책의 발간을 위해 애써준 이들 모두의 노력이 19세기 말 20세기 초의 동아시아 군주제에 대한 심화된 인식을 가져오는 데 기여할 수 있기를 바란다.

2014년 필자들을 대표하여
박원용

목차

서장

1. 저서의 목적 및 필요성

이 책은 서세동점 시기 서구의 충격에 응전한 동아시아 5개국 군주제의 대응양상을 비교사적 관점에서 검토하려는 것이다. 이를 통하여 근대 동아시아 5개국 군주제의 다양한 존재형태와 대응노력 및 그 결과라 할 수 있는 5국 군주제의 생존, 변형, 소멸과정은 물론 그 요인들까지도 도출해내고자 한다. 그러므로 이 책의 최종목표는 현재 동아시아에 존재하는 다양한 정치형태 및 정치문화의 근대적 뿌리와 특징들을 일국사의 측면에서뿐만 아니라 동아시아사의 전체측면에서 상호비교사적으로 인식함으로써 동아시아 각국과 동아시아 전체에 대한 이해의 폭을 제공하는 데 있다.

이 책의 대상은 서세동점기의 동아시아 5개국 즉 조선, 청, 일본, 티베트, 러시아에 존재했던 군주제 및 이들 군주제가 서구의 충격에 대응했던 양상들이다. 현 시점에서 근대 동아시아 5개국의 군주제를 비교, 연구해야 할 필요성은 다음과 같다.

첫째, 서구근대화에 편중된 동아시아 근대사 연구경향에 대한 반성

2차 세계대전 이후 동아시아 근대사 연구에서 중요시된 화두 중의 하

나는 '동아시아 군주제 국가 중에서 근대화에 성공한 국가와 근대화에 실패한 국가로 나뉘는 요인을 규명하는 일'이었다. 이를 밝히기 위해 각 연구자들은 근대 이전 각국의 대외관계나 국내의 정치구조, 군사력, 경제력 및 국내 세력집단의 사상과 행동을 주요한 연구대상으로 삼아 왔다.

이 결과 동아시아의 근대사 연구는 근대로의 발전이라는 측면에 초점이 맞추어졌으며 군주제 자체 또는 전통적 지식인은 극복해야 할 대상으로 간주되어 본격적인 연구가 거의 이루어지지 못했다. 서세동점 시기에서 근대화와 혁명의 대척점에 군주제와 전통적 지식인을 위치시킴으로써, 군주제와 전통적 지식인은 대체로 극복의 대상으로만 인식되었을 뿐 본격적인 연구주제로 인식되지 못하였다.

그러나 장기간 군주제가 지속되었던 동아시아에서 서세동점 시기의 주류 세력 및 주류 지식인들은 군주제를 지지하는 전통적 지식인들이었다. 그들은 혹 궁중세력으로 혹 재야세력으로 존재했지만 군주제를 지지한다는 면에서는 일치했다. 그들은 서구의 충격에 대응하여 전통을 지킨다는 명분으로, 혹은 군주의 권력과 자신들의 권력 유지를 목표로 다양한 군주론을 전개했다. 그들은 서구의 충격에 대응하여 새로운 군주론을 제시하고 그에 입각한 다양한 정치개혁운동, 사회개혁운동, 사상개혁운동 등을 전개했는바, 이런 내용들은 당시의 근대화론이나 혁명론 못지않게 중요했다. 현재 서구근대화에 편중된 동아시아 근대사 연구를 객관적으로 또 균형적으로 발전시키기 위해서는 동아시아 군주제에 대한 연구가 절실할 수밖에 없다.

둘째, 동아시아 전체의 비교사적 시각의 필요성

서세동점 이전의 동아시아 각국은 비록 폐쇄적으로 운영되기는 했지만 중국적 세계질서를 축으로 긴밀하게 연결되어 있었다. 그렇기 때문에 당시 동아시아 각국의 정치, 경제, 문화, 외교는 동아시아라는 큰 틀

속에서 파악할 때 그 진면목에 가까이 다가갈 수 있다. 서세동점 이후 동아시아 각국은 이전에 비해 더더욱 긴밀하게 연결되었다. 예컨대 일본이 비교적 빠른 시기에 명치유신을 통해 강력한 입헌군주제인 '근대 일본과 천황제'라는 모델을 성립시키자 그 영향은 곧바로 조선과 청에 파급되었다. 조선과 청의 경우, 일본으로 유학한 인물들, 친일적인 성향을 가진 인물들, 일본의 외교관 등 다양한 통로를 거쳐 일본의 모델이 소개되고 그 장단점이 논의되었다. 조선에서의 갑오개혁과 대한제국 성립 그리고 청 왕조의 무술정변과 20세기 초의 개혁노력에서는 일본적 모델을 수용하고자 했던 연관성이 있었다. 이외에 러시아의 차르 체제도 조선과 청의 군주제에 일정 정도 영향을 끼쳤으며, 중국의 신해혁명이 티베트의 독립은 물론 베트남 군주제의 약화에도 결정적인 대외요인이 되었다.

이런 내용은 90년대에 '동아시아론'이 등장한 이후 학계에서 끊임없이 강조되어왔지만 동아시아 각국의 역사는 여전히 '一國史'의 범주를 크게 벗어나지 못하고 있다. 본 연구는 '근대 서구의 충격과 동아시아의 군주제'라는 공동주제를 중심으로 동아시아 5국의 정치, 사상, 외교 등을 비교 검토함으로써 동아시아 전체의 비교사적 시각을 확보하고 그것을 더욱 발전시키고자 한다.

셋째, 동아시아 근대사 연구에서 독자성과 다양성 확보의 필요성

서세동점 시기에 군주제를 지지했던 동아시아의 전통지식인들이 모색한 내부적인 변용과 외부적 모델의 채용 양상은 각국의 역사적, 문화적 배경에 따라 다양한 모습으로 나타났다. 즉 그들의 사상과 행동 및 대응은 단순히 근대냐 전통이냐의 이분법적 사고방식으로는 규명되기 어려운 것이었다. 그것은 곧 그들의 역사와 문화에 기초한 다양한 대응이라는 방식으로 나타나게 되었다. 예컨대 조선, 청, 러시아에서는 자체의 역사적, 문화적 맥락을 중시하는 입헌군주제를 지향하다가 군주제

자체가 소멸하였지만 일본에서는 명치유신을 통하여 천황권이 강화되었다. 반면 '법주-시주'의 불교적 관계가 중요시된 티베트에서는 달라이 라마를 중심으로 하는 교단국가가 형성되었다.

이 책은 이처럼 서세동점 시기 동아시아에 존재했던 다양한 군주제의 모습들 및 그들의 다양한 대응양상 그리고 그 결과 형성된 다양한 정치 형태와 정치문화들을 다양성이라는 측면에서 비교, 검토함으로써 동아시아 각국의 독자성과 다양성을 규명하고자 한다.

넷째, 대내외적 도전에 직면한 한국사회에 필요한 역사적 반성과 전망 제시

한반도를 중심으로 한 동아시아의 국제 질서를 과거 냉전시대의 패러다임만으로 바라볼 수 없는 21세기에 100여 년 전의 동아시아 5개국 군주제의 해체와 존속을 주제로 한 비교연구는 현 시점에서 각별한 의미를 갖는다. 세계화라는 시대적 당위성을 내세우며 지역적 특성과 역사적 경험을 충실히 고려하지 못한 상태에서 세계 구조 변동의 압도적 영향하에 놓이게 된 한국사회의 미래는 그 같은 국제질서에 어떻게 대응하고 적응하느냐에 달려 있다고 해도 과언이 아니다. 이런 상황에서 19세기 말 동아시아의 여러 나라들이 근대 서구의 충격에 대응하여 정치체제와 외교질서를 재편하려던 노력은 지금 한국사회가 대내외적으로 직면한 도전에 응전할 구체적 전략을 어떻게 정립할지에 관하여 역사적 반성과 전망을 제시해줄 수 있을 것이다.

2. 연구주제의 독창성

이 책의 주제는 '근대 서구의 충격과 동아시아의 군주제-동아시아 5국의 대응사례를 중심으로'이다. 이 주제가 갖는 독창성을 주제 자체와

연구 방법론적인 측면에서 설명하면 다음과 같다.

첫째, 주제의 독창성

유럽은 16세기 대항해시대의 개막 이후 17세기의 과학혁명, 18세기 후반의 산업혁명과 프랑스 대혁명 등 3대혁명을 거쳐 세계사의 중심으로 떠올랐다. 따라서 유럽의 근대사 연구는 3대혁명을 중심으로 이루어졌다. 하지만 그렇다고 해도 유럽사 연구에서 '군주제' 또는 '궁중 문화'는 '3대혁명' 못지않게 깊이 천착되었다. 즉 유럽에서는 2차 세계대전 이후 생활사, 미시사 부분이 부각되면서 유럽 왕실의 문화들이 다양한 측면에서 연구되었던 것이다.

이에 비해 동아시아의 근대사 연구는 주로 근대냐 전통이냐의 2분법적 사고방식에서 이루어졌다. 몇몇 예외를 제외한 대다수의 동아시아 국가가 식민지 또는 반식민지를 겪음으로써 근대화의 실패원인과 근대화 주도세력에 대한 연구가 주류를 이루었다. 이 결과 19세기 말 동아시아의 군주제에 대하여는 연구가 거의 이루어지지 못했다. 당시의 근대화와 혁명의 대척점에 군주제를 위치시킴으로써 군주제는 극복의 대상으로 인식될 뿐 연구주제로 부각되지 못했던 것이다. 본 연구는 그 같은 '군주제'를 본격적인 연구주제로 삼았다는 면에서 독창성이 있다고 하겠다.

둘째, 연구방법론의 독창성

이 책에서 주목하는 것은 서세동점 시기 동아시아 5국의 군주제 자체뿐만 아니라 각국의 군주제가 서구의 충격에 응전하는 대응방식 및 그 배경이 되는 각국의 독자성과 다양성이다. 이것은 궁극적으로 5국 군주제의 비교사적 연구를 통해 드러날 것이다. 현 시점에서 서세동점 시기 동아시아 5국의 군주제를 비교, 검토한 선행연구가 없다는 점에서, 본 연구는 동아시아 5개국의 군주제를 비교, 검토한 첫 번째 연구가 될 것이다.

비교사적 연구방법에는 몇 가지가 있지만 '전파론'과 '창조론'으로 대별할 수 있다. '전파론'은 특정 시공간에서 나타나는 문화현상을 이해할 때 그 문화현상이 어느 곳에서, 언제, 어떻게, 왜 이곳으로 전파되어 왔는가를 중시하는 입장이다. 이에 비해 '창조론'은 현장 자체의 특성에 의해 독자적인 문화현상을 갖게 되는 측면을 중시한다.

본 저서에서는 '근대 서구의 충격과 동아시의 군주제'를 검토하면서 '전파론'과 '창조론' 두 측면을 모두 고려하고자 한다. 기원이라는 면에서 생각한다면 동아시아 5국의 군주제는 서세동점 이전부터 존재하고 있었다. 그렇게 각각 존재하던 동아시아 5국의 군주제는 '서세동점'이라는 동일한 충격에 대응하여 각각의 특성에 의해 보편적이면서도 특수한 대응양상을 보였다. 본 연구에서 전파론과 창조론 두 측면을 활용하여 근대 서구의 충격에 대응한 동아시아 5국의 응전양상을 비교, 검토하려는 이유도 여기에 있다.

3. 선행연구와의 비교

2차 세계대전 이전 몇몇 예외를 제외한 대다수의 동아시아 국가는 식민지 또는 반식민지를 겪었다. 그 결과 2차 세계대전 이후 동아시아 근대사 연구는 근대화의 실패원인과 근대화 주도세력을 해명하는 데 집중되었다. 근대화와 혁명의 대척점에 위치했던 동아시아 각국의 군주제는 극복의 대상으로 인식되었을 뿐 본격적인 연구주제로 부각되지 못했다. 동아시아 각국의 연구 상황이 이와 같았으므로, 동아시아 여러 나라들의 군주제를 비교, 검토한 연구는 거의 이루어지지 못했다.

이 책은 그 같은 연구경향을 반성하면서, 서세동점 시기 동아시아 5국의 군주제를 각국별로 심도 있게 분석하는 한편, 서구의 충격에 대응한 5국 군주제의 응전양상을 비교, 검토함으로써 선행연구와 주제 및 방법론에서 차별성을 갖고자 한다. 서세동점 시기 동아시아 5국의 군주제와 관련된 선행연구를 각국별로 정리하면 다음과 같다.

첫째, 근대 서구의 충격과 조선의 군주제에 관련된 선행연구

기존의 연구에서 크게 주목된 대상은 개화파, 동학농민, 의병 등이었다. 특히 대한제국의 선포를 전후하여서는 청일전쟁, 갑오개혁, 삼국간섭, 명성왕후 시해사건, 아관파천, 만민공동회 등의 사건들을 중시하는 연구가 압도적으로 많았다. 아울러 아관파천 이후 고종의 경운궁 환궁 및 황제즉위를 주도한 정부 측 인사들과 재야인사들 그리고 이들의 사상적 배경으로서의 위정척사론 등에 관한 연구들이 주류를 이루었다. 이들 연구에서의 주요 논점은 일본의 침략에 대항하는 대한제국의 자주성과 근대성이었다.

당시의 상황에서 개화파나 동학의 사상과 행동은 이상적이거나 관념론적인 측면 혹은 비현실적인 측면이 적지 않았고, 그들이 주류를 형성한 것도 아니었다. 주류는 오히려 당시의 군주인 고종과 전통지식인들이었다. 근래 연구의 시야가 확대되면서 과거에 매도 일색이었던 자세에서 벗어나 권력의 정상에 위치했던 인물들, 요컨대 대원군이나 고종, 명성황후 등에 대한 재조명이 시도되고 있으며, 대한제국의 황제체제를 서구의 군주제뿐만 아니라 동양 전통의 군주제와의 연계선상에서 이해하려는 검토도 이루어지고 있다.

그러나 고종, 명성왕후 등의 주변을 떠받치고 있던 궁정세력 또는 재야지식인들의 개혁노력에 대한 이해가 없이는 당시의 정치, 외교적 전략과 그 실체를 정확히 규명하기 어렵다. 대한제국의 수많은 개혁 정책이 현실화되어 가는 과정에는 이들의 구상이 크게 작용하였기 때문이다. 이 시기 한국의 군주제와 전통지식인에 대한 관심은 바로 그러한 입장에서 출발한다.

둘째, 근대 서구의 충격과 청의 군주제에 관련된 선행연구

기존 연구는 청조 밖의 입헌파와 공화파 인물과 활동에만 관심을 집중해 개혁파와 혁명파의 다양한 분파에 대해서 여러 각도에서 조명하였다. 이에 따라 상대적으로 청조의 마지막 개혁 노력에 대해서는 '실패'했다는 이유로 간과하였다. 물론 '淸末新政'과 '豫備立憲'이란 주제로 한 연구가 없지 않으나, (특히 중국학계의 경우) 혁명을 방지하고 청조의 수명을 연장하기 위한 임시방편적인 조치 정도로 그 의의를 낮게 평가하고 주로 실패하는 과정을 묘사하는 데 치중하였다. 하지만 청말신정은 무려 10여 년 이상 지속되었으며 단순히 군주제를 유지하려고만 급급했던 것이 아니라 무술변법 시기의 개혁수준을 넘어서는 측면이 없지 않았다.

하지만 상대적으로 청조 내부의 다양한 권력층과 그들의 권력 관계에도 주목해 청조 내 실력자들의 대응태도에 대해 연구한 경우는 많지 않았다. 실제로 실권자였던 재풍(載灃), 혁광(奕劻), 선기(善耆), 양필(良弼) 등 청조 황족 출신 고위관리들의 활동은 별로 알려진 것이 없는 실정이다. 그나마 『淸代人物傳稿』등의 자료집을 통해 기본적인 행적만을 알고 있을 뿐이며 단지 의화단운동 이후 '洋人의 朝廷'으로 전락했다는 폄하만이 습관적으로 언급될 뿐이다. 그나마 현재로서는 군주제의 대응양상과 관련해서 개괄적인 소개나 과거제 폐지, 실업 진흥 등과 관련한 일부 연구가 있는 정도이다. 그러므로 현 시점에서는 청조의 군주제가 붕괴된 역사사실과 별도로 왕조 내부의 마지막 개혁 노력에 대해 좀더 적극적인 관심을 가지고 세부적인 내용을 탐구하는 것이 필요하다.

셋째, 근대 서구의 충격과 일본의 군주제에 관련된 선행연구

일본 근대사에서는 무엇보다도 명치유신이 관심의 초점이었다. 따라서 에도막부가 타도되고 명치천황에게 권력이 돌아가게 되는 직접적인

배경으로서 페리의 무력외교에 굴복한 개항, 존왕양이 운동의 고조, 죠슈번과 사쓰마번의 제휴, 대정봉환, 명치천황의 에도 입성, 1877년의 서남전쟁 등에 관련된 연구가 이루어졌다. 아울러 유신을 주도한 각 번의 인물들 및 유신의 결과로 탄생한 새로운 천황제의 내용과 성격, 이념적 배경 등에 관해서도 무수한 연구가 있었다.

기존의 연구에서는 일본의 천황제를 유럽의 절대주의 왕정이나 전제정과 비교하는 논의들이 주류를 이루었다. 이것은 '근대 일본의 천황제'가 성립되는 과정에서 표면적으로 영국식 의회제를 채택할 것인지 아니면 프러시아식 입헌군주제를 채택할 것인지가 주로 논란되었기 때문이었다.

그러나 개념적으로 근대 천황제가 유럽의 절대주의 왕정이나 전제정과 부분적으로 유사한 측면이 있다고 하더라도, 역사적인 배경이나 문화적인 배경을 따지자면 그 비교대상은 일본 자체 또는 동아시아 속에서도 찾아보아야 한다.

일본의 역사 전개 속에서 이미 천황제가 존재하였으므로, 과거의 천황제와 비교해서 근대의 천황제가 어떤 공통성과 차이점을 가지고 있는지를 밝히는 것 역시 중요한 작업이다. 구체적으로 근대 천황의 권능과 고대 천황의 권능을 서로 비교하여 행정, 사법, 군사, 종교적으로 천황이 구체적으로 어떤 권능을 가지고 있으며 또 어떻게 그러한 권능을 행사하고 드러내는지를 밝힐 필요가 있다.

명치유신 직후 '자유민권운동'이라 불리는 근대 일본의 반정부 운동이 활발해지면서 '근대 일본의 천황제'는 실권을 갖는 천황으로 갈지 아니면 상징적인 천황으로 갈지 방향을 잡지 못하고 있었다. 이런 혼란 상황이 해소된 계기는 1881년에 발생한 정변이었다. 이를 계기로 '근대 일본의 천황제'는 정부가 주도하는 강력한 군주제 형태 쪽으로 기울어졌다. 이후 이등박문의 헌법조사를 거쳐 1889년 헌법이 반포됨으로써

'근대 일본의 천황제'가 골격을 갖출 수 있었다.

그러므로 '근대 일본의 천황제'를 파악하기 위해서는 서구의 영향뿐만 아니라 일본 자체의 역사, 문화적 맥락과 함께 명치유신 이후 천황제의 성격을 둘러싸고 제기되었던 다양한 논쟁들과 그 결과들을 살펴볼 필요가 있다.

넷째, 근대 서구의 충격과 러시아의 군주제에 관련된 선행연구

1905년 제1차 혁명을 전후하여 러시아의 마지막 차르 니콜라이 2세는 전제정의 기본 구도를 흔들지도 모를 "기본법"과 "두마" 등의 개혁적 기구를 용인하면서까지 전제정에 다가온 위기에서 벗어나려고 하였다. 전제정의 권한을 스스로 제한하는 이러한 조처들을 통해 전제정의 전복이라는 최악의 상황은 피해갈 수도 있다는 것이 지배층의 생각이었다.

역사가들은 러시아 역사의 발전과정에서 이렇듯 전환점이라고 불릴 만한 이 시기에 관해 두 가지로 대별될 수 있는 관점을 가지고 접근해 왔다. 그중 하나는 낙관주의적 관점으로, 이러한 관점을 공유하는 역사가들은 이 시기의 전제정이 경제·사회적 위기에 효율적으로 대처하고 있었다고 주장한다. 이들에 의하면 전제정은 혁명으로 표출된 체제의 위기에 대하여 의회, 합법적 노동조합 등을 가지는 입헌주의적 체제로 전환을 모색하면서 전제정의 생명력을 연장시킬 수 있는 가능성을 증가시켰다는 것이다. 전제정의 마지막 시기의 경제적 성장 역시 괄목한 것이었다고 주장한다. 그렇지만 제국주의적 독일이 전제정으로 하여금 아직 준비가 제대로 되어 있지 않은 1차 세계대전에 참전하게 함으로써 전제정은 또 한 번의 위기를 맞게 되었으며 이때의 위기를 넘기지 못하고 몰락하게 되었다는 것이다. 이들의 관점에서 러시아의 전제정은 전쟁만 없었다면 1905년 이후의 개혁적 분위기를 몰고 나가 영국과 같은 입헌 민주주의로 전환할 수도 있는 것이었다.

이와 대조적으로 비관주의적 관점의 역사가들은 러시아의 전제정은 전쟁이 없었더라도 혁명으로 귀결될 수밖에 없었던 만성적이고 구조적 위기 상황에 놓여 있었다고 주장한다. 1890년대와 1910년대 사이에 특히 그 성과가 돋보였던 산업화의 결과에 대해서도 이들은 물질적 기반의 증대를 강조하기보다는 산업화를 통해 형성되었던 급진적 노동계급의 존재를 강조한다. 게다가 전제정은 지식인 사회로부터도 지지를 얻지 못하고 있었는데 왜냐하면 대부분의 지식인들은 전제정의 개혁 작업에 대해 더욱 깊은 실망과 좌절감을 공유하고 있었기 때문이다.

각각의 관점은 분명 전제정이 위기적 상황으로부터 탈출가능성을 가지고 있었는가의 문제에 대해 일정 정도 통찰력을 제공해준 것이 사실이다. 낙관주의적 관점은 전제정의 기반을 붕괴시킨 마지막 충격으로서 전쟁을 강조했다는 면에서 음미해볼 만한 시각이었고 비관주의적 관점은 일차대전 직전의 마지막 10년 동안 상승일로에 있었던 사회적·인종적 갈등을 강조했다는 면에서 우리의 인식의 폭을 확장시키는 데 기여하였다. 그러나 사회주의 대 자본주의라는 체제의 대립이 종식된 현재의 상황에서 두 시각만으로 러시아 전제정의 자구노력을 평가하려는 시도는 극복되어야 한다. 각각의 시각은 어느 한쪽 체제의 우수성을 강조하기 위한 의도와 맞물려 있기 때문이다. 따라서 이러한 인식의 한계를 발전적으로 극복할 수 있는 또 다른 시각이 필요하다.

다섯째, 근대 서구의 충격과 티베트의 군주제에 관련된 선행연구

18세기의 티베트는 6차례에 걸친 청조의 티베트 원정으로 황제의 전리품으로 전락하여 청조에 복속되었다. 그것은 4차례의 티베트 본토 원정(1720, 1728, 1751, 1792)과 2차례의 금천 원정[1747~1749년 대소(大小) 금천(金川) 원정, 1771~1776 금천 원정]의 결과였다. 서구의 충격, 특히 영국의 접근은 청조에 복속되어 있던 티베트에게는 심대한 충격을 주었다. 19세기 서구세력의 접근과 청조의 이완은 티베트의 자립성을 강화

했다. 1912년 티베트 본토의 사실상의 독립은 중국의 신해혁명의 와중에 발생한 일이었다. 이러한 과정에 대한 연구는 적지 않은 편이다.

중국학계에서는 중국 측의 티베트 통합 노력을 높이 평가하고 티베트 자체의 통일노력을 부정적으로 평가하는 연구 경향을 보여왔다. 또한 티베트인들이 중요시하는 '법주-시주'의 불교적 관계를 상대적으로 경시하고 정치적 상하예속 관계를 강조하는 쪽이었다. 반면에 일본과 구미, 인도의 연구자들은 대부분 티베트 문제를 국제관계사의 범주에서 다루었다. 초기 일본의 연구도 대체로 자국의 이해가 투영된 시각에서 시작되었다. 일본의 대륙진출에 장애가 되는 러시아의 견제와 중국의 포위라는 시각에서 티베트 독립 문제에 접근했다. 이런 시각은 구미의 경우에도 대동소이하다. 특히 영국의 연구는 러시아(나중의 소련)의 견제와 중국의 견제라는 측면이 농후하였다. 영국 측은 티베트를 영국의 인도식민지 완충국으로 다루어왔다. 다만 중국 측 연구에 비해 티베트 집권층의 역할을 높이 평가하는 쪽이었다. 구미 연구가 티베트 문제를 선악의 관점으로 보지 않는 점이 장점이라면 장점이라고 할 수 있다. 이러한 시각은 티베트 문제에 대한 각국의 정치적 입장을 반영한 것이라고 볼 수 있다. 또한 이런 연구경향은 19세기 후반과 20세기 전반기에 티베트에서 목격했던 중국의 권위가 매우 미약하거나 무의미했던 것에서도 출발했다.

기존 연구는 티베트 밖의 만청세력과 영국세력의 작용에 주로 관심을 기울였다고 할 수 있다. 티베트 교단국가의 근대적 변용의 문제에 대해서는 대개 13대 달라이 라마의 행적에 연구가 집중되었다. 티베트 교단국가 내부의 여러 정파와 그들의 권력 관계에 좀 더 주목할 필요가 있다. 티베트의 지배층은 대외정책을 놓고 친한파와 친영파의 노선차이를 노정했으나, 정작 티베트 교단국가의 고위관리들의 교단국가 유지 노력에 대해서는 관심이 미진했다고 할 수 있다. 특히 신정시기 티베트 집권세력의 대응은 보다 적극적으로 규명되어야 할 문제라고 하겠다.

4. 책의 구성

책은 1부와 2부로 크게 나뉘어 있다. 1부에서는 동아시아 5개국의 군주제 위기 국면에서 각각의 군주제를 지탱하기 위해 내부적으로 어떤 시도가 있었는지를 비교해볼 것이다. 먼저 조선의 고종은 경운궁에 환궁한 후, 명성왕후의 빈전인 경소전의 제향에 날마다 참여하면서 의도적으로 국장을 지연시킴으로써 국모 복수론을 확산시켰다. 이를 통해 고종은 춘추 의리에서 강조하는 존왕론을 강화하고자 했다. 뿐만 아니라 복수의 대상을 일본으로까지 확대시킴으로써 고종이 중심이 되어 국권을 강화하여 일본에 저항해야 한다는 논리를 발전시켰다. 이 결과 고종은 춘추 의리론의 존왕론을 더욱 강력하게 제창할 수 있었다. 이런 맥락에서 고종은 황제에 즉위한 후 정치체제를 황제 중심의 '전제정치 체제'로 만들 수 있었다. 이 같은 황제 중심의 전제군주론이 바로 19세기 서구의 충격에 대응하기 위해 대한제국 시기에 고종이 구상했던 '구본신참' 또는 '법고창신'의 정치적 표현이었다.

중국의 청말신정(淸末新政) 시기 오대신출양(五大臣出洋) 사건이 청조 내 군주입헌론의 수용에 어떤 영향을 주었는가에 주목하면서, 예비입헌(豫備立憲)을 통해 창출하려던 새로운 군주제의 내용을 이해하려는 것이 1부 2번째 글의 내용이다. 특히 상대적으로 연구가 부족한 단방(端方)이라는 한 만주족 고위관료를 중심으로 이 문제에 접근하였다. 먼저 단방을 중심으로 오대신의 구미 여행과정과 서양 정치체제에 대한 인식을 살피고, 다음으로 귀국 후 전개한 군주입헌론이 예비입헌에 미친 영향과 관제개혁의 실패과정 등을 살펴보았다. 단방의 군주입헌론은 입헌정체가 전제정체보다 우월하다는 신념 아래 군주 중심에서 법률 중심으로 나아갔으며, 군주 권력의 제약과 신민 권리의 보호라는 특색이 나타났다. 동시에 단방은 헌정제도를 군주의 안전보장과 국가의 부강이라는 각도에서 이해하는 유연함을 보였다. 하지만 헌정을 가능케 하는 사회적 배경이나 군주의 신성성의 기원을 이해하는 데는 다소 부족함을 보였다.

일본의 경우 막말의 대외적 위기로부터 명치정부의 성립에 이르는 정치과정을 간단히 요약하면, 막부(幕府)와 조정(朝廷)이라는 두 개의 국가의사결정기구가 하나로 통합되는 과정이었다고 할 수 있다. 대외적 위기가 조장되기 전까지는 막부가 유일한 국가의사 결정기구였고 장군이 유일한 군주였지만, 서구 열강과의 조약 체결과 관련하여 막부가 조정의 칙허(勅許)를 요청하면서, 국가의사 결정기구가 막부와 조정으로 이원화되었다. 그러나 대외적 위기와 내부적 분열을 극복하기 위해서는 안정적이고 강력한 국가의사결정기구 즉 정부(政府)가 필요하게 된 것이다. 그리고 그러한 과정은 막부와 장군을 중심으로 하였던 에도시대의 군주제를 폐지하고, 조정과 천황을 중심으로 한 새로운 군주제를 창출하는 과정으로 평가할 수 있다. 고대에 형성된 군주제가 완전히 소멸되지 않고 종교적·학술적인 권위로 존속하고 있었던 것이 새로운 군주제를 창출하는 데 유리한 조건이 되었고, 그러한 조건을 명치유신의 주역들은 막부타도를 위하여 동시에 권력을 획득하기 위하여 적극적으로 활용했다고 할 수 있다. 그러한 과정 속에 새로운 권력구조에 대한 구상을 확인하기 위하여 막부, 반막부세력 그리고 조정 측의 대표적인 논의를 살펴보았다. 각각의 논의는 자신이 속한 집단 혹은 입장을 분명히 드러내고 있었다.

러시아에서 전제정의 위기가 가속화되어가던 시점에 군주제 수호의 명목을 내걸었던 대표적 우익 정치조직 중의 하나가 1905년 10월에 출범한 러시아 민족동맹이었다. 군주제 수호를 위해 민족동맹이 내걸었던 전략은 두마와 같은 대의제적 정치기구를 용인할 수밖에 없는 상황에서 두마를 군주제에 적대적인 개혁적 의원들이 아니라 군주제를 지지하는 의원들로 채우는 것이었다. 그렇지만 우파성향의 정치세력들에게 유리한 선거법 개정 이후의 선거에서도 전제정을 지지하는 의원들은 전체 대의원의 30%를 조금 상회할 정도였다. 우파 성향의 의원들을 두마에 포진시켜 전제정을 수호한다는 러시아 민족동맹의 전략은 한계에 봉착할 수밖에 없었다. 러시아 민족동맹은 유대인에 대한 집단박해에서 대중의 정서에 보다 강하게 부합할 수 있는 계기를 찾을 수 있었다.

러시아 민족동맹은 유대인에 대한 박해를 전제정의 수호와 민족의 이익과 가치 보전에 기여하는 것이라고 생각했다. 민족동맹은 1905년 이후 안정을 찾지 못하는 러시아 정치상황에 염증을 느끼며 그에 대한 속죄양을 찾고 있었던 민중에게 유대인을 제시하였다. 이런 행보를 통해 민족동맹은 러시아 민족의 진정한 이해를 대신하는 조직으로 스스로를 정립하려고 하였다. 그렇지만 그들의 내부적 역량이 역사의 거대한 물줄기를 막아낼 수 있을 정도로 강력하지 못했다는 것이 이 장의 내용이다.

달라이 라마를 수반으로 하는 티베트 군주권은 '활불 전세'제도를 포함한 티베트 불교 이론에 바탕을 두고 있었다. 티베트의 군주제의 근대적 변용 문제를 다루기 위해서는 17세기 중반에서 20세기 중반까지 지속된 티베트 달라이 라마 정부를 뒷받침한 불교적 군주론의 내용과 특성을 파악할 필요가 있을 것이다. 티베트의 군주론을 검토할 경우, 군주권 계승의 정통성을 뒷받침하는 이론이자 방법인 '활불 전세' 제도, '달라이 라마'를 정점으로 하는 중층적인 '정교합일 체제'라는 티베트의 특수성을 고려해야 한다. 여기서는 티베트 교단국가의 내부 구성에 주목하고, 동시에 그들의 개혁노력이 어떤 형식과 내용을 가지고 전개되었는지를 추적하였다. 티베트 교단국가는 대내외적인 위기 속에서 달라이 라마의 세속권력을 실질적으로 강화하는 노력을 벌였다. 티베트 측은 이러한 노력을 '위대한 5대 달라이 라마'의 이미지에 따른 것이라고 이해했으나, 정교일치를 구현하는 달라이 라마 제도라는 독특한 교단국가를 유지하는 티베트식 군주제의 근대적 변용이라고 볼 수 있을 것이다. 티베트 교단국가의 체제의 핵심적인 성격은 유지되었으나 대내외적인 위기 상황 속에서 티베트의 군주제는 상당한 변화를 겪었고, 그 변화의 중심에는 13대 달라이 라마라는 걸출한 지도자가 있었다. 여기서의 핵심 내용은 13대 달라이 라마의 국가개혁 노력이라고 할 수도 있을 것이다.

2부에서는 군주제의 위기 국면에서 등장한 사건이나 구체적인 조치들을 통해 각국의 군주제가 어떠한 이미지를 구축하려 하였는지를 살펴보았다. 고종황제와 명치천황은 양경체제를 추진하는 과정에서 공히 군주이미지를 적극 활용하였다. 하지만 방식은 많이 달랐다. 고종황제는 전통적인 어진을 사용하였지만 명치천황은 근대적인 초상 사진을 사용하였다. 또한 고종황제는 어진을 모신 건물을 제의적, 폐쇄적 공간으로 만들었지만 명치천황은 초상 사진을 모신 건물을 개방적 공간으로 만들었다. 고종황제와 명치천황은 어진과 초상 사진이라는 시각적 군주이미지를 적극 활용하여 양경체제를 성공적으로 추진할 수 있었고, 자신들이 추구하는 군주이미지를 확대, 재생산하기도 했다. 이 과정에서 고종황제와 명치천황은 역사적, 정치적, 국제적 현실의 차이에 따라 군주이미지를 활용하는 방식에서 차이를 보였다.

2부의 두 번째 글은 청말신정 시기 민족주의의 고조에 따른 만한갈등이 청조의 군주입헌제로의 전환과정에 어떤 영향을 미쳤는가라는 점에 주목하였다. 본문에서는 우선 예비입헌 시기 단방과 원세개(袁世凱)를 중심으로 전개한 관제개혁과 '평만한진역(平滿漢珍域)'을 살펴보고,

다음으로 선통(宣統)시기 만한갈등의 고조에 따른 군사제도와 내각제도의 변질이 군주입헌제 개혁을 굴절시킨 과정을 알아보았다. 청말신정 때 몇 차례 관제개혁에서 나타난 군주입헌제와 민족주의의 길항관계, 특히 팔기제도의 개혁과 만한차별의 폐지 및 황권강화의 시도 등을 통해 만한갈등이 군주입헌제의 굴절과 정치적 혼란을 가져온 사실을 설명하였다. 결국 이민족 정권인 청조의 특성상 군주입헌제 변혁을 주도하기에는 힘에 겨웠고, 신해혁명의 발발로 한족중심의 민족주의가 승리하는 것으로 귀결되었다.

쿠데타를 통해서 권력을 장악한 명치유신 관료들은 권력의 정당성을 확보하기 위하여 천황이라는 존재를 적극적으로 이용하게 된다. 그 결과로 나타난 것이 천황의 순행(巡幸)을 비롯하여 천황의 사진과 초상과 같은 시각적인 장치들이었다. 천황은 민중에게 그다지 알려져 있지 않았다. 이러한 천황을 시각화하는 정책을 천황의 초상을 통하여 연구한 성과가 있다.

천황의 초상화나 순행과 더불어 주목해야 할 것이 천황릉(天皇陵)이다. 천황 지배의 정당성을 만세일계라는 관념을 통해서 확보하고자 하였던 명치정부는 천황릉을 통하여 이를 입증하려고 하였다. 그 과정에서 신무천황릉의 경우처럼 없던 천황릉을 새롭게 만들기도 하고, 원분이나 방분을 전방후원분으로 둔갑시키기도 하였다. 크기가 큰 것을 중심으로 천황릉으로 지정하면서 천황의 시기와 고분의 시기가 서로 맞지 않은 경우도 비일비재하다. 인덕은 4세기 말에서 5세기 초의 인물인데 인덕천황릉으로 간주되고 있는 대산고분은 5세기 중엽 이후의 고분으로 생각된다. 천황릉은 역사적인 사실이라기보다는 막말부터 명치시대에 걸쳐서 조작된 허상이며 연극의 배경을 이루는 무대장치라고 볼 수 있다.

천황을 전면에 내세워 자신들의 권력을 생성해내는 원천으로 삼고

자 하였던 명치유신의 주역들은, 고분이라는 거대한 구조물을 무대장
치로 이용하였던 것이다. 대부분 산(塚山, 作山, 造山)이라고 불렸던 대형
고분들은 현인신(現人神)으로 간주되었던 천황의 권능을 보여주는 것으
로 선전할 수 있었다. 이렇게 지정된 천황릉은 천황릉을 정점으로 하는
군국주의 체제를 형성하는 과정에서도 중요한 역할을 하였음을 기억할
필요가 있다.

　1911년 중앙이 아닌 지역에서 발생한 베일리스 사건은 러시아 전제정
의 말기적 이미지를 유추해볼 수 있는 중요한 사건이다. 전제정을 수호
하려는 정치세력들은 베일리스 사건에서 등장하는 유대인의 존재가 러
시아의 전통적 체제에 대한 위협이 될 수 있다는 점을 부각시키려고 하
였다. 여기에는 전제정을 실제 이끌고 있었던 니콜라이 2세와 법무대
신 쉐글로비토프도 관여하고 있었다. 니콜라이 2세는 전제정을 지지하
는 세력들이 가지고 있는 유대인에 대한 반감을 무시할 수 없었다. 그
는 또한 군대 내에서 유대인 병사를 축출하려는 고위 장교들의 견해에
전적으로 동감하였다. 법무대신 쉐글로비토프도 베일리스 사건을 유대
인에 의한 한 개인의 희생보다는 유대인의 러시아 체제에 대한 위협으
로 부각시키려고 하였다. 그는 법무대신으로서의 기본 임무를 망각하
고 재판장의 임명에 관여하는 등 파행적 행동도 마다하지 않았다. 그는
유대인에 대한 탄압이 러시아 체제 전반의 수호와 러시아인들이 생명을
지키는 것과 무관하지 않다는 논리를 확대 재생산하였다. 이러한 상황
은 당시의 러시아 군주정이 러시아 민족동맹, 검은 백인대와 같은 우익
정치세력들의 지원에 의지하여 전제정을 수호하려는 시도였다. 이는 더
나아가 전제정의 취약한 지지기반과 반대세력을 확실히 제압할 수 없
었던 허약한 이미지를 반영하는 것이었다.

　달라이 라마의 권위가 확립되면서 달라이 라마는 티베트에서 '군주'
의 역할을 담당했다. 티베트 사회의 불교화 이후 티베트에서 승려의 종

교적·정치적 역할이 커졌지만, 티베트 불교문명의 대표자이자 수호자로서 달라이 라마가 등장하는 과정은 상당한 시간을 요하는 것이었다. 17세기 후반의 '위대한 5대 달라이 라마'는 몽골세력의 지배를 오히려 티베트 내부 통합에 활용한 인물이었다.

18세기에 티베트가 청제국의 판도에 흡수되자 청조는 주장대신을 설치하여 달라이 라마의 권력을 종교적인 차원으로 제한하려고 하였다. 이러한 시도는 장기적으로는 성공하지 못했지만, 달라이 라마의 통치자로서의 권위가 외부 세력의 작용과 영향에 따라 크게 변동할 수 있다는 것을 보여주었다.

1912년 이후 달라이 라마는 청 황제의 권위를 완전히 대신하여 티베트 사회의 구심점으로서 존재했다. 여전히 군주의 모습은 불교 교단 수장의 이미지 위에 서 있었다. 이런 의미에서 정교합일 체제상의 전통적인 티베트 군주상을 벗어난 것은 아니었다. 그러나 미묘한 변화들도 보인다. 근대 군사기술과 근대문물을 수용하려고 하는 13대 달라이 라마의 모습은 이런 군주상의 변화를 잘 보여준다고 생각된다. 이런 문제들에 대해서는 계획에 따라 검토해볼 것이다. 달라이 라마의 이미지는 티베트 불교의 수장으로서만 존재했던 것이 아니라 통합된 티베트를 만들어내는 티베트 민족주의의 상징이었다는 점은 13대 달라이 라마, 그리고 그 후임자인 14대 달라이 라마의 경우에도 간과할 수 없는 부분이라고 판단된다.

제1부

서구의 충격에 대응하기 위한
동아시아 5개국의 군주론 비교연구

1장

을미사변 후 고종의 국모 복수와 군주전제론

신명호

1. 머리말

고종은 1874년에 친정한 후 2년째 되던 1876년에 강화도조약을 체결하고 본격적으로 개화정책을 추진하였다. 고종의 개화정책에 힘입어 정치, 외교, 군사, 사회, 경제 각 방면에 걸쳐 개화파들의 영향력이 급증하였다. 이런 과정에서 1897년에 대한제국이 선포되기까지 20여 년 동안 개화정책을 둘러싸고 개화파와 위정척사파 사이의 대립이 격화되어 임오군란, 갑신정변, 갑오농민봉기, 청일전쟁, 갑오개혁, 을미사변, 아관파천, 경운궁 환궁 등 격변이 연속되었다.

1874년의 친정 이후 1897년의 대한제국 선포까지 약 20여 년 동안 고종은 개화정책을 추진하면서 수많은 시행착오를 겪었다. 대한제국 시기 고종의 광무개혁은 그 같은 시행착오를 반성하면서 추진되었다. 그런 면에서 광무개혁은 고종이 친정 이후 추진한 개화정책의 귀결이라고도 할 수 있었다.

고종은 대한제국 시기의 광무개혁을 황제 중심의 '전제정치체제' 하에서 추진하였는데, 그 같은 광무개혁을 '구본신참(舊本新參)' 또는 '법고창신(法古創新)'이라고 표현하였다.[1] 그러면 고종이 친정 이후 추진했던 개화정책이 왜 대한제국 시기의 '전제정치체제'로 귀결되었을까? 이 같은 문제의식에서 이 글은 을미사변 이후 전국적으로 고양된 국모 복수론이 고종에 의해 황제 중심의 '전제정치체제'로 귀결되어가는 정치적, 논리적 맥락을 해명하고자 하였다.[2]

1990년대 초반까지만 해도, 을미사변 이후부터 대한제국 시기까지를 대상으로 하는 정치사 연구는 주로 개화파와 위정척사파에 치중되었다. 예컨대 갑오개혁과 을미개혁을 주도했던 개화파를 계승하는 독립협회와 만민공동회는 19세기 조선에서 내재적 근대민주주의로의 가능성을 보여주었다는 면에서 큰 주목을 받았다.[3]

반면 개화파와 대적적인 면에 섰던 위정척사파는 의병활동과 국권수호라는 측면에서 조명을 받았다.[4] 이 같은 연구경향은 1990년대 후반에 들어서면서 고종과 광무정권 자체를 다룬 박사학위 논문들이[5] 제출되기 시작하면서,[6] 바뀌기 시작했다. 이런 성과를 바탕으로 2000년대에 들어서서는 대한제국과 고종황제의 성격을 놓고 치열한 논쟁이 벌어지기도 하였다.[7]

그런데 을미사변 이후부터 대한제국까지를 다룬 기왕의 정치사 연구에서는 정작 고종황제 자신의 군주관이나 군주론을 주제로 다루지 않은 기현상을 보이고 있다. 황제권과 민권을 중심으로 전개되었던 당시의 정치 논쟁에서 핵심은 다양한 당파나 정치 사상가들의 군주관이나 군주론이지만 그 못지않게 고종 자신의 군주관과 군주론이 중요한데도, 그 부분이 해명되지 않음으로써 을미사변 이후의 정치사 연구는 균형을 잡지 못하고 있다.

이 글에서는 을미사변 이후 고종이 황제에 즉위하기 이전, 위정척사파와 고종을 중심으로 전개된 국모 복수론과 군주전제론과의 관계를 고찰하였다. 논의의 전개상 먼저 을미사변 이후의 국모 복수론에 내재된 존왕론의 특징을 파악하였고, 그 같은 존왕론이 아관파천과 경운궁 환궁을 거치면서 군주전제론으로 귀결되어 가는 정치적, 논리적 맥락을 고종의 국모 복수 중심으로 검토하였다.

2. 을미의병과 국모 복수론

1895년의 이른바 을미의병이 일어난 직접적인 계기는 을미사변과 뒤이은 단발령이었다. 을미의병의 주도세력은 위정척사파였으며 이들의 이념은 '존왕양이'로 압축되었다. 이런 입장은 '역적을 쳐서 복수하고 존왕양이하는 것은 『춘추』의 첫째 가는 큰 의리입니다.'라고 주장한 유인석의 상소문에 잘 나타난다.[8] 이 중에서 '역적을 쳐서 복수'한다는 것이 이른바 국모 복수론이었다.

국모 복수론의 내재적 논리는 당시 위정척사파 사상에 경도되었던 백범 김구가 국모 복수를 위해 일본인을 살해하고 체포된 후 인천감옥에서 했던 다음과 같은 진술에 잘 나타난다.

김윤정은 정상(庭上)에 앉아 전례에 따라 성명, 주소, 연령 등을 묻고 사실심리에 들어갔다. '네가 안악의 치하포에서 모월모일 일인을 살해한 일이 있느냐?' 본인은 그날 그곳에서 국모의 원수를 갚기 위해 왜놈 원수 한 사람을 때려죽인 사실이 있습니다.' 나의 대답을 듣자 경무관, 총순, 권임(權任) 등이 일제히 서로의 얼굴을 쳐다보며 멍한 표정으로 나를 볼 뿐이었다. 정내는 갑자기 죽은 듯이 조용해졌다. 나의 옆에서 의자에 걸터앉아 신문을 방청하는 것인지, 감시하는 것인지 하고 있던 와타나베(渡邊) 왜놈 순사가 신문 벽두에 정내가 조용해진 것을 의아하게 여겨 통역에게 그 까닭을 묻는 것 같았다. 그래서 나는 있는 힘을 다해, '이놈아' 하고 한마디 호령했다. 그리고 나서 이어, '현금 이른바 만국공법이니, 국제공법이니 하는 조규 가운데 통상, 통화를 불문하고 조약을 체결한 후에 그 나라의 임금이나 왕후를 살해하라는 조문이 있더냐? 이 개 같은 왜놈아! 너희는 어찌하여 우리 국모를 살해했느냐? 내가 죽으면 귀신으로, 살면 몸으로 네 임금 놈을 죽이고, 왜놈을 씨도 없이 다 죽여서 우리나라의 치욕을 씻으리라!' 통렬히 매도하는 것이 두려웠던지 와타나베 놈은 '칙쇼(畜生)!' 한마디 던지고는 대청 후면으로 도망쳐 숨는 것이었다. 정내에는 공기가 긴장해졌다. 총순인지, 주사인지가 김윤정에게 말했다. '사건이 하도 중대하니 감리 영감께 말씀드려 직접 심문을 주장하도록 하여야겠습니다.' 그리하여 얼마 후 감리사 이재정이 들어와 주석에 앉았다. 김윤정이 그에게 신문한 진상을 보고했다. 그때 정내에서 참관하는 관리와 청속들이 분부가 없는데도 찬물을 가져다가 내게 마시게 해주었다. 나는 정상의 주석인 이재정에게 말하기 시작했다. '본인은 시골의 한낱 천한 몸이나 신민의 한 분자가 된 의리로 국가가 치욕을 당해 백일청천 하에 내 그림자가 부끄러워서 한 놈 왜놈 원수라도 죽였거니와, 나는 아직도 우리 사람으로 왜황(倭皇)을 죽여 복수하였단 말을 듣지 못했거늘, 지금 당신들이 몽백(蒙白)을 했으니, 춘추대의에 군부의 원수를 갚지 못하면 몽백을 아니한다는 구절도 읽어보지 못하고 한갓 영화와 작록만을 도적질하는 더러운 마음으로 인군을 섬기느냐?' 이재정, 김윤정을 위시하여 수십 명 참석한 관리들이 내 말을 듣는 광경을 보자 하니, 각기 얼굴에 홍당무 빛을 띠는 것이었다.(하략)[9]

을미사변 이후 국모 복수론의 내재적 논리는 '춘추대의에 군부의 원수를 갚지 못하면 몽백을 아니한다는 구절도 읽어보지 못하고 한갓 영화와 작록만을 도적질하는 더러운 마음으로 인군을 섬기느냐?'라는 김구의 진술에 압축되어 있다. 몽백이란 국상을 당하여 신료들이 상복을 입은 것인데, 김구는 명성왕후의 복수를 하지도 못한 상태에서 어찌 상복을 입느냐고 질책했던 것이다. 김구가 언급한 '춘추대의에 군부의 원수를 갚지 못하면 몽백을 아니한다는 구절'이란 『춘추』의 이런 내용이었다.

　　겨울 11월 임진에 노나라 은공(隱公)이 흥(薨)하였다. 왜 장(葬)이라고 쓰지 않고 흥이라고 하였는가? 숨긴 것이다. 왜 숨겼는가? 시해당했기 때문이었다. 시해당하면 왜 장이라고 쓰지 않는가? 춘추에, 임금이 시해당했을 때 역적이 토벌되지 않으면 장이라고 쓰지 않은 이유는 신자(臣子)가 없다고 여겼기 때문이었다. 자침자(子沈子)가 말하기를, '임금이 시해당했는데 신하가 역적을 토벌하지 않으면 신하가 아니요, 복수하지 않으면 자식이 아니다. 장은 살아 있는 사람들의 일이다. 춘추에, 임금이 시해당했는데 역적이 토벌되지 않으면 장을 쓰지 않음으로써 신자(臣子)가 아닌 것으로 여겼다.'고 하였다.[10]

　　위의 내용 중 '춘추에, 임금이 시해당했을 때 역적이 토벌되지 않으면 장이라고 쓰지 않은 이유는 신자가 없다고 여겼기 때문이었다.' 또는 '춘추에, 임금이 시해당했는데 역적이 토벌되지 않으면 장을 쓰지 않음으로써 신자가 아닌 것으로 여겼다.'는 것은 『춘추』를 저술한 공자가 춘추필법에 따라, 군부의 복수를 하지 않은 신자는 신자의 도리를 저버린 사람으로 간주하여 필주(筆誅)했다는 뜻이었다. 즉 공자는 군이 시해당했으면 신자의 입장에서는 장례에 앞서 복수부터 해야 한다고 가르쳤던 것이다. 그래서 공자는 군이 시해당했는데도 신자가 복수를 하지 않으면 아예 장례 치를 자격도 없는 것으로 간주하여 장이라는 글자 자체를 쓰지 않았던 것이다. 이처럼 군부를 위한 복수는 신자의 기본 도리라는 것이 춘추대의였다. 뿐만 아니라 공자는 복수에 대하여 다음과 같은 가르침을 남겼다.

자하가 공자에게 묻기를, '부모의 원수가 있다면 어떻게 해야 합니까?' 하니, 공자가 대답하기를, '거적을 깔고 방패를 베개 삼아 잠자고, 벼슬하지 않으며, 원수와는 함께 세상을 살아가지 않을 결심을 해야 한다. 만약 원수와 시장이나 관청 같은 곳에서 만나면 무기를 챙기러 가지 않고 즉시 싸울 수 있어야 한다.' 하였다. 자하가 다시 묻기를, '청하여 묻습니다. 형제의 원수가 있다면 어떻게 해야 합니까?' 하니, 공자가 대답하기를, '원수와는 같은 나라에서 함께 벼슬하지 않으며, 임금의 명령으로 출사할 경우에는 비록 원수를 만나더라도 싸우지 않아야 한다.' 하였다. 자하가 또 묻기를, '가르침을 청합니다. 백부나 숙부 또는 종형제의 원수가 있다면 어떻게 해야 합니까?' 하니, 공자가 대답하기를, '앞장서서 원수를 갚아서는 안 된다. 본인이 원수를 갚을 수 있으면 무기를 잡고 뒤에서 도와야 한다.' 하였다."[11]

공자는 부모의 원수를 갚기 위해 '거적을 깔고 방패를 베개 삼아 잠자고, 벼슬하지 않으며, 원수와는 함께 세상을 살아가지 않을 결심을 해야 한다. 만약 원수와 시장이나 관청 같은 곳에서 만나면 무기를 챙기러 가지 않고 즉시 싸울 수 있어야 한다.'고 하였다. 그런데 '군사부일체'라고 하는 유교윤리에 의하면 부모의 원수나 군부, 사부의 원수는 같은 원수가 되므로 군부의 원수를 갚기 위해서는 당연히 부모의 원수를 갚기 위한 행동과 똑같이 해야 한다는 결론이 나온다. 이 같은 논리에 의하면, 김구가 국모의 원수를 갚기 위해 일본인을 살해한 것은 바로 국모의 원수는 부모의 원수와 같으므로 신자로서 당연한 복수를 실행한 셈이었다.

공자가 부모의 원수 또는 군부나 사부의 원수를 불공대천의 원수라고 가르친 논리적인 근거는 자식에게 부모 또는 신자에게 군부 또는 제자에게 사부는 모두가 천 즉 하늘이라는 이유에서였다.[12] 자식에게 부모는 하늘이므로 자식의 하늘을 죽인 원수와는 같은 하늘을 이고 살 수 없으므로 불공대천의 원수가 된다는 뜻이었다. 따라서 부모의 원수 또는 군부나 사부의 원수는 반드시 죽여야 하며, 그래야 자식으로서 또는 신자나 제자로서의 도리를 다하는 것이라고 하였다. 공자의 가르침에 따르면 부모의 원수 또는 군부나 사부의 원수를 갚지 않은 자식, 신자, 제자는 논리적으로 볼 때 자식, 신자, 제자의 도리를 지키지 않은 셈이었다. 그래서 공자는 『춘추』에서 군부가 시해당했을 때 신자가 군부의 복수를 하지 않으면 장이라고 쓰지 않음으로써 군부에 대한 신자의 도리를 저버린 것으로 필주(筆誅)했던 것이다. 김구가 법정에서 '춘추대의에 군부의 원수를 갚지 못하면 몽백을 아니한다는 구절도 읽어보지 못하고 한갓 영화와 작록만을 도적질하는 더러운 마음으로 인군을 섬기느냐?'라고 했던 주장은 바로 이 같은 『춘추』의 복수 논리를 대변한 것이었다.

3. 아관파천기 고종의 국모 복수와 존왕론

명성왕후 민씨는 고종 32년(1895) 8월 20일(양력 10월 8일) 묘시(새벽 5-7시)에 경복궁의 곤녕합에서 일본인들에게 시해되었다.[13] 이 사건이 이른바 을미사변이었다. 시해된 명성왕후의 시신은 불태워지는 참혹한 만행을 당했다.

불에 타고 남은 명성왕후의 유해는 8월 21일 밤 오운각 서쪽 봉우리 아래에 암매장되었다. 당시 암매장된 명성왕후의 유해는 어깨 아래 부분이라고 하는데,[14] 이는 시신이 불에 탈 때 머리 부분이 모두 타버렸거나 아니면 머리 부분이 어깨 아래와 떨어져 나갔거나 또는 일본인들이 머리 부분을 어느 곳인가에 유기했기 때문이다.

을미사변 당일 명성왕후의 유해가 암매장됨으로써 명성왕후의 생사는 공식화되지 않았다. 오히려 명성왕후는 임오군란 때처럼 어딘가로 도피한 것으로 간주되었다. 이런 사정이 을미사변이 발발한 지 2일 만인 8월 22일에 공포된 고종의 명령에 다음과 같이 명문화되었다.

칙령을 내리기를, "짐이 보위에 오른 지 32년에 정사와 교화가 널리 펴지지 못하고 있는 중에 왕후 민씨가 자기의 가까운 무리들을 끌어들여 짐의 주위에 배치하고 짐의 총명을 가리며 백성을 착취하고 짐의 정령을 어지럽히며 벼슬을 팔아 탐욕과 포악이 지방에 퍼지니 도적이 사방에서 일어나서 종묘사직이 아슬아슬하게 위태로워졌다. 짐이 그 죄악이 극대하다는 것을 알면서도 처벌하지 못한 것은 짐이 밝지 못하기 때문이기는 하나 역시 그 패거리를 꺼려하기 때문이기도 하였다. 짐이 이것을 억누르기 위하여 지난 해 12월에 종묘에 맹세하기를, '후빈과 종척이 나라 정사에 간섭함을 허락하지 않는다.'고 하여 민씨가 뉘우치기를 바랐다. 그러나 민씨는 오래된 악을 고치지 않고 그 패거리와 보잘것없는 무리를 몰래 끌어들여 짐의 동정을 살피고 국무대신을 만나는 것을 방해하며 또한 짐의 나라의 군사를 해산한다고 짐의 명령을 위조하여 변란을 격발시켰다. 사변이 터지자 짐을 떠나고 그 몸을 피하여 임오년(1882)의 지나간 일을 답습하였으며 찾아도 나타나지 않았다. 이것은 왕후의 작위와 덕에 타당하지 않을 뿐만 아니라 그 죄악이 가득 차 先王들의 종묘를 받들 수 없는 것이다. 짐이 할 수 없이 짐의 가문의 고사를 삼가 본받아 왕후 민씨를 폐하여 서인으로 삼는다."하였다.[15]

위에 의하면 고종은 명성왕후가 임오군란 때처럼 어딘가로 도피하여 숨었을 뿐만 아니라 국정에 간여하는 등 지은 죄도 많으므로 폐비한다고 하였다. 물론 이것은 고종과는 관계없이 일제의 공작으로 나타난 결과로서 을미사변의 원인제공자가 명성왕후 당사자였다는 점을 선전하기 위한 술책이었다.[16] 그렇지만 고종의 본심이 어떻든 상관없이 당시에는 이런 명령이 고종의 이름으로 공포되었으므로 공식적인 국모 복수는 있을 수 없었다. 국모 복수가 공식화되려면 먼저 명성왕후의 시해가 공식화되어야 했다.

일본인들에 의해 시해당하고 암매장되었던 명성왕후의 국상 사실이 공식적으로 발표된 시점은 10월 15일에 이르러서였다. 8월 20일부터 따지면 약 50여 일이 지난 후였다. 고종은 '지난번 변란 때에 왕후의 소재를 알지 못하였으나 날이 점차 흘러가 그날에 세상을 떠난 증거가 정확하였다.'라고 하였는데,[17] 그동안 서구열강의 공사관에서 일제의 명성왕후 시해를 폭로함으로써 10월 10일에 명성왕후가 다시 복위되고 이어서 10월 15일에 국상이 공식 선포될 수 있었다.[18] 이 과정에서 암매장되었던 명성왕후의 유해가 수습되고 아울러 신원도 확인되었다. 수습된 명성왕후의 유해는 왕후가 시해되기 직전 거처하던 곤녕합에 안치되었다.

곤녕합에 안치되었던 명성왕후의 유해는 5일 후에 입관되어 10월 19일에 빈전인 태원전으로 옮겨졌다.[19] 이후 고종은 수시로 태원전을 찾았다. 고종은 빈전을 찾을 때마다 명성왕후의 원한을 갚고 일제로부터 나라의 독립을 되찾겠다는 결심을 했고, 그런 결심이 아관파천으로 표출되었다.

고종은 33년(1896) 2월 11일(양력) 아침 7시경에 궁녀의 가마를 타고 경복궁을 탈출하는 데 성공, 러시아 공사관에 도착하였다.[20] 고종은 러시아 공사관으로 파천할 때 왕태자만 대동하고 왕태후 홍씨(헌종의 계비 효정왕후, 홍재룡의 딸)와 태자비 민씨(순종의 첫째 왕비 순명왕후, 민태호의 딸)는 러시아 공사관과 가까운 곳에 위치한 경운궁으로 옮기게 하였다.[21] 아관파천 당일 고종은 명성왕후 시해와 관련하여 다음과 같은 명령을 내렸다.

칙령을 내리기를, "8월의 변고는 만고에 없었던 것이니, 차마 말할 수 있겠는가? 역적들이 권력을 잡아 쥐고 제멋대로 위조하였으며 왕후가 붕서하였는데도 석 달 동안이나 조칙을 반포하지 못하게 막았으니, 고금 천하에 어찌 이런 일이 있을 수 있는가? 어쩌다가 다행히 천벌이 내려 우두머리가 처단당한 결과 나라의 예법이 겨우 거행되고 나라의 체면이 조금 서게 되었다. 생각하면 뼈가 오싹하고 말하면 가슴이 두근거린다. 만약 하늘이 종묘사직을 돕지 않았더라면 나에게 어찌 오늘이 있을 수 있겠는가? 역적 무리들이 물들이고 입김을 불어넣은 자들이 하나둘만이 아니니 앞에서는 받들고 뒤에서는 음흉한 짓을 할 자들이 없을 줄을 어찌 알겠는가? 사나운 돼지가 날치고 서리를 밟으면 얼음이 얼게 된다는 경계를 갑절 더해야 할 것이다. 모든 신하와 백성들은 이 명령 내용을 명심해야 할 것이다." 하였다. ○ 이날 역적의 수괴 김홍집과 정병하가 법에 따라 복주되었다. 칙령을 내리기를, "을미년(1895) 8월 22일의 조칙과 10월 10일의 詔勅은 모두 역적 무리들이 속여 위조한 것이니 다 취소하라." 하였다.[22]

고종은 아관파천 당일 내린 명령에서 을미사변을 '만고에 없던 것'이라 하였으며, 을미개혁을 추진한 세력을 '역적들'이라고 명시하였다. 고종은 을미개혁을 '만고에 없던 을미사변을 일으킨 역적들이 추진한 정변'으로 공언한 셈이었다. 고종에 의하면 을미사변을 일으킨 사람들이 역적인 이유는 '국모를 시해하고 임금을 협박하여 법령을 혼란시켰기'[23] 때문이었다.

반면 고종은 을미사변과 단발 등에 분개하여 일어난 의병들에 대하여는 '이번에 춘천 등지에서 백성들이 소란을 피운 것은 단발 때문이 아니라 대체로 8월 20일 사변 때 쌓인 울분이 가슴에 가득 차서 그것을 계기로 터진 것이라는 것을 묻지 않고도 분명히 알 수 있다.'[24]고 함으로써 을미의병을 국모 복수를 위해 일어난 충절로 인정하였다.

고종은 의병들이 성토하려 한 대상을 '난신적자'라고 하였다.[25] 이 같은 판단의 근거는 물론 공자의 춘추 복수론이며, 그것은 곧 군부를 신자의 하늘로 떠받들어야 한다는 유교적 가치관과 다름없었다.

춘추시대에 공자는 쇠약해진 주나라 왕실의 권위를 높이기 위해 춘추 복수론을 제창하였다. 춘추 이전에는 주나라 왕실의 권위가 강력하여 제후들 사이의 분쟁은 물론 신자가 군부를 시해하는 일도 없었다. 하지만 춘주시대에 들어 주나라 왕실의 권위가 약해지자 제후들 사이에 전쟁이 만연하였으며, 동시에 신자가 군부를 시해하는 일이 빈발했다. 공자는 이런 사태를 개탄하여 주나라의 권위를 높이고 군부와 신자 간의 의리를 밝히기 위해 춘추를 저술하였으며, 아울러 복수 의리를 제창했던 것이다.[26] 공자가 제창한 복수 의리의 근거는 군부가 신자의 하늘이라는 논리였기에 이것은 군부의 권위와 권력을 강조하는 논리라고 할 수 있었다. 따라서 공자의 춘추 복수론은 전형적인 유교적 '존왕론' 이었던 것이다.

고종은 러시아 공사관으로 파천하면서 국모 복수와 함께 '하늘'을 유난히 강조하였다. 고종은 파천 당일 '하늘이 종묘사직을 돕지 않았다면 나에게 어찌 오늘이 있을 수 있겠는가?'[27]라는 언급뿐만 아니라, '하늘의 이치가 매우 밝아서 역적의 우두머리가 처단되었으니'[28]라는 언급도 하였다. 을미사변을 일으킨 역적들의 손아귀에서 고종 자신을 구한 것은 자신의 기지나 의병들의 거사가 아니라 궁극적으로 '하늘의 도움'이 었음을 강조한 말이었다. 이 같은 논리는 아관파천 기간 중에 반복적으로 강조되었다. 이는 결국 고종 자신이 하늘에 의해 선택되고 또 하늘의 가호를 받는 신성한 존재임을 강조하는 논리라고 하겠다. 아관파천 기간 중 고종은 계속해서 자신은 명분상 신자들의 군부일뿐만 아니라 실제적으로 하늘의 가호를 받는 군부임을 반복해서 강조했다.

아관파천 중에 고종은 하늘을 추상적으로 강조하는 것에서 나아가 국가 사전(祀典)으로 정비하기까지 하였다. 고종은 아관파천 5개월째인 7월 24일에, '나라를 다스리는 데 사전은 더없이 엄하고 더없이 공경스러운 것인데'라고 하여 사전의 중요성을 강조하면서, '환구, 사직, 제산천, 제묘(諸廟)에서 지내는 향사를 궁내부 대신과 장례원(掌禮院) 경으로 하여금 현재의 형편을 참작하고 예법을 상고하여 바로잡게 할 것'을 명령하였다.[29] 이에 따라 궁내부에서 국가 사전을 정비하여 보고하였는데, 이전의 종묘, 영녕전, 사직단에 더하여 환구 제례가 대사에 포함되었다.[30] 이때의 규정에 의하면 환구 제례에서는 '천지에 제사를 지내는데', 동지에 '풍운뇌우의 귀신과 국내산천의 귀신을 합제하고', 새해 정월 첫 신일(辛日)에는 '기곡대사(祈穀大祭)를 지낸다.'고 하였다.[31]

아관파천 중에 고종이 환구 제례를 대사에 포함한 이유는 장차 황제에 즉위하기 위한 사전포석이기도 하지만, 그 못지않게 제천의례를 통하여 하늘과 자신과의 관계를 새롭게 강조하기 위해서였다. 그것은 곧 춘추 복수론에서 강조하는 군부에 대한 신자의 의리를 이론뿐만 아니라 제도적으로 뒷받침함으로써 고종 자신의 왕권을 강화하려는 의도였다. 즉 신자가 군부를 위해 복수를 해야 하는 이유는 신자에 대하여 군부가 '하늘'이기 때문이라는 춘추 복수론의 '하늘'을 구체화하는 작업이 바로 '하늘에 대한 강조'와 '환구 제례의 시행'이었던 것이다. 을미사변 이후 국모 복수론이 전국적으로 확산되는 상황에서 고종은 춘추 복수론의 논리적 근거인 '군부는 신자의 하늘'에서 하늘을 구체화하고, 그것을 '존왕론'으로 유도해갔던 것이다.

고종은 아관파천 직후 국모 복수를 강조하면서 자신의 군주관을 몇 차례에 걸쳐 표명하였다. 고종은 군주를 '민의 표준'[32] 또는 '민의 부모'[33]라고 하였다. 이런 군주관은 전통적인 유교 군주관과 다를 것이 없었다.

아관파천 중 고종은 자신의 유교 군주관에 국모 복수론의 유교적 존왕
론을 더함으로써 강력한 왕권을 확립하려고 했던 것이다.

4. 환궁 전후 고종의 국모 복수와 군주전제론

고종의 아관파천이 길어지자 환궁을 요구하는 여론이 높아졌다. 이에
따라 고종은 아관파천 이후 6개월이 지난 8월 10일에 "경운궁은 바로
역대 임금들께서 계시던 곳이다. 연전에 이미 수리하였지만 아직도 미
처 손대지 못한 곳이 많다. 궁내부와 탁지부로 하여금 맡아서 수리하도
록 하되 간단하게 할 것이다."[34]는 지시를 내렸는데, 이는 경운궁으로 환
궁하기 위한 사전 조치였다. 경운궁 수리와 함께 고종은 경복궁의 태원
전에 모시고 있던 명성왕후의 혼백과 유골, 그리고 선원전에 모시고 있
던 어진들을 경운궁으로 옮기라 명령하였다.[35] 조선시대 빈전과 진전은
왕이 거처하는 궁궐에 모시는 것이 전례였으므로 고종은 경운궁으로
환궁하기에 앞서 이 같은 조치를 취했던 것이다.

1896년 9월 4일 명성왕후의 혼백과 유골 그리고 선원전의 어진이 경
운궁으로 옮겨졌다. 그날 고종은 직접 경운궁 대문 밖에 나가 맞이하였
으며[36] 찬궁(攢宮)에 관을 모신 후에는 빈전에 찾아가 곡을 하고 제사를
올렸다.[37] 당시 명성왕후의 혼백과 유골은 경소전(景昭殿)의 찬궁에 안
치했으며,[38] 경복궁 선원전에서 옮겨온 어진들은 즉조당(卽阼堂)에 안치
했다.[39]

그런데 명성왕후의 혼백과 유골이 모셔진 경운궁의 경소전은 경복궁
의 명성왕후 빈전이었던 태원전과 몇몇 측면에서 비교되었다. 먼저 위
치 면에서 비교될 수 있었다. 경복궁의 태원전은 경회루의 북쪽으로서
상당히 후미진 곳에 있었다. 이에 비해 경운궁의 경소전은 즉조당과 석

어당 좌측에 있었다. 즉조당과 석어당은 경운궁에서 가장 유서 깊은 건물이자 가장 의미 깊은 건물이었다. 왜냐하면 즉조당은 인조가 반정을 일으킨 후 즉위식을 치른 곳이었고 석어당은 임란 후 환도한 선조가 생활하던 곳이었기 때문이다. 따라서 경운궁의 역사적 의미와 중요성을 상징하는 곳은 즉조당과 석어당이었다. 그렇기에 고종은 1896년 9월 4일에 경복궁의 선원전에 모셨던 어진들을 경운궁의 즉조당에 모셨던 것이다. 후에 고종은 경운궁의 정전인 중화전을 즉조당 전면에 세움으로써 즉조당 구역을 경운궁의 중심 구역으로 만들었다.

고종이 1896년 8월 10일에 경운궁 수리를 명령했을 때, 가장 먼저 수리된 건물은 명성왕후의 혼백과 유골을 모실 경소전이었다. 8월 10일 직후에 수리되기 시작한 경소전이 9월 4일 이전에 완공되었기에 9월 4일에 명성왕후의 혼백과 유골을 태원전에서 경소전으로 옮겨 모실 수 있었던 것이다. 고종은 명성왕후의 빈전인 경소전을 즉조당과 석어당 좌측에 지음으로써 경소전의 중요성과 상징성을 크게 높였다.

이에서 나아가 고종은 자신의 침전인 함녕전을 경소전 좌측에 지음으로써 경소전의 중요성을 더욱 높였다. 함녕전은 고종이 경운궁으로 환궁한 1897년 2월 20일 이후부터 4개월 후인 6월쯤에 완공되었는데,[40] 고종은 그 함녕전을 경소전 좌측에 세웠던 것이다. 따라서 경운궁에서 가장 중요한 구역은 즉조당-경소전-함녕전으로 구성되는 구역이었다. 이 구역이 바로 경운궁의 정전, 편전, 침전에 해당하는데 고종은 경운궁의 편전에 해당하는 경소전을 명성왕후의 빈전으로 삼음으로써 자신의 일상적인 통치활동에서 가장 중요한 것이 바로 명성왕후의 복수라는 사실을 상징적으로 드러냈다.

고종은 아관파천 1년 만인 1897년 2월 20일에 러시아 공사관에서 경운궁으로 환궁하였다.[41] 환궁 직후, 고종은 즉조당에 모셨던 어진을 모시기 위한 선원전을 함녕전 좌측에 지었다. 경운궁의 선원전은 4월쯤에 완공되었고,[42] 이어서 6월 26일에 즉조당에 모셔졌던 어진이 선원전으로 옮겨졌다. 이에 따라 경운궁의 공간 구성상, 함녕전의 좌우에는 진전인 선원전과 빈전인 경소전이 자리하게 되었다. 경운궁의 진전인 선원전은 고종의 왕권과 정통성을 상징하였으며, 빈전인 경소전은 고종의 복수와 주권독립을 상징하였다.

경운궁으로 환궁한 이후, 고종이 참여하는 국가전례의 중심장소는 종묘가 아니라 바로 선원전과 경효전이었다. 고종은 갑오년 이후 환궁까지 종묘에 찾아간 적이 한 번도 없었다.[43] 그동안 갑오개혁, 을미사변, 아관파천, 경운궁 환궁 등 격변이 이어졌기에 종묘를 찾아갈 여유가 없었기 때문이었다. 그런데 고종은 환궁 이후에도 오래도록 종묘에 찾아가지 않았다. 고종은 황제에 즉위하고도 한 달이 넘은 1897년 11월 16일에야 종묘를 찾아 전알(展謁)했다.[44] 환궁 이후에도 9개월이 지나도록 고종이 종묘를 찾지 않은 이유는, 궐 밖 행차 자체가 어려웠던 현실도 있었지만, 그 이상으로 국모 복수를 하기 전에는 조상들을 찾아볼 면목이 없었기 때문이기도 했다.

고종은 환궁 이후 종묘를 찾는 대신 명성왕후의 빈전인 경소전과 진전인 선원전을 자주 찾았다. 그 이유는 빈전과 진전이 함녕전 좌우에 있어 쉽게 찾을 수 있었다는 측면과 함께, 빈전에 모신 명성왕후의 혼백과 유골로 제국선포의 여론을 조성하고,[45] 선원전으로써 왕권의 정통성을 강화하려는 의도에서였다. 이 결과 환궁 이후 고종이 참여하는 국가전례의 중심장소는 자연스럽게 선원전과 경효전(景孝殿)이 차지하게 되었다.[46]

선원전의 경우 고종의 경운궁 환궁 이전에는 선원전 자체를 위한 국가전례가 없었다. 조선 전기에는 선원전에 수많은 어진들이 봉안되어 있었음에도 불구하고 전헌 등의 국가전례가 전혀 없었다.[47] 『국조오례의』에 규정된 '속절향진전의(俗節享眞殿儀)'는 지방의 태조 진전을 위한 국가 전례였다. 이런 상황에서 고종이 경운궁으로 환궁한 후 선원전이 중요시되면서 선원전 자체를 위한 국가전례의 필요성이 대두되었고 그 결과 『대한예전』에 '선원전화령전기신향(璿源殿華寧殿 忌辰享)'이라는 규정이 실리게 되었다. 이 제향은 황제와 황태자가 직접 참여하는 작헌례였다.[48]

경운궁의 고종은 선원전보다 경소전의 제향에 더 몰두하였다. 고종은 아관파천 중이던 1896년 9월 4일에 명성왕후의 혼백과 유골을 경소전에 옮겨 모신 후 삭망제를 포함하여 한 달에 일고여덟 차례 경소전 제향에 직접 참여하였다. 하지만 1897년 2월 20일에 경운궁으로 환궁한 이후에는 삭망제는 물론이고 매일의 석상식 또는 석전에 한 차례 이상 참여하였다. 조선시대 왕실의 빈전에서는 매일 조전, 조상식, 주다례, 석상식, 석전 등 다섯 차례의 제향이 있었는데, 고종은 삭망에는 보통 조전, 주다례, 석전 등 세 차례의 제향에 참여하였으며 그 이외에는 석전 또는 석상식에 한번 참여하였다. 이에 비해 훗날의 순종이 되는 왕태자는 혹 고종이 석전을 거행하면 석상식을 거행하고 혹 고종이 석상식을 거행하면 석전을 거행하였다. 따라서 경운궁으로 환궁한 이후 고종과 왕태자의 가장 중요한 국정업무는 바로 경소전의 제향에 참여하는 일이었다.[49]

경운궁 환궁 이후 고종과 왕태자가 하루도 빠짐없이 경소전의 제향에 참여한 이유는 국모 복수론의 여론을 환기하고 그것을 통해 고종의 왕권을 강화하기 위해서였다. 고종은 '춘추대의에 군부의 원수를 갚지 못하면 몽백을 아니한다.'는 명분을 내세워 명성왕후의 국장을 계속해서 연기하는 대신 자신과 왕태자는 하루도 빠짐없이 경소전의 제향에 참여하였던 것이다. 이는 달리 말해서, 고종과 왕태자에게 경소전의 제향 참여는 그 자체가 '국모 복수'의 실천이며 나아가 '국모 복수'의 여론을 환기하는 행위이기도 했던 것이다.

본래 조선시대의 국상에서는 초상이 난 지 5개월 만에 장례를 치르는 것이 예법이었다.[50] 그러므로 명성왕후의 경우 국상이 발표된 1895년(고종 32) 10월 15일(음력)부터 계산한다고 해도 1896년(고종 33) 2월(음력) 쯤에는 국장을 치러야 했다. 당시에 고종이 아관파천을 하였기에 부득이하였다면 아관파천 후 상황이 안정되는 대로 장례를 치르는 것이 예법에 맞았다.

그런데 고종은 아관파천 중에는 물론 경운궁 환궁 이후에도 오랫동안 국장을 치르지 않았다. 결국에 명성왕후의 국장이 치러진 것은 1897년 10월 12일 대한제국이 선포되고도 한 달 후인 11월 21일이었다.[51] 이때는 고종이 경운궁에 환궁한 지 9개월 만이며, 명성왕후의 국상이 공포된 때로부터는 근 2년 즉 24개월이나 지난 시점이었다. 이토록 오래 명성왕후의 국장이 연기된 논리적 근거는 물론 국모 복수론이었다. 그 같은 논리적 근거는 명성왕후의 국장 직전인 10월 25일에 작성된 고종의 '대행황후행록 친찬'과 왕태자의 '대행황후행록 예제'에 잘 나타난다. 고종의 '대행황후행록 친찬'에서는 국모 복수와 명성왕후의 국장을 이렇게 언급하고 있다.

아! 황후가 지성과 명감(明鑑)으로 짐을 이렇게 충고하였지만 김홍집, 유길준, 조희연, 정병하 4적(四賊)을 즉시 목 베지 못하였다. 이 때문에 4적으로 하여금 몰래 외병을 불러들이고 은밀히 훈련대를 사주하여 을미년의 천하 만고에 없던 큰 변란을 일으키게 하고야 말았다. (중략) 김홍집과 정병하 두 역적은 이미 죄를 바르게 하였으나, 조희연과 유길준은 모두 도망쳤다고 하여 아직까지 잡지 못하였다. 동궁이 침과(枕戈)하려는 생각은 참으로 애달프고 불쌍하다.[52]

고종이 언급한 '동궁이 침과하려는 생각'이란 바로 '부모의 원수가 있다면 어떻게 해야 합니까?'라는 자하의 물음에 공자가 '거적을 깔고 방패를 베개 삼아 잠자고, 벼슬하지 않으며 원수와는 함께 세상을 살아가지 않을 결심을 해야 한다.'고 했던 대답을 실천하려는 생각이었다. 명분상으로만 본다면 을미사변에 대하여 고종은 명성왕후의 남편이므로 신자로서의 의무는 전혀 없었다. 반면 왕태자는 명성왕후의 아들이자 신하이기에 신하의 의리와 자식의 의리를 모두 갖고 있었다. 따라서 왕태자에게 명성왕후를 위한 복수는 국모를 위한 복수이자 부모를 위한 복수이기도 했다. 그러므로 춘추 복수론으로 볼 때, 왕태자는 명성왕후를 시해한 주범이 처벌되기 전에는 결코 국장을 치를 수가 없었다. 고종이 명성왕후의 국장을 오래도록 연기한 가장 큰 명분은 바로 왕태자의 복수를 위해서였던 것이다.

실제로 왕태자는 그 누구보다도 강경하게 명성왕후의 복수를 제창했다. 왕태자는 '대행황후행록 예제'에서 자신의 복수 의지를 이렇게 강조하였다.

> 네 명 역적의 죄는 비록 그 무리들을 모조리 죽여 하나도 남기지 않는다고 해도 천지에 가득한 소자의 통한을 어찌 조금이나마 씻을 수 있겠습니까? 김홍집과 정병하는 이미 죽여 형률을 올바로 하였지만, 유길준과 조희연이 이미 천망을 빠져나갔습니다. 소자는 거적을 깔고 창을 베개 삼아 잠자며 흉적을 섬멸할 때까지 감히 원수와 함께 세상을 살아가지 않을 것입니다. 무릇 우리의 신서(臣庶)가 모두 복수를 하고자 하니, 진실로 혈기가 있는 사람이라면 마땅히 의리를 하나로 할 것입니다.[53]

왕태자는 자신의 복수의지를 '거적을 깔고 창을 베개 삼아 잠자며 흉적을 섬멸할 때까지 감히 원수와 함께 세상을 살아가지 않을 것입니다.'라고 다짐하였는데, 이는 바로 부모의 원수를 이렇게 갚아야 한다는 공자의 가르침에서 나온 다짐이었다. 왕태자는 공자의 가르침에 따라 장례를 치르기 전에 원수부터 갚아야 했다. 그런데 명성왕후 시해의 주범 4명 중에 유길준과 조희연이 아직 살아 있으므로 왕태자는 명성왕후의 장례를 치를 수가 없었던 것이다.

또한 왕태자는 '우리의 신서가 모두 복수를 하고자 하니'라고 하였는데, 이는 명성왕후가 백성들에게 국모이므로 백성들은 당연히 국모를 위해 복수해야 함을 역설한 말이었다. 따라서 왕태자나 백성들은 명성왕후에 대하여 동일하게 신자의 의리가 있으므로 국장을 치르기 전에 복수부터 해야 한다는 논리가 도출될 수 있었다.

이 같은 논리는 민영소가 지은 명성왕후 행록에서도 동일하게 반복되었다. 민영소는 '춘추의 의리에 거적을 깔고 창을 베개 삼아 언제든 복수할 수 있어야 한다고 한 것은, 나라의 원수를 갚지 못하면 나라의 법망이 무너진 것이요 형정이 폐지된 것이니 그렇다면 나라가 없다고 해도 괜찮을 것입니다.'[54]라고 하였는데 이 또한 국장에 앞서 국모 복수부터 해야 한다는 말이나 다름없었다.

이처럼 춘추 의리에 입각한 국모 복수가 강조될수록 춘추 의리에서 강조하는 군부와 신자의 관계 즉 군부를 하늘로 신자를 땅으로 상정하는 군신관계가 강조될 수밖에 없었다. 특히 복수의 대상이 국내의 김홍집, 정병하, 유길준, 조희연을 넘어 일본으로까지 확대된다면 고종이 중심이 되어 국권을 강화하여 일본에 저항해야 한다는 논리로 발전할 수 있었다. 예컨대 민영소의 명성왕후 행록에는 '황제폐하는 용맹과 지혜를 하늘로부터 타고나셔서 크나큰 국난을 평정하고 자주권을 창립하셨으니, 이에 대소신민이 모두 위호를 추존하고자 원하였습니다.'[55]라고 하였는데, 이는 을미사변 이후 나라의 주권을 지키기 위해 아관파천을 감행하고 이어서 경운궁에 환궁한 후 날마다 경소전의 제향에 참여하여 국모 복수를 고양한 결과 일본으로부터 나라의 자주권을 되찾을 수 있었다는 뜻이었다. 고종이 황제에 오른 것은 바로 이런 위업을 성취했기 때문이라는 것이 민영소의 주장인데, 이것은 당시 고종의 황제 즉위를 요구하던 사람들의 여론이기도 했다.

고종은 국모 복수론에 내제된 유교적 존왕론뿐만 아니라 황제에 즉위하는 과정 자체도 군주권 강화에 활용하였다. 고종의 황제 즉위를 요청하는 상소는 2월 20일의 환궁으로부터 3월 후인 5월 1일 전 승지 이최영의 상소부터 시작되었다. 이어서 5월 9일에는 유학 권달섭 등이, 5월 16일에는 의관 임상준이 황제 즉위를 요청하는 상소를 올렸다. 이에 대하여 고종은 '말이 옳지 못하다.'고 겉으로 거부하는 뜻을 보였지만, 실제는 황제에 즉위할 준비에 착수했다. 고종은 9월 21일에 장례원 경 김규홍이 환구단 쌓기를 요구하자 곧바로 재가하였던 것이다.[56] 아관파천기인 1896년 8월에 정비된 환구 제례에서는 단은 쌓지 못하고 단지 제례만 정비하여 남단에서 거행하였기에 명실상부하게 제천 의례를 거행하기 위해서는 환구단이 필요했다. 환구단 쌓을 것이 재가된 후 고위 관료들도 황제즉위를 요청하는 상소문을 올리기 시작해, 10월 2일에는 조정 중신들이 백관을 거느리고 황제 즉위를 간청하기에 이르렀다. 고종은 이날도 사양하였지만 3일에도 백관의 간청과 한양 시민들의 간청까지 이어지자 마침내 '대동한 인정을 끝내 저버릴 수가 없어 곰곰이 생각하다가 이에 부득이 따르기로 하였다.'[57]고 하여 황제 즉위를 허락하였다. 이 결과 절차와 형식으로만 본다면 고종은 합의추대에 의해 황제에 즉위하였고 그렇기에 고종은 절차적 민주주의를 주장할 수 있었다.

고종은 10월 12일에 환구단에서 황제에 즉위하였는데, 그날 경소전에서 명성왕후를 황후에 추봉하였다. 이어서 11월 21일에 명성황후의 국장이 왕후가 아닌 황후의 자격으로 거행되었다. 국장 당일까지 유길준과 조희연이 여전히 살아 있었음에도 국장이 거행된 이유는 대한제국이 선포됨으로써 국가의 자주권이 확립되었고 명성왕후가 황후로 추봉되었기에 어느 정도 복수를 한 것으로 간주되었기 때문이었다. 결국 고종은 국모 복수론을 이용하여 대한제국을 선포하고 황제에 즉위하였던 것인데, 이런 맥락에서 본다면 고종이 황제에 즉위한 후 정치체제를 황제 중심의 '전제정치체제'[58] 로 만든 것은 자연스런 귀결이었다.

5. 맺음말

고종은 을미사변 이후 전 국민적으로 고양된 국모 복수론을 다양한 방법을 동원해 군주전제론으로 유도해나갔다. 그것은 국모 복수론의 논리적 근거인 춘추 의리론 자체에 군부의 권위와 권력을 강조하는 존왕론의 성격이 함축되어 있었기에 가능한 일이었다.

춘추 의리론은 춘추 시대에 공자가 제창한 의리론이었다. 공자는 주나라의 권위를 높이고 군부와 신자 간의 의리를 밝히기 위해 춘추를 저술하였으며, 아울러 복수 의리를 제창했다. 공자가 제창한 복수 의리의 근거는 군부가 신자의 하늘이라는 논리였기에 이것은 군부의 권위와 권력을 강조하는 논리였다. 따라서 공자의 춘추 복수론은 전형적인 유교적 '존왕론'이었다.

을미사변 이후 국모 복수를 기치로 봉기한 위정척사파들의 논리적 기반은 바로 유교적 존왕론이라 할 춘추 의리론이었다. 아관파천 이후 고종은 위정척사파들의 봉기를 의병으로 공인함으로써 춘추 의리론을 고무시켰다. 이뿐만 아니라 고종은 하늘을 강조하고 또한 환구단 제천 의례를 정비함으로써 춘추 복수론에서 강조하는 군부에 대한 신자의 의리를 이론뿐만 아니라 제도적으로도 뒷받침하였다. 이를 통해 고종은 국모 복수론의 이론적 근거가 되는 하늘을 구체화하고 그것을 존왕론으로 유도해나갔다.

고종은 환궁 이후 명성왕후의 빈전인 경소전의 제향에 날마다 참여하여 의도적으로 국장을 지연시킴으로써 국모 복수론을 확산시켰다. 이를 통해 고종은 춘추 의리에서 강조하는 군부와 신자의 관계 즉 군부를 하늘로 신자를 땅으로 상정하는 군신관계를 강화하고자 했다. 뿐만 아니라 복수의 대상을 국내의 김홍집, 정병하, 유길준, 조희연을 넘어 일본으로까지 확대시킴으로써 고종이 중심이 되어 국권을 강화하여 일본에 저항해야 한다는 논리를 발전시켰다. 이 결과 고종은 춘추 의리론의 '존왕론'을 더욱 강력하게 제창할 수 있었다. 이런 맥락에서 고종은 황제에 즉위한 후 정치체제를 황제 중심의 '전제정치체제'로 만들 수 있었다. 나아가 고종은 대한제국을 선포하는 과정에서 전 국민의 추대를 받아 황제에 즉위하는 형식을 취함으로써 절차상 민주적인 즉위형식을 갖추고자 노력하였다.

결국 고종은 국모 복수론에 내재된 유교적 존왕론과 황제 즉위 과정에서의 절차적 민주주의를 이용하여 대한제국기의 정치체제를 '전제정치체제'로 귀결시켰다고 결론 내릴 수 있다. 이 같은 황제 중심의 전제군주론이 바로 19세기 서구의 충격에 대응하기 위해 대한제국 시기에 고종이 구상했던 '구본신참' 또는 '법고창신'의 정치적 표현이었다.

2장

청말신정 시기 오대신출양과 군주입헌론의 전개

단방을 중심으로

조 세 현

1. 머리말

청말신정(淸末新政)은 자희태후(慈禧太后, 혹은 西太后)가 주도한 청조 최후의 개혁으로 의화단운동이 실패한 직후인 1901년부터 경제, 교육, 군사 등의 영역에서 진행하다가 1906년부터 정치개혁, 즉 예비입헌(豫備立憲)을 시작하였다. 우선 헌법대강을 반포하고 9년간의 준비과정을 거쳐 군주입헌제를 실현할 계획이었다. 그러나 신정은 신해혁명(辛亥革命)의 발발로 말미암아 실패하였다. 이 시기에 대해 과거 중국학계는 청 말신정과 예비입헌을 혁명을 방지하고 청조의 수명을 연장하기 위한 정치적 사기극 정도로 보아 그 의의를 낮게 평가하고 실패하는 과정을 묘사하는 데 치중하였다. 그래서인지 주로 황제 측의 반대편에 서있는 재야 입헌파나 공화파의 움직임에 초점을 맞추었으며, 청조 내부 실권 자들의 대응태도에 대한 연구는 충분하지 않았다. 근래에는 청말신정 이 중국 현대화의 첫걸음이라고 보아 과거와 달리 역사적 평가가 무척 높아졌다. 신정을 양무운동과 무술변법의 계속과 발전이라는 맥락에서 파악하고, 예비입헌이 "위헌정 가입헌(僞憲政 假立憲)"이라는 전통적 견해를 수정하였다. 심지어 어떤 연구자는 신해혁명으로 청조가 몰락한 것이 청말신정 실패의 직접적인 원인이며, 만약 신해혁명이 발생하지 않았다면 신정은 계속 발전해 자본주의 현대화의 길로 갔을 것이라고 예측하였다.[1]

이 시기에 있었던 오대신출양(五大臣出洋) 사건이 입헌운동의 분수령 이라는 점에는 거의 이견이 없다.[2] 오대신출양이란 1905년 청조가 다섯 명의 고위대신을 두 그룹으로 나누어 구미(일본 포함)에 파견해 정치 전반(특히 헌정)에 걸쳐 현황을 고찰한 역사 사건을 가리킨다.[3] 이 사건은 적지 않은 역사적 의의를 지닌다. 먼저, 청조의 이름으로 고위관료를 외국에 파견해 정치를 고찰하도록 한 것은 청 황실 역사상 처음 있는 일이었다. 과거 청조는 사람을 파견해 외국의 상무, 학무, 농무 등을 살핀 적은 있었지만 실무자 수준이었다. 그리고 청 황실이 군주제 개혁에 나서겠다는 적극적인 의지는 결국 예비입헌이라는 실질적인 결과를 낳았으며, 입헌파의 확산과 입헌운동의 발전을 촉진시켰다.[4]

이 글은 오대신출양이 청조 내 군주입헌론의 수용에 어떤 영향을 주었는가에 주목하면서, 예비입헌을 통해 창출하려던 새로운 군주제의 내용을 이해하려는 것이다. 특히 광서제(光緖帝)나 자희태후와 같은 중앙 최고 권력자나 장지동(張之洞) 원세개(袁世凱)와 같은 한인 독무 세력 말고, 상대적으로 연구가 부족한 단방(端方)이라는 한 만주족 고위관료를 중심으로 이 문제에 접근할 것이다.

단방(1861~1911)은 만주족 정백기인(正白旗人) 출신으로 1882년 거인이 되었다. 당시 북경에 거주하던 팔기 가운데 재능이 높다고 평가받던 세 사람, 영경(榮慶), 나동(那桐), 단방 중 하나였으며, 만주족 고위관료 가운데 학문이 있고 시무에도 능한 인물로 알려졌다. 『청사고(淸史稿)』 등에는 단방이 "성격이 화통해 사소한 일에 구애받지 않았다."고 기록하였다. 무술변법 시기에 농공상국을 담당해 유신정책을 추진하면서 광서제의 인정을 받았다. 변법 실패 후 정치적 위기에 처했으나 영록(榮祿)과 이연영(李蓮英)의 도움으로 위기를 벗어났다. 의화단운동 시기 팔국연합군이 북경을 점령하고 자희태후와 광서제가 서안으로 피난갈 때, 단방은 섬서안찰사(陝西按察使)와 호리섬서순무(護理陝西巡撫)의 신분으로 자희태후 일행을 보호하면서 두터운 신임을 얻었다. 그 후 출세가도를 달려 호북순무(湖北巡撫, 1901년), 서리호광총독(署理湖廣總督, 1902년), 호남순무(湖南巡撫, 1904년) 등을 지냈다. 각지의 재임기간 중 신정을 추진했는데 특히 교육문화 방면에 업적이 뛰어났다. 그러던 와중에 이른바 '출양고찰정치대신'으로 임명되었다.

  단방은 출양오대신 가운데 핵심인물이자 예비입헌 과정에서 중요한 역할을 담당한 고위관리이다. 그는 만주족 출신의 정치가 가운데 군주입헌론을 체계적으로 주장한 인물이기도 하다. 그럼에도 불구하고 증국번, 이홍장, 장지동, 원세개 등과 같은 한족 고위관리에 대한 연구가 많은 반면, 단방에 대한 연구는 상대적으로 부족하였다.[5] 어쩌면 그가 만주족이기 때문인지도 모른다.[6] 하지만 단방은 청대 마지막 막부를 만든 거물이자, 그의 막부는 청대 전 시기를 통틀어 만주족이 만든 유일한 막부이기도 하다.[7] 여기서는 먼저 단방을 중심으로 오대신의 구미 여행과정과 서양 정치체제에 대한 인식을 살피고, 다음으로 귀국 후 전개한 군주입헌론이 예비입헌에 미친 영향과 관제개혁의 실패과정 등을 살펴볼 것이다.

2. 단방과 오대신출양

1) 오대신출양의 배경

러일전쟁 이전의 개혁은 주로 각 성의 독무나 외국인들의 요구를 수용한 것이다. 의화단운동 패배 이후 반만 세력의 확대를 막고 지방과 열강의 지지를 얻고자 한 것으로 수동적인 대응이었다.[8] 이 시기 개혁은 행정체제의 구조조정이었지 진정한 의미의 봉건전제체제를 개혁한 것이 아니었으며, 황제권에 손을 댄 것은 더더욱 아니었다.[9]

청말 정치체제의 최대 변혁이라는 예비입헌의 시작을 알리는 오대신출양은 러일전쟁 직후 발생하였다. 기존연구에 따르면, 오대신출양의 원인을 보통 러일전쟁의 영향, 청조 고위관리들의 요청, 혁명파의 위협에 대한 대응 등으로 설명한다.[10]

첫째, 러일전쟁의 영향인데, 청말신정이 추진 중일 때 발발한 러일전쟁(1904~1905)과 일본의 승리는 입헌논의를 활성화시켰다. 입헌국을 향한 정체개혁이야말로 강국으로의 길로 비쳐졌던 것이다. 당시에 유행한 "일본은 입헌으로 승리한 것이며, 러시아는 전제로서 패배한 것이다."라든지, "소국이 대국에 전승할 수 있었던 것은 다름이 아니라 실로 입헌이 전제에 전승한 것이다." 혹은 "예전에는 유신 두 글자가 중국 사대부의 화두였는데, 지금은 입헌 두 글자가 중국 사대부의 화두이다."라는 말들은 그런 상황을 잘 보여준다. 이처럼 청조가 진정한 체제개혁에 관심을 가진 것은 러일전쟁 이후라고 볼 수 있다.

둘째, 청조 고위관리들의 요청인데, 프랑스공사였던 손보기(孫寶琦)가 가장 먼저 조정에 입헌을 주청한 관리였다.[11] 그는 1904년에 올린 한 상주문에서 "영국 독일 일본의 제도를 모방해 입헌정체의 국가를 만들겠다고 결정하고, 먼저 중외에 선포하여 민심을 공고히 하면 국가의 근본을 보존할 수 있다."[12]고 주장하였다. 곧이어 영국공사였던 왕대섭(汪大

孌), 러시아공사였던 호유덕(胡惟德), 미국공사였던 양성(梁誠) 등도 조정에 정치개혁을 주청하였다. 1905년에 이르러서는 국내의 고위관리들도 앞다투어 정치개혁을 요구하였다. 운귀총독 정진탁(丁振鐸), 양강총독 주복(周馥), 호광총독 장지동(張之洞), 양광총독 잠춘훤(岑春煊), 직례총독 원세개 등이 연이어 입헌을 주장하는 상주를 올렸다.[13] 이때 호북순무 단방도 대신을 외국에 파견하여 정치를 고찰하도록 하고 이를 정치개혁의 모델로 삼을 것을 주청하였다.

셋째, 혁명파의 위협에 대한 대응인데, 1905년은 손문의 중국동맹회가 일본 동경에서 정식으로 성립한 때이기도 하다. 청조와 국내외 입헌파는 군주입헌제를 실행해 혁명운동을 무력화시키려고 했다. 입헌을 통해 국가의 모든 백성이 평등해지면 만한(滿漢)을 구분하지 않고 융합할 것이며, 한인의 불평이 사라지면 더 이상 구만(仇滿)이니 배만(排滿)이니 하는 말들은 사라질 것이라는 생각이었다. 오대신출양을 결정했을 때, 자희태후는 대신들에게 "입헌은 우리 만주왕조의 기초를 영원히 공고히 할 것이고 해외 혁명당은 이로 말미암아 소멸시킬 수 있다. 고찰의 결과를 기다린 후에 문제가 없으면 반드시 실행할 것"이라고 말했다고 전한다.[14] 그런데 1905년을 전후한 시점은 청조의 정치력이 건재했고 혁명 활동은 해외나 연안지역으로 제한되었다는 사실이나, 오대신출양이 결정된 시점이 1905년 7월 16일이고 중국동맹회가 성립한 시점이 8월 20일이라는 사실 등을 감안하면 반드시 혁명파의 위협 때문에 오대신출양 계획이 추진되었다는 해석은 문제의 여지가 있다.[15]

1905년 7월 16일(광서 31년 6월 14일) 청조는 「파재택등분부동서양고찰정치유(派載澤等分赴東西洋考察政治諭)」라는 상유를 반포해 다섯 명의 대신을 선발해 두 그룹으로 나누어 각국의 정치를 고찰하도록 하였다. 여기서 기억할 점은 상유에는 "일체의 정치를 고찰"하라고 적혀 있지, '입헌'이니 '헌정'이니 하는 구체적인 표현은 없다는 사실이다. 일단 군주입헌제를 포함한 폭넓은 정보를 수집한 후 국가의 방향을 잡으려 했던 것으로 보인다. 만약 군주입헌제를 실행했을 때 군주의 권력에 어떤 영향을 미치는가 여부가 청 황실과 자희태후가 대신을 파견한 가장 중요한 목적이었다. 당시 자희태후는 "군권(君權)을 침범해서는 안 된다", "복제(服制)를 다시 바꿀 수는 없다", "변발(辮髮)을 자를 수는 없다", "전례(典禮)를 폐지할 수는 없다"는 네 가지 원칙을 가지고 있었다고 한다.[16] 그럼에도 불구하고 자희태후의 서양정치 고찰주장은 진심이 담겨 있었으며, 단방은 자희태후가 추진한 신정의 진정성에 조금도 의심이 없었기에 상유를 받들어 방문단을 조직하였다.[17]

출양대신은 두 가지 여행 코스로 나누어 출발할 계획이었다. 첫 번째는 재택(載澤, 鎭國公), 서세창(徐世昌, 兵部侍郎), 소영(紹英, 商部右丞) 일행으로 여행 국가는 일본, 영국, 프랑스, 벨기에 등이었고, 두 번째는 대홍자(戴鴻慈, 戶部侍郎), 단방(湖南巡撫) 일행으로 여행 국가는 미국, 독일, 이탈리아, 오스트리아, 러시아 등이었다. 오대신출양 계획은 국내외에 큰 반향을 불러일으켰다. 청조 내 입헌파는 확실하게 정치적 입지를 구축했고, 입헌을 꾸준히 주장하던 국내외 입헌파 장건(張謇), 양계초(梁啓超), 탕화룡(湯化龍), 탕수잠(湯壽潛) 등도 환영하였다. 각종 신문잡지에서도 이 결정을 찬양하는 기사들이 넘쳐났다. 청 중앙에서는 국가적인 행사로 준비했으며 입헌을 주청했던 지방 독무들도 거액의 찬조금을 내었다.

그해 9월 24일 해외 고찰단이 북경을 떠날 때 정양문 역에서 성대한 환송식이 열렸는데, 11시 오대신이 행사를 마치고 기차에 오를 즈음 열차 내에서 돌연 폭탄이 터져 큰 폭발음이 일어났다. 열차 차량의 앞면에 앉았던 재택과 소영을 비롯한 여러 사람이 부상을 입었다. 이들에게 폭탄을 던진 인물은 오월(吳樾)이라는 혁명가로 현장에서 즉사하였다.[18] 오월의 폭탄은 성능이 그리 뛰어나지 않아서 오대신 가운데 재택의 이

마에 약간의 경상을 입혔고, 소영의 귀와 팔에 비교적 큰 상처를 입히는 데 그쳤다. 그러나 사회적인 충격은 대단하였다. 자희태후는 테러사건 다음 날 단방 등과 만난 자리에서 국사를 추진하는 어려움을 한탄하면서 눈물을 흘렸다.[19] 이 사건은 청조 권력자들의 정치개혁에 대한 믿음을 흔들어놓았으며, 잠시나마 고찰단의 일정도 연기되었다.

단방은 오월사건에 대해 이성적으로 대처했으며, 상해의 신문에 실은 글에서 "폭탄을 터트려 폭도가 헌정에 반대한 것은 그 의도가 매우 험악한 것이나 입헌을 추구하는 일을 늦출 수는 없다."[20]고 하였다. 상해 등지의 입헌파도 이 위기를 넘어 입헌의 속도를 낼 것을 희망하였다.[21] 일부 동맹회원과 같은 혁명파들은 이 테러사건에 환호했지만 대부분의 국내외 언론은 비판적이었다. 그런데 러시아공사인 호유덕이 보내온 러시아 정치개혁에 관한 보고문은 다시 자희태후의 마음을 흔들어놓았다. 그 요지는 러시아 노동자들이 총파업을 일으켜 차르를 압박해 (의회와 같은) 두마를 열겠다는 답변을 얻어냈다는 것이다.[22] 이 소식은 러시아 전제정치의 중요한 변화를 보여준 것으로, 자희태후로 하여금 입헌을 서두르지 않으면 차르의 비극이 중국에서도 재현될 수 있다는 불안감에 사로잡히게 만들었다. 단방도 러시아 황제가 입헌을 선포했다는 소식을 듣자 오대신과 함께 원세개, 장지동, 주복 등에게 전보를 쳐서 입헌을 선포할 것을 주청하자고 제안했다. 결국 1905년의 러시아 혁명이 청조가 정치고찰을 다시 추진하도록 만든 촉매제가 되었다.

2) 단방 일행의 여행과정

1905년 말 오대신은 마침내 "열강의 선정을 고찰하는 것"을 목적으로 출국하였다. 첫 번째 일행인 단방, 대홍자[23]는 12월 7일 북경을 떠나 상해를 경유해 출양했으며, 두 번째 일행인 재택,[24] 상기형(尙其亨),[25] 이성탁(李盛鐸)[26]은 12월 11일 북경을 떠나 상해를 경유해 해외로 나갔다. 기존의 오대신 가운데 소영은 부상이 회복되지 않았고, 서세창은 새로 만든 순경부의 상서가 되었기 때문에, 그들을 대신해서 산동포정사인 상기형과 신임 벨기에공사 이성탁이 고찰단에 새로 포함되었다. 이번 출발은 성대한 환송식을 거행하지 않았고 삼엄한 감시 속에서 간단한 행사만을 치렀다.

오대신 가운데 재택과 단방은 만주족이며, 대홍자와 상기형 및 이성탁은 한족이었다. 재택과 단방은 만주족 가운데 군주제 개혁을 주장한 대표 인물로, 서로 다른 노선에 따라 움직인 것은 청조의 입헌에 대한 기대감을 보여준 것이다. 그리고 재택이 만주족 종실 신분이었다면, 나머지 네 사람은 거인 이상의 능력을 고루 갖춘 인재였다. 이성탁이 상대적으로 가장 선진적인 인물이었고, 나머지도 개혁 성향이었지만 서양에 대해 제한적인 인식을 가지고 있었다. 청조는 오대신출양을 위해 호부를 통해 무려 50만 량의 예산을 책정했으며, 그 가운데 단방 일행은 절반이 조금 넘는 26만 량을 사용하였다.

그런데 단방이 고찰정치대신으로 뽑힌 까닭은 무엇일까? 기존 연구에 따르면 첫째, 단방은 무술변법 시기에 농공상총국을 맡아 개혁을 추진한 경력이 있고, 그 후 그가 추진한 신정의 성과가 뛰어나 시무에 능하다는 평을 받고 있었다. 둘째, 단방은 자희태후가 의화단운동 시절 서안으로 도피할 때 섬서안찰사의 신분으로 그녀를 보호한 인연으로 말미암아 높은 신뢰를 얻고 있었다. 신정시기 초고속으로 승진하거나 출양시기 중에 민절총독(閩浙總督)으로 승진한 사실에서도 알 수 있다. 셋째, 단방은 국내외 입헌파의 지도자 양계초, 장건, 정효서 등과 깊이 교류했으며, 그들의 신뢰를 받아 폭넓은 지지 세력이 있었다.[27]

단방 일행은 북경에서 천진을 경유해 진황도에 도착한 후 다시 배를 이용해 상해에 도착하였다. 사절단은 전국에서 뛰어난 인재 33인을 뽑아 고찰단 수행원으로 삼았다. 대부분이 한족으로 능력에 따른 선발이었다. 이들 가운데는 외국에 유학한 경험이 있거나 외국에 대한 지식이 풍부한 사람이 많았다.[28] 정식 수행원은 33인 말고도, 각성에서 선발 파견한 고찰인원 4인, 미국유학생 11인, 잡역 7인 등 모두 55인이었다. 단방 일행은 1905년 12월 19일 미국 태평양우정공사(太平洋郵政公司) 소속 시베리아호를 타고 상해에서 일본으로 향하였다. 우선 12월 21일 일본 나가사키에 도착해 몇 곳을 방문한 후, 다시 12월 28일 배에 올라 미국으로 향하였다. 1906년 1월 5일 미국 하와이에 잠시 머물렀다가 태평양을 건너 샌프란시스코에 도착한 후 사절단의 공식 활동이 시작되었다. 사절단은 미국에서 35일간 체류한 후 영국으로 건너갔다. 유럽에서는 모두 4개월간 체류했는데, 독일(67일)을 비롯해 영국(5일), 프랑스(7일), 덴마크(6일), 스웨덴(5일), 노르웨이(3일), 오스트리아(6일), 러시아(8일), 네덜란드(6일), 벨기에(4일), 스위스(4일), 이탈리아(10일) 등이었다.

미국, 독일, 오스트리아, 러시아, 이탈리아는 국서를 휴대하고 해당 국가의 원수를 만나는 공식 방문이었으며, 덴마크, 노르웨이, 스웨덴, 네덜란드는 국서를 휴대하지는 않았으나 보통 현지 국가의 원수를 만났다. 일본과 스위스는 국경을 통과하는 국가여서 공식 행사는 없었고 주로 참관을 하였다. 독일 체류 기간이 가장 길었는데, 모두 두 차례 입경해 67일간 머물렀다. 사절단은 외국에 도착할 때마다 전신으로 고찰 상황을 조정에 알렸다. 미국을 비롯한 구미 각국의 언론 매체에서도 이들의 움직임을 상세히 소개하였다.

단방 일행은 매우 바쁜 여행일정을 소화하였다. 먼저 의원, 행정기구, 경찰, 감옥, 공장, 농장, 은행, 상회, 우체국, 박물관, 극장, 교회, 목욕탕, 동물원 등을 참관하였다. 의회제도를 고찰하는 것이 매우 중요했기 때문인지 구미의 의회정치에 대한 인상 등을 기록에 자세히 담았다. 다음으로 황제, 수상부터 정치가에 이르기까지 많은 사람의 다양한 의견을 경청하였다. 별도로 헌정 전문가나 법학자 및 학자들을 초빙해 강의를 들었다. 그리고 구미의 각종 정치제도를 조사하고 숙지했고, 이와 관련한 각종 도서와 참고 자료를 수집한 후 번역하였다. 중국제일역사당안관(中國第一歷史檔案館)에 소장되어 있는 『단방당안(端方檔案)』에는 단방이 고찰시기에 정리한 자료목록이 남아 있다. 이 목록을 보면 단방 일행이 서방국가에 대해 고찰한 내용이 상당히 풍부했음을 알 수 있는데,[29] 서양의 새로운 문물에 대해 얼마나 절박하고 배우려고 했는지를 느낄 수 있다.

사절단의 한 가지 특징이라면 교육, 과학, 문화, 분야 등에 대한 관심이 유난히 많았다는 것이다. 그들은 많은 학교를 방문해 교과과목 교수방법에 대한 상황을 꼼꼼히 기록하였다.[30] 일행은 도서관도 자주 방문했는데, 귀국 후 단방은 도서관을 건립하자는 상주를 올려 부국강병에는 교육만한 것이 없으며 책이야말로 교육의 어머니라고 하였다. 그는 도서관 말고도 박물관, 동(식)물원, 공원 등에도 많은 관심을 보였다. 다른 한편으로는 은행의 다양한 기능에도 흥미를 보였고, 서양의 근대식 병원은 강한 인상을 받았다. 그밖에도 감옥, 경찰, 교통, 통신, 우편 등의 제도에도 많은 관심을 보였다. 이들이 고찰한 내용 중에는 과거 중국인 여행자들이 보지 못했던 정보들이 담겨 있으며, 이전에 볼 수 없었던 새로운 명사, 개념, 원리들도 소개되었다.[31]

단방 일행은 1906년 6월 4일 이탈리아 나폴리에서 배를 타고 귀국길에 올라 7월 21일 상해로 돌아왔다. 재택 일행은 이들보다 앞서 상해를 거쳐 천진에 도착해 있었다.[32] 단방이 상해에 14일간 체류할 때, 당시 중국의 입헌파 거물들이 여러 차례 그를 비밀리에 방문해 조정에서 입헌신정을 실행할 방안을 함께 모색하였다. 특히 입헌파 장건은 7-8차례에 걸쳐 단방을 만나 입헌을 주청할 것을 권유하였다. 단방 일행은 8월 3일 상해를 떠나 북상할 때 이미 대체적인 입헌계획을 세워놓고 있었다. 그리고 8월 6일 천진에 도착한 후 단방과 대홍자는 원세개와 입헌

문제를 4일간 집중적으로 논의하였다.

청말 개혁과정에서 원세개는 매우 중요한 역할을 담당하였다. 당시 자희태후는 혁광과 원세개에 의존하고 있었다. 원세개는 관제개혁을 실시하여 내각으로 군기처를 대신하고, 혁광을 국무총리대신으로 추천하였으며 자신은 부대신이 되어 권력을 장악하고자 했다. 이런 목적을 실현하기 위해 그는 단방 일행이 천진에 도착하자마자 이들과 접촉하여 관제개혁을 제안하도록 유도하였다. 단방 등은 청조에 군주입헌제를 추진할 계획을 만들어 8월 10일 북경에 도착하였다. 단방이 출양 전에 입헌에 대해 얼마나 믿음을 가지고 있었는지는 분명하지 않지만, 귀국 후 입헌에 대해 확신을 가진 것은 분명하다. 그는 제국주의 시대에 중국이 생존하여 부국강병을 이루려면 "입헌정체를 채용하는 것 말고는 다른 방법이 없다."고 결론을 내렸다.

3) 구미 정치체제에 대한 단방의 인식

오대신은 귀국 후 자희태후와 만났는데, 재택은 두 차례, 단방은 세 차례, 대홍자와 상기형은 각각 한 차례 접견하였다. 무려 일곱 차례나 접견한 사실은 자희태후가 입헌에 얼마나 많은 관심을 가졌는가를 보여 준다. 특히 단방을 세 차례나 그것도 가장 오랜 시간 만났다는 사실은 그에 대한 굳은 신뢰를 간접적으로 암시한다. 자희태후가 오대신에게 여행 상황을 물었을 때, 그들은 한 목소리로 헌법이 황실의 권력을 훼손하는 것이 아니라 오히려 황제 권력을 유지하기 위한 매우 좋은 수단이며 예비입헌은 관제개혁부터 시작해야 한다고 진언하였다.[33]

사절단이 귀국한 지 오래지 않아 오대신은 정치고찰한 자료를 정리해 제출했는데, 분량이 너무 많아 조정에서는 고찰정치관(考察政治館, 얼마 후 憲政編査館으로 개칭)을 신설하였다. 예를 들어, 재택 일행이 편집한 책은 67종(146책)으로 그 가운데 30종은 별도로 제요를 써서 자희태후

와 광서제에게 열람하도록 바쳤다. 그리고 400여 종의 외국어서적은 고
찰정치관에 보내었다. 단방 일행도 고찰 시기에 현지 정부나 관련인사
의 도움을 얻거나 직접 구매하는 방식으로 방대한 자료를 모았다. 특히
단방은 귀국 후『구미정치요의(歐美政治要義)』4책(18장)을 써서 구미 각
국의 정체와 제도를 요약하였다. 다시『열국정요(列國政要)』32책(132권)
[후에『속열국정요(續列國政要)』32책(92권)]을 편찬하였다. 한편 대홍자는
자신의 일기를 정리해 12권으로 만들어『출사구국일기(出使九國日記)』
(광서 32년 12월 출판)라 명명했고, 훗날 재택도 일기를 정리해『고찰정치
일기(考察政治日記)』(선통 원년 6월 출판)라 명명하였다.[34] 위에서 언급한
책들이나 단방이 올린 상소문 등에서 구미 정체체제에 대한 인식을 살
펴볼 수 있다.

　단방 일행이 독일에서 머문 기간이 가장 길었다는 사실에서도 알 수
있듯이 독일에 대한 정치고찰이 가장 상세하며 이 국가의 군주입헌제
를 매우 높이 평가하였다.

　"독일은 위엄으로 패자를 정한 지 백년이 되지 않아 육군의 강성한 명
성이 유럽의 바다를 진동시켰다. 그 입국의 뜻을 살펴보면 오로지 군사
력에 집중하여 국민 모두가 尙武의 정신이 있고, 복종을 뜻으로 삼지 않
는 자가 없다. 사람을 임용해 행정을 하는데 병부와 법부가 많이 간여하
고 기상이 삼엄하고 법규가 정숙하다. 인민의 풍속도 근검하고 소박한 기
풍이 있으니 중국과 가장 가깝다… 일본은 유신 이래 매사 독일을 본받아
이를 행한 지 30년이 되어 드디어 발흥하였다. 중국이 근래 일본의 강성
을 부러워하는데 그 근원을 알지 못하니, 마땅히 독일로서 거울을 삼아야
할 것이다."[35]

단방은 중국이 변법을 하려면 그 뿌리를 쫓아 독일을 배워야 한다고

생각하였다. 독일 체류 기간에 독일황제가 직접 단방 일행을 찾아와 말하길, "오늘날의 요체는 연병(練兵)만 한 것이 없다. 귀국 황제도 군사력을 숭상해 자신이 제독이 되어 군대의 책임을 맡으면 국세가 강성해질 것"[36]이라고 하였다. 귀국 후 그의 상주문에도 독일황제의 의견이 담겨있는데, "독일황제는 중국의 변법은 반드시 연병을 우선 삼아 정치적 조치에 이르러야 하며, 마땅히 스스로 국세를 잘 살펴서 그 개별 일들을 처리해야 하니 독창적인 방법을 귀하게 여겨야지 형식을 모방해서는 안 된다."[37]라고 했는데 그 말에 절박함이 담겨 있다고 했다. 군사력을 최우선으로 삼아야 한다는 주장은 청 황실의 공감을 얻기에 충분한 것이었다.

이와 달리 재택 일행은 일본에 대해 강한 인상을 받았다. 특히 일본이 부국강병을 이룬 근본이 남의 것을 배우는 데 꺼리지 않는 태도와 교육제도의 폭넓은 보급에 있다고 높이 평가하였다. "일본은 유신 이래 모든 정치를 유럽으로부터 본받고 다시 본국의 인정과 풍속의 특성에 맞추어 실시하는 것을 기본으로 여겼다… 남을 본받는 것을 부끄럽게 여기지 않았고 자기를 버리는 것을 가벼이 하지 않았다. 그래서 서구화와 한학이 융합되어 일본의 특색을 이루었다."[38] 재택은 이토 히로부미(伊藤博文)를 만나 입헌문제를 상의하고 일본헌법에 대해 경청하였다. 이때 이토 히로부미는 명치유신의 경험과 일본헌법의 특징을 설명하면서 『황실전범의해(皇室典範義解)』와 『헌법의해(憲法義解)』를 선물로 주었다. 그리고 중국이 "군주국이니 주권은 군주에게 있어야 하며 신민에게 주어서는 안 된다."고 충고하였다.[39]

단방이나 재택 모두 영국은 최초의 입헌군주제 국가였기 때문에 처음부터 주목하였다. 그들은 영국의 군주권력, 의회제도, 중앙과 지방정부 등에 대해 꼼꼼히 살폈다. 그 결과 대체로 영국의 정체에 대해 칭찬하는 부분이 적지 않았지만, 최종적으로 영국의 군주가 실질적인 권력이 없다는 사실을 확인하자 영국식 모델을 보류하였다. 그래서인지 영국의 통치구조가 너무 복잡해 중국의 정체로 취할 수는 없다고 주장하기도 했다.[40] 그리고 고찰단은 미국과 프랑스는 순전히 민권에 의지하는 공화국으로 좋은 점은 배울 만하지만 전체적으로 중국과 다른 점이 많다고 인식하였다. 단방은 미국의 정치제도를 본받기는 힘들지만 그 정체가 도리가 있어 상공업, 교육, 항해업 등이 매우 발달했다고 높이 평가하였다. 재택은 프랑스 제도를 폄하하지는 않았으나 궁극적으로 인민에게 권력이 있고 정부가 대신 권력을 사용하는 것으로 묘사하였다.

특히 단방 일행이 러시아를 방문할 무렵에 1905년의 러시아 혁명이 진행 중이어서 학교나 공장과 같이 사람이 많이 모이는 곳은 문을 닫고 있었다. 그래서 러시아공사 호유덕이 조사 수집한 자료를 통해 러시아의 상황을 이해할 수 있었다.

"러시아는 유럽과 아시아 대륙에 걸쳐있어 영토가 광활하고 국력은 세계를 넘보았다. 각국이 이것을 시기한 것이 하루 이틀의 일이 아니며, 그 정체는 오랫동안 전제국이었다. 과거에는 군사력이 강성하여 민간에서 입헌을 추구하려는 마음을 품더라도 감히 폭동과 같은 비상한 생각을 가질 수 없었다. (러일)전쟁에서 패배한 후에 몇 가지 요구가 시작되었다. 당시에는 시세에 쫓겨서 어쩔 수 없이 정부가 윤허했으나, 근래에는 국채를 발행해 신병을 증강하니 정부의 권위가 조금씩 회복되었다. 의원이 요구하는 각종 일들을 매번 받아들일 수 없어 상하가 서로 대립하니 의심과 원망이 더욱 번창한다."[41]

단방은 "무릇 동서양 여러 강국 가운데 오직 러시아만이 전제정체인데, 그것도 이전의 일일 뿐이다. 러시아는 지금 전쟁 패배 후에는 군주와 백성 모두 전패의 원인을 따져 함께 진흥의 길을 모색하고 있다. 앞으로 빠른 시일 내에 입헌정체를 모색할 것이니, 각국 중에 전제정체를 유지하는 나라는 없다."고 하였다. 그는 전제 국가는 사람에 의지하지 법에 의지하지 않으므로 그 나라가 위태롭지만, 입헌 국가는 법에 의지하지 사람에 의지하지 않으므로 그 나라가 안전하다고 인식하였다. 한편 단방 일행이 만난 러시아 전수상은 자국의 입헌은 어쩔 수 없이 여론에 따른 것이라면서, 중국의 예비입헌 기간은 50년 정도는 잡아야 할 것이라고 충고하였다.[42]

오스트리아, 벨기에, 이탈리아는 고찰 대상이었지만 중국과 상황이 달랐기 때문인지 정치제도에 대해서는 그리 주목하지 않았다. 그리고 덴마크, 스웨덴, 노르웨이, 네덜란드는 단지 여행국일 뿐이었다. 하지만 단방은 "여행한 각국은 비록 작은 나라에 속하지만 모두 주변을 관람하면 본받을 만한 점이 있다."[43]며 다른 분야에 대해서는 깊은 관심을 보였다. 그리고 귀국 길에 인도양 배 위에서 만난 한 이집트 군인은 단방 일행에게 중국이 자강하려면 일본을 본받아야지 유럽인을 믿어서는 안 된다는 인상적인 말을 남겼다. 이집트는 중국과 같은 고대문명국이지만 당시 영국의 식민지였기에 그 말이 더욱 의미심장하게 들렸을 것이다.[44]

앞서 간단히 언급했듯이, 귀국 후 단방은 『구미정치요의』와 『열국정요』를 정리 출판하였다. 『구미정치요의』가 정식 출판된 것은 광서 33년 10월이고, 『열국정요』는 광서 33년으로 거의 같다. 하지만 실제로는 전자가 후자의 정치 분야의 요약으로 단방이 광서 32년 9월에 이미 자희태후와 광서제에게 헌정한 것이다.

『구미정치요의』는 단방과 대홍자가 함께 쓴 형식을 취하지만 실제로는 단방이 만든 것으로 보인다.[45] 『구미정치요의』는 모두 18장 42절로 구성되었고, 앞에 「설립입헌군주정체지총인(設立立憲君主政體之總因)」을 두어 책의 제요로 삼았다. 단방은 먼저 군주입헌제도의 기본적이고 핵심적인 요점은 "신민의 생활을 발달시키는 것"이라고 적었다. 그는 여기서 비교 방식을 통해 군주전제제도의 폐단과 군주입헌제도의 필요성을 기술하였다. 전체 18장의 제목을 소개하면, 「황실전장지발명(皇室典章之發明)」, 「국가헌법지제정(國家憲法之制定)」, 「궁중여정부지구분(宮中與政府之區分)」, 「헌정체군주지권력(憲政體君主之權力)」, 「군주지지고고문부(君主之至高顧問府)」, 「정부즉책임내각지편제(政府卽責任內閣之編制)」, 「국회지설립(國會之設立)」, 「회계감독급예산제도(會計監督及豫算制度)」, 「법률명령(法律命令)」, 「입헌정체지행정원칙(立憲政體之行政原則)」, 「행정사법지분획급사법제도(行政司法之分割及司法制度)」, 「해륙군지제도(海陸軍之制度)」, 「중앙행정각부지편제(中央行政各部之編制)」, 「중앙행정각부여지방행정관서지관계(中央行政各部與地方行政官署之關係)」, 「지방회의(地方會議)」, 「지방자치제도(地方自治制度)」, 「신민지권리의무(臣民之權利義務)」, 「비상경찰급계엄지제도(非常警察及戒嚴之制度)」 등이다.[46]

『구미정치요의』 18장에는 거의 매장마다 단방의 견해가 담겨 있다. 여기서는 입헌국체의 정치는 군주에 있지 않고 헌법에 있으며, 헌법의 최종 제정권은 인민의 대표인 국회에 있다고 설명하였다. 그리고 입헌이 군주에게 유리하다는 점을 반복 강조하면서 "군주의 대권은 모두 헌법에 명기되어 있으므로 군주라도 명기되지 않은 것은 절대로 이를 행할 수 없다."고 제한하였다.[47] 여기서 '군주의 권리'를 '신민의 권리와 의무'보다 앞에 놓고 인민을 신민이라고 한 점은 군주가 인민보다 중요하다는 발상으로 볼 수도 있으나, 무엇보다 인민의 권리를 열거하고 이를 헌법으로 보장해 절대 손댈 수 없도록 한 것은 중요한 대목이다.

『열국정요』는 『구미정치요의』에 비해 분량이 훨씬 많다. 독일, 이탈리아, 미국, 오스트리아, 러시아, 영국, 프랑스, 벨기에, 스위스, 스페인, 헝가리 등 10여 국가의 정치 경제 교육 군사제도를 담고 있다. 대체로 정치영역에 주목하였으며 특히 헌법, 관제, 법률 등에 대해 담고 있는 내용이 많다. 이런 방대한 책을 만든 목적은 구미각국이 부강한 까닭을 제도에서 찾아 중국의 위정자에게 제시하려던 것이다.[48] 한 연구에 따르면 대체로 『열국정요』는 다음과 같은 내용을 담고 있다고 한다.

1. 구미 각국은 전제왕권 통치의 역사를 가지고 있으며 분열과 혼란의 고난한 세월이 있었다. 그러나 18세기 이래 국민 항쟁을 거쳐 군주입헌 혹은 민주입헌제도를 확립하였다. 입헌제도야말로 구미국가가 상하로 안정되어 국민이 부유하고 국가가 강력해지는 관건이었다.

2. 군주는 신성하다. 그러나 그 권력은 반드시 민권과 이에 상응하는 내각과 국회권력의 통제를 받아야 한다.

3. 국민은 마땅히 납세의 의무를 지닌다. 그러나 더욱 중요한 것은 국민은 자유의 권리를 가지며 이를 침범할 수 없다.

4. 법률 앞에서는 모두 평등하다. 부자와 관리부터 정부와 국왕에 이르기까지 모두 법률을 초월할 수 없다.

5. 재판권 독립은 인권이 침범받는 것을 보호하는 방법의 하나이다.

6. 현재의 정치체제가 전통적 정치체제보다 우월하며, 현재의 자유정책이 과거의 보수정책보다 우월하다.[49]

단방은 위의 주장들을 반복적으로 언급하면서 중국이 군주입헌의 길로 나아가길 희망하였다. 단방 일행이 미국의 공상입국과 러시아의 예비입헌의 경험을 배울 것을 주장하거나, 재택 일행이 일본의 교육제도나 영국의 지방자치제도 및 프랑스의 법률제도를 배울 것을 주장한 것은 열강으로부터 좋은 점을 취하려는 발상이었다.

요컨대, 단방을 비롯한 오대신의 구미 정체에 관한 의견을 한마디로 정리하면, 독일과 일본은 군주가 절대적인 권리를 가지고 인민은 복종을 의무로 삼으니 본받을 만한 정체라는 것이다. 이에 따라 "멀리는 독

일을 본받고 가까이는 일본을 채용한다(遠法德國, 近採日本)."라는 원칙
이 확립되었다. 아울러 이들 모두 헌정과정에 일정한 예비기간을 두는
것에 찬성하였다. 그리고 그들은 '헌법의 힘'으로써 곧 '국가의 힘'을 창
조해낼 수 있으리라는 믿음을 가지고 예비입헌을 역설하였다.[50]

3. 단방과 군주입헌론의 전개

1) 예비입헌의 성립

　재택이 오대신 대표로 상주한 「출사각국대신주청선포입헌접(出使各
國大臣奏請宣布立憲摺)」이라는 글은 입헌에 대한 생각이 잘 나타나 있다.
주접의 제1단에는, "헌법은 국내를 평안히 하고 외침을 방어하며 국가
의 기초를 튼튼히 하여 인민을 보호합니다. 영국 런던에서부터 프랑스
미국을 비롯해 근 백년간 세계의 군주국 가운데 (헌법을) 실행하지 않
은 곳이 없습니다."라며 각국의 사례를 열거한 후 "오늘날 보건대 국가
의 강약과 대소를 불문하고 모두 헌법의 길로 나아가니 천하의 큰 방침
을 알 수 있습니다." 주접의 제2단에는 "입헌정체는 군주에게 유리하고
백성에게 유리하나 오직 일반 관리들에게 불편합니다."라며 황태후와
황제를 안심시킨 후, 군주입헌제는 황권을 영원히 공고하게 할 수 있으
며 "안락함과 영예로움은 군주가 오로지 그 성과를 향유할 수 있고, 어
려움과 문제점은 군주가 반드시 혼자 책임질 필요가 없습니다." 주접의
제3단에는 중국의 내외형세를 분석한 후 "영토를 보존하고 통치를 이
루기 위해 입헌을 하지 못할 이유가 없습니다."라면서 먼저 세 가지 일
을 실행할 것을 희망하였다. 첫째, 입헌의 종지를 선포하고 명확하게 국
시로 정할 것, 둘째, 지방자치를 실행하는 기한을 정하고, 관리들은 군
읍회의(郡邑會議)에서 선발하며, 일반 관리에게 책임을 지우고 의회가

그 여부를 살필 것, 셋째, 민간의 집회 언론 출판자유를 보장할 것 등이다.[51] 이 상주문은 입헌에의 의지가 뚜렷하였다.

단방은 「청정국시이안대계절(請定國是以安大計折)」이라는 장문의 상주를 통해 헌정을 실행하면 좋은 점을 열거하고 국시로 정할 것을 요청하였다. 이 글은 군주입헌제의 기본구조를 전제군주제와 비교해 우월한 점을 설명하며 예비입헌을 주장한 대표적인 글이다. 그 내용의 일부를 요약하자면 다음과 같다.

"고찰에서 얻은 것은 무릇 동서양 각국이 나날이 강성해지는 까닭은 실로 입헌정체를 채용하고 있기 때문이라는 점입니다. 열강이 약소국에 대해 자본을 투자하고 인민을 식민하며 실력을 늘리고 토지를 쟁탈하는데, 서양 사람은 이를 일러 제국주의라고 말합니다. 제국주의는 패국주의(覇國主義)로 사람을 약탈하는 까닭은 자기가 가지기 위해서입니다… 만약 무역이 통하지 않고 각국이 고립된 고대에는 국가가 가난하고 백성이 허약하더라도 국가가 유지될 수 있었지만, 열강이 병립하고 약육강식인 오늘날에는 자존할 수 없으면 멸망할 것이고 남을 빼앗지 않으면 남에게 빼앗길 것입니다… 중국이 오늘날 세계 각국의 경쟁의 중심점에 놓인 것은 토지가 넓고 인구가 많으며 천연자원이 풍부해서 각국이 탐을 내어 경제와 군사의 장소로 보는 까닭입니다. 만약 내정을 수리하지 않고 전제정체를 바꾸지 않으며 입헌정체를 수립하지 않으면 부강의 희망은 영원히 이루어지지 않을 것입니다. 상전(商戰)은 민지에 의지해야 하고 병전(兵戰)은 민력에 의지해야 하는데, 민지와 민력의 발달을 전제정체로 임하는 것은 남행하려는데 북쪽으로 수레바퀴를 향하는 것과 다름이 없습니다. 이로써 보건대 중국이 부국강병하려면 입헌정체를 받아들이는 것 말고는 다른 방법이 없습니다."[52]

단방의 생각으로는 정체가 무엇인가가 정치가 잘되느냐 아니냐의 여부를 결정하고 나아가 부국강병에 이르는 관건이었다. 전제국은 사람에게 의존하지 법에 의존하지 않기 때문에 국가가 위기에 처하면 모든 일을 군주 개인이 결정해야 하는 문제가 있다. 일이 잘못되면 군주 개인에게만 원망이 쏟아진다는 것이다. 하지만 입헌정체의 요점은 군주가 아니라 헌법이다. 그는 "헌법이란 한 나라의 근본 법률로 무릇 국가를 조직하는 주요 내용들이 일일이 헌법에 구체적으로 실려 있기에 동요하지도 않고 바뀌지도 않는다. 나머지 일체의 법률 명령도 그 범위를 벗어날 수 없기에 군주부터 인민까지 모두 이 헌법을 준수해야 하며 위반할 수 없다."라고 하였다. 게다가 군주입헌제는 군주의 무책임이 명시되어 있으므로 관리가 인민에 대해 잘못된 정치를 하더라도 군주에게는 책임이 없으니 군주는 항상 안전하고 위험하지 않다고 보았다.

단방이 청 황실에 희망한 국시는 대체로 6가지로 요약할 수 있다. 1)백성이 동등해야 하므로, 거국적으로 신민이 동등한 법제 아래에 놓고 일체의 차별을 철폐한다. 2)국사는 공론으로 결정해야 하므로, 국가는 먼저 임시 의정기관을 설립하고 지방에 의회를 설치한다. 3)중외의 장점을 모아 국가와 인민의 안전과 발달을 도모한다. 이를 위해 학술, 교육, 법률, 제도 등 각 방면에서 외국의 장점을 취한다. 4)궁부의 체제를 명확히 해 황실과 정부를 분리하고 황실경비와 국가경비를 구분한다. 5)각 국의 정치체제를 참고해 중앙과 지방의 권력의 뿌리를 정하고, 먼저 지방자치를 연습한다. 6)예산 결산의 실행을 준비한다 등이다.[53] 이 여섯 가지 방침을 국시로 정해 일정한 시간을 두고 헌법을 반포하자고 제안하였다. 단방은 예비입헌의 설계자로 그의 헌정에 대한 이해는 재택보다도 구체적이어서, 사실상 위의 강령 가운데 많은 부분은 예비입헌의 추진과정에서 받아들여졌다.

이런 상황은 당시 『신보(申報)』에 실린 기사를 통해서도 엿볼 수 있다.

"출양고찰정치대신 단방은 양궁에 세 차례 불려가 각국의 상황과 중국 입헌의 방법에 대해 질문을 받았다. 들리는 바로는 단방대신은 상주해 말하기를 세계 각국의 대부분은 입헌이며, 러시아가 전제인데 최근 개혁이 일어났다고 했다. 입헌정치는 국가로 하여금 만년동안 공고한 기초를 세우는 것으로 군주는 영원히 존귀함을 잃지 않을 것이라 하였다. 양궁은 매우 기뻐하였다… 또 들리는 바로는 단방과 대홍자 두 대신이 일전에 만나 힘써 말하기를, 각국의 내정을 고찰하니 입헌이 효과를 거두려면 헌정을 실시해야 하고, 상하가 통하면 내환이 자연스레 소멸될 것이니, 내환이 사라지면 외우도 기회를 틈타 들어오기 어려울 것이라 하였다. 우리 국민의 수준이 낮고 게다가 수구파들이 신정을 방해하므로 현재 입헌정체를 실행하려면 적당한 때에 행해야 하며 갑작스레 바꿀 수는 없다고 했다. 아마도 너무 빠를 경우의 폐단을 걱정한 것이리라."[54]

단방은 자희태후나 광서제뿐 아니라 중앙의 고위관료나 지방의 독무를 비롯한 실력자들에게 연락해 입헌개혁을 희망하였다. 청말 입헌을 주장한 대관료 가운데 가장 힘이 있던 인물이 원세개라면 그 다음이 단방일 것이다. 단방의 일부 주장은 원세개보다도 급진적이었는데, 예를 들어 청조의 관제개혁 가운데 궁정태감을 없애자는 주장이 그렇다. 이 개혁안은 한족관리들이 감히 말할 수 없었던 민감한 주제였다.[55]

흥미로운 사실은 단방, 재택 등 출양 고찰정치를 주도한 대신의 개혁 상소문이 지명수배 상태였던 양계초와 젊은 입헌파 이론가인 양도(楊度)에 의해 대필된 것이라는 설이다. 이들 사이를 매개한 인물은 웅희령(熊希齡)이었다.[56] 단방의 수행원 가운데 유능한 인재였던 웅희령은 시무학당 시절부터 양계초와 친분이 있었던 입헌파였다. 그의 눈에 중국인 가운데 헌정전문가는 두 사람이 있었는데, 바로 양계초와 양도였다.

이들의 도움을 받기 위해 웅희령은 여행 도중 동경에서 양도를 만나 입헌 관련 논문 집필을 의뢰하였다. 그 후 양도는 「중국헌정대강응흡수동서각국지소장(中國憲政大綱應吸收東西各國之所長)」과 「실시헌정정서(實施憲政程序)」라는 글을 쓰는 과정에서 자신이 각국의 헌정에 정통하지 않다고 생각하여, 양계초에게 「세계각국헌정지비교(世界各國憲政之比較)」라는 부분을 청탁하였다. 그런데 오대신이 상해로 귀국했을 때 양도의 글은 아직 도착하지 않았다. 웅희령은 오대신에게 동남 지역 명류의 의견을 살피자는 명분으로 상해에서 며칠을 보내도록 유도하고, 한편으로는 양도에게 글을 재촉해 받았다.

오대신은 양도가 보낸 글을 윤색하여 조정에 입헌을 주청하였다. 즉 그들은 양도와 양계초의 생각에 기초해 헌법은 일본을 모방하고, 병공농상은 일본과 독일 양국을 모방하자고 주청한 것이다. 오대신은 양계초가 일찍이 「입헌법의(立憲法議)」(1900년)에서 제시한 개혁 청사진을 거의 그대로 수용하였다. 양계초의 「대오대신고찰정치보고(代五大臣考察政治報告)」에는 양원제를 실행할 것, 사법권을 독립시키고 입법, 행정, 사법 3권을 독립시켜 국가의 기초를 세울 것, 책임내각제를 만들어 황실의 존엄을 장기적으로 보장할 것, 지방자치를 실행할 것, 헌법을 반포하거나 수정헌법을 반포하는 원칙 등이 담겨 있었다고 한다.[57] 적어도 단방의 입헌사상에 양계초의 영향이 적지 않았을 가능성이 높다. "당시 단방은 자주 서찰을 통해 선생(양계초)과 왕래하였다. 가을과 겨울 사이 선생은 헌정고찰에 대해 대필하였는데, 입헌을 주청하고, 당인을 사면하며, 국사를 정할 것을 청원하는 상주문이 20여만 자였다"[58]는 기록이 이를 보여준다. 얼마 후 양도는 자희태후에게 직접 헌정과 헌법을 강의하였다.

단방을 비롯한 오대신의 입헌 주장에 대해 일부 관리들(특히 만주귀족과 황실 친인척)은 입헌은 군주권에 위험할 뿐만 아니라, 입헌은 한인에게는 유리하지만 만주인에게는 불리하다며 회의적인 입장을 보였다. 오대신이 오직 입헌만이 혁명을 피할 수 있는 방법이라고 생각했다면, 조정 내외의 반대파는 입헌이 아니더라도 충분히 혁명은 막을 수 있다고 보았다.

강서도감찰어사(江西道監察御使) 유여기(劉汝驥)는 「주청장군권절(奏請張君權折)」에서 "입헌 주장을 우리나라에 실행하면 백 가지 해악이 있을 뿐 한 가지 이익도 없다."면서, "입헌은 이름만 아름답지 미국의 링컨이나 프랑스의 루이 16세는 결국 총통의 존엄을 잃고 평민에게 교수되어 천하의 웃음거리가 되었다. 몽테스키외의 문벌과 특권을 없애자는 주장이 입헌의 맹아인데, 혁명당 공산당 무정부당의 출현을 가져왔다." 라고 하였다. 그는 군주입헌은 전제에 비해 너무 지나치다면서 중국의 문제는 군권이 진작되지 않은 것에 있지 군주전제에 있지 않다고 하였다. 따라서 군주입헌제는 중국에 적합하지 않고 개명전제를 실행할 것을 주장하였다.[59]

복건도감찰어사(福建道監察御使) 조병린(趙炳麟)도 "입헌은 본래 군주를 존경하고자 하나 그 폐단은 군권을 능멸한다. 입헌은 본래 백성을 보호하고자 하나 그 폐단은 백성을 괴롭힌다… 해외의 회당이 이를 이용해 반드시 헌법을 바꾸고 민권을 신장한다는 이름으로 비밀리에 혁명을 실행하려 할 것이다."라며 군주입헌에 반대하였다. 아울러 입헌의 기초를 세우려면 우선 기강을 바로 세우고 법령을 중시하며 염치를 기를 것 등을 제시하였다.[60] 그 밖에도 내각학사(內閣學士) 문해(文海)는 오대신에게 정치를 고찰하라고 보냈지 입헌만을 지칭한 것은 아니라며 여러 가지 잘못을 지적했고, 내각중서(內閣中書) 왕보전(王寶田) 등은 복식을 훼손하는 것은 스스로 오랑캐가 되겠다는 것으로 그 배후에는 반역자들의 음모가 있다고 비난했으며, 거인(擧人) 제자림(諸子臨) 등은 루소의 민약론(民約論)이나 스펜서의 합군론(合群論)이 유행해 백성의 기운이 높아져 회당이 융성하면 훗날 그 해악의 끝을 알 수 없다고 하였다.[61] 이와 같은 입헌반대 상주문이 이어졌다.

오대신의 한 사람인 재택은 입헌을 반대하는 상소문에 분노하여 "만주인은 입헌에 불리하다고 말하는 것은 오직 일 개인의 이익에 근거한 견해로 결코 국가에 충성하려는 것이 아니다. 배한(排漢)의 정책을 행하는 것은 반드시 스스로 멸망을 초래할 것"[62]이라고 보았다. 그는 「주청선포입헌밀접(奏請宣布立憲密摺)」이라는 주절(奏折)이 아닌 밀절(密摺)의 형식을 빌어 상소를 올려 반대파의 논리를 하나하나 비판하였다.[63] 여기서 재택은 입헌정체라 할지라도 황제는 17개나 되는 통치대권을 보유할 수 있음을 일본 헌법의 예를 들어 말하였다. 그러면서도 황제는 신성불가침의 존재이므로 행정에는 책임을 지지 않는다는 점을 강조하였다. 헌법을 행하면 국가와 백성에게 유리하나 관리들에게는 불리하지만, 만약 충성심이 있는 신하라면 사사로운 마음과 고루한 생각을 버려야 한다고 하였다. 헌법이 세워지면 밖으로 각 독무와 안으로 각 대신은 그 권리는 반드시 과거와 같이 무겁지 않을 것이며, 그 이익은 반드시 과거와 같이 많지 않을 것이라고 보았다. 재택은 군주입헌이야말로 "황위영고(皇位永固)", "외환점경(外患漸輕)", "내란가이(內亂可弭)"의 세 가지 측면에서 이점이 있다고 구체적으로 설명하였다.[64]

황족의 한 사람으로서 자희태후의 질녀서이고 광서제의 동서이기도 한 재택이 헌정 고찰의 결과를 비밀리에 올린 이 글은 청조가 가장 관심이 많은 문제를 지적한 것으로, 특히 황제 권위의 영속화와 내란의 방지 문제는 입헌을 통해서 해결할 수 있다는 요지였다. 요컨대, 입헌 실시는 청조에게 득이 되면 됐지 해가 되지 않을 뿐만 아니라 제국주의 열강의 압박과 혁명세력의 도전을 한 번에 해결할 수 있는 묘약으로 보았던 것이다.[65]

1906년 8월 25일 자희태후는 해외 정치를 고찰한 자료를 군기대신

(軍機大臣), 회의정무처대신(會議政務處大臣), 참예정무처대신(參豫政務處大臣) 등에게 열람하도록 하고, 8월 27~28일 회의를 개최했는데 토론은 무척 격렬하였다. 군기대신 혁광(奕劻), 서세창과 참예정무대신 원세개 등은 입헌을 적극 찬성하면서 입헌이 민의에 부합하므로 빨리 입헌을 추진할 것을 주장하였다. 군기대신 영경(榮慶), 석량(錫良) 등은 입헌에 반대했는데, 그 이유는 입헌이 혼란을 가져올 수 있으며 정치가의 권력을 무력화시켜 나쁜 무리들이 개입할 여지가 있다는 것이었다. 군기대신 구홍기(瞿鴻禨), 재풍(載灃) 등은 중립적인 관점을 제시했는데, 중외의 사정이 다르므로 준비 기간을 갖고 예비입헌을 실시하여 국민의 수준을 제고시키자고 주장하였다. 이는 입헌을 너무 성급하게 실행하지는 말자는 절충 논리였다. 자희태후는 심사숙고 끝에 최종적으로 예비입헌 방안을 채택하였다. 이에 따라 청조는 1906년 9월 1일 예비입헌을 선포했는데, 그해가 병오년이라 병오입헌(丙午立憲)이라고도 부른다.

2) 관제개혁과 제2차 출양고찰

예비입헌 선포가 있던 다음 날인 1906년 9월 2일 청조는 관제개혁의 상유를 내렸다. 사실 관제개혁은 1901년 신정 이래 지속적으로 추진한 일이지만 과거의 개혁이 주로 관제의 폐단을 없애기 위한 보완한 성격이라면 이번 개혁은 전면적인 것으로 이른바 "방행입헌(仿行立憲)"의 첫걸음이었다. 단방은 1906년 8월 수도에 올라온 후 그해 10월 남방으로 내려갈 때까지 3개월간 북경에 체류하였다. 이 기간 동안 단방이 가장 심혈을 기울인 활동은 관제개혁을 추진한 것이다. 그는 책임내각제를 가지고 중앙행정을 통일하자는 주장을 펴는 동시에 지방관제의 대대적인 개혁도 요구하였다.[66]

단방이 1906년 8월 25일 상주한 「청개정전국관제이위입헌예비접(請改定全國官制以爲立憲豫備摺)」에는 비교적 상세하게 관제개혁의 방안이

나와 있다. 예비입헌을 실행하려면 반드시 관제개혁에서 시작해야 한다
며 여덟 가지 건의를 하였다. 요약하면, 1)중앙행정을 통일하기 위해 책
임내각을 설치하고 군기처를 내각에 합병한다, 2)중앙과 지방의 권한을
명확히 하기 위해 지방독무와 중앙 각부 상서 간의 권한을 규정한다,
3)현행 관제 중 각부의 직책이 불분명한 것을 고쳐서 행정수장의 책임
제를 실행한다, 4)중앙 각 기관을 증설, 폐지, 합병하여 중앙을 구부삼
원(九部三院)으로 한다. 구부란 내무부, 재정부, 외무부, 군부, 법부, 학무
부(學務部), 상부, 교통부, 식무부(殖務部)이며, 삼원이란 회계검찰원(會
計檢察院), 행정재판원(行政裁判院), 집의원(集議院)이다,[67] 5)지방행정제
도를 개혁해 성, 주현, 향시의 삼급지방행정제도를 실행하고 성의회를
설치하여 지방자치를 실행한다, 6)각급 재판소를 설립해 법부에 예속시
키고 각 재판소마다 검사국(檢事局)을 만들어 형사의 공소를 관장한다,
7)서리를 서기관으로 대체한다, 8)임용, 승진, 징계, 봉급, 상훈 등의 법
률과 관리체계를 개혁한다 등이다.

여기서 가장 중요한 개혁은 "군기처를 없애고 책임내각제를 실시하
자"는 항목이었다. 군기처는 황제독재를 강화하기 위해 옹정 8년에 설
립되었고, 전통적 내각과는 별도의 조직이었다. 군기대신은 비록 겸직
이고 법률상의 대신은 아니었지만 권한은 내각의 대학사보다도 높았
다. 세간에는 "대학사가 군기처를 겸임하지 못하면 진정한 재상이라고
볼 수 없다."고 하였다. 이런 관제개혁안은 당시 원세개의 주장과 거의
일맥상통하였다.

단방은 중국에서도 책임내각을 시행할 것을 강력히 주장했는데, 그
는 책임내각의 장점을 다음과 같이 보았다. "군주입헌국의 정부는 반드
시 책임내각을 만든다. 책임내각이란 내각에 총리대신 한 명과 국무대
신 여러 명을 두는데, 국무대신은 각부의 행정장관들이 이를 담당한다.
이들을 각신(閣臣)이라고 부른다. 이 각신은 군주를 대신해 인민에 대해

책임을 지는데, 행정을 잘하면 각신의 지위가 안정될 것이고, 행정을 못하면 인민의 원망을 얻어 각신이 책임을 져야 하며 군주의 책임은 아니다."[68] 그리고 그는 중앙과 지방에 민의를 전달하는 의회를 설립하자고 주장하였다. 여기서 의회란 인민을 대표하는 기관이므로 의원은 반드시 민선이어야 한다고 보았다. 그의 상주문에는 의정기관의 의원선출, 선거구 구분, 인원수, 선거자격, 의장의 선출과 권한 등에 관한 구체적인 내용이 담겨 있었다. 책임내각은 입헌정체의 중요한 상징이며, 의회제도는 입헌국가의 핵심으로 사람들의 주목을 받았다. 단방과 대홍자는 지방자치에 대해서도 깊은 관심을 보였다. 그들의 상주문에는 지방자치제도는 입헌국에는 모두 있으므로 예비입헌 시기에 선행 연습하자고 제안하였다.[69] 실제로 얼마 후 청조는 각성에 자의국을 설치하고 각 부주현에 의사회를 설치하도록 명령하였다.

특히 단방은 중국에서 어떤 방식이 헌법의 권위를 세울 수 있는가에 관심이 있었으며, 관제개혁이 성공적으로 이루어져 삼권분립과 지방자치를 핵심으로 하는 군주입헌제가 성립하면 중국이 부강해질 것이라고 믿었다. 하지만 그는 군주가 있는 영국, 독일, 일본의 제도가 군주가 없는 미국이나 프랑스보다 반드시 우월하다고는 생각하지 않았다. 단방이 민주입헌제가 아닌 군주입헌제를 지지한 것은 중국이 헌법의 경험이 없고 군권신성의 정치문화적 전통이 강하다는 현실에 따른 것이다.[70] 나아가 국민의 수준이 높지 않으면 군주입헌제의 실행에 혼란이 따를 것이라고 보아 입헌을 서두르는 것도 반대하여 일정한 예비기간을 가질 것을 주장하였다. 이것은 중국과 국정이 유사한 일본 헌법도 사실상 10여 년의 준비기간을 두었다는 사실에 착안한 것이다. 대략 예비기간을 15년부터 20년까지가 적당하다고 생각하였다. 아울러 예비기간이 짧으면 짧을수록 좋다는 생각도 가지고 있었다.

교육문제에 누구보다 관심이 많았던 단방은 국가의 정치는 국민의 문화도덕 수준과 직접적인 관련을 가지며 국민의 문화도덕 수준은 국민교육의 결과라고 믿었다. 그는 구미 어느 나라도 이 불변의 법칙에서 벗어나지 않는다고 보았다. 따라서 새로운 중국교육에 관한 개혁 방안을 제시하였다. 그 내용에는 1)교육행정기관을 설치한다, 2)모범적인 방법과 규범을 가지고 학교를 운영한다, 3)교육종지를 분명히 정한다, 4)초급의무교육을 실행한다, 5)학당의 관복을 정해 민지(民志)를 하나로 한다 등을 담고 있었다.[71]

입헌파의 요구 아래 청조는 「선포예비입헌선행리정관제유(宣布豫備立憲先行釐定官制諭)」를 반포하고 관제개혁에 착수하였다. 재택 등 14명의 조정중신들을 편찬관제대신(編纂官制大臣)으로 삼고, 단방 등 지방총독들이 파견한 6명의 관리들을 회의에 참석시키며, 경친왕, 혁광 등 3인을 총사핵정관제대신(總司核定官制大臣)으로 삼았다. 관제개혁을 담당한 대신들은 대략의 중앙관제개혁안을 보고하였다. 여기서 군기처를 폐지하고 내각과 내각총리대신을 설립한다, 각부 상서를 고루 내각 정무대신으로 한다, 정무처를 자정원으로 바꾼다, 대리사를 대리원으로 바꾼다 등을 제안하였다. 이런 내용은 군주입헌제의 권력분립 요구가 담긴 것이었다. 그런데 문제는 이번 관제개혁이 입헌이냐 전제냐의 정체개혁의 성격 말고도 권력투쟁의 성격이 농후했다는 사실이다.

1906년 11월 6일 관제개혁에 관한 대강 「이정관제상유(釐定官制上諭)」가 2개월간의 격렬한 논쟁 끝에 반포되었다. 그런데 이 관제개혁의 핵심은 군기처는 그대로 두고 책임내각제를 실시하지 않는다는 것으로, 주로 바꾼 것은 중앙행정기구로 제한되었다. 비록 내각총리대신의 설립은 통과했으나 내각군기처의 구제도는 그대로 유지되었다. 각부 상서가 내각정무대신이 되는 것도 각부 상서가 참예정무대신이 되어 필요에 따라 참여토록 하였다.[72] 본래 관제개혁의 핵심이 "기존 내각과 군기처를 없애고 책임내각을 조직하는 것"이었는데, 군기처가 그대로 유지되고 책임내각도 만들어지지 않았을뿐더러, 전통적 종인부(宗人府), 한림원(翰林院), 흠천감(欽天監), 내무부(內務部) 등이 그대로 유지되는 등 관제개혁안이 크게 변질되었다. 결국 단방, 원세개 등이 만든 개혁안이 좌절되자 여론의 실망이 컸으며 정부에 대한 불신 풍조가 일어났다.

관제개혁이 변질한 배경에는 단방과 결합한 원세개, 경친왕의 세력이 급속하게 확대되는 것을 두려워한 만주족 집단이 있었다. 이들 집단은 육군부대신 철량과 학부대신 영경(원래 몽고인이나 자신은 만주인으로 인식) 등이 우두머리였으며, 그 뒤에는 광서제의 형제인 순친왕 재풍이 있었다.[73] 특히 예비입헌을 주장한 노련한 대신 구홍기는 자희태후와 결탁해 단방과 원세개의 구상에 반발하였다. 우선 그들은 관제개혁을 저지하기 위해 가장 급진적인 관제개혁을 주장한 원세개를 목표물로 삼았다. 이를 위해 관제개혁을 반대하는 주절이 계속해서 올라오도록 하면서 여기에 원세개를 탄핵하는 내용도 담았다. 반대파의 논리는 책임내각제는 모든 입헌국의 기본이지만, 만약 군기처를 폐지하고 내각을 건립하면 앞으로 모든 행정 대권이 총리대신에게 집중된다. 이렇듯 국가대사가 총리대신이 소집한 각 부의 회의에서 결정된다면 사실상 황제나 태자는 무용지물이 된다는 것이다. 일련의 정치투쟁 과정을 거쳐 관제개혁 시도는 결국 실패로 끝났다.

단방은 호광총독 장지동에게 전보를 보내 관제개혁에 동참할 것을 희망했으나 오히려 장지동은 민지가 깨지 않았고 교육이 보급되지 않아 입헌을 선포하기에는 때가 아니라는 반대 입장을 보여 좌절되었다. 그럼에도 불구하고 단방은 관제개혁이 이루어지지 않으면 북경을 떠나지 않겠다는 결연한 의지를 보였으나 원세개와 경친왕이 이른바 정미정조(丁未政潮)로 말미암아 정치적 위기에 몰리자 어쩔 수 없이 그 해 10월 9일 남하하여 양강총독(兩江總督)으로 부임하였다. 한편 관제개혁

과정에서 보수파의 주요 표적이 된 원세개는 자신의 직책 가운데 여러 개를 박탈당하였다. 이때 만주족 집단이 육군부를 장악하고, 원세개의 북양육진 가운데 사진을 회수하였다.[74] 관제개혁의 실패는 단방의 군주입헌제 주장이 크게 왜곡된 사건이었다.

예비입헌 진행과정 중 제2차 출양고찰이 있었다. 1907년 7월 28일 원세개는 청조에 상주하여 다시 대신을 독일과 일본 두 나라에 파견해 전문적으로 헌법을 고찰할 것을 요청하였다. 청조는 이를 받아들여 1907년 9월 10일 상유를 통해 왕대섭(汪大燮, 務部右侍郎)을 영국고찰헌정대신, 달수(達壽, 學部右侍郎)를 일본고찰헌정대신, 우식매(于式枚, 郵傳部右侍郎)를 독일고찰헌정대신으로 각각 임명해 영국 일본 독일 세 나라의 헌정을 고찰하도록 하였다. 영국을 고찰한 왕대섭은 1905년에 주영공사를 역임하며 재택을 수행해 영국정치를 살펴본 경험이 있었다. 일본의 경우 달수에서 이가구(李家駒)와 호유덕으로 두 차례 바뀌는 변화가 있었다.

1905년의 고찰이 '정치' 전반에 있었다면 이번 고찰은 '헌정'에 제한되었는데, 이 점은 여행목적이 더욱 구체화되었음을 보여준다. 비록 2차 고찰단은 1차에 비해 규모가 작고 직위도 낮았지만, 고찰대신이 전문가이고 고찰목적이 명확하며 고찰기간이 길었다. 무엇보다 임무가 구체적이라는 특징이 있었는데, 1차의 경우 정치일반을 광범위하게 고찰했다면 2차는 영·일·독이라는 군주입헌국가에 제한되었고 주로 헌정을 고찰하였다. 이들은 대략 1907년 9월에 나가 1909년 가을(약 2년)에 돌아왔으며, 헌법사, 헌법, 입법, 행정, 사법, 재정 등 6개 분야를 조사하였다.

독일에 파견된 우식매는 독일 헌법을 비롯한 여러 가지 법률을 번역해 상주하였다. 그의 견해는 「입헌불가조진불필예정년한절(立憲不可躁進不必豫定年限折)」과 「언입헌필선정명불수구지외국절(言立憲必先正名不

須求之外國折)」두 편의 상주문에 담겨 있다. 그 요점은 1)입헌은 본국이 가진 것을 근거로 삼아 타국이 가진 것을 받아들여 이를 보완한다, 2)입헌은 반드시 예비를 선행해 순서에 따라 점진적으로 한다, 3)헌법을 제정할 때 상세히 조사하고 널리 사람을 만나되 연한을 예정할 필요는 없고, 전체 기한은 완전히 비밀로 한다 등이다.[75] 그는 수도에 의원을 개설하고 지방자치를 실시하며, 교육을 확대하고 예비입헌을 선행하면서 순서에 따라 진행하자고 했다.

일본에 파견된 달수는 황상대권, 신민권리, 내각과 군주관계, 의회의 권한, 군주와 군대관계 등 다섯 방면에서 흠정헌법의 필요성을 역설하였다. 보통 일본은 흠정입헌제를, 영국과 독일은 협정입헌제를, 미국과 프랑스는 민정입헌제를 채택했다고 볼 수 있다. 아울러 그는 황실의 일은 국가의 기본법과 동시에 제정되어야 한다고 주장하였다. 이런 견해는 일본의 군주입헌제를 분석한 후에 얻은 결론으로, 사실상 일본식 권위군주입헌정체를 건립하자는 것이었다. 달수도 일본 법률관련 저작들을 정리해 헌정제도를 소개하였다. 그는 "군권은 감소되지 않고 간접적으로 통치를 하니 황실이 편안할 수 있고 국가 역시 편안하다. (군주는) 원수로서 그 기관을 전체적으로 관활하고 황실은 국가위에 초연히 있어도 법이 완전하므로 이를 넘볼 수 없다."[76]고 하였다. 달수의 견해는 「고찰일본헌정정형절(考察日本憲政情形折)」이라는 상주문에 담겨 있다. 그 요점은 1)입헌은 세계조류이며 백 가지 이익은 있어도 한 가지 해악도 없다, 2)정체는 마땅히 입헌으로 해야 한다, 3)헌법은 마땅히 흠정이어야 한다 등이다. 단방과 재택의 상주문부터 달수의 상주문으로 이어지는 일련의 헌정 구상은 청말 군주입헌제의 기본 줄거리를 잘 보여준다.[77]

제2차 출양고찰에서 대신들은 흠정헌법의 제헌방식을 받아들여 일본식 권위주의 군주입헌제를 실행하자고 제안하였다. 비록 일본은 독일의 방식을 모방했지만 독일이 협정헌법의 특징인 국회가 제정한 헌법을 군주가 반포한 것과 달리, 일본은 원로원이 천황의 명을 받아 기초하고 천황의 결정을 거쳐 반포되었으므로 사실상 천황이 직접 헌법을 제정하는 흠정헌법의 특징을 가졌다. 최종적으로 1908년 8월 27일에 반포한 「흠정헌법대강(欽定憲法大綱)」에는 이런 생각이 많이 반영되었다. '대강'의 선포는 입헌운동이 새로운 단계에 진입했음을 상징하였다.

　「흠정헌법대강」은 모두 23조로 '군주의 권리'(14조)와 '신민의 권리와 의무'(9조) 두 부분으로 이루어졌다. 여기에는 인민의 기본 권리를 긍정하는 내용과 헌법의 이름으로 군주권을 일부 제약하는 내용이 담겨 있어 주목할 만하다. 혹자는 신민의 권리와 의무를 규정한 측면에서 '자본주의 색채의 입헌군주제 헌법'이라는 긍정적 평가를 한다. 이 대강은 중국 최초의 헌법적 성격을 가진 문서로 평가받지만, 헌법제정에 관한 원칙을 규정한 것이지 헌법 그 자체는 아니었다. 문제는 대강에 나타난 황제의 권리가 거의 무제한적이어서 서양 헌법의 권리제한 원칙에 비해 절대적인 권위를 가졌고, 황제권에 대한 제약은 지극히 일부에 불과했다는 사실이다. 실제로 황제는 입법, 행정, 사법 모두를 총괄하는 절대적인 권력을 가졌고, 겉으로는 새로운 정치체제를 추구하는 듯했지만 여전히 전통적인 유교국가의 체제를 추구하는 경향이 짙었다.[78] 중국 황제의 권력은 일본 천황의 권력보다 막강하여 그 특권은 거의 무제한이었다. 그래서 당시 혁명파는 군주전제의 강화를 위한 봉건적 법전에 불과하다고 이를 비판하였다. 실제로 이것은 단방이 원래 구상한 군주입헌제와는 너무 멀어진 것이었다.

4. 맺음말

단방은 귀국 후 상주문을 통해 구미열강의 헌법을 소개하고 반드시 입헌을 해야 한다고 주장하면서, 관제개혁안을 제시하였다. 그는 언제든지 자희태후를 만나서 오랜 대화를 나눌 수 있는 위치에 있었기 때문에 예비입헌 과정에 상당한 영향을 미친 것은 분명하다. 단방의 군주입헌론은 입헌정체가 전제정체보다 우월하다는 신념 아래 군주 중심에서 법률 중심으로 나아갔으며, 군주 권력의 제약과 신민 권리의 보호라는 색채가 나타났다. 중국에서 헌정을 실행하기 위해서는 반드시 예비입헌이 기초되어야 한다고 생각했고, 그 과정에서 중외의 장점을 고루 취해야 한다고도 생각하였다. 그의 이런 유연한 인식에도 불구하고 헌정을 가능하게 만드는 사상적, 사회적, 경제적, 기초에 대해서 충분히 고려하지 못한 측면도 있었다.

단방은 헌정제도를 주로 군주의 안전과 국가의 부강이라는 각도에서 이해하였다. 책임내각제도가 군주의 안전을 위한 것이고, 의회, 사법, 지방자치가 국가의 안전을 위한 제도라는 시각 등이 그러하다. 그의 눈에는 의회제도란 인민의 뜻을 읽어 상하가 소통하여 국가의 안정을 달성하는 데 목적이 있었다. 하지만 단방에게는 의회의 주요 임무가 입법이 아니었고, 내각도 최고행정기관이 아니었으며, 군주를 대신하는 완충적 역할을 기대하였다. 이른바 의회와 행정 간의 감독과 견제 기능에 대해서도 홀시하였다. 국회를 열고 군주입헌을 실시하면 곧바로 빈곤에서 부강으로 나아갈 것이라는 그의 순진한 생각은 어쩌면 당시의 절박한 상황을 반영하는 것일지도 모른다.

단방은 군주가 책임을 지지 않은 것은 군주의 신성성 때문이라고 보았지만 군주의 신성성의 기원을 이해하는 데 부족함이 있었다. 일본에서조차 천황의 신성성을 설명하는 데 무척 신중했는데, 한족도 아닌 만주족 황제의 신성성을 설명하는 데 정교한 장치를 마련하지 못한 것이다. 그리고 단방을 비롯한 고찰대신들의 입헌이 혁명을 막을 수 있다는 발상은 새롭게 흥기하는 민족주의에 대한 이해가 결핍된 것이다. 이미 대한족주의 정서가 광범위하게 소수민족의 만주족에 대한 증오로 확산되고 있었고, 이에 상응해 만주족 민족주의도 팽배해 있던 현실의 심각성을 간과한 것이다. 관제개혁의 실패와 흠정헌법대강의 후퇴 배경에는 만한갈등이라는 중요한 변수가 자리 잡고 있었다.

관제개혁 실패 후 단방은 양강총독으로 승진해 북경을 떠나 남하하였다. 그는 자신의 관할구역인 강소성에서 솔선해서 자의국을 설립하고 강녕에 지방자치국을 설립하여 지방자치를 실험하였다. 이것은 인재를 길러 입헌의 실행에 대비한 것이다. 특히 「청평만한진역밀절(請平滿漢畛域密折)」이라는 유명한 상주문을 올려 혼란의 뿌리를 뽑고 혁명을 소멸시키려면 "오직 정치적으로 새로운 희망으로 인도하고, 종족적으로 그 호적을 없애야 한다."고 주장하였다. 여기서 새로운 희망이란 입헌을 실행하는 것으로 군주입헌제의 의지를 여전히 굽히지 않았다. 그리고 다른 하나는 만한평등이었는데, 각 성의 주방(駐防)을 폐지해 만한이 평등해지면 혁명은 소멸된다는 논리였다.[79] 이 시기 단방은 원세개와 연합해 과거의 정적이자 입헌에 제동을 걸었던 군기대신 구홍기를 정치적으로 몰락시키기도 했다.

단방은 정치적으로 개명했을 뿐만 아니라 학술적으로도 명성이 있었다. 그래서인지 혁명파의 거두이자 국학대사인 장병린(章炳麟)조차 손문과의 권력투쟁에서 밀려 인도로 출가하려 할 때 그에게 재정적 지원을 요청하였다. 국학에 정통한 아나키스트 유사배(劉師培)도 일본에서 귀국한 후 단방에게 투항하여 그의 막료가 되었다. 그런데 단방은 자희태후와 광서제가 죽고 세 살의 부의가 선통제로 즉위하여 보수파 재풍이 섭정을 하자 원세개와 함께 정치적 위기에 몰렸다. 직례총독(直隷總

督)을 잠시 역임했으나 반년도 지나지 않아 권력의 자리에서 밀려났다. 단방의 파면은 개인의 불행을 넘어 입헌운동의 붕괴가 다가왔음을 보여준다.[80]

청조의 개혁은 너무 늦었고 실시할 능력도 없었다. 게다가 민족주의가 흥기해 만주족 정권을 증오하는 정서가 광범위하게 퍼졌다. 결국 1911년 황족내각이 구성되자 입헌파는 절망감에 빠졌으며 혁명의 분위기가 고조되었다. 사천보로운동(四川保路運動)이 일어나자 단방은 철로대신으로 임명받아 반란을 진압하고 철도국유화정책을 추진하기 위해 군대를 이끌고 사천으로 떠났다. 그러나 도중에 무창봉기가 폭발하면서 군대 내 혁명파에게 어이없이 살해되었다. 여전히 그의 피살과정이나 피살시간 등에는 의문이 많다. 어쨌든 단방의 죽음은 개인의 불행을 넘어 입헌운동의 종말을 암시하는 상징적인 사건이었다.

3장
막말기의 새로운 권력구조 구상

이근우

1. 머리말

　막말기의 정치과정에 있어서 정국 전환의 가장 중요한 지표가 된 것이 막번체제(幕藩體制)의 해체와 이를 대신하는 천황의 정치화라고 할수 있다. 막번체제는 덕천가강(德川家康)이 1603년에 장군이 되어 강호막부(江戸幕府)를 열고 새롭게 창출해낸 통치체제이다. 이 막번체제는 친번(親藩)·보대(譜代)·외양(外樣)으로 분류되는 대명(大名)에 대한 통제와 조정(천황)의 비정치화, 외교적으로는 쇄국을 바탕으로 한 것이었다. 그러나 미국의 압력으로 쇄국이라는 한 기초가 무너지자, 점차 막번체제가 크게 동요되기에 이른다. 이러한 위기에 직면한 덕천막부(德川幕府)는 이를 국가의 대사로 파악하고 대명과 조정에 대한 관행을 고쳐거국체제라고 할 수 있는 막정(幕政)의 전환을 꾀하였다. 이로써 조정이다시 정치에 참여하게 되었고, 대명 특히 외양대명(外樣大名)이 막정에관여함으로써 막번체제는 점차 해체되었다. 미국과의 통상조약 원안이확정되자 이를 조인하기 위해서는 천황의 칙허가 필요하다는 의견이여러 대명 사이에서 일어나면서 천황의 의향이 막부의 외교주권을 좌우하게 되었다. 그러나 천황의 칙허 없이 막부가 통상조약에 조인하자 반막부세력들은 천황을 명분으로 막부에 대한 공세를 강화하였고, 이에 천황이 내린 칙명이 정국을 크게 동요시켰다. 드디어 공(公, 천황)이 무(武, 막부)와 나란히 국정의 한 축이 되었고, 천황의 정치적인 지위는 움직일 수 없는 것이 되었다. 이처럼 일단 장군과 천황을 중심으로 해 이원적으로 전개되었던 정치가, 대정봉환(大政奉還)과 왕정복고를 통하여 천황을 중심으로 일원화된다. 드디어 명치시대의 천황을 중심으로 한 군주제 즉 근대 천황제가 출현하게 된다.[1]

그러나 이 과정은 결코 순조롭게 진행된 것이 아니다. 막말에는 새로운 권력구조에 대한 다양한 논의가 분출하였으며, 그러한 논의들이 정치적인 상황과 맞물려 서로 이합집산을 거듭하면서 막부를 타도하고, 그 대신 천황과 공의(公議)를 중심으로 하는 방향으로 정리되었다고 할 수 있다. 이미 환산진남(丸山眞男)이 정리한 바와 같이, 막말기에는 존황(尊皇)·양이(攘夷)·좌막(佐幕)·개국(開國)의 4가지 논의가 종횡으로 얽혀 다양한 방향으로 전개되었다.예를 들어 존황-좌막론, 존황-양이론, 존황-개국론, 양이-좌막론, 개국-좌막론이 등장하는가 하면, 한 단계 더 나아가서 존황-좌막-개국론, 존황-좌막-양이론, 존황-토막-양이, 존황-토막-개국론도 나타났다. 특히 존황론이 토막론으로까지 발전한 것은 막말기의 최종단계였다. "제후적[2]인 양이론(攘夷論)은 대체로 존황경막론(尊皇敬幕論) 내지 공무합체론(公武合體論)과 결합되고, 서생적(書生的)[3]인 존황양이론(尊皇攘夷論)은 드디어 반막부 내지 토막론과 합류한다. 존황양이 사상이라는 측면에서 본 막말의 역사는, 전자의 우월성이 점차 후자로 이행해가는 과정이다."[4]

이 글은 막말·명치기의 정치 상황 속에서 군주제가 정치체제 혹은 권력구조 변경 요구에 어떻게 대응하였는가를 다루려고 한다. 그런데 문제는 막말의 단계에서 누가 군주인가 하는 점이다. 막말의 일본에는 장군(막부)과 천황(조정)이 공존하고 있었기 때문이다.[5] 한 사람의 인간

이 죽을 때까지 정치적인 지배권을 행사하는 정체(政體)를 군주제라고
했을 때, 정작 정치적인 지배권을 행사하는 존재는 장군이었다. 실정막
부(室町幕府) 때에도 족리장군(足利將軍)이 명나라로부터 일본 국왕으로
책봉된 사례를 통해서 보더라도, 실정시대 이래로 국왕·군주로 불릴
수 있는 존재는 오히려 장군이었다고 할 수 있다.[6] 그렇다면 이 글에서
도 장군(막부) 측의 대응을 고려하지 않을 수 없다. 그러나 한편으로 막
말의 상황에서 천황(조정)도 대내외적인 주요 사안에 대해서 일정한 결
정권을 행사하기에 이르렀고, 막부의 대정봉환을 통하여 정치적 권력
을 획득하였으므로 천황 역시 군주라고 하지 않을 수 없다. 따라서 이
글에서는 에도시대의 군주제로부터 명치시대의 군주제로의 이행이라는
관점에서 막말의 권력구조 구상을 이해해보고자 한다. 동시에 이 글은
사료를 정밀하게 다루어 역사상을 재구축하려는 것이 아니고, 아시아
사회가 근대로 전환하는 과정에서 나타난 군주제의 대응이라는 담론을
중심으로 한 것이다. 논거의 부족이나 논지의 비약을 해량해주시기 바
란다.

1. 막부의 권력구조 구상

경응(慶應) 3년(1867) 10월 14일 반막부세력의 중핵인 장주(長州)를 정
벌하는 데 실패한 막부는 대정봉환(大政奉還)을 단행하였다. 친막부세
력의 웅번(雄藩)인 토좌번(土佐藩) 전 번주인 산내풍신(山內豊信)이 덕천
경희(德川慶喜)에게 대정봉환을 통한 막정 쇄신을 건의하였고, 덕천경희
가 이를 받아들여 천황에게 정치적인 권력을 되돌려주는 절차를 밟았
다. 이는 막부를 타도하려는 도막파(倒幕派)의 명분을 없애려는 의도를
가진 것이었다. 그러나 막부의 타도를 꾀하였던 살마번(薩摩藩)은 막부

의 대정봉환책을 타파하고자 조정 내의 도막파(倒幕派)인 암창구시와 결탁하여, 조정 장악을 위한 쿠데타를 성공시켰다(경응 3년 12월 9일). 드디어 왕정복고를 선언하고 살마번과 장주번을 중심으로 신정부를 수립하였다.

그러나 막부는 대정봉환을 통하여 권력을 완전히 포기하려던 것이 아니라, 천황이 다시 정권을 덕천경희에게 위임할 것으로 보고 이를 통하여 막부의 권력을 회복하려는 의도를 가지고 있었다. 덕천경희의 의도를 반영하고 있는 것으로 보이는 서주(西周)의 '의제초안(議題草案) 별지'를 통하여 막부 측의 대정봉환 후의 권력구조 구상을 엿볼 수 있다(1867년 10월). 이는 막부의 개성소(開成所) 교수였던 서주가, 덕천경희의 측근이었던 평산경충(平山敬忠)에 제출한 의견서인데, 공의정체(公議政體)의 입장에 서면서도, 대정봉환 이후에 막부가 취해야 할 정책으로 의회제도의 창설을 제안하였다. 한편 「의제초안」은 덕천가(德川家) 중심의 정체안(政體案)으로 서양 관제를 모방한 삼권분립을 수용하면서도, 행정권은 장군이, 사법권은 각 번이, 입법권은 각 번 대명 및 번사(藩士)들로 구성된 의정원(議定院)이 가지며, 천황은 상징적인 권한만 갖는 것으로 위치시켰다. 외형적으로 삼권분립을 받아들이면서도 실질적으로는 종래와 같이 덕천막부를 중심으로 행정이 이루어질 수 있도록 하였다.

서주의 제안은 막부의 장군을 우위에 둔 공무합체론(公武合體論)이라고 할 수 있다. 이처럼 서주가 공무합체론에 입각한 권력구상을 할 수밖에 없었던 것은, 막부 권위만으로는 전국의 대명을 효율적으로 통제할 수 없는 현실이 있었기 때문이다. 천보개혁(天保改革)의 실패로 인한 막부 권위의 실추, 장군직 계승을 둘러싼 일교파(一橋派)[7]와 남기파(南紀派)[8]의 대립으로 인한 덕천가(德川家)의 내부 분열과 아울러, 미국과의 조약 체결을 위한 칙허를 주청해놓은 상태에서 막부가 칙허 없이 조약을 조인하기에 이르자, 존황양이론(尊皇攘夷論)이 더욱 힘을 얻게 되었다.

　이러한 상황에서 막부는 천황과 조정을 이용하여 막부의 권위를 회복하고자 하였다. 막부가 조정의 권위를 이용하고자 했던 대표적인 사건이 바로 화궁(和宮)의 강가(降家)라고 할 수 있다. 인효천황(仁孝天皇)의 여덟 번째 딸이자 효명천황(孝明天皇)의 이복누이인 화궁은 1851년에 효명천황의 명으로 유서천궁(有栖川宮) 치인친왕(熾仁親王)과 혼약을 맺었고 또한 본인도 강가를 반대하였음에도 불구하고, 1862년에 14대 장군 덕천가무(德川家茂)의 정실 부인이 되었다. 막부가 이처럼 무리하게 조정과의 인적 결합을 꾀하였던 것은 조정과의 유대를 긴밀하게 하고 나아가서 조정의 권위를 이용하여 정국을 유리하게 이끌려고 하였기 때문이다. 화궁 강가가 막부와 조정의 인적 결합으로 나타난 공무합체론의 한 측면이라고 한다면, 서주의 구상은 막부와 조정을 권력구조 속에서 결합시키고자 한 것이라고 할 수 있을 것이다.

「의제초안(議題草案) 별지」

　一. 서양관제의 내용은 삼권의 구별을 위주하고 있다. 법을 세우는 권한은 법을 행하는 권한과 법을 지키는 권한이 없고, 법을 행하는 권한은 법을 세우는 권한과 법을 지키는 권한이 없으며, 법을 지키는 권한은 법을 세우는 권한과 법을 행하는 권한이 없다. 삼권이 모두 독립하여 서로 의존하지 않으므로, 사곡(私曲)을 행하기 어려우며, 삼권이 각각 그 임무를 다하는 것이 제도의 가장 큰 목적이다. 앞의 삼권 구별은 이 땅에서는 종래에 (권한이) 한 곳에서 나왔기 때문에, 지금 갑자기 이를 따르는 것은 어렵지만, 이제 의정원을 세우고, 여기에 입법권을 주고 아울러 법을 행하는 권한도 속하게 하면, 이른바 호랑이에게 날개가 있는 것처럼, 전권을 마음대로 하는 후환이 어떠할지 헤아리기 어렵다. 그러므로 당분간 서양법에 의거하되, 법을 지키는 권한은 섞여 있다고 하더라도, 입법 행법의 권한을 구별하여, 의정원은 전국 입법권을 가지고, 공방양[9] 정부는 전국 행법권을 가지며, 수법권은 잠정적으로 각국의 행법권이 겸한다. 이와 관련하여 배당은 다음과 같다.

一. 토지 경계는 현재와 같이 한다.
산성국(山城國) 일원은 공헌한 대로 금리(禁裏)의 어령(御領)으로 한다.
공의(公儀)의 어령은 역대 관령(官領)·시중(市中) 모두 현재와 같이 한다.
여러 대명의 봉지(封地)는 현재와 같이 한다.

一. 금리 어령 내, 공의 어령 내, 모든 대명 봉경(封境) 내의 정사는 의정원에서 입정한 법도와 관련되지 않는 것은 그 주인이 마음대로 다스린다.

一. 병마·전함의 권한은 공의 어령은 어령 내에서, 모든 대명 봉경은 봉경 내에서, 자국의 방어를 위하여 필요한 물품을 갖추는 일은 주인이 마음대로 한다.
이는 당장, 혼란이 없도록 종래대로 하고, 몇 년 후에 상황이 점차 안정되면 통할책을 두고자 한다.

一. 임시 병역은 의정원 및 공부(公府)의 의회에서 상정한다.
반란지역·반란민 혹은 해구 응원 등의 일은 천하의 총역(總役)에 이르거나 혹은 한두 지역의 대명에 명하더라도 임시의회가 다루어야 한다.

一. 어령 내에서 현령(縣令)의 통치가 옳지 않거나, 대명의 봉경 내에서 통치가 옳지 않거나, 백성일규(百姓一揆), 가중분당(家中分黨)과 같은 일이 일어나 사람 수 100인 이상에 이르는 때는, 그 곡직형벌은 의정원의 판단에 맡긴다.

단 조소(詔訴)는 공부의 전국 사무부에 제출하고, 재허(裁許)는 의정원으로 이관한다.

一. 금리(禁裏)의 권한

제1 흠정지권(欽定之權)

의정원에서 의정한 법도는 정부로 이관하고, 정부에서 금리에 올려 흠정을 받아야 한다. 단 이의는 없도록 한다. 앞의 흠정을 받은 후에 다시 정부에 내려 포고하여 알려야 한다.

제2 기원지권(紀元之權)

이는 종래와 같다. 다만 수년 후에 신무천황 갑인년으로 기원을 만들고, 천변지요 등으로 개원하는 일은 폐지하도록 한다.

제3 척도량형지권(尺度量衡之權)

이는 경도(京都)에 좌(坐)를 둔다. 다만 개정하는 일은 의정원에서 의정해야 한다.

제4 신불양도(神佛兩道)의 수장권

이는 종래와 같이 한다. 다만 이와 관련하여 분쟁이 일어날 때는, 사사사무소(寺社事務所)에 맡기고, 개정해야 할 일은 의정원에서 의정한다.

제5 서작지권(敍爵之權)

이는 종래와 같이 한다. 수년 후에 의정원의 법이 행해지게 되면, 따로 일본(日本) 훈급(勳級)을 세우고, 유명무실한 서임(敍任)은 폐지한다.

제6 고할(高割)[10] 병위를 설치한다

금리 자령에는 병마의 준비가 없으나, 여러 대명 및 공의의 어령으로부터 만석당 2인 정도씩 병졸을 조달하여, 병술을 조련한 다음 여러 문의 경위 및 산성국 통로를 지키도록 한다. 사관 이상은 정부로부터 차출하고,

전국 사무부에 속하여 통제를 받는다. 또한 결원은 해당 국이 대번(代番)을 차출하고, 전체 비용은 1인당 얼마씩 의정원에서 상정하고, 탁지(度支) 사무부에서 고할을 출납한다.

병위 이외에는 산성국 내에는 한 사람도 병장을 휴대하면 출입을 금지한다. 이는 관문(關門)을 두고, 시정해야 할 것이다. 제국으로부터 오는 사자도 모두 병장을 풀고, 관문 내에는 모두 빈 몸으로 들어가야 한다.

제7 대명이 공헌하는 것을 받을 수 있는 권한

이는 때마다 헌상하는 물품을 시절에 따라 봉헌하는 것이다.

[금령] 공경(公卿) 중 전상인(殿上人)은 산성국(山城國)으로부터 나올 수 없다. 혹은 이 일은 멋대로 하더라도 어령 외에서는 그 권한이 평민과 같다. 어령의 인민과 지하(地下)[11] 이하 모든 사람은 만사에서 평민과 권한과 의무가 동일하다.

一. 정부지권(政府之權)

제1 정부 즉 전국 공부(公府)는 공방양(公方樣) 즉 덕천가(德川家)의 당대(當代)를 받들어 이를 원수로 삼고, 행법권은 모두 이 권한에 속한다.

제2 어령 내의 정치는 제번 경내의 정치처럼 의정원에서 세운 법도에 구애되지 않는 경우에는 마음대로 할 수 있다. 이하 조례 수 개 조는 전국의 치체(治體)과 관련된다.

제3 공방양은 모든 내외의 정령 처리에 있어서 대군(大君)이라고 칭한다.

제4 大君은 행법권의 원수이며, 공부를 대판에 열고, 공부의 관료를 두고, 천하 대정을 행한다. 이와 관련하여 강호(江戶)는 어령의 정부로 한다.

제5 전국 공부에 관한 상벌 출척 정령 법도는 모두 대군의 이름을 받들어, 공부 각부의 재상이 행한다.

제6 공부의 관료가 될 수 있는 사람은 종전과 같이, 1만 석 이상 이하의 대소명(大小名)으로 그 직무를 감당할 수 있는 자를 뽑아서 임명한다. 단 재상을 선임할 때는 따로 의정원의 의정이 있어야 한다. 그 밖의 관료 출척은 대군이 마음대로 한다.

이와 관련하여 친번(親藩) 속번(屬藩) 강호부(江戶府)의 어역(御役)은 겸임(相對)할 수 있다.

제7 대군은 몇백만 석의 어령을 가지고 있으므로, 상원 열좌(列座)의 총두(總頭)가 되고, 양원 의회에서 의견이 대립하여 단안(斷案)해야 할 경우에는 일당삼(一當三)의 권한을 갖는다.

제8 대군(大君)은 시의에 따라 하원을 해산할 권한을 갖는다. 또한 신원(新院)의 선임은 다시 그 국에서 행한다.

제9 公府의 관제는 다음과 같이 정한다.

1) 전국 사무부. 재상 1원 속료 ○원. 이는 이하도 같다.

이는 대목부(大目附)의 자리와 같지만 또한 한두 가지 사무를 더할 수 있다. 전국 대정을 출납하는 공부에 관한 관리의 출척을 관장한다.

2) 외국 사무부

현재의 외국방(外國方)과 같다.

3) 국익 사무부

이는 전국과 관련되며, 도중(道中)의 숙역(宿驛) 전마(傳馬) 인민(人足) 비각(飛脚), 각 지역의 광산, 동좌(銅坐), 주좌(朱坐) 등 연철(鉛鐵)의 출법(出法), 해운(海運) 수조(水漕)의 과역, 장차 또한 전신기 증기차 등에 이르기까지 관장한다. 현재의 감정국(勘定局)에 혼입되어 있는 것은 나누어 이국에 속하게 한다.

4) 탁지 사무부

이는 공부에 관한 출납 산감(算勘)을 관장하는 관으로 곧 공부감정소에 고할(高割) 세금을 거두어들이고 이를 의정에 준하여 분부(分賦)하는 역이다.

5) 사사(寺社) 사무부

사사봉행(寺社奉行)과 같으며, 앞으로의 개혁은 의정원에서 행한다.

제10 이상 오부 재신 출척의 권한은 대군이 가진다. 단 찬법(撰法)할 때는 의정원으로부터 3명을 차출하여 올리면 1명을 임명한다. 나머지 속료는 의정원이 따로 의정한 내용에 준하고, 그 국의 재상과 상담하여 출척할 수 있다.

금령(禁令) 재신은 의정원으로부터 의정한 법령을 받을 때, 일부(日附)에 대한 단서(斷書)가 없는 것은 즉각 봉행하고, 지연하면 과실로 삼는다. 전곡 출납 등의 일은 모두 의정원 의정대로 하고 전기 후기[12]는 모두 과실로 삼는다.

(이하 대명 및 의회의 권한 생략)

이러한 구상을 요약하면 다음과 같다.

1) 대군을 권력의 정점에 두고, 행정부인 공부는 대판에 둔다. 공부에는 5개의 '사무부'를 두고, 각 사무부는 재상이 관할한다. 이는 경응(慶應) 연간의 막정 개혁책에 의한 것으로 보인다. 공부는 잠정적으로 사법권을 갖는다.

2) 입법부인 의정원은 상원과 하원으로 나누고, 상원은 1만 석 이상의 대명, 하원은 각 번의 여론에 따라 1명을 번주가 선임하여 구성한다.

3) 대군은 이 양자를 총괄하여, 원수로서 행정권(공부의 인사권을 포함)을 장악하고, 상원의 의장이 되고, 하원에 대해서는 해산권을 발동할 수 있다.

4) 각 번은 종래와 같이 번령(藩領)을 유지하고, 강호(현재의 東京)는 대군의 직할지로 삼는다.

5) 천황은 산성국(山城國)에 봉하고, 연호와 도량형, 관작 수여, 종교의 수장 등의 권한을 주되, 흠정권(欽定權)은 있으나 거부권은 없다. 대

명이 바치는 헌상물을 받을 수 있다.

이 권력구상의 정점인 대군(원수)의 자리에는 덕천경희가 취임할 작정이었을 것이다. 그렇다면 정치 실권은 완전히 덕천경희가 장악하게 되는 셈이고, 이에 대해서 천황은 정치적으로 전혀 무력한 존재가 된다. 또한 군사권의 경우는 당장은 각 번이 가지고 있지만 장래에는 모두 대군이 장악하도록 규정하고 있다. 이는 천황을 무력화시키고 장군이 이름만 대군으로 바꾸어 모든 권력을 장악하겠다는 의도를 드러낸 것이다.

한편으로 막부와 대명이 차출한 병위로 호위한다는 명목으로, 천황과 공가를 무력으로 포위·감시하려고 하였다. 이는 공가의 전상인(殿上人)이 산성국(경도 및 그 주변) 바깥으로 나올 수 없게 한 규정에서도 짐작할 수 있다. 동시에 공가를 일반 백성과 같은 신분으로 격하시키려는 의도도 엿볼 수 있다. 이처럼 서주의 정체안은 천황과 공가를 무력화시키고, 정치적인 실권은 종전대로 장군이 행사하는 데 초점이 맞추어져 있다.

아울러 공무합체론에 입각한 서주의 구상은 당시 무가는 물론이고 공가의 일각에서도 지속적으로 제기되고 있었던 대정위임론(大政委任論)의 완성형이라고도 할 수 있다.

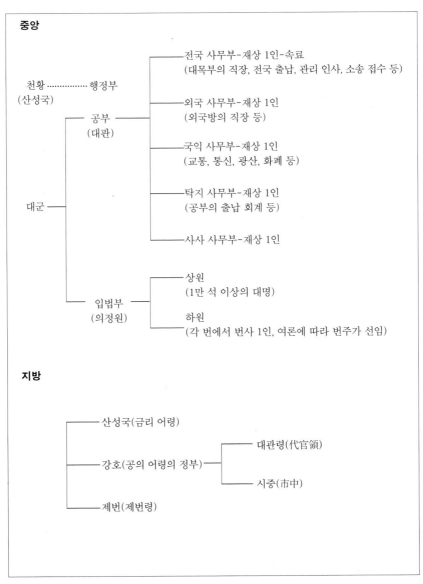

중앙

천황 ·············· 행정부
(산성국)

대군 ─┬─ 공부
      │   (대판)
      │
      └─ 입법부
          (의정원)

공부 (대판) ─┬─ 전국 사무부-재상 1인-속료
            │   (대목부의 직장, 전국 출납, 관리 인사, 소송 접수 등)
            │
            ├─ 외국 사무부-재상 1인
            │   (외국방의 직장 등)
            │
            ├─ 국익 사무부-재상 1인
            │   (교통, 통신, 광산, 화폐 등)
            │
            ├─ 탁지 사무부-재상 1인
            │   (공부의 출납 회계 등)
            │
            └─ 사사 사무부-재상 1인

입법부 (의정원) ─┬─ 상원
                │   (1만 석 이상의 대명)
                │
                └─ 하원
                    (각 번에서 번사 1인, 여론에 따라 번주가 선임)

지방

─┬─ 산성국(금리 어령)
 │
 ├─ 강호(공의 어령의 정부) ─┬─ 대관령(代官領)
 │   │
 │   └─ 시중(市中)
 │
 └─ 제번(제번령)

〈도식1〉 서주(西周)의 권력 구상도

2. 도막파(倒幕派)의 권력구조 구상

1) 「선상팔책(船上八策)」과 「신정부강령(新政府綱領)」의 비교

한편 도막파에 의한 권력구상을 대표하는 것이 판본용마(坂本龍馬)
이다. 판본용마는 경응 3년(1867) 6월과 11월에 각각 「선상팔책」과 「신
정부강령팔책」을 통하여 새로운 정권구상안을 내놓았다. 먼저 「선상팔
책」을 보면 다음과 같다.

1. 천하의 정권을 조정에 봉환하고, 정령(政令)은 마땅히 조정으로부터
나와야 한다.
2. 상하 의정국(議定局)을 설치하고, 의원을 두고 만기를 참찬(參贊)케
하고, 만기를 마땅히 공의로 결정해야 한다.
3. 재능이 있는 공경제후 및 천하의 인재를 고문으로 두고, 관작을 내리
고, 마땅히 종래의 유명무실한 관직을 폐지해야 한다.
4. 외국과의 교섭은 널리 공의(公議)를 채택하고, 새로이 지당한 규약을
세워야 한다.
5. 과거의 율령을 절충하여, 새로이 무궁한 대전(大典)을 찬정해야 한다.
6. 해군을 마땅히 확장해야 한다.
7. 친위병[親兵]을 두어, 제도(帝都)를 지키도록 해야 한다.
8. 금은물화(金銀物貨)의 가격은 마땅히 외국과의 평균한 법을 두어야
한다.

이상의 8책은 공의정체론에 입각하면서도, 대정봉환, 상하 의정국 설
치, 공경제후와 천하 인재의 관직 기용 등을 주장하고 있다. 이러한 판
본용마의 발상은 「왕정복고어사태서(王政復古御沙汰書)」에 상당 부분
반영되고 있다. 이는 판본용마와 암창구시(岩創具視) 사이에 깊은 교감

이 있었고 왕정복고 과정에서 명치정부의 권력구상에 반영된 것으로 보인다. 실제로 판본과 암창은 살토맹약(薩土盟約)을 맺은 지 3일 후인 6월 25일에 암창의 집에서 만났으며, 그 자리에서 신정부 수립에 대한 의견교환이 있었을 것으로 보인다.

한편 「신정부강령팔책」도 이와 비슷한 내용을 가지고 있다. 그러나 중요한 부분에서 차이가 있다고 하지 않을 수 없다. 이미 10월 15일에 대정봉환이 이루어졌기 때문에, 「선상팔책」 중의 대정봉환에 관한 내용이 빠졌다. 또한 만기를 공의로 결정한다는 등의 내용은 빠지고, 율령을 정하면 이에 따라서 제후들이 관할구역을 통솔해야 한다는 내용이 들어가고 해군 이외에도 육군의 존재를 제안하고 있다.

우선 대정봉환 및 정령은 반드시 조정에서 나와야 한다는 대목이 빠진 점에 주목해보자. 대정봉환은 이루어졌기 때문에 당연히 필요없는 부분이지만, 정치의 중심에 조정을 두고자 하였다는 내용이 빠진 것은 판본용마의 권력구상과 밀접한 관련이 있는 것으로 보인다. 「선상팔책」 단계에서는 막부에 대하여 대정봉환을 요구하기 위하여 명분과 대안으로서 조정의 중요성을 강조하고 있지만, 대정봉환이 달성된 단계에서는 천황과 조정에 모든 권한을 일임할 수 없다는 판단이 있었을 것이다. 현실적으로 어린 천황과 무능한 공가에게 모든 정치를 맡길 수는 없는 상황이었기 때문이다. 유신정부가 상층 공가들을 대거 숙청하기에 이르는 사태나 천황을 권력 획득의 수단으로 생각하였던 태도와 연관시켜 생각해볼 대목이다.

두 번째로 주목해야 할 부분은 상하 의정국을 설치하여 모든 일을 공의로 결정해야 한다는 내용이 간단히 상하 의정소라고 기록되어 있는 점이다. 이 부분은 의정기관의 위상과 역할을 축소시킨 것으로 보고자 한다. 우선 상하 의정국은 분명한 역할이 명시되어 있음에도 불구하고, 상하 의정소는 이름만 나타낸 점, 의정국을 의정소라고 하여 기관으로

서의 위상을 용어에서도 격하시킨 점, 「선상팔책」에서 두 번째로 거론
되었던 상하 의정국이 다섯 번째 항목으로 순서에서 뒤로 밀린 점 등이
그러한 추측을 가능케 한다. 실제로 유신 정부의 주역들은 의회의 설립
을 상당 기간 유보하고 있었던 사실과 맥락이 일치한다.

　다음으로 주목되는 것은 천하의 이름 있는 인재를 고문으로 삼는다
고 한 점이다. 「선상팔책」에서는 재능이 있는 공경·제후 및 천하의 인
재를 고문으로 삼는다고 하였다. 고문은 정책을 수행하는 관료를 뜻하
는 것이라고 할 수 있는데, 「선상팔책」에서는 조정의 상층 공가를 지칭
하는 공경과 번주와 같은 상급 무사를 지칭하는 제후를 먼저 언급하고
다음에 천하의 인재를 두었다. 그런데 「신정부강령」에서는 천하의 이름
있는 인재를 고문으로 삼는다고 하였다. 천하의 인재는 바로 암창구시
와 같은 하층 공가와 판본용마 자신과 같은 하층 무사를 뜻하는 것이
라고 할 수 있다. 조항의 배치에 있어서 공경·제후보다 천하의 인재들
을 최우선 순위에 두었고, 자신과 같은 사람들을 지칭하는 '이름 있는
천하의 인재들'은 바로 고문으로 임용되어야 한다고 한 반면에, 공경·
제후는 찬용(撰用) 즉 선거를 통해서 뽑은 다음에 조정의 관작(官爵)을
주자고 한 것이다. 오히려 웅번(雄藩)의 번주들이 자동적으로 조정의 고
위 관료가 되어서 정치적인 실권을 행사해야 할 것인데도, 판본용마의
생각은 번사 계층이 실권을 장악해야 한다는 전망을 가지고 있었던 것
으로 보인다.

　「신정부강령」에서는 '공의(公議)'라는 용어가 사라진 것도 흥미로운
대목이다. 「선상팔책」에서는 두 차례나 공의라는 용어를 사용하여, 만
기를 공의로 결정한다고 하였고, 외국과의 교섭도 널리 공의를 채택한
다고 하였다. 「선상팔책」이 공의정체파(公議政體派)였던 후등상이랑(後
藤象二郎)에게 제시된 것이었기 때문에 특별히 공의가 강조된 측면도 없
지 않겠지만, 한편으로는 대정봉환 직전까지만 해도 공의 혹은 공의정

체론은 좌막파와 도막파를 불문하고 공통적으로 지지하는 가치였다고 할 수 있다. 막말 위기의 원천이라고 할 수 있는 외국과의 교섭은 물론이고 국내의 정치 전반을 공의로 결정하겠다고 천명한 판본용마의 주장은 틀림없이 천하의 형세를 살펴 당시의 여론을 직접적으로 반영하고 있는 것이 분명하다. 그러나 신정부강령의 조항에서는 공의가 등장하지 않는다.

사실 공의란 이른바 제후로 불리는 번주급의 상급 무사의 의향을 우선적으로 고려하는 것이라고 할 수 있으며, 상급 무사들은 대체로 막부의 개혁은 요구하지만 막부의 온존을 바라고 있었다. 그런 점에서 막부타도를 결의하고 있는 하급 무사들의 입장에서는, 공의를 주도하게 될 상급 무사들조차도 타도의 대상이 될 수밖에 없었다. 그러나 대정봉환 이전에는 상급 무사까지도 아우르는 반막부전선을 형성할 필요가 있었지만, 대정봉환이 이루어진 시점에서는 상급 무사도 권력구조 속에서 배제하려는 의도를 판본용마는 남들보다 한걸음 먼저 가지고 있었던 것으로 보인다. 실제로 명치유신 과정에서 의회의 구성이 뒤늦게 이루어진 것도 대정봉환 이후 제후들의 발언권을 무력화시키려는 신정부 측의 의도가 개재된 것으로 볼 수 있다.

오히려 공의라는 용어는 「신정부강령」의 발문(跋文)에 보인다. 발문에서는 "앞의 내용을 미리 두세 명의 눈밝은 무사와 의정하고, 제후회맹의 날을 기다려 운운. ○○○ 스스로 맹주가 되어, 이를 조정에 바쳐, 비로소 천하만민에게 공포 운운. 굳이 대항하거나 예를 지키지 않고, 공의를 어기는 자는, 반드시 정토한다. 권문귀족도 가차 없도록 한다."고 하였다. 이렇게 보면 판본용마가 여전히 공의를 존중하고 있는 것처럼 보인다. 그러나 「선상팔책」의 공의와 「신정부강령」 발문의 공의는 상당한 차이를 보이고 있다.

전자는 의정국의 의원이 만기를 결정하거나, 외국과 교섭을 하는 과정에서 공의에 따른다는 것이다. 그러나 후자는 번사들이 의정하고, 제후회맹을 거쳐 조정에서 공포한 강령을 말한다. 전자의 공의는 의원들이 논의한 결과 달라질 수 있는 유동적인 공의인데 대하여, 후자는 이미 신정부의 강령으로 공포된 법의 성격을 가진 것이다. 여기서 판본의 공의에 대한 인식이 극적으로 변화하는 단서를 보이고 있는 것으로 생각된다. 제후들의 의사나 의회의 결정이 아니라, 번사들이 의정한 강령이 공의로 간주하고 있는 것이다.

마지막으로 율령을 찬정하여 이를 무궁한 대전으로 삼는다고 한 내용은 거의 공통되지만, 율령이 이미 정해지면 제후백(諸侯伯)이 모두 이를 받들어 관할구역을 통솔한다는 내용이 「신정부강령」에서 추가되어 있다. 종래에 제후 즉 번주들은 자신의 영지 내에서 독자적인 지배권을 행사할 수 있는 존재였다. 그러나 「신정부강령」에서는 번주들도 정해진 법률에 따라야 한다고 한 것이다. 이는 일본을 단일한 법률에 의하여 통치되는 통일국가로 변모시키려는 의도를 반영한 것이라고 할 수 있다.

「신정부강령 8책」

제1의, 천하의 이름 있는 인재를 불러들여 고문으로 삼는다.

제2의, 재능있는 제후를 선발하여 조정의 관작을 내리고, 현재 유명무실한 관직을 없앤다.

제3의, 외국과의 교섭을 의정한다.

제4의, 율령을 만들어, 새로이 무궁한 대전을 정한다. 율령이 정해지면, 제후백들은 모두 이를 받들어 관할구역[部下]을 통솔한다.

제5의, 상하 의정소

제6의, 해륙군국

제7의, 친위병[親兵]

제8의, 황국의 현재의 금은물가를 외국과 같게 한다.

2) 사도종칙(寺島宗則)과 이등박문(伊藤博文)의 국가구상

사도종칙(寺島宗則)은 살마번(薩摩藩) 출신으로 두 차례 유럽을 다녀온 경험이 있으며 여러 차례 근대국가에 대한 구상을 제안한 바 있다. 그의 구상은 이미 유럽을 방문한 시기에 이루어진 것으로 보이지만 내용 자체는 1867년 10월 대정봉환 이후에 살마번 번주에게 건의한 것이다.

첫째, 모든 봉건 제후를 폐지해야만 올바로 왕도가 세워질 것이라고 생각한다. (중략) 그 봉지와 백성을 조정에 봉환하고 (번주는) 일반 백성이 되고 (다시) 추천될 것인지 여부는 차후에 결정한다.

둘째, 살마번부터 솔선해서 영지의 일부를 조정에 바치고, 막부와 다른 번의 영지도 같은 비율로 조정에 바치도록 한다.

셋째, 조정 직속으로 수도와 변방을 방비하는 군대와 여러 관리를 만들어야 한다. 군인과 관리는 봉지로 녹을 받지 않고, 조정의 급료를 받도록 한다.

넷째, 제후가 담당해야 할 방어의 책임과 부담은 모두 조정이 처리하여, 제후에게는 경제적인 부담을 주지 않도록 한다.

그의 주장은 대정봉환을 넘어서 폐번치현(廢藩置縣)에 이르고 있다. 그러나 일시에 대명(大名)들의 권한을 박탈하기는 어려울 것으로 보고 영지의 일부를 반환한다는 점진적인 실천 방법까지 제안하고 있다. 또한 근대적인 군대와 관료의 창설을 주장하였다. 또한 이러한 조처로 대명들은 종래처럼 나라의 방위를 위하여 병사들을 보낼 필요가 없어지므로, 실질적인 손해는 없을 것이라고 하였다.[13]

그의 이러한 구상을 한 시기는 유럽에 체류하고 있던 1865년경이므로, 근대국가의 세부적인 구상이라기보다는 원칙을 제시한 측면이 강하다. 그럼에도 불구하고, 대정봉환 이후 여전히 문제가 되고 있는 대명들의 영지를 조정에 반환할 것을 주장한 점, 대명들의 지위에 대하여 그 특권을 인정하지 않은 점, 조정에 직속된 군대와 관료의 창출을 제안한 점에서 판본용마의 의견과 기본적으로 일치하고 있다.

이등박문(伊藤博文) 역시 목호효윤(木戶孝允)과 교감하면서 폐번치현, 근대적인 군대의 창설, 군주제, 신분차별의 철폐 등을 주장하였다. 그의 주장은 아래와 같다(1868. 4~1869. 1).[14]

첫째, 각 번의 병사들을 조정의 정규병으로 편입하고 강력한 조정의 군대를 창설해야 한다. 이 군대는 유럽 각국의 병제를 참고하여 편성해야 한다.

둘째, 각 번으로 하여금 토지와 병권을 봉환토록 해야 한다. 그렇지 않으면 조정이 무력을 행사하여 빼앗아야 한다.

셋째, 군현제도를 실시하고, 번주들에게는 작위를 주어 공경과 같은 귀족으로 만들고, 이들을 상원 의원으로 삼으며 능력에 따라 관직에 등용한다.

넷째, 국가체제는 반드시 황실을 중심으로 한 군주제로 한다.

다섯째, 사농공상의 차별을 없애고 문벌에 관계없이 인재를 고루 등용한다. 대학교와 소학교를 두어 교육에 힘쓴다.

여섯째, 각국과 맺은 조약을 반드시 지키고, 대외관계를 활발히 한다.

이등박문의 구상은 대단히 구체적이고 또한 이후 실제로 실천되었다는 점에서 중요하다. 표현에 차이가 있기는 하지만, 도막파의 주장에서는 조정 혹은 천황을 중심으로 한 정체, 정규군의 창설, 번주들을 귀족화와 능력에 따른 등용 등이 공통적으로 나타나고 있음을 알 수 있다.

3) 왕정복고와 천황의 위상

이러한 도막파의 정체구상은 살마·장주 두 번의 도막파 번사들에 의한 쿠데타를 통하여 실현을 보게 된다. 이들은 조정의 주도권을 장악했으며, 왕정복고를 단행하였다. 그리고 유신정부는 무진전쟁(戊辰戰爭)에서 승리하면서 명치유신을 맞이하게 된다. 그런데 문제는 왕정복고가 곧 천황의 친정을 의미하는가이다. 또한 도막파 번사들이 중심이 된 유신정부는 천황이라는 존재를 어떻게 생각했던가를 확인할 필요가 있다. 유신정부가 성립되기 이전인 1865년의 단계로 거슬러 올라가보면, 효명천황은 장주 정벌을 위한 칙허를 요구하는 막부의 의견에 따라 제2차 장주정벌(長州征伐)을 허락하였다. 도막파의 입장에서는 자신들의 정치적인 목표인 막부 타도 방침과 배치되는 천황의 명령을 받아들일 수 없었다.

대구보리통(大久保利通)은 서향융성(西鄕隆盛)에게 보낸 편지에서 "비의칙명(非義勅命)은 칙명이 아니다"라는 유명한 말을 남겼다. 자신들이 옳다고 생각하는 노선에 어긋나는 칙명은 천황의 명령이라도 따를 필요가 없다는 것이다. 그리고 그들이 염두에 두고 있는 것은 천황보다 우선하는 국가의 권력과 권위의 확립이었다. 그들이 천황의 명령에 따르는 것은 이 목적에 유효하게 작용하는 범위 안에서라는 정치인식을 보여주고 있다. 극단적으로 말하면 목호효윤(木戸孝允)이 "먼저 어떻게 해서든 구슬(玉, 천황)을 우리 쪽으로 끌어들여 받들어야 한다."고 피력했던 것처럼, 천황은 자기 쪽의 정당성을 획득하기 위한 수단임과 동시에 국권 확립의 수단이었던 것이다.

정상의(井上毅)는 막말 당시를 회상하며, 존왕토막(尊王討幕)은 그 자체가 목적이 아니며, 진정한 목적은 바로 국권(國權) 확립이었다고 했다. 말하자면 국가가 주이고 군주(천황)는 종이었다. 따라서 정상의는 「군주순법주의의견(君主循法主義意見)」에서 군주도 국가의 법에 따라야

만 한다고 주장하였다.[15]

그러나 국가가 그 대표자인 군주보다 우선한다는 생각은 막말·유신의 격동기에 처음 나타난 것은 아니었다. 이미 강호시대의 정치의식 속에 존재하였다고 할 수 있고, 좀더 소급하면 무사의 출현과 밀접한 관련이 있는 것으로 볼 수 있다. 흔히 하극상이라고 부르기도 하는 주군압입(主君押込)의 관행이 무사들 사이에서 이미 겸창시대(鎌倉時代)부터 확인된다. 중세의 무가사회에서는 주군이 가신에게 반드시 절대적인 존재가 아니었고, 주군과 가신단은 서로 의존·협력하는 일종의 운명공동체였다고 할 수 있다. 그러므로 가신단의 의향을 무시하는 주군은 가신단의 중의에 의하여 폐립(廢立)되거나, 때로는 가신단의 유력자가 중의에 따라서 새로운 주군이 되기도 하였다.

이러한 경향은 실정시대에 현저해져서, 적송씨(赤松氏)가 장군 족리의교(足利義教)를 살해한 사건(嘉吉의 變), 세천정원(細川政元)이 장군 족리의재(足利義材)를 폐립한 사건(明應의 政變), 송영구수(松永久秀)가 장군 족리의휘(足利義輝)를 살해한 사건 등은 모두 장군가에 대한 하극상이자 주군압입이라고 할 수 있다. 그 밖에도 하내수호가(河內守護家) 전산씨(畠山氏)나 관령가(管領家) 세천씨(細川氏)의 경우처럼 수호대(守護代)가 주군을 폐립하는 일이 종종 있었으며, 도청현(陶晴賢)이 대내의륭(大內義隆)을 추방·토멸한 사건, 무전청신(武田晴信)이 아버지인 무전신호(武田信虎)를 추방한 사건도 있었다. 이처럼 유동적이었던 전국시대의 정치권력에 대한 중심원리가 주군압입이었다고 할 수 있다. 전국대명의 영국지배(領國支配)는 반드시 전제적인 것이 아니었으며, 가신단의 중의와 의향을 반영하지 않을 수 없었다. 가신단의 의사를 무시하거나 경시하는 주군은 폐립될 수 있었다. 풍신수길이 권력을 장악한 이후로는 그러한 관행이 진정되었고, 덕천 장군가의 경우에는 나타나지 않았으나, 대명의 경우에는 빈번하게 행해졌다.

강호시대의 각 번은 막부에 대하여 종속적이었다고는 하나, 독자적인 지배기구와 법을 가지고 영지 내의 인민과 토지를 지배하였기 때문에, 사실 번이라고 하는 것도 작은 국가라고 할 수 있다. 그런데 그 작은 국가인 번의 내부에서 번주와 가신단 사이의 알력 때문에 이른바 어가소동(御家騷動)이라는 분규가 일어나곤 하였다. 유력한 가신을 배제함으로써 자신의 권력을 강화하려는 주군이 있는가 하면, 가신에게 이익이 되지 않거나 무능한 주군을 은거 혹은 살해 등의 수단으로 폐립하는 경우도 있었다.

"주군의 권력이라는 것은 그것이 번 전체를 완전히 뒤덮었을 때 역설적으로 명목화해가는 것이며, 번이라고 하는 객관적인 정치기구체 속에 포섭되어 그 기구체의 의사에 종속당하게 된다."는 분석이 있는 것처럼, 곧 번(국가)=주이고, 주군(군주)=종이 되어버린다. 이처럼 국가를 군주가 사유물로 삼을 수 없다는 전통이 이미 근세에 형성되어 있었으며, 이것이 국가적인 위가 고조되는 속에서 한층 더 선명하게 나타나게 되었다. 바로 이러한 전통이 근대의 국가와 천황의 관계를 규정하고 있었던 것이다.[16]

실제로 유신정부의 주역들이 자신들의 출신 번에서 주도권을 획득하는 과정 역시 주군압입과 다름없는 행위였다. 장주번(長州藩)의 정상의(井上毅)·고삼진작(高杉晉作)의 경우를 보면, 제1회 장주 정벌을 맞아서 보수파가 무장해제라고 하는 공순론(恭順論)을 주장하는 데 반대하여 무비공순론(武備恭順論)을 주장하였다. 그 때문에 반대파가 정상의를 암살하고자 하였으며, 목숨이 경각에 달하는 중상을 입었다. 그러다가 원치(元治) 원년(1864) 12월 고삼진작과 그 동지가 병사들을 이끌고 보수파와의 전투에 나서기에 이르렀다. 원치 원년 말 고삼진작의 거병 이후, 번 내전을 통하여 번청군을 격파하고, 상층 좌막파(佐幕派)를 제압하였다. 이 과정에서 심지어 번주를 호위하고 있는 번청군을 향하여 총을 쏘는 일을 서슴지 않았다.

물론 유신정부의 주역들이 천황을 폐립하려는 생각을 갖지는 않았을지 모르지만, 그들이 구상하는 국가가 번이라는 경계를 넘어서서 서구 열강과 맞설 수 있는 규모의 큰 국가가 된 상황에서 그 국가의 주군은 당연히 천황일 수밖에 없었다. 주역들 중에서 무사 출신들의 경우에는 번의 존속과 가신단의 이해를 위하여 주군을 폐립하였던 '주군압입'을 무가사회의 오랜 관행으로 숙지하고 있었을 것이기 때문에, 번으로 분할된 일본이 아니라 종래의 번의 영역을 넘어서서 하나로 통합되어야 할 일본이라는 국가를 천황보다 우위에 두는 것은 오히려 당연한 것이라고 할 수 있다.

한편으로 천황은 유신정부의 주역들에게는 국권을 확립하기 위한 유일한 수단이었다고도 할 수 있다. 유신정부는, 판본용마의 「신정부강령」에서 단서를 보이고 있는 대로, 공의정체를 유보하고 있다. 따라서 권력의 정당성을 공론의 지지로부터 구할 수가 없었으므로, 천황의 국가를 내세우는 것으로만 권력의 정당성을 확보할 수 있었기 때문이다. 그런 점에서 도막파의 존왕론은 천황에 대한 절대적인 복종과 충성을 의미하는 것이 아니라, 일본이라는 국가를 통합하는 기제의 하나였을 뿐이었고, 천황을 포함하는 조정 자체도 변화·개혁의 대상이었다. 후에 천황의 존재양태를 극적으로 변화시킨 것도, 천황보다 국가를 우선으로 생각하는 명치유신 주역들의 공통된 생각이었을 것이다. 왕정복고의 대호령(大號令)도 그런 점에서 다시 주목할 필요가 있다. 대호령은 분명히 막부와 장군을 없애는 동시에 천황을 제외한 상층 공가도 폐지의 대상으로 삼고 있기 때문이다.

왕정복고의 대호령(음력 1867년 12월 9일, 양력 1868년 1월 3일)

1. 장군직의 사직을 칙허
2. 경도수호직·경도소사대의 폐지
3. 강호막부의 폐지
4. 섭정·관백의 폐지
5. 총재 의정 참여의 3직 설치

이 대호령을 통하여 장군직과 막부가 폐지되고 왕정의 복고가 이루어졌다. 그러나 왕정복고를 주장하면서도 공가의 전통적인 관직인 섭정과 관백 등을 폐지함으로써 조정의 질서를 새롭게 한다는 명목으로 상급 공가세력을 배제하였다. 아울러 막부 측의 인물들이 신정부의 주체가 되는 사태를 막고, 암창구시 등 일부 공가 세력과 살마·장주의 번사들이 주도하는 신정부가 성립되었음을 선언하는 내용이었다. 섭정·관백의 폐지를 통해 공가 내부의 문벌제도를 상당 부분 타파하고 비교적 가격이 낮은 도막파 공경의 실권 확립에 도움을 주고, 또 막부 폐지에 의해 웅번(雄藩) 연합정권 수립의 길을 연 것이다.[17]

3. 조정 측의 권력구조 구상

1) 공무합체론에서 도막론으로

조정 측이 주장한 권력구조와 관련하여 주목하고 싶은 인물은 바로 암창구시이다. 그는 조정 측의 인물로서 명치헌법을 기초하는 과정에서 가장 큰 영향을 끼쳤으며, 삼조실미(三條實美)와 더불어 명치정부 내에서 공가를 대표하는 인물이기도 하였다. 삼조실미가 등원씨(藤原氏)의

적류(嫡流)로 상층 공가의 상징이었다고 한다면, 암창구시는 하층 공가의 전형이라고 할 수 있다. 그는 공가 출신이기는 하지만 하급 공가였기 때문에 상층 공가에 대해서 비판적이었고 오히려 대구보리통과 같은 지방의 번사와 제휴하여 왕정복고를 꾀하고자 하였다. 그는 도막파와 결탁하여 조정을 막부의 영향력에서 벗어나게 하는 역할을 수행하였다. 그러나 원래 그는 공무합체를 지지하였으며 그 일환으로 화궁의 막부 강가를 위해 노력하다가 쫓겨나서 경도의 낙북(洛北)에서 유폐 생활을 보내기도 하였다. 우선 화궁 강가와 관련된 상신서(上申書) 속에 나타나는 그의 정치적인 입장을 확인해보고자 한다.

암창구시는 막부가 강가를 요청해온 것은 막부의 권위가 이미 땅에 떨어지고 날로 인심이 이반하여 막부의 패권이 전과 같은 강성함을 잃게 되자, 조정의 위광을 빌어 막부의 권위를 어떻게든 분식하려는 의도가 있다고 판단하고, 외압에 직면한 황국의 위급함을 구하기 위해서는 관동(막부)에 위임한 정치를 은연중에 수복하고 여의공론(興議公論)에 기초하여 국시(國是)를 확립해야 한다고 하였다. 그러나 급하게 이를 이루려고 하면 오히려 내우외환의 지경에 이르러 오만(五蠻, 외국)의 술수에 빠진다고 하고, 일단 공무일화(公武一和)의 모습을 보이면서 대정(大政)을 위임하였다는 명분은 그대로 두고 점진적으로 실권을 조정이 장악해야 한다고 하였다. 즉 정책 결정은 조정이 하고 그 실행은 막부가 담당해야 한다고 생각하였다.[18]

이러한 생각은 당시 조정 공가들의 일반적인 생각이었다고 해도 과언이 아니다. 막부로부터 실권을 돌려받아야 한다는 생각까지는 할 수 있었으나, 막부를 타도해야 한다는 생각에는 이르지 못한 것이다. 예를 들어 대원칙사(大原勅使)는 신뢰할 수 있는 덕천경희가 막부의 중심이 된 이상, 국시에 대해서는 막각(幕閣) 및 여러 대명을 경도에 불러서 평의할 필요가 없고, 등원경희에게 맡겨 결정한 다음 결정사항에 대하여 조정에 상신하면 충분하고, 만약 내용에 문제가 있으면 그때 지시하면 된다고 하였다. 조정이 직접 정치를 하는 일은 불가능한 것이며, 막각이 신뢰할 수 있는 인물로 바뀌었으므로 진정한 의미의 대정위임이 이루어졌다고 하였다. 대원칙사는 조정 권력의 확장을 위하여 적극적으로 활동한 공가의 대표적인 존재였다. 그러한 대원칙사의 경우에도 이 시기에 생각한 정체는 대정위임(大政委任)이었으며, 조정이 직접 정무를 맡는 왕정복고는 아니었다. 물론 대원의 주장은 막부정치로의 복귀는 아니었다. 현실정치는 막부에 맡기면서 그것에 대한 조정의 감독권을 확보하려고 하였다. 통치에 따르는 부담은 지지 않고 권한만 가지려는 생각이었던 것이다.[19]

그러나 공무합체론의 입장에 서 있었던 암창구시도 존왕양이론자들의 배척으로 5년간 경도의 북쪽 교외에서 칩거생활을 하였고 또한 도막파들과 지속적인 교류를 가지면서 드디어 막부타도에 앞장서게 되었다. 덕천경희의 대정봉환이 막부에 대한 비판을 봉쇄하려는 정치적인 음모에 불과하다는 사실을 간파하고 신정부의 수립에 결정적인 역할을 한 공가측 인물이 바로 암창구시이다. 우선 막부 타도와 유신정부 수립에 이르는 과정을 잠시 살펴보도록 하자.

안정(安政) 5년(1858) 이후 등장하기 시작한 도막론은 결국 정치운동의 주류가 되지 못하였으나, 경응(慶應) 3년(1867)에 들어서면서 갑자기 구체화된다. 장군 덕천경희의 시정개혁은 프랑스공사 로슈의 지원을 받았으며, 이를 통하여 막권 회복의 조짐을 보이고 있었다. 한편 살마번이 기도한 살주·월전·토주·우화도의 4후회의(천황을 받드는 웅번 연합정권의 노선)는 내부대립과 막부의 압력 때문에 부득이 해체되어버렸다. 이제 이대로 진행된다면 막부가 조정을 장악하고 천황을 막부가 옹위하는 막부독재에 이르는 것은 필연적이었다. 그렇게 되면 조정의 적이 되어 장주와 같은 입장에 빠지게 될 것을 살마번은 두려워하였다.

그러한 두려움 때문에 살마번 특히 경도에 체재하고 있는 대표자들은 무력으로 막부를 제거할 결의를 하게 되었다. 1866년 말에 강고하게 공무합체론을 견지하였던 효명천황이 죽은 사실은, 막부를 타도하고자 하는 급진파를 억제하여오던 쇠사슬의 한 고리가 풀린 정도의 의미를 가졌다. 그 후에 15세의 명치천황이 즉위하였으나 아직 자신의 정치의 견을 갖지 못하였으며, 후년에 호방영매하다는 평을 받은 천황도, 2년 전의 금문의 변에서는 소요가 금중에 이르자 정신을 잃을 정도의 허약한 어린아이에 불과하였다. 그렇기 때문에 유소한 천황을 자신의 손아귀에 넣고 장군 토벌의 명령을 받아내는 살주 도막파의 전략이 가능하였다.

경응 3년 초부터 살마번의 대구보리통·서향융성, 장주번의 품천미이랑(品川彌二郞)·산현유붕(山縣有朋) 등은 경도에서 수시로 도막계획을 협의하였으며, 칩거하고 있던 암창구시는 대구보리통 등의 살마 번사와 결탁하여, 왕정복고를 위한 무력행사의 필요성을 중어문경지(中御門經之)·중산충능(中山忠能) 등 조정의 공경들에게 주장하였다. 일찍이 좌막파였던 까닭으로 존양파의 배척을 받았던 암창구시는 조정이 권위가 땅에 떨어진 막부를 의지해서는 내우외환을 막는 일은 불가능하다고 하면서 웅번과의 연대를 획책하였다. 병력을 전혀 갖고 있지 않은 조정이 웅번에게 기대하는 것은, 바로 웅번들의 무력이었다. 그를 위해서는 먼저 살마번과 손을 잡고, 살마·장주 내지 기타 여러 대번을 아울러 기용하여 이를 통제하는 것이 득책이라고 하였다. 더욱이 큰일을 이루기 위해서는 무력에 의지해야 할 필요를 인정하면서도, 성사의 여부를 무력으로 결정하는 천하의 대란을 조장하는 원인이 된다고 하여 좋지 않은 방책이라고 하였다. 그는 원뢰조(源賴朝) 이전의 천황제 정치(大政)로 복고를 실현하고, 덕천씨는 여러 번과 함께 (천황을) 도우는 일을 맡도록 하려고 했다. 명치유신의 주역 중 한 사람이었던 암창구시는 '때와 장소에 따라서 한 입으로 두말하는 일도 마다하지 않은 인물'이었으며, 왕정복고의 음모성을 한 몸에 체현한 책사였다. 그리고 그의 장기인 권모술수를 펼칠 수 있었던 사실, 아니 그 자체가 상책일 수 있었던 까닭은 그가 주장하는 도막이 공무합체와 종이 한 장 차이였기 때문이다. 전체적으로 살마·장주에게든, 공경에게든, 도막이 의미하는 바는 '막부 권력의 난용을 막는 것에 불과한 것', '장군에게 반항하여 혁명을 일으키는 것이 목적이 아닌' 선에 그쳤다.[20]

암창구시는 일찍부터 외교에 관한 문제만큼은 막부에 일임할 것이 아니라 조정이 간여할 문제로 인식하는 한편, 공가(公家)도 문무 양 분야에서 실력을 양성해야 한다는 주장을 하였다. 하급 공가 출신이었던 암창구시는 당시 관백이었던 응사정통(鷹司政通)의 제자가 되면서, 응사정통에게 자신의 의사를 피력할 기회를 얻게 되었다.[21]

외국에 의해서 생긴 사태는 국체(國體)에도 관계되는 일이므로, 이러한 시국 속에서 공가가 화가(和歌)와 축국(蹴鞠)만 장려할 것이 아니라, 인재를 양성할 필요가 있다고 하였다. 그래서 학습원(學習院)을 문무황(文武黌)으로 개편하여 그 비용은 조근행행(朝覲行幸)을 위한 적립금으로 충당하자는 제안을 하였다. 이에 대하여 응사정통은 좋은 의견이니 다시 생각해 보겠다고 하였고, 다른 사람들에게는 암창구시의 눈빛이 사람을 꿰뚫는 것 같고, 변설이 물 흐르는 것 같은 참으로 특별한 인물이라고 평하였다고 한다.[22]

이처럼 조정·공가 측의 인재 양성을 주장한 암창구시였지만, 현실적인 정치현안을 둘러싸고 조정이 막부와 대립하는 상황에 이르러서는 안 된다는 입장을 견지하였다. 예를 들어, 1858년에 정이직필(井伊直弼)이 존양파 등을 탄압한 사건인 안정(安政)의 대옥(大獄) 당시에, 암창구시는 그 영향이 조정에 미치게 될 것을 염려하여 막부 측 인사와 접촉하여, 조정과 막부가 대립하는 것은 국가의 큰 잘못이라고 설득하였다.

이후 암창구시는 친막부적인 태도를 취하였고, 화궁 강가 사건까지 그러한 태도를 견지하였다. 그러나 한편으로 공가의 당상 즉 상급 공가에 대한 강한 반감을 가지고 있었다.

「암창구시가 당상(堂上)을 경계하는 의견서를 육조유용(六條有容)에게 보내는 일」이라는 글에서 "조정을 섬기는 의관(衣冠)의 무리들은 편안하게(恬然) 무사함을 즐기는 자처럼, 도리어 자긍심을 수고로이 하지 않고 힘을 다하지 않은 채 손을 모으고 옷을 드리우고 (중략) 무신을 천한 노예와 같이 보고 병마(兵馬)가 어떤 것인지 알지 못한다. 하루아침에 일이 생기면 노복처럼 여겼던 무신에게 의지하여 그 안색을 살피면서 걱정하고 기뻐하며, 마침내 황조가 친히 내리신 대권(大權)을 수복하려고 하지 않는다. 이는 어찌 새가 두 날개를 잃고 새장 안에서 몸 둘 곳을 몰라 두려워하는 것과 다르겠는가. (중략) 황국이 무위를 떨치지 못하는 것은 조정이 병권을 포기하였기 때문이다. 조정이 병권을 포기한 것은 의관의 무리들이 교만하고 게으른 데 기인하는 것이다." 이 글에서는 암창구시는 상층 공가들을 '의관의 무리'라고 하면서 그들의 무능함과 교만함, 게으름을 통렬하게 비난하고 있다.

조정과 공가에 대한 그의 반감은 경도 암창촌의 유폐시절에 결정적인 것이 되었으며, 효명천황까지도 비판의 대상으로 삼았다. 금문의 변 이후 암창구시가 억울한 누명을 썼다는 사실이 밝혀졌지만 바로 사면되지 않았으므로, 그의 불만도 고조되었다. 이 시기에 쓴 「극밀어(極密語)」라는 글에서 천하가 혼란한 가장 큰 원인은 효명천황에게 있다고 하고 천황은 세상에 사죄한 다음 스스로 정치 쇄신을 해야 한다고 하였다. 또한 공경들이 무위에 눌려 정견 없이 다른 사람들의 주장을 그대로 받아들이고 부화뇌동하며 서로 비방만 하는 경박한 존재라고 하였다. 이처럼 암창구시가 효명천황에 대한 반감을 가지고 있었기 때문에 효명천황이 급사하자 암창구시가 독살하였을 것이라는 이야기가 나돌 정도였다.

암창구시는 덕천경희에 대해서도 "상인들 사이에 행해지는 소위 '미세가네(みせ金)'처럼, 미리 번두(番頭)와 약속을 맺어두고 통변(通辨)하는 기일에 일단 반제하고 즉각 원래대로 이를 차용하는 것과 같은 뜻이 아니겠는가."라고 평가하였다. 이는 1866년에 덕천가무(德川家茂)가 죽고 나자 덕천경희가 종가상속(宗家相續)은 하겠지만 장군의 지위는 고사한 것에 대하여 암창구시가 정상석견(井上石見)에게 보내는 「시무책(時務策)」에서 언급한 것이다.

2) 암창구시의 시무책

이처럼 그의 명치헌법 구상은 「대강령」 등에서 구체화되고 있지만, 그보다 앞서 「시무책」 등을 통하여 그가 생각하는 권력구상을 짐작할 수 있다. 우선 그의 시무책부터 살펴보고자 한다.

「시무책」

왕정복고 각종 규율에 관한 일

법중궁문적(法中宮門籍)의 환속에 관한 일 (부) 조정의 불법귀의 처치에 관한 일

신기관 태정관 이하 재흥방법에 관한 일

문무 구별을 없애는 일 (부) 막신을 소집하는 일, 여러 번의 신하를 소집하는 일

해군을 창설하는 급무에 관한 일

친위병[親兵]을 세우는 일

문무 학교를 일으키는 일

국산물을 조사하는 일

토목을 일으키는 데 완급을 헤아리는 일

빈민 구조의 일

송전(松前) 이북의 토지를 개척하는 일

섭관 이하 당상의 채지(采地)에 관한 일

덕천 봉지의 일 (부) 전안(田安)·청수(淸水)·일교(一橋)의 채지(采地)에 관한 일

인선 임용의 일 (부) 시기심·폐풍을 교정하는 일

이 부분은 정상석견에게 보내는 시무책이라는 장문의 글 속에 들어있는 내용이다. 따라서 그 전후에도 당시 정치적인 상황과 밀접하게 연관된 내용들이 적지 않다. 상대가 살마번의 정상석견이었던 만큼 막부타도와 왕정복고라는 기본 노선을 견지하고 있으나, 그 내용에 대해서는 비밀을 누설되지 않도록 하고자 하였다. 조정 내부의 문제로서는 공경이 참석하여 건언해야 할 사안으로 1)조정의 혁신, 2)장주와 방주 (정벌군의) 무장해제, 3)칙감(勅勘) 제신(諸臣)의 사면, 4)열번(列藩)의 소집을 들고 있다. 다음으로 국가의 대사인 국시를 결정하는 데 있어서 열번을 상경시켜 중의를 거칠 필요가 있다고 하였다. 국시를 결정하는 준비과정으로 암창은 다양한 방안을 제시하고 있는데, 우선 국사의 고문 10명을 두어 조정의 대사를 반드시 자문을 거치도록 하였고, 자문은 어전에서 토론하여 시비득실을 분명히 따질 필요가 있다고 하였다. 다음으로 국사채방관(國事採訪官) 20명을 두어 조정의 동정을 빠짐없이 직필하고, 건백(建白), 항담(巷談), 가설(街說), 투서(投書), 방지(榜紙) 등을 수집하여 천황에게 보고함으로써 하의를 상달하는 방편으로 삼아야 한다고 하였다. 아울러 열번을 소집하여 공론정의(公論正議)로 국시를 확정해야 한 것은 당연한 일이지만, 조정이 막연히 국시를 어떻게 해야 하겠느냐고 묻는다면 의론이 백출하여 분잡(紛雜)을 초래할 것이므로, 조정이 확

고한 목표를 설정하는 것이 중요하다고 하였다. 그래서 사전에 위로는 친왕 공경, 아래로는 신예에 이르기까지 각각 의견을 적어서 아뢰고 이를 통하여 확고부동한 국시를 정해야 한다고 하였다.

한편 막부를 타도하는 방안으로 두세 명의 공경을 뽑아서 몰래 살마번과 의론하여 왕정복고의 방책을 세우고, 조정을 정돈하고 내외방략을 시행한 다음에 막부를 도모하고자 하였다. 그래서 정치를 조정이 회수하여 원뢰조(源賴朝) 이전의 시대로 돌아가야 한다고 하였다. 이제 국위의 확장은 조정의 공가들이 스스로 맡지 않을 수 없으며 무신에게만 책임을 지울 수 없으므로, 공가들이 정치에 참여하여 무사의 귀감이 되어야 한다고 하였다.

이제 그의 시무책에 언급된 권력구조를 살펴보면, 우선은 왕정복고와 조정 측의 체제 정비에 대해서 언급하고 있다. 왕정복고를 대전제로 하여, 천황을 비롯한 황족들이 출가하는 관행에 제약을 가하려고 한 것으로 생각된다. 출가한 상태로 현실적인 정치의 수장이 되는 데 문제가 있다고 여겼기 때문일 것이다. 아울러 고대의 율령제도에 규정된 신기관과 태정관을 부활을 꾀하고자 하였다. 그의 정권구상이 외형적으로는 고대로의 회귀를 지향하고 있다고 할 수 있다. 그러나 정권의 중추를 담당하게 될 태정관의 구성원으로는 막신을 비롯한 여러 번신들도 포함시키는 이른바 공무합체적인 정권을 염두에 두고 있었던 것으로 생각된다.

군사적인 면에서 해군 및 친위병의 창설은 다른 논의들과 공통되는 내용이다. 다만 그의 주장에서 눈길을 끄는 것은 문무학교의 설립, 국산물 조사, 토목 사업, 빈민 구조, 송전(松前) 이북 토지의 개척 등 다른 논의에서 보이지 않는 색다른 내용이 많다는 점이다. 다른 논의들이 단순히 권력구조를 중심으로 한 것이었다고 한다면, 암창구시는 이미 새로운 권력구조를 가진 국가의 운영이라는 문제까지 염두에 둔 것으로 보인다. 문무학교의 설립은 일찍부터 그가 주장해온 것이지만, 국가의 산물을 조사하고 빈민을 구조하는 일 등은 전반적인 국가운영을 위한 항목으로 보아야 할 것이다.

한편 공의의 수렴이나 의정국의 설치, 공경제후의 정치 참여 등에 대해서는 전혀 언급하지 않고 있는 점도 특이하다. 이러한 점에서 암창구시가 칙감(勅勘) 이후 살마번 등의 도막파와 교류하면서 막부가 행사하고 있는 권력을 조정이 회수해야 한다는 입장을 갖게 된 것은 분명하지만, 도막파 특히 판본용마와 완전히 일치하는 구상은 아니었던 것으로 생각된다. 판본용마는 막부의 대정봉환 이후 정령은 조정으로부터 나와야 한다고 하여 분명히 막부의 존재를 부정하고 있지만, 암창구시는 왕정복고라고만 표현하여 막부와의 관계가 모호한 상태로 남아 있다. 왕정복고 이후에 막부를 완전히 부정할 것인지 막부는 여전히 존속하는 것인지 분명하지 않다. 이러한 입장은 대원(大原)의 생각처럼 의사결정은 조정이 하고 그 집행은 막부가 담당하는 공무합체론적인 권력구조로부터 완전히 탈피하지 못한 것일 가능성이 있다. 판본용마처럼 막부를 완전히 부정한다면 덕천 봉지와 같은 것이 큰 문제가 되지 않음에도 불구하고 「시무책」 안에는 덕천 봉지를 비롯하여 전안(田安), 청수(清水), 일교(一橋)의 채지에 관한 문제까지 고려하고 있다.

한편 공의나 의정국 설치와 같은 여론을 반영하는 방안이나 대의기구에 대해서 언급하지 않은 점에서도 판본용마와 구별된다. 이는 하급 공가인 암창구시와 번사 출신의 판본용마 등의 공의에 대한 생각이 서로 달랐기 때문일 가능성이 있다. 하층 공가 출신이면서 칙감으로 칩거생활까지 경험하였던 암창구시는 형식적인 상하관계의 조정 내부에서 상층 공가들에 대하여 강한 반감을 가지고 있었다. 그러나 하급 무사의 경우는 각 번에서는 실질적으로 기능하고 있는 상하우열이라는 위계질서 속에서 상급 무사들과 관계를 맺고 있었기 때문에 번주와 같은 상급 무사를 권력구조로부터 전적으로 배제하기 어려웠던 것이 아닐까 한다.

4. 일본의 군주제 재창출과 대한제국과의 비교

1) 권력구조 구상의 공통성

앞에서 살펴본 바와 같이, 명치유신 직전까지 일본 내부에서는 막부를 중심으로 공무합체론을 비롯하여, 조정이 의사결정이나 감독권을 갖고 막부가 실무행정을 담당하도록 하려는 조정 측의 대정위임론, 도막파의 대정봉환을 지향하는 무력에 의한 도막론, 암창구시의 왕정복고론 등 다양한 권력구상론이 제기되었다. 이러한 다양한 논의에도 불구하고, 각 논의들 사이에는 일정한 공통성이 존재하고 있었다. 그러한 공통성이야말로 대내외적인 위기에 직면한 일본열도 사회가 나아가야 할 방향을 제시한 것이라고 할 수 있다.

우선 내부사회에 대한 통제력을 상실한 막부에 대하여 막정개혁으로부터 막부타도까지 다양한 스펙트럼의 논의가 존재하였지만, 막부의 문제점이 명확하게 인식되기에 이르렀다는 사실이다. 막부 측에서도 웅번들의 번주를 일정하게 막정 혹은 의회에 참여시키는 방안을 고려하였다. 물론 막부 타도는 최초부터 다양한 논의의 주류는 아니었지만, 막부의 한계가 노정되기 시작하면서 점차 영향력을 키워가게 된다.

결국 대외적인 위기에 대처하기 위해서는 강력한 통치력과 권위를 갖춘 군주, 그리고 그 군주가 지배하는 통일적인 국가가 필요하다는 인식이 확산되면서, 막부의 장군을 대신하는 선택지로서 조정의 천황이 본격적으로 부각되기에 이른다. 드디어 막부를 유지한 상태에서 개혁을 할 것인지 아니면 막부를 대신하는 새로운 권력기구를 창출할 것인지가 문제가 된다. 천황을 중심으로 한 새로운 권력기구를 고려하는 입장 속에도, 장군을 비롯한 웅번 대명을 정권에 참여시키는 논의부터, 하층 공가와 번사들을 중심으로 한 논의도 포함되어 있었다.

한편으로 모든 논의에서 공의를 수렴하는 방법에서는 차이가 있지만 공의여론을 중시하는 공통성을 확인할 수 있다. 열번회의에서 국시만을 결정하고 일단 국시를 결정한 다음에는 행정부가 중심이 되어 정치적인 현안을 처리하고자 하는 논의가 있는가 하면, 상하원으로 구성된 의회를 두고 의회에서 만기를 결정하려고 하는 의회중심적인 논의도 나타난다. 그러나 어떤 형태로는 전국적인 여론을 수렴하고자 하는 기본적인 노선은 서로 다르지 않았다.

군사 면에서는 거의 모든 논의에서 해군과 친위병의 창설을 주장하고 있다. 해군을 강조한 것은 서양 열강의 강력한 해군력에 직면한 반응이라고 할 수 있다. 한편 친위병을 창설하자는 이유에서는 다소 차이를 보인다. 막부 측의 논의에서는 천황과 조정을 감시한다는 측면이 강했던 것으로 생각되고, 도막파나 공가의 경우는 천황이 정치적인 권력을 행사하기 위해서는 실질적인 무력을 확보하고 있어야 한다는 입장이다.

이처럼 새로운 권력구조 구상에 있어서 그 다양성에도 불구하고 기본적인 공통성을 가지고 있었기 때문에 일본사회가 어떤 논의가 선택되었든 간에 대체로 같은 방향으로 나아갈 가능성이 높아진 것이다. 일단 막부가 유신정부군에 무력으로 밀리게 되자 전국의 대명들이 유신정부를 지지한 것은 단순히 무력에 굴복하였다기보다는, 유신정부의 방향도 대명들의 선택지 속에 포함되어 있었기 때문이라고 보아야 할 것이다.

	朝廷	大政委任	公議	公卿諸侯	議會	海軍	親衛兵
西周	형식적 권위	대정위임	공의	제후존속	의정원	해군	친병
坂本龍馬	대정봉환	막부타도	공의	공경혁신	의정국	육해군	친병
大原勅使	감독권	대정위임	공의	–	–	–	–
岩倉具視	왕정복고	(막부타도)	공의	공경혁신	–	해군	친병

〈표1〉 권력구조 구상의 비교

2) 일본 군주제의 재창출

장군과 막부를 정점으로 하는 에도시대의 군주제는 막부 측의 조정에 대한 조약칙허 주청을 단서로 하여 형성된 조정과 막부 이중정권의 단계를 거쳐, 일부 공가와 살마와 장주 두 번을 중심으로 한 번사들의 쿠데타로 붕괴되었다. 그리고 쿠데타에 성공한 이들은 천황과 조정을 전면에 내세운 새로운 군주제를 창출하였다고 보아야 할 것이다. 에도시대의 군주제와 메이지시대의 군주제는 결코 연속적인 것이 아니다. 그런 점에서 일본의 경우도 에도시대의 군주제가 변혁의 요구에 성공적으로 대처하여 입헌군주제로 나아간 것이 아니라고 할 수 있다. 에도시대의 군주제는 스스로를 존속시키기 위하여 천황과 조정의 권위를 이용하는 공무합체론 및 웅번들의 발언권을 인정하는 공의정체론을 견지하면서 위기에 대처하려고 하였으나, 종래의 군주제를 타도하고 천황을 정치의 전면에 내세우는 새로운 군주제를 지향하는 하급공가와 하급무사들의 공세와 무력 앞에 붕괴되었다.

새롭게 창출된 군주제 역시 종래의 천황제가 복고된 것은 아니라는 점에도 주목해야 한다. 천황은 7세기 말 이래로 존재해왔지만, 적어도 실정막부의 족리의만(足利義滿)이 명으로부터 일본의 국왕으로 책봉된 단계에 이르러서는 더 이상 일본의 군주는 아니었다. 족리의만은 응영(應永) 10년(1403) 2월에 명의 영락제에게 보낸 표문에서 '일본국왕신원(日本國王臣源)'이라고 하여 일본 국왕은 물론이고 명나라 황제의 신하임을 자처하였다. 이는 자신이 더 이상 일본천황의 신하가 아니라는 의식을 드러낸 것이다.[23] 『조선왕조실록』을 통해서도 족리의만이 일본국왕을 칭한 것을 알 수 있다. 태종 5년(1405) 6월 29일에 일본국왕 원도의(源道義)가 사신을 보내어 도적을 사로잡은 것을 보고하고 예물을 바쳤다는 기사를 시작으로,[24] 의지(義持) 역시 사신을 보내고 코끼리를 바쳤다.[25] 이러한 빈번한 일본국왕사의 파견에 대응하여 조선은 일본국왕의 사신은 육조판서가, 제도(諸島)의 사객(使客)은 예조 당상관이 대접하는 관례를 만들었다.[26] 또한 일본에 파견된 조선 사신도 실정막부의 장군이 접대하고 있다.[27] 덕천막부의 장군 역시 조선에서는 일본 국왕으로 인식하여 덕천가강(德川家康)이 일본국왕 원가강(源家康)으로 나타난다.[28]

실정시대나 강호시대의 천황은 현실적인 정치권력을 갖지 못했으며, 특히 외교권을 갖지 못한 존재였다. 전통적인 권위와 종교적인 권위는 가지고 있다고 하더라도 세속적인 군주는 아니다. 교황이 곧 군주가 아닌 것과 마찬가지이다.

그런 점에서 천황의 재등장을 단순한 왕정복고의 과정으로 이해하는 것은, 천황의 전면에 내세워 권력을 장악하려고 하였던 명치유신의 주역들이 내세운 논리를 그대로 수용하는 논의에 불과하다. 즉 그들이 정권의 정당성과 정통성을 주장하기 위하여 천황의 신성성이나 역사성 그리고 만세일계를 강조하였고, 또한 장군의 권력 이양을 대정봉환이나 왕정복고와 같은 용어로 호도하였기 때문에, 마치 장군이 실질적인 정치권력을 행사한 것은 천황의 위임에 따른 일시적인 것이고, 진정한 군주는 어디까지나 천황인 것처럼 착각하였을 뿐이다. 에도시대의 군주는 어디까지나 막부의 장군이었다. 그런 점에서 일본의 경우도 근대의 변혁기에 기존의 군주제는 위기상황을 극복하지 못하고 붕괴되었으며, 이를 대신하는 새로운 군주제가 등장하게 되었다고 할 수 있다. 한국이나 중국과 마찬가지로 일본의 군주제도 붕괴되었으나, 그 대안이 또 다른 군주제였던 것에 불과하다.

3) 대한제국과의 비교

일본의 경우는 대외적 위기에 대응하기 위하여 결국 기존의 군주제를 폐지하고 새로운 군주제를 채택했다고 할 수 있다. 그런 점에서 일본사회의 기존의 군주제(덕천장군을 군주로 하는 군주제)도 근대적 변혁과정에 제대로 대응하지 못했다고 할 수 있다. 장군은 기존의 권력을 그대로 유지하면서 부분적으로 천황의 명목적인 권한과 웅번 번주들의 정권 참여를 일부 용인하는 정체로 대응하였으나, 그러한 소극적인 변화로는 개혁의 요구를 충족시킬 수 없었던 것이다. 그 대안으로 채택된 것이 천황을 중심으로 한 새로운 군주제이다.

그러나 천황과 조정의 대신을 구성하고 있는 공가세력들은 700년 가까운 시간 동안 현실적인 정치로부터 소외되어 있었다. 명치정부가 이른바 유사전제(有司專制) 혹은 입헌군주제로 나아갈 수밖에 없었던 것은 천황과 공가들이 현실적인 정치 사안들을 대처할 능력이 없었던 점에 기인한다. 공가는 극히 폐쇄적인 집단이었고, 막말기에 이르러서는 대부분의 공경대신은 등원씨(藤原氏)들이 차지하였고, 다른 씨족들은 완전히 배제된 상태였다. 또한 그 내부에서나마 능력 위주로 공경의 자리에 오르는 것이 아니라, 각 집안의 가격(家格) 등에 의해서 자동적으로 결정되는 형식적인 선임에 불과하였다. 게다가 막부는 서양의 문물과 동향을 흡수하고 이해하기 위하여 많은 인력들을 동원하여 지속적으로 노력한 결과 서양의 실상과 무력을 비교적 객관적으로 파악하고 있었지만, 조정 및 공가는 그런 일을 수행할 만한 인력이나 역량을 갖추지 못하였다.

그런 까닭에 조정과 공가는 기본적으로는 대정위임론(大政委任論)에 근거하여 천황이 상징적인 권력은 행사한다고 하더라도, 결코 정치적인 실무와 그에 따른 책임을 지지 않으려는 입장을 견지했다고 해도 과언이 아니다. 즉 실질적인 행정과 외교는 종전과 같이 무가 즉 막부가 담당해줄 것을 기대하고 있었다. 도막파들이 왕정복고 쿠데타를 일으킨 다음, 섭관(攝關)을 비롯한 상층 공가들을 조정에서 축출하고 정부를 구성하는 과정에서도 참여시키지 않은 것도 조정과 공가들의 무능함을 직시하고 있었기 때문이라고 할 수 있다. 하층 공가 특히 암창구시와 같은 인물이 상층 공가들을 축출하는 일에 가장 적극적이었던 이유도, 상층 공가들을 몰아냄으로써 자신의 지위를 상승시키려는 의도도 있었겠지만, 무능한 상층 공가들이 당시 일본이 직면한 위기를 극복할 역량을 갖추지 못했다고 판단하였기 때문일 것이다.[29]

천황 스스로도 문제를 안고 있었다. 효명천황의 경우도 천황을 적극적으로 지지하는 존왕양이파들의 활동에도 불구하고 자신이 직접 외교적인 문제나 내부의 문제에 대하여 단안을 내림으로써 권력과 책임을 함께 아우르려는 자세를 보이지 않았다. 유일한 결단자로서가 아니라 공의를 통한 중재자로서의 입장을 견지하려고 한 것이다. 이 또한 조정이 오랫동안 현실적인 정치로부터 동떨어진 채 제사와 학술에만 전념해온 사정에 기인한 것이다. 효명천황이 급사한 이후 천황위에 오른 명치천황의 경우도 아직 성년에 이르지 못한 나이였기 때문에 정치적인 결단을 내릴 역량을 갖추지 못했다. 궁궐 주변에서 군사적인 소요가 있었을 때(금문의 변) 혼절할 정도로 나약하고 어린 군주였을 따름이다.

한편 오랫동안 실질적인 정치권력을 행사하지 못했던 일본의 천황의 입장에서는 명치유신의 과정이 곧 정치적인 권력을 회복하는 과정이었다고 할 수 있다. 그렇기 때문에 새롭게 제시된 권력구조 구상이 어떤 내용이든 간에, 과거에 천황이 가지지 못했던 새로운 권력을 획득할 수 있었다. 그렇기 때문에 입헌군주제조차도 천황의 입장으로서는 거부할 필요성이 없었다고 할 수 있다.

일본의 조정과 공가를 중심으로 한 이러한 상황은 대한제국의 경우와 극명하게 대비된다. 고종은 물론이고 그 주위에 포진하고 있던 관료들은 많은 정치적인 현안들을 해결해왔고, 또한 열강 세력의 균형과 견제를 통해 국가의 안전을 보장하기 위하여 지속적인 노력을 기울여왔다. 고종 스스로도 결코 권력을 위임할 뜻이 없었고, 새로운 정체를 결정하는 과정에도 군주의 권능을 가지고 개입할 수 있었다. 어떤 의미에서는 고종의 권력이 강하였기 때문에 다른 정체 특히 입헌군주제로 나아가기 어려웠다고 할 수 있다. 관료들의 입장에서도 전제군주로서의 고종의 입지를 부정하는 발언을 하기 어려운 상황이었다. 이미 국왕으로서 권력을 행사해온 고종으로서는 자신의 권력을 축소시킬 수밖에 없는 변화에 소극적이었던 것이다. 이러한 점은 일본사회의 기존의 군주였던 장군의 입장과 별반 다를 것이 없었다.

이에 대해서 일본의 경우는 천황과 상층 공가들이 정체 논의에 적극적으로 개입하기 어려웠기 때문에 오히려 자유로운 논의가 가능하였고, 또한 새롭게 권력을 장악한 하층 공가와 웅번의 중하급 무사들이 자신들에 유리한 정체 즉 천황을 중심으로 하면서 정치적인 실권은 명치유신의 주체들이 행사하는 권력구조를 형성해갈 수 있었던 셈이다.

4. 맺음말

막말의 대외적 위기로부터 명치정부의 성립에 이르는 정치과정을 간단히 요약하면, 막부와 조정이라는 두 개의 국가의사 결정기구가 하나로 통합되는 과정이었다고 할 수 있다. 대외적 위기가 조장되기 전까지는 막부가 유일한 국가의사 결정기구였고 장군이 유일한 군주였지만, 서구 열강과의 조약 체결과 관련하여 막부가 조정의 칙허를 요청하면서, 국가의사 결정기구가 막부와 조정으로 이원화되었다. 그러나 대외적 위기와 내부적 분열을 극복하기 위해서는 안정적이고 강력한 국가의사 결정기구 즉 정부가 필요하게 된 것이다.

막부와 조정을 하나의 정부로 단일화하려는 움직임을 대표하는 것이 도막론과 공무합체론이라고 할 수 있다. 도막론은 막부를 부정하고 조정을 중심으로 정부를 재편하려는 운동이고, 공무합체론은 막부와 조정을 통합하려는 운동이었다고 할 수 있다. 그중 공무합체론은 그 내부에 여러 가지 노선이 존재하였는데, 덕천경희와 같이 막부와 조정을 통합하고자 하면서도 조정은 여전히 상징적인 존재로 두고, 자신을 포함한 무가세력이 실질적인 권력을 행사하는 대정위임론이 있는가 하면, 웅번의 번주들이 지향하는 공의정체론, 일부 공가들처럼 조정의 감독권을 강조하는 권력의 재편을 구상하기도 하였다. 그러나 현실적으로는 천황을 정점으로 하면서도, 막부를 개혁한다는 전제하에서 막정에 대한 웅번의 참여 및 공의의 수용을 바탕으로 한 거국적인 정부를 구성하려는 움직임이 대세를 이루었다고 할 수 있다. 그리고 그러한 과정은 막부와 장군을 중심으로 하였던 에도시대의 군주제를 폐지하고, 조정과 천황을 중심으로 한 새로운 군주제를 창출하는 과정으로 평가할 수 있다. 고대에 형성된 군주제가 완전히 소멸되지 않고 종교적·학술적인 권위로 존속하고 있었던 것이 새로운 군주제를 창출하는 데 유리한 조건이 되었고, 그러한 조건을 명치유신의 주역들은 막부타도를 위하여 동시에 권력을 획득하기 위하여 적극적으로 활용했다고 할 수 있다.

4장

러시아 군주정의 구원투수

러시아 민족동맹의 형성과 전략을 중심으로

박 원 용

1. 머리말

1613년 러시아의 마지막 황실 가문으로서의 운명을 안고 탄생한 로마노프 왕조는 1917년 사회주의 혁명으로 사라졌다. 소련이 세계질서를 양분하는 확고한 정치권력으로 자리 잡고 있는 동안 러시아의 군주정, 특히 마지막 황제인 니콜라이 2세에 대한 평가는 대체로 부정적이었다. 역사가들은 니콜라이 2세의 통치 기간 동안 민중과 국가권력과의 반목이 회복 불가능할 정도로 깊어졌고 체제 내부로부터의 개혁 가능성 또한 사라졌다고 주장하였다. 이런 맥락에서 1차 세계대전은 러시아의 군주정을 몰락하게 만든 결정적인 계기가 아니었다. 1차 세계대전에 러시아가 참전하지 않았더라도 러시아의 절대 권력은 민중뿐만 아니라 다수의 지식인들로부터도 외면당하고 있었기 때문에 붕괴를 피할 수는 없었다.[1] 통치의 중심이라고 할 수 있는 황실은 근본적 문제점을 해결한 만한 능력을 가지고 있지도 않았다. 마지막 황제인 니콜라이 2세는 정치적 결단이 중요한 시점에 우유부단하였고 라스푸틴으로 대표되는 악의 세력에 둘러싸여 있었다.

소비에트 체제가 존재하는 동안 역사가들은 이와 같이 러시아의 전제정이 붕괴할 수밖에 없었던 이유를 다양한 측면에서 제시하기 위해 노력하였다. 그렇지만 체제의 붕괴 이후 전제정을 문제해결 능력이 전무한 정체로서 바라보기보다는 그 내부에서 전제정을 지켜나가기 위해 활발한 시도가 있었음을 강조하는 시각들이 등장하였다. 물론 소비에트 체제의 붕괴 이전부터 전제정을 긍정적으로 고찰하려는 시각들이 없었던 것은 아니지만 그러한 시각들은 주변적인 지위에 머물러 있었다. 소비에트 체제의 몰락으로 주변적 시각을 주류적 시각으로 전환시키려는 시도가 강력히 일어났던 것이다. 전제정의 문제점을 조명하기보다는 전제정에 대한 지속적 도전을 이겨내기 위한 내부의 응전이 무엇인지를 찾아내는 것이 역사가들에게 중요하게 부각되었다. 일차적으로는 전제정을 이끌어나갔던 최고 통치자들의 재평가작업이 활발하게 이루어졌다. 마지막 황제 니콜라이 2세 및 농업개혁을 통해 러시아 전제정의 새로운 가능성을 제시하려고 했던 스톨리핀에 대한 재평가 역시 이러한 맥락에서 등장한 연구들이었다.[2]

전제정 내부로부터의 생존을 위한 다양한 시도를 찾기 위한 연장선상에서 정당 간의 역학관계 또한 새롭게 조명되어야 할 필요성이 제기되었다. 1905년 혁명 이후 러시아의 정치 무대에서 가장 두드러진 약진을 보였던 정치세력은 서구식의 입헌왕정을 개혁의 목표로 내걸었던 입헌민주당(카데트)이었다. 입헌 민주당이야말로 시대의 요구를 일정 정도 반영하면서 당시의 어려운 정치사회적 상황을 타개하는 데 주도적 역할을 담당할 수 있는 정치세력이었다. 그러한 믿음은 1차 두마의 의원선거 결과에 그대로 반영되는데 입헌 민주당과 제휴하여 대의원에 진출한 의원의 비율은 전체의 37%를 차지할 정도로 제일 많은 비율을 차지하고 있었다.[3] 입헌 민주당이 1905년 혁명 이후의 정치지형에서 가장 두드러지게 도약한 정당이었음은 부정할 수 없지만 그렇다고 입헌 민주당이 지향하였던 개혁의 방향에 대한 내부로부터의 응전을 무시할 수는 없다. 러시아의 전제정 체제에서 오랜 기간 동안 특권을 누려왔던 기존 정치세력에게 입헌 민주당의 강령은 자신들에게 대한 정면도전과 다름이 없었다.

이 글은 1905년 혁명을 기점으로 군주정을 수호하기 위한 우익 정치 세력들의 결성과정과 이념들을 추적해봄으로써 소위 "전제정의 위기" 국면을 기존의 시각과는 다른 측면에서 살펴보려고 한다. 지금까지 전 제정의 위기 국면의 타개는 입헌 민주당을 중심으로 한 개혁세력의 청 사진을 차르를 중심으로 한 지배계급이 어떻게 대응하느냐에 달려 있 었다고 보는 경향이 강하였다. 이런 관점 아래에서는 전제정 수호의 의 지로 무장하고 체제를 위협하는 개혁세력과 전선을 형성하였던 우익 정치집단들은 고려의 대상이 되지 못하였다. 즉 개혁만이 전제정의 생 존 가능성을 연장시킬 수 있는 유일한 대안이었다는 전제를 암묵적으 로 인정하고 있는 것이었다. 그렇지만 우익 정치집단들은 전제정의 개 혁이 그것의 생명을 연장하는 유일한 해법이라고 주장하였던 개혁 세 력에 대항하여 전제왕권의 전통적 이념과 차르의 권한을 강화해야 한 다고 주장하였다. 우익의 전략이 비록 그 이후의 러시아 역사의 전개과 정에서 정당성을 획득하지 못했다 하더라도 이들을 배제한다면 우리는 전제정의 위기를 해소하려고 하였던 당시의 다양한 시도를 일면적으로 파악하는 편협함에서 벗어나지 못할 것이다.

20세기 초반 러시아가 직면하였던 위기상황을 타개하기 위해 등장한 우익 정치세력들 중에 필자가 중점적으로 분석하려고 하는 대상은 러 시아 민족동맹(Союз русского народа)이다. 1905년 2월의 위기 이후 모스 크바와 페테르부르그뿐만 아니라 러시아 전역에서 전제정의 수호의 기 치를 내걸고 다양한 우익 정치조직들이 등장하였다. 문서고에 남아 있 는 내무부의 조사 통계에 의하면 이러한 우익 정치조직의 전체 수는 지방에 근거를 두고 있는 조직을 제외하더라도 20개 이상이었다.[4] 전제정의 수호라는 공통의 목적을 가진 우익 정치조직의 최전성기였다고 부를 만한 상황이었고 우익 정치조직의 총체적 양상을 그려보기 위해서는 이들 모두를 검토해야 할 것이었다. 그럼에도 불구하고 필자가 러시아 민족동맹을 중점 분석 대상으로 선정한 이유는 있다. 러시아 민족동맹은 이들 모두를 대표할 만한 영향력과 지속력을 갖추고 있는 조직이었다. 즉 페테르부르그에서 1905년 11월 8일 창립을 선언한 이후 러시아 민족동맹은 러시아 전역에 지부를 거느린 가장 강력한 우익 정치조직으로 성장하였다. 더구나 대부분의 우익 정치조직이 1907년 이후 그 정치적 영향력을 상실해나갔지만 러시아 민족동맹은 내부 분열에도 불구하고 그 명맥을 유지해나갈 수 있었다. 1910년경에 이르면 러시아 민족동맹은 크게 세 분파로 나뉘어져 조직의 단결된 힘을 이전과 같이 발휘할 수 없었지만 1917년 2월 혁명 이전까지 여전히 정치 활동을 멈추지 않았다.[5]

러시아 민족동맹은 시대 변화의 흐름을 제대로 읽지 못하고 러시아 전제정의 무너져가는 기득권에 집착하였던 시대착오적인 정치조직으로 보일 수도 있다. 서구의 자유, 평등, 우애의 이념에 대비되는 러시아의 본질적 특성으로서 1830년대 우바로프(Сергей С. Уваров)가 천명한 바 있는 러시아 정교, 전제정, 민족주의를 다른 우익 정치조직과 마찬가지로 러시아 민족동맹이 핵심 강령으로 채택한 것을 보아도 러시아 민족동맹의 전통에 대한 집착을 짐작할 수 있다. 그러나 우바로프를 철저한 반동적 사상가가 아니라 서구의 자본주의적 발전과정에서 생긴 가치관을 러시아가 맹목적으로 수용할 때 발생할 수 있는 위험성을 경고하려 했던 정치가로 평가[6]할 수 있듯이 러시아 민족동맹을 다르게 바라볼 수는 없겠는가? 다시 말하자면 차르로 상징되는 러시아의 전제정을 러시아의 본질적 가치로 인식하면서 서구로부터 유입된 입헌주의라는 가치를 막아내려고 한 민족주의적 성향의 조직으로 바라볼 수는 없겠는가? 이 글을 통해 이러한 질문에 대한 해답을 모색해나갈 것이다.

러시아 민족동맹은 러시아 제국 내의 소수 민족에 대해 결코 우호적이지 않았다. 특히 유대인들은 민족동맹의 관점에서 가장 경계해야 할 대상이었다. 유대인을 비롯한 비러시아 민족들에 대해 러시아 민족동맹은 사회주의 세력과 연계하여 국가의 기반을 파괴하는 집단이라고 비난을 아끼지 않았다. 다민족으로 이루어진 러시아 제국의 상황을 고려할 때 민족 간의 갈등을 최전면에 부각함으로써 전제정 수호를 위한 의지를 결집할 수 있을 것이라고 민족동맹은 생각하였다. 민족문제를 정치권력의 유지와 연결시키려고 한 민족동맹의 이러한 전략은 오늘날까지도 적지 않은 시사점을 줄 수 있다고 생각한다.

2. 러시아 민족동맹의 형성

러시아의 주권자 차르에 대한 권위는 가부장의 권위를 가족 구성원이 자연스럽게 받아들이는 것과 같이 의문의 대상이 아니었다. 두마 내의 우파 정치인 중의 한 사람이었던 발라클레에프(И. И. Балаклеев)의 규정에 따르면 전제권력의 가장 중요한 측면은 그것의 가부장적 특성이다. 그는 러시아의 인민은 "군주를 러시아 인민이라는 대가족의 아버지"로 간주하기 때문에 "아버지는 자식과도 같은 인민으로부터의 압력을 걱정할 필요가 없는 존재"라고 규정하였다. 그렇다고 왕정 수호의 강력한 의지를 가지고 있던 당시의 보수적 정치인들은 차르의 무제한의 권력 행사를 옹호하지는 않았다. 푸리쉬케비치(В. М. Пуришкевич)는 러시아의 전제정은 "독재가 아닌 계몽 절대주의"이어야 한다고 주장하였다.[7] 이러한 믿음에 따르면 차르는 변화된 상황을 인식하여 문제해결을 위한 합리적 방안을 주도적으로 모색하는 존재이다. 이미 18세기부터 러시아 지식인들 중의 일부는 군주제를 반동적이거나 정적인 체제로서 바라보지 않고 역동적인 통치 형태로서 간주하는 경향이 존재[8]하고 있었음을 감안할 때 푸리쉬케비치의 언급은 군주제의 활력에 대한 변치 않는 믿음을 20세기 초반까지 유지하고 싶은 보수적 정치가들의 희망의 표현이었다.

1905년 피의 일요일 사건은 러시아 민중은 물론 군주제에 대한 신뢰를 놓지 않았던 보수적 정치가들에게도 충격적 사건이었다. 아버지의 존재와 같은 차르가 자식인 민중에게 총격을 가한 사건은 가부장으로서의 보호 의무를 저버렸다고 해석할 수밖에 없었다. 차르에 대한 충성의 마음을 완전히 버렸다고 고백하는 노동자들도 등장하기 시작하였고 그러한 감정의 표현으로 그들은 벽에 걸려 있는 차르의 초상을 치워버렸다.[9] 수도에 위치한 공장의 파업 양상도 격해짐에 따라 보수 성향의 정치가들의 믿음, 즉 러시아 전제정은 스스로의 이익뿐만 아니라 보수 계층의 이익 모두를 지켜줄 것이라는 믿음도 의심스러워 보였다. 과거와 같이 차르의 전통적 권위에만 의존해서는 국가 전체의 질서가 와해될 수 있다는 위기의식이 싹트기 시작하였고 이러한 사태는 나아가 보수 정치세력들의 기반을 파괴할 수도 있었기 때문에 보다 적극적인 행동의 필요성이 제기되었다.

니콜라이 2세는 군주정에 대한 저항의 강도가 나날이 증대되는 상황에서 전제정의 권력을 획기적으로 양보함으로써 위기를 해소할 것인가 아니면 강제적인 수단을 동원하여 상황을 타개할 것인지의 선택을 놓고 주저하고 있었다. 이런 와중에서 1905년 2월 4일의 사건은 니콜라이 2세에게 적지 않은 충격을 안겨 주었다. 니콜라이의 삼촌이면서 모스크바의 지사(知事)인 세르게이 알렉산드로비치 대공이 사회주의혁명당의 테러리스트에 의해 암살당한 사건이었다.[10] 할아버지인 알렉산더 2세 역시 테러리스트의 손에 의해 희생당한 기억을 가지고 있었던 니콜라이에게 삼촌의 유사한 죽음은 더 이상 주저할 수만은 없다라는 생각을 갖게 하였다.

1905년 2월 18일 니콜라이 2세는 전제정 수호를 위해 충성스러운 러시아의 신민들은 선동과 혁명적 폭력을 진압하는 데 자신과 함께 해달라고 호소하는 선언문을 발표하였다. 러시아 전제정의 전통에서 통치자가 피치자의 충성을 요청한 전례가 없다는 점에서 2월 18일의 선언은 분명 러시아 정치사에서 획기적 사건이었다. 선언에서 니콜라이는 러일전쟁이 일어났던 동쪽의 아시아에서 "러시아의 아들들이 자신들의 신념과 차르, 조국을 위해 생명을 바쳤는데" 정작 그들의 조국은 "선동으로 들끓고 있다"고 지적하였다. 니콜라이는 이러한 상황을 적들을 확실히 이롭게 하는 상황이자 러시아인들의 인내력을 시험하는 신의 방식이라고 규정하였다. 상황타개를 위한 구체적 방식은 언급하지 않았지만 니콜라이는 "집요한 외적을 타도하고 국내에서 소요를 근절시키기 위해" 선한 의지를 가지고 있는 "모든 계층의 사람들과 각자의 소명을 자신의 자리에서 다하고 있는 모든 사람들"이 단결하여 전제정에 균형잡힌 도움을 달라고 호소하였다. 끝으로 니콜라이는 모든 충성스러운 러시아의 신민들에게 "왕좌 주위로 집결"하라고 호소하였다.[11]

니콜라이 2세가 2월 18일의 선언을 발표하면서 어느 정도의 확고한 실천의지를 가지고 있었는지는 확실하게 단언할 수 없다. 왜냐하면 그는 같은 날에 두 개의 또 다른 문서를 공포하였기 때문이다. 그중의 하나는 내각의 협의기구로 하여금 국가의 행정과 민중의 복지 증진과 관련된 개인 혹은 집단의 청원을 검토할 것을 지시하는 내용이었다. 또 다른 문서는 갓 임명된 내무대신 불리긴(А. Г. Булыгин)에게 보내는 칙서였는데 이는 앞의 문서보다 어떤 의미에서 훨씬 더 중요한 의미를 가지고 있었다. 왜냐하면 칙서는 불리긴에게 "민중의 신뢰를 얻고 민중이 선출한 가장 합당한 사람들을 상정된 입법안의 토론과 예비적 검토에 참여시키기 위한" 소집 준비를 공식적으로 지시하였기 때문이다.[12] 사실상 이러한 명령은 입헌주의자들이 주장하였던 입법기능의 의회를 명시적으로 수용하는 것은 아니었지만 자문기능의 의회를 인정할 수도 있다는 뜻이어서 러시아 정치체계상의 획기적 변화의 조짐을 암시하는 것이었다. 자유주의적 정치세력들이 실제로 1905년 8월 두마 구성을 약속하는 공식적 선언을 받아내는 데 성공[13]하였다는 사실을 상기해보면 이명령은 분명 개혁적 성향의 정치인들을 행동으로 나서게 하는 중요한계기였다.

니콜라이 2세가 한편으로는 전제정의 수호를 위해 충성스러운 신민의 단결을 호소하면서 다른 한편으로는 전제정의 권위를 제한할 수도있는 내용의 문서를 동시에 발표했다는 사실을 어떻게 해석할지는 쉽게 단언할 수 없는 문제이다. 니콜라이 스스로가 자신의 이러한 행동에대한 이유를 설명하는 기록을 남기고 있지 않기 때문이다. 그렇지만 2월 18일의 문서들, 특히 왕정의 수호를 위해 애국세력의 결집을 호소하는 문서는 보수 세력들에게 분명한 영향을 끼쳤다.

2월 18일의 문서들에 대해 보수 정치세력들의 반응이 하나로 통일된것은 물론 아니다. 『신시대』(*Новое время*)의 편집인 수보린(А. Г. Суворин)은 2월 18일의 문서가 공표된 다음 날에 이들 문서 모두를 잡지에 게재하면서 니콜라이 2세의 조처를 환영하였다. 수보린은 개인 혹은 집단의청원을 차르에게 제출할 수 있도록 한 칙령을 황제와 민중의 직접적인접촉을 가능하게 한 조치로서 환영하였다. 같은 맥락에서 애국세력의단결을 호소한 선언 역시 러시아 민중과 전제정과의 일치를 가능케 할수 있음을 예시하는 것으로 해석하였다. 불리긴에게 보낸 칙서에 대해서는 보다 신중한 태도를 보였다. 즉 칙서에서 제시한 새로운 정치기구가 러시아의 정치상황을 개선하는 데 기여할 것이지만 그것은 러시아

제국의 근본 원칙, 즉 전제권력을 침해하는 방식으로 작동해서는 안 된다고 수보린은 명시하였다.[14] 보수주의적 성향의 백작 골레니셰프-쿠투조프(А. А. Голенищев-Кутузов)는 논리적이라기보다는 정서적으로 반응하였다. 「1905년 2월 18일」이라는 운문 형식의 글을 통해 그는 이제 러시아의 민중은 니콜라이 2세의 현명한 행동으로 불안과 의심을 떨쳐버리고 자신들의 자연적 본능에 충실할 수 있으며 영웅적 행동과 전투에 나설 수 있다고 지적하였다.[15]

가장 비관적 전망은 보수적 논조의 잡지 『모스크바 통신』(Московския Ведомости)의 편집인 그린그무트(В. А. Грингмут)로부터 나왔다. 그린그무트는 젬스트보와 시 두마의 "허풍쟁이와 사기꾼"들은 칙서가 제공하는 기회를 낚아채서 자신들의 이기적 관심사들의 성취를 위해 압력을 행사할 것이라고 예측하였다. 그렇게 된다면 러시아는 혼란을 피할 수 없다고 그는 주장하였다. 민중으로부터의 청원을 내각의 협의기구가 검토하게 한다는 칙령 역시 그린그무트가 보기에는 우려할 만한 것이었다. 내각 협의회는 민중의 청원을 빌미로 여러 요구를 쏟아내는 이익 집단들에게 시달릴 것이고 그러한 이익 집단들은 젬스트보와 시 두마를 정치 패거리들의 모임으로 전락시킬 것이라고 그는 전망하였다.[16]

그린그무트와 같은 극우 보수주의자의 관점에서 2월 18일의 선언은 러시아 역사의 분수령이라고 말할 수 있을 정도로 충격적인 사건이었다. 2월 18일의 선언으로 군주정 지지자들과 러시아를 서구의 입헌주의, 자유주의, 민주주의 등의 이념으로 타락시키려고 하는 자들 사이에 전선이 형성되었다고 그는 규정하였다. 군주정 지지자들이 이러한 국면에서 적극적 행동을 취하지 않는다면 군주정을 반대하는 세력들의 승리를 막을 수는 없다. 이러한 상황 인식을 가지고 1905년 4월 말 그린그무트는 러시아 군주당(Русская монархическая партия)을 창설하였다. 보수적 귀족세력의 대변자로 러시아 군주당을 자처하면서 그린그무트는 러시아의 신분제적 질서를 강하게 옹호하였다. 젬스트보와 같이 선출로 구성되는 기구도 신분에 따른 구성 원칙을 준수해야 한다고 러시아 군주당의 강령은 지적하고 있다. 그렇지만 러시아 군주당은 무제한적인 전제 권력의 수호라는 목표달성을 위해서는 지지기반을 넓혀야 한다는 점을 인식하고 있었다. 대다수 민중의 생활 개선과 복지와 관련된 내용을 강령에 포함시킨 이유도 여기에 있다. 이러한 강령이 효과를 발휘한다면 민중을 사회주의 세력에 넘어가지 않도록 하는 효과적인 저지책이 될 수 있다고 생각하였다. 러시아 군주당은 차르와 조국에 대한 사랑을 지속할 수 있게 하는 러시아 정교 교육의 지속, 민중의 물질적 조건을 개선하는 데 기여하는 유용한 기술교육 및 러시아 민중의 문맹률을 낮추기 위한 교육기회의 확대도 아울러 주장하였다.[17]

러시아 군주당이 대중적 지지기반의 확대를 위한 몇 가지 구체적 조처를 강령에 포함시키고 있었지만 그것이 보수 정치세력을 대표하는 정치조직으로 성장하기에는 한계가 있었다. 러시아 군주당은 모스크바 중심의 지역적 한계를 벗어나지 못하는 조직상의 취약점을 가지고 있었다. 더구나 그것은 민중의 지지를 얻기 위한 강령의 일부 내용에도 불구하고 러시아의 신분제적 질서를 강력히 옹호하고 있었기 때문에 농민과 노동자 계층뿐만 아니라 중산계층의 지지를 지속적으로 확보할 수는 없었다.[18] 그린그무트가 사망한 1907년에 러시아 군주당은 러시아 민족동맹의 분과 중의 하나로 잠시 흡수되었다가 1909년 초반 다시 독립적 활동을 재개하였지만 이미 그 활력은 상당히 사라져버렸다. 1911년에는 러시아 군주동맹(Русский монархический союз)으로 개명하여 명맥을 유지하다가 1917년 러시아 군주당은 역사의 무대에서 사라졌다.[19]

러시아 군주당의 결성 과정에서 나타난 그린그무트의 현실 참여는 위축되어 있었던 우파 집단들에게 자극제가 되었다. 우파 세력들은 러시아인 동맹(Союз русских людей)을 조직하였을 뿐만 아니라 이미 1901

년에 결성되어 문학과 미술작품 등을 통해 러시아적 정신의 부활을 목표로 하는 러시아 연석회의(Русское собрание)와 같은 문화단체를 정치조직으로 변모시켰다. 그렇지만 두 조직 역시 러시아 사회의 기득권 계층인 지주계층의 지지에 기대어 전제정 수호의 기치를 내걸었기 때문에 대중적 지지기반을 넓힐 수는 없었다.[20] 대중적 지지기반의 획득 가능성은 러시아 민족동맹의 형성에서부터 찾을 수 있었다.

러시아 민족동맹은 1905년 격변 이후 등장한 우파 정치조직 중에 가장 성공적인 정치세력이었다. 페테르부르그에서 출범한 러시아 민족동맹은 얼마 후에 전국에 걸쳐 지부를 가진 대규모 조직으로 성장하였다. 러시아 민족동맹이 이러한 조직으로 성장할 수 있었던 배경에는 민족동맹의 창설자이자 초대 의장직을 수행하였던 두브로빈(А. И. Дубровин)이 있었다. 토지를 소유하지 못한 귀족가문에서 1855년 출생한 두브로빈은 내무부 의료국의 고위 관직의 지위까지 오르면서 국가를 최우선시하는 신념을 쌓아나갔다. 군주제를 지지하는 인사들과 교류를 넓혀가는 와중에 두브로빈은 1901년 러시아 연석회의에 가담하였으나 1905년 격변의 와중에서 연석회의의 지지기반이 취약함을 발견하고 탈퇴하였다.[21]

1905년 군주제의 위기를 겪으면서 두브로빈이 고심했던 문제 중의 하나는 차르를 타도하려는 운동에 효과적으로 대응할 수 있는 운동, 혹은 정당의 창설이었다. 군주제를 수호하려는 목적을 지닌 새로운 형태의 조직이 편협한 지지기반을 벗어나지 못한다면 그것은 전제정 수호에 전혀 기여하지 못하는 기존 정치조직의 숫자만을 늘리는 것이라고 두브로빈은 생각하였다. 새로운 정치조직은 상층 신분과 관료계급의 결합을 가지지 않으면서 정치적 격변기에 안정판의 역할을 하여야 하는데 이를 위해서는 대중의 자발적 참여를 유도할 수 있는 대중조직으로 거듭나야 하였다. 그러한 조직의 형성 동력을 두브로빈은 러시아 연

석회의의 내부가 아닌 외부로부터 찾았다.[22]

　1905년 10월 초 두브로빈의 지인은 차르를 알현하기 위해 모스크바를 찾은 교회 기수협회(Общество хоругвеносцев)의 대표를 소개하였다. 교회 기수협회는 1905년 1월 모스크바의 주교 세라핌(Серафим)을 의장으로 성직자들과 평신도들의 단체로서 조직된 준 종교단체이자 애국적 성향의 단체였다. 교회와 차르에 대한 충성을 과시하는 표시로서 이들은 차르의 초상, 성화, 깃발 등을 들고 화려한 행렬을 모스크바에서 벌였다. 교회 기수협회는 또한 차르의 모스크바 방문기간 동안 그를 보호하기 위한 인민 호위대(Народная охрана)를 조직해놓고 있었다. 두브로빈에게 교회 기수협회의 이러한 활동과 조직은 특별한 자극을 제공하였다. 즉 평신도들을 끌어들여 대중과의 소통을 시도한 점과 차르를 지키기 위해 자체 무장조직까지 만들면서 전제정을 수호하기 위한 적극적 행동에 나선 협회의 모습이야말로 위기의 상황을 타개할 수 있는 지침과도 같은 것이었다. 두브로빈은 러시아 연석회의가 전제정 수호를 위해 거의 의지하지 않았던 상인, 소상점주 등의 애국적 정서를 불러일으키기 위해 대중강연을 개최하였다. 혼란스러운 상황을 벗어날 수 있는 새로운 조직의 필요성에 공감한 일부 상인 계층들은 금전적 지원도 아끼지 않았다. 차르가 10월 선언까지 공포할 상황에 이르자 조직의 기반 확대를 착실하게 추진해왔던 두브로빈은 마침내 행동에 나섰다. 연석회의의 지나친 온건함에 불만을 가지고 있었던 푸리쉬케비치(B. M. Пуришкевич) 등의 동료와 더불어 두브로빈은 11월 8일 러시아 민족동맹의 창설을 공식적으로 선언하였다.[23] 전제정 수호의 목적을 내건 가장 강력한 정치조직이 등장하는 순간이었다.

3. 러시아 민족동맹과 두마

러시아 민족동맹은 자체 강령을 완성하기 직전 공표한 호소문을 통해 동맹이 추구하는 목표를 분명히 드러내었다. 호소문은 농촌, 촌락, 중소도시 등 모든 지역의 러시아 인들에게 러시아 민족동맹의 기치 아래 "신, 차르, 조국, 러시아의 하나 됨"을 위해 모여달라고 역설하고 있다. 이러한 일치된 단결이 필요한 이유는 "간악한 적들"이 "신성한 러시아"를 무너뜨리고 혁명을 선동하여 "방종이 가득 찬 공화국"을 수립하려고 기도하기 때문이다.[24] 러시아 민족동맹은 여기서 드러나듯이 차르의 신성한 권력을 유지하기 위해서는 어느 한 계층의 지지에만 의존할 수는 없다는 점을 분명히 하고 있다.

10월 선언 이전에 발표한 또 다른 문건에서 러시아 민족동맹은 러시아 전제정을 유럽의 절대주의와 동일시해서는 안 된다고 강조한다. 이에 따르면 러시아의 전통에 입각한 전제정은 지배자와 피지배자인 인민의 사이에 어떠한 "장벽도 존재하지 않고 인민의 목소리가 곧바로 차르에게 전달되는" 단일한 통일체였다. 반면에 표트르 1세의 서구화와 더불어 러시아에 유입되기 시작한 절대주의의 이념은 차르의 단일한 의지에 입각한 통치형태였다. 표트르와 같이 강력한 지배자가 권좌에 있을 때 그러한 식의 통치형태가 작동할 수 있었지만 그 이후의 차르들은 그만한 능력을 가지고 있지 못하였다. 그 결과 러시아의 정치에는 비능률적 형식주의가 만연하고 있고 각자의 영역에서 무한의 권리를 행사하지만 누구도 책임지지 않는 관료주의가 성장하였다.[25] 러시아 민족동맹의 시각에서 현재의 혼란은 차르에게 러시아 민중의 진정한 염원을 전달하지 못하는 관료기구에 있었다.

니콜라이 2세의 10월 선언은 러시아 민족동맹을 포함하여 전제정의 위기를 벗어나기 위한 다각도의 방책을 모색하던 우익 정치집단들에게 충격으로 다가왔다. 전제정은 권력의 분할이 불가능한 신성한 권력이며 무제한적인 특성을 가지고 있다고 티호미로프 등을 비롯한 당시의 보수적 논객들은 믿고 있었다.[26] 10월 선언은 차르의 권력을 제한할 수 있는 대의제적 정치기구의 창설을 공식적으로 허용하였기 때문에 그것은 전제정이 양도 불가능한 신성한 권력이라는 믿음을 정면으로 위배하는 것이었다. 그렇다고 차르가 10월 선언을 받아들였다고 해서 러시아 우익 집단들이 차르에 대한 공격에 가세할 수는 없었다. 차르에 대한 공격 강화는 그의 권위 하락을 초래할 가능성이 크고 그렇게 된다면 러시아 민족동맹과 같은 우익 정치집단들이 이룩하려고 하였던 전제정의 수호는 더욱 어려워지기 때문이었다. 우익 세력들은 이러한 맥락에서 니콜라이 2세를 직접 비판하기보다는 10월 선언으로 인한 "혼란"을 조성하는 데 기여한 관료제와 내외부의 적들에게 비판의 화살을 돌렸다. 오렐 지방에서 러시아 민족동맹의 세포조직을 이끌고 있었던 크라실니코프(К. С. Красильников)는 1905년에 발행한 소책자에서 "아버지인 차르가 강력하고 무례한 짐승에게 완전히 잡혀 있다"고 지적하고 있다. 이 무례한 짐승은 차르를 꼼짝달싹 못하게 가두어놓고 10월 선언을 포함한 "악마와 공모한 위조문서"에 서명하도록 강요하고 있다고 크라실니코프는 주장하고 있다. 크라실니코프가 강력하고 무례한 짐승이라고 은유적으로 지칭하고 있는 대상은 물론 당시의 수상 비테였다.[27]

10월 선언으로 변화된 러시아의 정치 상황에서 러시아 민족동맹이 취한 전략은 차르의 권한 약화를 최대한 방지하는 것이었다. 두마와 같은 대의제적 권력기구의 출현을 러시아 민족동맹은 반길 수는 없었지만 그것의 폐지를 주된 전략으로 내세울 수는 없었다. 차르가 인정한 기구를 차르를 지킨다는 명목으로 공격한다는 것은 전제권력의 약화를 초래할 수도 있는 비현실적 방안으로 비쳤던 것이다. 두마와 군주제가 양립할 수 있는 현실적 방안을 모색하는 것이 변화된 정치상황에서 취할

수 있는 합리적 전략으로 러시아 민족동맹은 생각하였다.[28]

러시아 민족동맹의 이념에 동조하는 다수의 대의원을 두마에 진출시킴으로써 두마를 전제정에 대립하는 기구가 아니라 협력하는 기구로 만든다는 전략이 이러한 맥락에서 등장하였다. 1차 두마 구성 전인 1906년 2월 중순에 러시아 민족동맹의 최고 위원회가 선거를 앞두고 발표한 호소문을 보면 두마를 대하는 민족동맹의 전략은 분명히 드러난다. 호소문은 러시아 국민에게 러시아 정교 신앙, 차르의 전제정, 외국인에 대한 러시아의 우월성, 토지 소유농민을 지지하는 후보들을 두마로 보내야 한다고 주장하고 있다. 또한 러시아 산업과 상업의 광범위한 보호 조치와 외국 상품에 대한 러시아 상품의 우월적 지위를 인정하는 후보들을 지지하라고 강조함으로써 민족주의적 성향을 분명히 드러내고 있다. 그러한 후보를 두마로 보낸다면 "러시아인들을 위한 러시아"에서 우리 모두가 잘 살아갈 수 있을 것이라고 호소문은 단언하고 있다.[29]

러시아 민족동맹은 선언적인 차원을 벗어나지 못하는 선거 전략만으로는 가시적인 성과를 올릴 수 없다는 점을 인식하고 있었다. 민족동맹의 관점에서 러시아의 민중은 정치적으로 성숙한 식견을 가지고 있지 못하기 때문에 두마에 어떤 사람들을 보내야 할지 알지 못한다. 이런 상태를 그대로 방치하면 두마는 러시아를 무너뜨릴 수 있는 악의 소굴이 되고 말 것이다.

민족동맹은 두마 구성을 목전에 두고 있는 당시의 상황에서 러시아를 혁명적 상황으로 몰고 가려는 다수의 정치세력을 경계하였다. 가장 경계해야 할 대상은 입헌 민주당으로 이들은 차르와 민중의 유대를 단절시켜 러시아를 분열시키는 정치세력이다. 10월당 또한 위험스럽기는 마찬가지여서 이들이 다수를 차지하는 두마는 외국인을 이롭게 하는 두마를 등장하게 할 것이다. 이런 정치세력과 거리를 두고 있는 러시아 민족동맹만이 농민의 상태를 개선하고 자본가의 착취로부터 노동자들을 보호하여 차르와 민중의 유대를 군건히 할 수 있다고 민족동맹은 호소하였다.[30] 민족동맹은 그리하여 1차 두마선거를 앞두고 러시아 연석회의 등의 우파 정치세력과 연합하여 페트로그라드 12개의 선거구에서 민족동맹이 지지하는 총 160여 명의 후보자 명단을 공개하였다. 이들 후보자의 직업을 보면 소상인, 통신 기술자, 퇴역 장군, 의사, 세습귀족, 변호사 등 다양하였다.[31]

러시아 민족동맹은 이와 같이 구체적인 선거지침까지 제공하면서 두마를 자유주의적 정치개혁을 위한 도구로 활용하려는 시도를 저지하고자 하였다. 그렇지만 선거의 실제 결과는 그들의 기대를 충족시키지 못했다. 1906년 4월 1차 두마의 대의원들이 마침내 회합을 가졌을 때 우파 성향의 대의원으로 분류할 수 있는 의원 비율은 전체 대의원 수의 약 1%에 지나지 않았고 입헌민주당 연합과 입헌 민주당의 좌파로 분류할 수 있는 의원의 비율은 도합 51%를 차지하고 있었다.[32] 여기에 진보당과 10월당 성향의 의원까지 더하면 두마는 그야말로 러시아 민족동맹이 우려했던 바와 같이 자유주의적 개혁을 지향하는 무리들의 소굴이 되고 말았다.

1차 두마 구성을 위한 선거에서 군주정을 지켜내려고 했던 우파 정치집단들이 미미한 성과를 얻는 데 그쳤지만 이러한 결과가 그들 활동의 위축을 가져오지는 않았다. 두마 선거에 러시아 민족동맹이 참여한 것은 두마를 통한 자유주의적 개혁에 동참한다는 의미가 아니라 차르가 용인한 정치기구를 마지못해 수용한다는 의미였다. 그러한 두마가 차르의 권력을 제한하지 못하도록 하기 위해 선거에 나섰지만 실망할 필요는 없다. 왜냐하면 민족동맹을 비롯한 우파 정치집단들의 시각에서 두마는 합법적인 기구로 받아들여지지 않았기 때문이다. 민족동맹의 지도자 두브로빈은 두마는 출범 초기부터 정부에 반대하는 선동적인 투쟁을 벌여왔다고 선언하였다. 두마의 이러한 활동의 양상을 고려할 때 두마의 의원들을 민중의 진정한 대리인이라고 부를 수 있는 근거는 어디에도 있지 않다고 두브로빈은 생각하였다.[33]

러시아 민족동맹은 그렇다고 1차 두마의 선거 결과를 또다시 반복하기를 원치 않았다. 또 다른 패배를 반복하지 않기 위해서 러시아 민족연맹은 선거 직전부터 수행하고 있었던 조국 러시아를 내부에서 위협하고 있는 적들에 대한 명확한 규정 작업을 늦출 수는 없다고 생각하였다. 군주정의 안전에 위협을 가하는 적들의 실체를 명확히 드러냄으로써 민족동맹은 1차 두마선거에서의 패배를 만회하기를 바랐다.

4. 러시아 민족동맹이 규정한 내부의 적들

군주정을 위협하는 내부의 적으로서 러시아 민족동맹은 우선적으로 체제의 완전한 전복을 꾀하는 혁명적 정치세력, 즉 사회주의혁명당과 사회민주당을 들었다. 이들 혁명을 지향하는 세력들은 러시아인들의 삶에서 떼어낼 수 없는 신(神)을 버렸고 그들이 설계한 새로운 삶의 방식을 러시아에 강요하기 위해 러시아의 사회·정치적 기구들을 거부하였다. 민족동맹의 시각에서 이 두 혁명세력 중에서 보다 경계해야 할 적은 사회주의혁명당이다. 사회민주당은 정치투쟁에서 승리를 장담할 정도의 역량을 아직 쌓아놓지 못했고 총파업을 선동하는 볼셰비키의 위협은 언어적 수사에 불과하다고 민족동맹은 평가하고 있었다.[34] 반면에 사회주의혁명당은 정부 요인의 암살에 직접 개입하면서 전제정의 정상적 작동을 방해하는 세력이었다. 1902년 사회주의혁명당원 발마쉐비이(С. В. Балмашевый)는 내무대신 시퍄긴(Д. С. Сипягин)을 암살하는 데 성공하였고 1904년에는 같은 당 출신의 소조노프(Е. С. Созонов)가 내무대신 플레베(B. K. Плеве)를 암살하였다.[35] 이뿐만 아니라 사회주의혁명당은 정부 내의 주요 간부들에 대한 테러를 멈추지 않았다. 사회민주당에 비해 사회주의혁명당의 위협이 이렇게 대단히 현실적이었지만 민족동맹은 사회주의혁명당의 척결을 최우선 과제로 삼지는 않았다. 민족동맹의 관점에서 그들은 분명 범법자 집단이었고 전제정은 궁극적으로 이들 범죄집단을 상대할 역량을 가졌다고 믿고 있었기 때문이다.[36]

민족동맹의 관점에서 전제정의 안정을 위협하는 가장 강력한 정치 세력은 두마에서 다수를 차지하고 있는 자유주의 세력이었다. 이들이 야말로 서구 입헌주의 이념으로 러시아인들을 오염시켜 전제정을 내부에서 위협하는 강력한 적이다. 그들은 헌법에 의해 군주의 권력이 제한되어야 한다고 주장하면서 군주제의 전복을 직간접적으로 선동하고 있다. 오늘 그들은 헌법을 원한다고 하지만 내일이 되면 그들은 차르의 제거를 시도할 것이라고 동맹은 경고하였다. 민족동맹의 기관지라고 할 수 있는 『러시아의 깃발』이 표현하였듯이 "자유주의는 혁명"이었다.[37] 당장 실현 불가능한 혁명을 공공연히 떠드는 좌파 정치집단보다 이들이 더 위험한 이유도 두마라는 합법적 기구를 장악하여 자신들의 목표를 성취하는 현실적 정치 감각을 가지고 있기 때문이다. 즉 그들은 실제로 무슨 일을 벌이고 있는지 알아채지 못하게 하면서 전제정의 권력을 하나씩 빼앗아가고 있는 것이다. 그리하여 두브로빈은 교묘하게 대파국을 향해 러시아를 이끌어가고 있는 카데트를 필두로 한 이들 자유주의 세력들을 "도덕적 문둥병의 보유자"라고 공격하였고 차르에게 두마의 카데트 대표자들을 정신병원에 처넣으라고 제안하였다.[38] 1차 두마의 실패에도 불구하고 러시아 민족동맹을 비롯한 우익 정치집단들의 "내부의 적들"에 대한 지속적 공격은 2차 두마에서 보다 나은 결과를 가져왔다. 민족동맹은 자신들을 대표하는 10여 명의 두마 대의원을 2차 두마에 진출시켰다.[39] 우익 성향의 대의원 비율도 1차 두마 때보다는 증가하여 어느 정당에도 가입하지 않은 대의원까지 포함시킨다면 그 비율은 전체 대의원의 10% 정도를 차지하고 있었다.[40] 그렇지만 여전히 카데트 중심의 자유주의적 대의원과 기층 민중의 요구를 적극적으로 수용하려는 급진적 성향의 대의원이 다수였다. 보다 많은 우익 성향의 대의원을 두마에 진출시키기 위해서는 보수적 방향의 선거법 개정이 필요하였는데 그 계기는 1907년 5월에 찾아왔다. 차르 정부는 두마의 사회민주당 의원이 연루되어 있는 차르 암살음모를 폭로하였다. 두마가 이들 의원들의 회기 중 면책권을 주장하며 정부와 대립하자 스톨리핀은 1907년 6월 3일 제국성명을 발표하여 두마를 해산하고 새로운 선거법을 공포하였다.[41]

2차 두마의 해산은 러시아 민족동맹의 입장에서 고무적인 사건이었다. 동맹의 대표 두브로빈은 니콜라이 2세에게 보내는 전보를 통해 두마 해산의 기쁨을 피력하였다. 그는 전보의 앞부분에서 "러시아 전제정의 반역자인 두마의 최후"를 볼 수 있어서 "기쁨과 감동의 눈물을 주체할 수 없다"고 자신의 감정을 솔직히 드러내고 있다. 이제 "우리는 황제 폐하의 영도 아래 지난날의 모든 가난과 불행에서 벗어나 승리자"가 될 것이며 "러시아는 이전의 불멸의 광채를 다시 회복"할 것이라고 굳게 믿는다고 두브로빈은 언급하였다. 이어서 두브로빈은 러시아 국민 모두는 "우리가 열렬히 사랑하는 전제정의 수호를 위해 생명과 재산을 바칠 준비"가 되어 있다는 결연한 의지를 보이며 니콜라이에게 보내는 전보를 끝내고 있다.[42]

니콜라이 2세 역시 두브로빈의 이러한 격려에 화답하였다. 같은 날 두브로빈에게 보낸 전보에서 니콜라이는 러시아 민족동맹의 모든 지부장과 당원들이 보여준 전제정을 위한 헌신과 자발성에 감사를 표시하였다. 니콜라이는 민족동맹의 당원 수가 점차 증가하면서 민족동맹이 "위대하고 신성한 러시아의 평화적 부활을 성취하고 러시아의 올바른

삶의 방식을 개선하는 데 기여"할 것이라는 희망을 피력하였다. 아울러 민족동맹은 "준법과 질서의 변함없는 귀감으로서 짐이 가장 신뢰하는 지지가 될 것"이라고 믿어 의심치 않는다고 니콜라이는 지적하였다.[43] 두브로빈과 니콜라이 2세가 이렇게 나눈 전보를 근거로 판단한다면 니콜라이 2세 역시 민족동맹과 마찬가지로 두마에 대한 적대감을 두마의 해산 이전부터 가지고 있었던 것으로 보인다.

선거법 개정 이후에 등장한 3차 두마는 당연히 보수적 색채를 이전에 비해 강하게 드러내었다. 전체 대의원 중에 우파 성향의 대의원으로 분류할 수 있는 의원의 비율은 33%까지 증가하였다.[44] 물론 이러한 결과는 보수적 성향의 후보들에 대한 인민의 지지가 증가한 결과라기보다는 차르 정부 주도의 선거법 개정이 보다 많은 득표를 할 수 있는 여건을 이들에게 제공하였기 때문이다. 그렇지만 전제정 수호를 자신들의 사명으로 생각하는 우파 정치인에게 3차 두마의 구성은 그들을 고무시키기에 충분하였다. 두마가 등장했을 때부터 목표로 했던 우파 정치집단들의 숙원, 즉 두마가 러시아의 개혁을 위한 자유주의적 입헌주의의 보루가 아니라 차르와 인민의 일치를 위해 봉사하는 기구로 활용되어야 한다는 주장이 이제야 실현되는 것처럼 보였다. 두마의 대표적 보수파인 푸리쉬케비치는 3차 두마는 이전 두마와는 다르게 군주정에 우호적이고 반혁명적 인사들이 주축이 될 것이기 때문에 반대할 이유가 없다고 언급하였다.[45]

러시아 민족동맹은 이와 같이 자유주의적 개혁의 입법기관으로서의 두마의 위상 정립을 저지하기 위해 노력하였다. 민족동맹이 보건대 두마의 입헌주의적 개혁을 저지하지 못한다면 러시아의 군주정은 물론 러시아 국민 전체가 파국을 피할 수 없을 것이었다. 민족동맹은 그리하여 두마를 군주정과 공존할 수 있는 기구로 만들기 위해 노력하였다. 이를 위해 민족동맹은 두마에 군주정 수호의 목표를 공유하는 보수적

인사들을 진출시키기 위해 노력하였다. 3차 두마에 이르면 이러한 그들의 목표는 일정 정도 성공한 듯이 보였다. 그렇지만 두마를 우파 정치 집단들이 장악한다는 전략은 현실적이지도 못했고 그것만으로 전제정 수호라는 목표를 달성할 수는 없었다.

차르 정부 내에는 다수의 우파 정치인들뿐만 아니라 니콜라이 2세 역시 혐오하였던 자유주의적 관료들이 존재하고 있었다. 니콜라이 2세가 이들 관료들로 인해 포위되어 고립되어 있다는 좌절감을 가지고 있었다고 니콜라이의 아내는 니콜라이 여동생에게 1905년 2월에 보낸 편지에서 고백하고 있다. 이에 따르면 니콜라이 2세가 "전적으로 의지할 수 있는 사람이 주위에 어디에도 없으며" 이런 이유 때문에 니콜라이는 국가 운영을 위해 열심히 일하지만 어려움을 벗어나지 못하고 있다.[46] 따라서 우파 정치세력들에게 현재의 위기를 진행시키는 정부 관료들 역시 공격의 대상이었다.

러시아 민족동맹은 차르와 인민 사이의 소통을 황제 주변의 관료들이 방해하고 있다고 비난하면서 자유주의 사상에 오염되어 있는 각료들에 대한 공격도 마다하지 않았다. 민족동맹이 가장 강력한 비난을 퍼부은 각료는 바로 비테였다. 니콜라이 2세에게 10월 선언을 공포하도록 강요함으로써 비테는 러시아를 "입헌주의라는 악성종양"에 노출하도록 만들었다. 민족동맹의 규정에 의하면 비테는 러시아를 장기판처럼 간주하면서 민족과 국가의 운명을 아랑곳하지 않고 "혼자만의 경기"를 즐기고 있다.[47] 민족동맹이 비테를 특히 우려하지 않을 수 없는 이유는 그의 "세계주의" 때문이기도 하다. 일단 그의 이름에서부터 비테는 조상이 러시아인이 아님을 드러내고 있다. 또한 비테의 외국인들의 적극적 투자 유치 정책은 러시아 민족의 내재적 능력을 경시하는 것이라고 민족동맹은 비난하였다. 게다가 민족동맹은 많은 수의 투자자가 유대인이라는 사실에 분개하였다. 비테의 친외국인적 성향을 확인할 수 있는 결정적

증거로서 민족동맹은 비테가 유대인으로 추정되는 여성과 결혼하였다고 주장하였다.[48]

흥미로운 점은 러시아 민족동맹이 타도해야 할 내부의 적들을 언급하면서 그들을 다시 유대인과 연결시키는 논법이다. 민족동맹이 이러한 전략을 채택한 이유는 무엇일까? 민족동맹은 인민의 광범위한 지지를 발판으로 러시아 전제정 수호라는 사명을 완수하고자 하였다. 1906년 9월 2일 민족동맹이 두마 구성을 앞두고 발표한 선거강령을 보면 그들이 광범위한 인민의 지지를 얻기 위한 노력의 일단을 알 수 있다. 즉 이 강령에서는 러시아의 근본을 구성한다는 세 요소, 즉 러시아 정교, 전제정, 민족주의를 민족동맹이 확고하게 지지할 뿐만 아니라 농민의 토지 문제, 노동자의 복지문제, 국민교육, 산업, 사법의 문제에까지 민족동맹이 구체적 실천안을 가지고 있음을 강조하고 있다.[49] 이렇듯 민족동맹은 지지기반의 확대를 위해 여러 계층을 포괄하는 강령을 개발하고 러시아의 당면한 현안에 대해 해결방안을 가지고 있다는 점을 부각시킴으로써 러시아 전제정을 수호하는 대표적 정치세력으로 규정받길 원하였다. 그렇지만 러시아의 정치권에서 민족동맹의 세력 확대는 여전히 미약한 수준이었다. 민족동맹이 다양한 우파 정치집단을 능가하고 러시아 인민의 정서에 강력히 부응할 수 있는 촉매제가 필요하였는데 유대인을 이용하여 민족주의적 감정을 자극하는 것이 효과적인 전략으로 비쳤다. "러시아인을 위한 러시아"의 재건에 민족동맹이 기여하겠다는 의지를 구체적으로 보여줌으로써 보다 강력한 우파 정치집단으로서의 위상정립을 기도하였던 것이다. 그 과정에서 러시아 민족동맹의 극단적 일면이 드러나게 되었다.

5. 러시아 민족동맹의 반유대주의

러시아 민족동맹의 창설자 두브로빈의 견해에 따르면 이미 19세기 중반 이후부터 러시아 제국의 관직은 비러시아계 인종들이 장악하기 시작하였다. 이들 관리들은 다민족인 러시아 제국의 특성을 고려할 때 러시아인들만을 위한 정책은 결국 국가의 이익을 증진시키지 못한다고 주장하면서 여러 민족들의 요구를 정책에 반영하려고 하였다. 그렇지만 이들 비러시아계 인종들이야말로 우익 정치집단의 입장에서 보자면 국가의 이익에 해를 끼치는 집단이다. 왜냐하면 이들은 좌익 정치집단들의 도움을 받아 러시아 국체(國體)의 근본을 파괴하려고 노력하기 때문이다.[50]

니콜라이 2세는 진정한 민족주의자면 군주제를 지지해야 한다고 생각하였다. 군주제야말로 러시아의 정신과 전통에 부합하기 때문이다. 이런 관점에서 본다면 러시아 민족동맹은 진정한 민족주의자라는 자격을 갖기에 충분하였다. 민족동맹이 출범할 때 내건 강령 1조에 의하면 민족동맹은 "러시아 민족의 자각을 증진시키고 우리의 친애하는 조국 러시아의 공통의 이해증진을 위해 신분의 고하를 떠나 러시아 민족을 단결시킨다"는 확고한 목표를 가지고 있었기 때문이다. 아울러 민족동맹은 "조국의 가치는 러시아 정교, 무제한적인 러시아 전제정, 그리고 민족주의의 확고한 보존"에 있음을 천명하였다.[51] 이들에게 전제정은 러시아의 민족주의와 어떤 의미에서 동격이었다. 두브로빈과 더불어 민족동맹의 창립 멤버 중 한 사람인 마르코프(H. E. Марков)는 보다 직설적으로 자신의 신념을 표현하였다. "러시아 민족이 만약 절대적이고 강력한 차르를 가지고 있지 않다면 그들은 더 이상 스스로를 러시아인으로 부를 수 없다." 민족동맹의 분파 조직에 속해 있던 제데노프(H. H. Жеденов) 역시 마찬가지였다. "러시아 정교를 믿지 않는 자는 러시아인이 아니라 타락자에 불과하다. 차르에게 충성하지 않는 자 역시 러시아인이 아니다."[52] 10월 선언의 공포는 러시아의 전통과 차르의 권위 모두를 위협하는 충격적인 사건이었다. 특히 러시아적인 정서에 부합하지 않게 차르의 권위를 조롱하는 사건들은 우파 정치세력들의 분노를 불러일으켰다. 군주제 지지자들이 매우 소중하게 생각하고 있는 니콜라이 2세의 초상을 벽에서 떼어 내어 훼손하는 경우도 있었다. 일례로 키에프에서는 시 두마의 회의가 예정되어 있는 건물의 발코니에서 차르의 초상에 구멍을 내고 자신의 얼굴을 그 구멍에 집어넣고 "내가 이제 왕이다"라고 외치는 사람까지 등장하였다.[53] 차르의 상징물이 이렇게까지 훼손당하는 상황에서 군주제 지지자들은 군주제의 질서를 파괴하는 사건들이 어디에서부터 유래되었는지 찾고자 하였다.

니콜라이 2세의 10월 선언이 없었다면 군주제의 질서는 물론 유지되었을 것이다. 군주제 지지자들은 그들이 매우 아이러니컬한 상황에 놓여 있다는 것을 인식하고 있었다. 즉 자신들이 전통적 통치의 관점에서 군주정과 차르를 수호하려고 노력하고 있는데 정작 차르는 자신들의 이러한 원칙과 목표와 대립하는 정책의 방향을 따라가는 모순을 보이고 있는 것이었다. 그렇다고 차르에 대한 충성을 최고의 덕목으로 여기고 있는 이들이 직접적으로 차르를 공격할 수는 없는 일이었다. 문제는 차르와 러시아 인민의 진정한 단결을 가로막는 관료집단에 있었다. 즉 차르는 서구 사상에 오염되어 있는 일부 관료들에게 붙잡힌 "포로"와 다를 바 없는 상태에서 10월 선언과 같은 "악마의 문서"에 서명하고 말았다는 것이다.[54] 따라서 권력의 상층부에서 차르와 러시아 국민을 기만하면서 러시아의 혁명적 상황을 조성하는 무리들을 좌시할 수는 없는 것이다.

러시아 민족동맹은 1905년 10월 선언 이후 정치권에서 혁명적 상황을 조성하는 데 기여한 인물들의 명단을 독자적으로 작성하여 발표하였다. 여기에는 언론을 통해 여론 형성을 주도하려는 혁명가는 물론 두마에서의 활동을 통해 정부에 영향을 미치는 자유주의자 및 온건 사회주의자들의 이름이 다수 망라되었다. 구체적 면면을 보면 비테, 카데트의 주요 대변인자 자유주의적 신문『말』(*Речь*)의 공동 편집인 밀류코프(П. Н. Милюков), 말의 공동 편집인이면서 법학 잡지『프라보』(*Право*)의 편집인 게센(И. В. Гессен), 카데트의 농업문제 전문가인 게르젠스테인(М. Я. Герзенстеин), 페테르부르그의 가장 저명한 유대인 형법 변호사이자 자유주의자였던 그루젠베르그(О. О. Грузенберг) 등이었다.[55] 이들의 정치 성향은 조금씩 차이가 있었지만 이들을 하나로 묶을 수 있는 공통점은 이들이 유대인 아니면 원래 유대교 신자였다가 러시아 정교로 개종한 인물들이라는 점이었다. 유대인들이 러시아 혁명 운동의 성장에 주도적인 기여를 하였다는 주장은 제정 러시아의 통치 엘리트 사이에서 공공연한 믿음이었다.[56] 러시아 민족동맹은 유대인에 대한 이러한 반감을 적절히 활용하여 전제정의 수호라는 본연의 목적 달성에도 기여함과 동시에 정치적 입지를 공고히 하려고 하였다.

러시아 민족동맹은 현 상황의 모든 문제를 유대인 탓으로 돌리기 위해 노력하였다. 민족동맹의 기관지『러시아의 깃발』은 반유대적인 논설과 시평으로 지면을 자주 채웠다. 이에 따르면 유대인들은 대체로 적은 수고로 많은 돈을 벌 수 있는 전문직에 종사한다. 예를 들자면 유대인 변호사들은 결혼 문제와 사소한 민사상의 소송을 즐겨 맡고 있고 유대인 의사들은 부인과 질병을 전문으로 다루고 있다. 물론 자신들의 이익을 뒤로하고 러시아 사회 전체를 위해 봉사하는 유대인들이 있기는 하지만 이들은 소수에 불과하다. 민족동맹은 그러한 소수를 거론하기보다는 공격의 대상인 공적 인물들을 구체적으로 거명하였다. 특히 두마에서 "유대인들의 대표로서 활동하고 있는 게르젠스테인" 등은 러시아 사회에 해악을 끼치는 존재였다.[57]

유대인은 이렇게 평범한 사람들을 선동하여 러시아의 정치 상황을 혼란스럽게 만드는 장본인일 뿐만 아니라 경제적으로도 위협을 가하는 존재였다. 1907년 4월 26일부터 5월 1일까지 열린 전 러시아 민족동맹 4차대회에서 채택된 강령은 이 점을 분명하게 강조하고 있었다. 즉 "지난 3년간 지속된 소요를 통해 나라의 질서를 파괴"하였을 뿐만 아니라 "혁명운동에도 적극적으로 가담"한 유대인들은 경제적으로도 러시아를 종속시키기 위해 노력해왔다. 유럽에서와 같이 유대인들은 러시아의 상업, 공업 부문의 상당 부분을 장악하고 있으며 "러시아 수공업자들의 주문을 가로채어 러시아인들을 빈곤하게" 만들었다. 민족동맹은 이런 상황을 종식시키기 위해 유대인들에 대한 주문을 취소하며 러시아인들이 만든 상품과 러시아인들이 운영하는 상점에서 물품을 구매할 것을 주장하였다. 유대인들이 이렇게 러시아인들과 경쟁에 돌입하면 그들은 러시아인들에게 적의를 품고 혁명운동에 더욱 적극적으로 개입할 것이다. 민족동맹은 "러시아의 상인과 수공업자들에 대한 지원 필요성을 러시아 국민에게 납득시키면서" 러시아 국민의 해방을 성취할 것이라고 선언하였다.[58]

유대인들에 대한 경계심은 러시아 민족동맹에 한정된 현상은 물론 아니었다. 차르에게는 "러시아 정교를 기반으로 하는 모국이 유대인과 선동가들에 의해 짓밟히고 있다"는 탄원서가 여러 우익 정치조직으로부터 연일 쇄도하였다.[59] 이러한 탄원서와 지방에서 올라오는 편지에 영향을 받아서 인지 니콜라이 2세는 1907년 초 러시아 주재 독일대사와의 만남에서 유대인과 프리메이슨의 전 세계적 동맹은 "치명적 위협"이자 국제적 유대인 집단은 1905년 혁명의 주도적 세력이었다는 견해를 피력하였다.[60] 러시아의 전통과 질서를 위협하는 유대인에 대한 박해는 이런 맥락에서 인종적 편견이 아니라 구국의 차원에서 합법화될 수 있었다. 박해에 직접 참가하는 군중들 가운데는 차르의 초상을 앞세우며 자신들의 행동이 차르의 용인 아래에서 이루어지는 것임을 암시하고자 하였다. 극단적인 우파적 성향을 보인 집단이자 민족동맹과도 깊은 연관을 가지고 있었던 검은 백인단(черная сотня)은 차르의 초상을 전면에 내세우며 자신들의 집회를 빈번하게 개최하였다.[61]

러시아 전역에 걸친 유대인 박해가[62] 이렇듯 전제정을 수호하는 행위이자 혁명의 혼란으로부터 러시아를 구출하는 행위로서 해석되면서 러시아 민족동맹은 비록 그것이 법의 테두리를 벗어났다고 하더라도 여기에 참여하였던 이들 "애국자들"을 관대하게 다루어야 한다고 주장하였다. 러시아 민족동맹 오데사 지부의 코노브니친(А. И. Коновницын) 대공은 왕실이 이들을 처리하는 데 더 많은 관용을 베풀어야 한다고 주장하였고 이에 대해 니콜라이 2세는 동맹의 청원을 고려하여 이들의 형량을 가볍게 하기 위해 언제나 노력할 것이라고 약속하였다.[63] 여기에 한 술 더 떠 법무장관 쉐글로비토프(И. Г. Щегловитов)는 자신은 유대인 학살의 죄목으로 기소당한 사람들을 심정적으로 지지한다고 지적하였다. 왜냐하면 그러한 감정이 "정치권이 전반적 견해"이자 "정부는 현 정치질서를 지지하는 우익의 조직들에 대해 커다란 희망"을 가지고 있기 때문이다.[64]

러시아 민족동맹에게 군주제는 러시아 민족과 분리할 수 없는 정치 실체였다. 민족동맹의 관점에서 유대인들은 군주제가 러시아인들에게 가지는 이러한 의미를 인식하지 못한 채 군주제를 위협해왔다. 그렇다고 민족동맹이 유대인들에 대한 집단적 박해를 중앙 차원에서 체계적으로 조직하고 이끌어나갈 필요는 없었다. 유대인들에 대한 경계심은 차르인 니콜라이 2세 역시 가지고 있었고 그 당시의 다수의 언론 매체는 이미 오래전부터 뿌리 깊은 유대인들에 대한 적대심을 더욱 집중적으로 유포하고 있는 상태였다.[65] 민족동맹은 단지 전투적인 용어들을 동원하여 유대인을 공격하는 행위를 지속함으로써 민족동맹의 구성원은 물론 다른 집단들까지도 유대인에 대한 집단적 박해에 동참하도록 만들려고 하였다. 극단적 민족주의의 정서에 의존하는 민족동맹의 이러한 전략은 다른 우파 정치조직들에 비해 민족동맹의 생존력을 늘리는데 일시적으로 기여하였다. 그렇지만 전제정에 반대하는 정치세력들이 주장하는 정치구조의 근본적 개혁 없이 러시아 민족의 이익을 강화시킬 수 있다는 민족동맹의 주장은 러시아 민중에게 추상적으로 비쳤다. 민족이라는 추상적 실체에 매달려 있는 민족동맹이 혁명과 개혁을 향해 나아가는 사태의 진전을 되돌릴 수는 없었다.

6. 맺음말

1907년 6월의 선거법 개정은 러시아 민족동맹과 같은 우익 성향의 대의원들에게 이전 두마와 비교할 때보다 많은 의석을 안겨주었다. 3차 두마에서 우익 성향의 전체 대의원 비율은 33%까지 늘어났고 이 중에서 러시아 민족동맹 및 동맹에 우호적인 조직에 속해 있던 대의원의 비율은 11.5%였다. 이러한 결과를 놓고 민족동맹 내부에서 평가가 엇갈렸다. 마르코프와 푸리쉬케비치는 두마의 대의원 구성에서 지주계급의 이익을 대변하는 의원들의 수가 늘어난 상황에서 민족동맹은 귀족 연합 대회와 같은 정치조직과 보다 긴밀히 협조해야 한다고 주장하였다.[66] 이러한 입장은 민족동맹의 창시자 두브로빈이 지향했던 광범위한 지지기반을 갖는 민족동맹의 노선과는 배치하는 것이었다. 그럼에도 불구하고 푸리쉬케비치는 1908년 초 자신의 노선을 지지하는 세력을 규합하여 미하일 아르한겔 러시아 민족동맹(Русский Народный Союз имени Михаила Архангела)이라는 별도의 조직을 창설하였다.[67] 마르코프는 별도의 정치조직을 창설하지 않았지만 상황 변화를 직시하지 못한다며 두브로빈과 거리를 두기 시작하였다. 1910년에 이르면 민족동맹의 지도부는 마르코프에게 넘어가게 되고 두브로빈은 소수의 추종자와 기관지 『러시아의 깃발』을 가지고 두브로빈 전 러시아 민족동맹(Всероссийскй дубровинский союз русского народа)을 창설하였다. 단일조직으로서의 민족동맹의 위상은 사라졌고 1917년 2월까지 민족동맹은 단지 그 명맥만을 유지해나갔다.

러시아 민족동맹은 1905년 10월 선언으로 군주제의 위기가 가속화되어 가는 시점에서 군주제를 구한다는 명목을 가지고 출범하였다. 비슷한 시기에 등장한 여타의 우파 정치조직들이 협소한 지지기반을 가지고 있던 것에 반하여 민족동맹은 창립 강령에서도 나타나듯이 광범위한 계층을 민족동맹의 깃발 아래 결집시키려고 시도하였다. 민족동맹이 이렇게 광범위한 지지기반을 갖는 정치조직으로서 나설 수 있었던 것은 니콜라이 2세가 민족동맹을 직간접적으로 지원하고 있다는 믿음에서 기인하였다. 러시아의 질서와 정신을 대표하는 군주제가 다시 예전의 권위를 회복함으로써 농촌과 도시에 거주하는 모든 러시아인들은 계층 간의 위화감을 떨쳐버리고 군주와 일치됨을 경험하리라는 희망을 민족동맹은 피력하였다.

러시아 민족동맹은 이러한 목표 달성을 위해 구체적 전략을 제시하여야 하였다. 두마라는 새로운 정치기구가 용인된 정치현실에서 군주정을 지켜나갈 수 있는 전략을 수립해야만 하였던 것이다. 차르의 권위에 타격을 가하지 않으면서 두마가 군주제와 공존할 수 있으려면 두마가 개혁적 성향의 대의원들로 채워지는 것이 아니라 군주제와 이해를 같이하며 군주제의 가치를 수호하려는 의지를 가지는 대의원들로 구성되어야 하였다. 이런 맥락에서 민족동맹이 지지하는 후보자가 러시아를 위기에서 구할 뿐만 아니라 질서를 회복시킬 수 있는 적임자라는 주장이 등장하였다. 그렇지만 반동적 선거개혁이 있기 이전까지 두마 내에서 우파적 성향의 정당은 소수당의 위치를 면할 수 없었다. 선거법 개정 이후 구성된 3차 두마에서도 우파적 성향의 전체 대의원 수는 전체 대의원 수의 30%를 조금 상회하였을 뿐이다. 러시아 민족동맹과 직간접적으로 관련을 맺고 있는 대의원만을 따로 분류한다면 그 비중은 더욱 축소될 수밖에 없었다.

두마의 구성을 위한 선거에서보다 러시아 민족동맹이 민중의 정서에 강하게 부합할 수 있었던 계기는 유대인에 대한 집단 박해에서 찾을 수 있었다. 1905년 이후의 혼란을 조성하는 데 주도적인 기여를 한 집단이 유대인이라는 주장은 지배계층의 유대인에 대한 경계심과 결부되어 어렵지 않게 전파되었다. 유대인에 대한 박해는 인종적 탄압의 차원에 머물지 않고 전제정의 수호와 민족의 이익과 가치 보전에도 기여하는 것이었다. 민족동맹은 1905년 이후 혼란에 빠진 러시아의 정치 상황에 염증을 느끼며 그에 대한 속죄양을 찾고 있었던 민중에게 유대인을 제시함으로써 러시아 민족의 진정한 이해를 대변하는 조직으로 스스로를 정립하려고 하였다. 그러한 위치를 확인받았다면 민족동맹은 러시아 군주정의 위기 순간을 벗어나게 하는 구원투수의 역할을 수행하였을 터이지만 이들의 내부적 역량은 역사의 흐름을 되돌릴 수 있을 정도로 충분히 강하지는 못하였다. 더구나 러시아의 정신과 가치에 잘 부합한다고 민족동맹이 주장하였던 러시아의 군주제는 민중의 관점에서 보자면 민중의 생존을 위태롭게 하는 정책들을 포기하지 않았다. 군주정의 구원투수 역할을 러시아 민족동맹은 자임하였지만 패배를 모면하기에 러시아 군주정은 너무 많은 실점을 하였던 것이다.

5장

19세기 말~20세기 초 티베트의 군주론의 변용

박 장 배

1. 머리말

9세기 중반 토번 제국이 붕괴된 이후 티베트 사회는 다수의 지역국가들로 나뉘어 발전해왔다.[1] 4세기 동안이나 티베트 사회는 중앙정부를 형성하지 못하고 있었지만, 이 시기에 이루어진 티베트 사회의 불교화는 불교 교단 국가 체제를 형성하는 밑거름이 되었다. 13세기 몽골 제국의 지배하에서 티베트 사회는 정치적인 통합을 이루기도 하였는데, 티베트 중앙정부 역할을 한 것은 몽골 황제의 후원을 받는 싸꺄 교파였다. 몽골 제국의 지배하에서 지역적인 차원의 '정교합일 체제'는 전국적인 차원의 '정교합일 체제'로 확장되었다. 달리 말하면 티베트의 교단 국가 체제는 정교합일 체제였다.[2]

티베트의 정교합일 체제에는 명목상의 군주가 존재하지 않는 대신 '법왕'이라고 표현될 수 있는 종교수장이 등장하여 정치수장을 겸하고 있었다. 13세기 몽골 지배하에서 티베트는 싸꺄파 중심의 중앙정부를 구성하고 있었지만, 실상 티베트 전역에 대한 중앙집권체제를 구축한 것은 아니었다. 티베트 각 지방에는 '활불'이나 '토사' 등 다양한 정치체가 존재하고 있었으며, 중층적이고 다원적인 국가 형태는 티베트 사회의 특징이었다. 반독립성을 갖는 지역국가들 위에 구성된 중앙정부가 실질적으로 통치하는 지역의 범위는 한정되어 있었다. 티베트 교단 국가는 티베트 불교교단, 티베트 귀족세력과 함께 외부 '후원'세력의 규정력 위에 존립하고 있었다. 이른바 영토, 국민, 주권이라는 국가의 삼요소 중에서 티베트의 주권은 현대적인 의미의 주권과는 거리가 있었다.

쫑카빠(1357~1419)라는 종교개혁가의 등장으로 티베트 사회에는 겔룩파라는 개혁교파가 형성되었다. 겔룩파는 몽골인들을 후원자로 얻음으로써 티베트 지배권을 확립할 수 있었다. 재뿡 사원의 주지 쇠남 갸초(1543~1588)는 1578년에 알탄 칸을 만났고 투메트, 차하르, 할하 몽골인들을 후원자로 얻었다.[3] 그리고 몽골군의 보호하에 1642년 제5대 달라이 라마(1617~1682)는 몽골 지도자 구시칸으로부터 티베트 전체의 지배권을 넘겨받았다. 그리고 1720년 무렵 티베트는 청 제국의 보호령이 되었다.[4]

티베트의 정교합일 체제는 1951년 중화인민공화국에 편입되면서 수명을 다했다고 볼 수 있지만, 중국 정부가 '민주개혁'을 완수하기 전까지, 사실상 1959년 티베트인의 봉기가 진압될 때까지 유지되었다. 티베트 역사의 전환기라고 할 수 있는 19세기 후반에도 여전히 티베트 지배체제는 외국세력의 후원 또는 보호와 간섭 위에서 종교권력과 정치권력이 융합된 정교합일체제였다. 정교합일체제가 이런 특성을 갖고 있고 외국후원세력, 내부 귀족세력과 승려세력이 티베트 군주권을 규정하는 3대 요소라고 하더라도, 그것들이 티베트의 주권(군주권) 자체는 아니었다. 티베트 중앙정부의 군주권은 17세기 중반 제5대 달라이 라마 시기에 재확립되었다.

그러나 18세기의 티베트는 6차례에 걸친 청조의 티베트 원정으로 황제의 전리품으로 전락하여 청조에 복속되었다. 그것은 네 차례의 티베트 본토 원정(1720, 1728, 1751, 1792)과 두 차례의 금천(金川) 원정

(1747~1749 大小 金川 원정, 1771~1776 금천 원정)의 결과였다.[5] 청조는 기존의 티베트 지배세력과 지배체제를 해체하지 않고 기본적으로 수용하면서 청조의 제국 체제에 편입시켰다. 티베트의 지배체제는 매우 다원적이었는데 티베트 본부는 달라이 라마와 판첸 라마 등 여러 종교-정치 세력이 달라이 라마의 종교적 권위를 구심점으로 하여 중층적인 지배구조를 형성하고 있었다. 본부 이외에 동부나 북동부, 서부, 남부는 독립왕국이나 토사세력이 지배하고 있었다. 전반적으로 티베트 교단국가의 실질적인 지배력은 티베트 전체에 미치는 것은 아니었다.

서구의 충격, 특히 영국의 접근은 청조에 복속되어 있던 티베트에게는 심대한 충격을 주었다. 영국의 티베트 접근과 티베트 세력권 내의 지역에 대한 영국의 세력권 확대는 티베트의 불교문명에 대한 위협으로 간주되었지만, 티베트가 근대문명과 국제질서를 새롭게 배우는 과정이었다. 티베트 측은 이러한 문명 차원의 위기를 청조의 도움과 내부 역량의 강화를 통해 돌파하려고 했다. 19세기 말 티베트 사회는 만청 정부가 영국의 압력을 해소해줄 것을 기대했으나 청조에게는 그럴 능력이 없다는 것을 느꼈다. 라싸의 3대 사원 승려를 비롯한 티베트 고위인사들이 참여한 '민중회의'의 형성은 티베트 교단국가 체제의 변화를 상징하는 사태였고, 이러한 변화를 교단국가의 실질적인 강화로 이끈 것은 13대 달라이 라마의 친정이었다. 19세기 말 티베트 교단국가의 여러 조치들은 티베트 불교문명을 위협하는 최대의 적으로 떠오른 영국세력에 대항하는 것에 초점이 맞추어졌다. 티베트 측은 기존의 약화된 달라이 라마의 통치권을 강화하는 방향으로 대응하였다. 또한 1904년 영국 원정대의 티베트 침략으로 인해 티베트 본부가 영국의 세력권에 편입되고 이에 맞서 청조가 기존의 유명무실한 주장대신을 실질적으로 티베트를 통제하는 기구로 만들어가자, 티베트 측은 영국세력의 힘을 빌어 청조를 견제하려고 하였다. 이를 통해 기존의 불교국가 체제를 독자적으로 유지하려는 티베트 교단국가의 의지를 읽을 수 있다. 19세기 서구 세력의 접근과 청조의 이완은 티베트의 자립성을 강화했다. 이러한 경향은 티베트 본부의 사실상의 독립으로 귀결되었다. 1912년 티베트 본토의 사실상의 독립은 중국의 신해혁명의 와중에 발생한 일이었다. 이러한 과정에 대한 연구는 적지 않은 편이다.

달라이 라마를 수반으로 하는 티베트 군주권은 '활불 전세' 제도를 포함한 티베트 불교 이론에 바탕을 두고 있었다. 티베트 군주제의 근대적 변용 문제를 다루기 위해서는 17세기 중반에서 20세기 중반까지 지속된 티베트 달라이 라마 정부를 뒷받침한 불교적 군주론의 내용과 특성을 파악할 필요가 있을 것이다. 티베트의 군주론을 검토할 경우, 군주권 계승의 정통성을 뒷받침하는 이론이자 방법인 '활불 전세' 제도, '달라이 라마'를 정점으로 하는 중층적인 '정교합일 체제'라는 티베트의 특수성을 고려해야 한다.

중국학계에서는 중국 측의 티베트 통합 노력을 높이 평가하고 티베트 자체의 통일노력을 부정적으로 평가하는 연구 경향을 보여왔다.[6] 또한 티베트인들이 중요시하는 '법주-시주'의 불교적 관계를 상대적으로 경시하고 정치적 상하예속 관계를 강조하는 쪽이었다. 반면에 일본과 구미, 인도의 연구자들은 대부분 티베트 문제를 국제관계사의 범주에서 다루었다. 초기 일본의 연구도 대체로 자국의 이해가 투영된 시각에서 시작되었다. 일본의 대륙진출에 장애가 되는 러시아의 견제와 중국의 포위라는 시각에서 티베트 독립 문제에 접근했다. 이런 시각은 구미의 경우에도 대동소이하다. 특히 영국의 연구는 러시아(나중의 소련)의 견제와 중국의 견제라는 측면이 농후하였다. 영국 측은 티베트를 영국의 인도식민지 완충국으로 다루어왔다. 다만 중국 측 연구에 비해 티베트 집권층의 역할을 높이 평가하는 쪽이었다. 구미 연구가 티베트 문제를 선악의 관점으로 보지 않는 점이 장점이라면 장점이라고 할 수 있다. 이러한 시각은 티베트 문제에 대한 각국의 정치적 입장을 반영한 것이라고 볼 수 있다. 또한 이런 연구경향은 19세기 후반과 20세기 전반기에 티베트에서 목격했던 중국의 권위가 매우 미약하거나 무의미했던 것에서도 출발했다.

기존 연구는 티베트 밖의 만청세력과 영국세력의 작용에 주로 관심을 기울였다고 할 수 있다.[7] 티베트 교단국가의 근대적 변용의 문제에 대해서는 대개 13대 달라이 라마의 행적에 연구가 집중되었다.[8] 티베트 교단국가 내부의 여러 정파와 그들의 권력 관계에 좀 더 주목할 필요가 있다.[9] 티베트의 지배층은 대외정책을 놓고 친청파와 친영파의 노선차이를 노정했으나, 정작 티베트 교단국가의 고위관리들의 교단국가 유지 노력에 대해서는 관심이 미진했다고 할 수 있다. 특히 신정시기 티베트 집권세력의 대응은 보다 적극적으로 규명되어야 할 문제라고 하겠다.

이 글은 티베트 교단국가의 내부 구성에 주목하고, 동시에 그들의 개혁노력이 어떤 형식과 내용을 가지고 전개되었는지를 추적할 것이다. 티베트 교단국가는 대내외적인 위기 속에서 달라이 라마의 세속권력을 실질적으로 강화하는 노력을 벌였다. 티베트 측은 이러한 노력을 '위대한 5대 달라이 라마'의 이미지에 따른 것이라고 이해했으나, 정교일치를 구현하는 달라이 라마 제도라는 독특한 교단국가를 유지하는 티베트식 군주제의 근대적 변용이라고 볼 수 있을 것이다. 1860년대의 '종두' 즉 민중회의의 형성,[10] 청일전쟁 무렵의 13대 달라이 라마의 친정, 1904년 13대 달라이 라마의 라싸 탈출, 1912년 티베트 본부의 사실상의 독립 등 일련의 교단국가 혁신 노력이 이 글의 핵심적인 관심사이다. 티베트 교단국가 체제의 핵심적인 성격은 유지되었으나 대내외적인 위기 상황 속에서 티베트의 군주제는 상당한 변화를 겪었고, 그 변화의 중심에는 13대 달라이 라마라는 걸출한 지도자가 있었다. 이 글의 핵심 내용은 13대 달라이 라마의 국가개혁 노력이라고 할 수도 있을 것이다.

2. 19세기 중반 대외위기의 심화와 친정 이전의 13대 달라이 라마

　본격적인 논의에 앞서 티베트 교단국가의 등장 과정을 살펴볼 필요가 있을 것이다. 티베트인들은 험준한 고원지대라는 상대적으로 고립된 환경 속에서 독특한 문화와 역사를 만들어냈다. 토번 왕조 이래로 불교가 사회전반에서 중요한 역할을 했던 티베트 사회는 유서 깊은 티베트 불교 문화와 그에 바탕을 둔 정치체제로 인해 주목을 받아왔다. 티베트 불교에는 11세기에 도입되어 확대된 전생(轉生) 제도와 같이 독특한 제도가 존속하였다. 티베트 불교는 일반적으로 전홍기(前弘期)와 후홍기로 구분되는데, 후홍기는 정치와 종교가 결합된 정교합일 내지는 '교단국가' 체제의 시대라고 할 수 있다. 티베트는 전통적으로 불교문명을 기반으로 한 '교단국가' 체제를 유지하여왔다고 할 수 있다.[11]

　"사회구조의 최고층은 달라이 라마이고, 그는 티베트의 세속과 종교의 통치자이다. 그 다음에 갈파(噶巴), 또는 귀족세가라고 불리는 약 150 또는 300개의 가족이 있다. 이들 가족들은 명확하게 네 부류로 구분된다." 고대 티베트왕의 후손, 역대 달라이 라마의 가족과 후예, 뛰어난 공적을 세워 귀족으로 책봉된 가족 등은 25에서 30가족이고, 나머지는 귀족의 대다수를 차지하는 보통귀족들이다.[12]

　티베트 정체의 대단히 특수한 현상은 이러한 귀족계층을 바탕으로 하여 이원화된 체제, 즉 속관과 승관으로 구성되어 있다는 것이다. "20세기 30년대와 40년대에 200명의 속관과 230명의 승관이 있었다. 그러나 통상 340명의 관원이 있고, 세속과 신직 인원은 각각 반씩 차지한다.[13] 1792년에서 1793년까지 청조가 티베트에서 개혁을 진행한 후 까삭은 주장대신의 통제를 받았지만, 일상의 행정사무에 대해서는 여전히 최고권력을 갖고 있었다."[14]

달라이 라마 제도가 1578년 역사상에 등장했지만 5대 달라이 라마는 티베트 통합과 정체성의 확립에 큰 역할을 하였다. 당시에 티베트인은 "대지의 중심 설역(雪域)에 행복의 큰 나무가 지극히 무성하다"[15]고 했다. "자신이 다른 지역 사람들은 '아발로키테슈바라'라고 부르는 티베트의 수호자 무한 자비의 주, 곧 첸레지의 화신이라고 공식적으로 확인한 사람도 5대 달라이 라마였다."[16] "14대의 달라이 라마 중에서 단지 3명만이 진정으로 티베트를 통치했다. 1751년에서 1950년까지, 섭정의 통치 시간은 전체 통치 시간의 77%이다."[17] "19세기에 승려의 지고한 권력, 청조의 종주권과 귀족세력의 교호작용은 어느 정도 까삭의 내부 균형에 영향을 줌으로써 상층귀족, 하층귀족 및 신흥 가족이 계속 까삭에서 우세를 얻게 했다."[18]

요컨대, 티베트의 '교단국가' 체제는 달라이 라마를 정점으로 승려와 귀족들의 누층적인 지배체제였다. 다시 말해서 달라이 라마는 티베트에서 정치와 종교를 아우른 교단국가의 수장이었다. 달라이 라마의 종교적 권위는 티베트 권역을 훨씬 넘는 것이었으나, 정치적 권위는 티베트 권력의 중심부 정도에 미치고 있었다. 달라이 라마는 티베트의 정치적 수장이었으나 정치적 권위는 이렇게 직할지에 머물고 있었고, 판첸 라마 등 하위의 라마와 토사(내부의 칭호는 '걔뽀' 즉 왕이었다) 등이 중소급 국가들을 실질적으로 지배하고 있었다.

티베트인들의 전통적인 이해방식에 따르면, 달라이 라마는 14명이 아니라 한 사람의 달라이 라마가 계속 전생(轉生)하는 존재였다.[19] 이것은 13대 달라이 라마 아왕롭쌍 툽땐갸초(1876~1933)의 경우도 마찬가지였다. 티베트 정부의 명령으로 13대 달라이 라마의 전기 『기묘한 염주』가 1940년 2월에 완성되었다. 전통적인 방식으로 기술된 이 전기는 달라이 라마를 인간으로서가 아니라 전지전능한 티베트 호법신인 쩬래씨(11면 천수천안 관음보살)로 묘사하였다.

달라이 라마 제도가 티베트에 정착된 것은 16세기 후반이었다. 14세기 중엽에 티베트 동북부에서 나중에 티베트의 위대한 종교개혁가가 될 아이가 출생하였다. 그의 이름은 쫑카빠(1357~1419)였다. 그는 1406년『보리도차제론(菩提道次第論)』을 통해 자신의 이론을 완성하고, 1409년 정월에 조캉 사원의 개축 법회에서 '겔룩파'의 출범을 세상에 알렸다. 그는 불교계의 계율을 다시 확립하고 겔룩파를 창립하였다. 현재까지 겔룩파는 티베트 최대의 교파이다.

재통합된 티베트는 1409년 창립된 개혁교단인 겔룩파와 1510년 이후 티베트고원 동북부의 칭하이(靑海) 쪽으로 이동하기 시작한 몽골 군사세력과의 결합으로 탄생하였다. 겔룩파의 수장이었던 쇠남갸초(1543~1588)는 1578년 칭하이의 초원에서 동몽골의 지도자 알탄칸을 만났다. 이 만남에서 그들은 몽골제국 시대의 전례에 따라 정신적, 정치적 후원 관계를 맺었다. 그들은 서로를 팍빠의 화신, 쿠빌라이의 화신으로 인식하여, '(제3대) 달라이 라마'와 '법왕범천'이라는 칭호를 주고받았다. 1639년에 티베트의 내란을 틈타서 서몽골의 지도자 구시칸이 티베트 전역을 장악하고 티베트를 군사적으로 지배하면서 달라이 라마의 정치와 종교 대권을 인정하였다. 이 시기의 5대 달라이 라마인 아왕롭쌍갸초(1617~1682)는 '위대한 5대'라고 칭해지기도 하는 민족영웅이다. 그는 농민의 아들이었고 이후의 달라이 라마는 귀족 집안에서 나오지 않았다. 그것은 한 귀족 가문의 권세가 지나치게 확대되는 것을 막고자 하는 의미가 있었다. 13대 달라이 라마는 상계갸초와 함께 티베트를 재통일했으며 포탈라궁을 현재의 모습으로 증축하였다.

청조는 티베트에서 몽골세력을 추방하고 그 자리를 차지하였다. 1663년(강희 2년)에 한자말에는 '시짱'(西藏)이라는 용어가 등장하였다.

이 명칭은 청조 제국체제의 산물이었다. 시짱은 1720년에 청조의 지배권하에 예속되어 조공국에서 좀 더 예속성이 강한 번부(藩部)로 전락했지만, 나름대로 종교적 자율성은 유지하였다. 1720년대 이래 1911년까지 티베트는 청조가 구축한 제국질서 속에서 청조가 파견한 주장대신(駐藏大臣)의 감독을 받으면서도 일정한 자율성을 갖고 교단국가를 유지하였다.

티베트 역사는 중원왕조뿐만 아니라 몽골세력과 만주세력과의 길항관계를 형성한 역사였다. 이러한 외부세력은 앞서 잠깐 언급했듯이 티베트 정치권력의 향배에 큰 영향을 끼치는 요소였다. 달라이 라마는 이러한 티베트 국가의 수장이었으며, 달라이 라마 제도가 확립된 이래 형식적으로 티베트 국가의 중심에는 달라이 라마가 있었다.[20] 티베트인들은 하나의 역사적 달라이 라마가 계속하여 전생하는 것으로 간주하였으나, 각각의 달라이 라마는 복제품이 아니었기 때문에 그 개성과 성격이 모두 달랐다.

특히 각각의 달라이 라마는 각기 처한 역사적 환경이 달랐다. 13대 달라이 라마의 시대는 티베트가 전례 없는 위협을 받은 시기였다. 당시 티베트를 지배하던 청조가 구축한 제국질서는 영국의 접근으로 위협을 받았다. 영국의 동인도 회사는 1600년에 설립되었지만, 영국 측은 1764년 벵골을 정복한 후에야 티베트에 관심을 돌리기 시작하였다. 그리고 백년이 지난 뒤인 1860년대에 영국 세력은 티베트에서 티베트 문명 자체를 위협하는 세력으로 인식되었다. 18세기 중반부터 1세기도 안 되는 시간에 인도를 정복한 영국은 1857~1858년의 세포이 반란을 진압하고 동인도회사를 해산시키고 직접 통치에 나섰다. 티베트 정부가 울타리로 인식하고 있던 시킴과 부탄은 각각 1861년과 1865년에 영국의 세력범위로 편입되었다.

티베트인들은 강경하게 영국의 통상 요구에 저항하였다. 당시 청조는 티베트 측의 기대와는 달리 영국의 티베트 문호 개방 요구를 거절할 수 없었다. 또 아편전쟁 이래 청조의 티베트 지배력은 현저히 약화되어 있었다. 영국의 문호개방 요구, 청조와 티베트 정부간의 이견이 확대되는 상황에서 13대 달라이 라마 아왕롭쌍 툽땐갸초는 세상에 태어나고 성장하였다. 그는 티베트 불교문명을 수호하려는 티베트인들의 구심점으로 존재했으며, 영국과 중국의 '큰 게임'의 틈바구니 속에서 티베트를 자주적인 국가로 만들려고 노력한 인물이었다.

13대 달라이 라마의 공식적인 전기인 『기묘한 염주』는 1940년 2월에 티베트 정부에 의하여 전통적인 전기(남타르) 방식으로 간행되었다. 또 영국의 찰스 벨은 1946년에 『달라이 라마의 초상』을 출간하였다.[21] 그리고 중국의 야한장(牙含章)은 1956년에 『달라이 라마 전』을 출간하였다.[22] 또 중국에서 1985년 잠뻬갸초와 우웨이허가 『13세 달라이 라마』라는 장편소설을 출간하였다.

티베트인들의 전통적인 달라이 라마 이해를 담고 있는 『기묘한 염주』는 달라이 라마를 오류가 없는 전지전능한 존재로 묘사하여, 근대적인 인물전기와는 다소 거리가 있다. 그러나 그 자체가 티베트인들의 독자적인 정신세계와 대외인식을 담고 있다고 할 수 있다. 벨의 전기는 13대 달라이 라마를 의지가 굳고 개성이 강한 티베트의 지도자로 묘사하였다. 대체로 이들이 보여주는 13대 달라이 라마의 이미지는 티베트 독립국의 지도자라고 할 수 있다. 야한장이 쓴 전기는 티베트 정계에서 중원 권력의 영향을 강조하여 티베트를 중국의 일부로 인식시키고자 하는 저작이라고 할 수 있다.[23]

이러한 배경을 염두에 두고, 본고는 티베트 지배를 강화하고자 한 청조나 중화민국의 시도를 막고 티베트 정부를 이끌어온 13대 달라이 라마의 대외 인식을 살펴보고자 한다. 13대 달라이 라마는 외몽골과 인도 등으로 두 차례나 역외 피난을 경험하면서도 티베트를 사실상의 독립국으로 유지하였다. 13대 달라이 라마의 생애와 정치활동에 대한 연구는 꾸준히 나오고 있으나, 본고는 나름대로 파란만장한 13세 달라이 라마의 생애와 활동이 보여주는 군주론을 검토해보고자 한다. 이를 통해 티베트인들이 냉혹한 국제질서 속에서 어떻게 활로를 모색해왔는가 하는 점을 좀 더 깊이 있게 이해할 수 있을 것이다.

그렇다면 구체적으로 13대 달라이 라마 친정의 시대적 배경을 살펴볼 필요가 있다. 티베트인들은 오랫동안 강대한 외부세력과 협력하는 능력을 배양해왔다. 송대 이래로 티베트는 중원의 국가들과 책봉조공 관계를 맺기 시작했고, 원대 이래로 고승-시주 관계를 맺었다. 1720년 이래 만청(滿淸) 제국의 일부로 편입된 티베트는 19세기 중반 이래로 전혀 새로운 상대자를 만나게 되었다. 주목할 만한 해인 1876년(광서 2년)에는 영국과 중국 사이에 옌타이 조약이 맺어져 티베트 진입이 허용되었다. 그러나 티베트 정부는 강경하게 서양세력의 진입을 거부하였다. 티베트인들은 서양세력을 티베트 불교문명을 파괴하려는 세력으로 보았다.

서양세력이 티베트의 문호를 두드리던 시기에 13대 달라이 라마가 될 아이가 세상에 태어났다. 그는 1876년(광서 2년) 6월 27일(티베트력 5월 5일) 해가 막 떠오를 때 라싸의 동남쪽 100km 거리에 있는 딱뽀(지금의 낭 현) 지역의 랑링라빠라고 부르는 곳의 보통 농가에서 태어났다. 그 고장은 머리를 높이 든 큰 코끼리 모양의 산 앞에 있기 때문에 랑뒨(朗頓)촌이라고 했다. 아명은 롭쌍텁캬초였다. 아버지는 공가렌첸(貢噶仁欽), 어머니는 롭쌍조마(羅桑卓瑪)라고 불렸다.[24]

티베트 정부는 1877년 전례에 따라 여러 가지 검증을 통해 랑뒨에서 태어난 남자 아이를 12대 달라이 라마의 환생자로 확인하였다. 8대 판첸 라마와 섭정왕 데링(德林) 후툭투(활불) 및 재빵, 세라, 깐덴 등 3대 사원과 짜시륀뽀 사원의 승속 관원 등은 연명으로 네충 라마의 신탁과 신성한 호수에 나타난 환영과 정확히 일치하는 아이에 대한 금병추첨을 면제해줄 것을 주장대신을 통해 황제에게 요청했다. 8월에 광서제(光緒帝)는 이를 허가했다. 건륭제 시기에 시작된 금병추점제는 청조로서는 티베트 지도자의 선출 과정에 개입하는 것이었고 티베트 측으로서는 달가운 것이 아니었다. 금병추첨 여부로 국가의 독립성 여부를 논하는 것이 기존 연구의 쟁점 중의 하나였는데, 이런 의례보다 더 중요한 사실은 청 제국체제가 현대 국민국가와 같은 중앙집권 국가가 아니었다는 점일 것이다. 아무튼 11월 1일에 아이는 승속 관원의 옹위하에서 고향을 떠나 라싸로 향했다. 1878년 1월 8대 판첸 라마는 그를 위해 삭발과 법의 입기 행사를 하고 법명의 간칭을 '툽땐갸초'라고 했다.[25]

1879년 6월 14일에 13세 달라이 라마의 즉위식[좌상 전례]이 포탈라 궁에서 정중하게 거행되었다. 새로운 달라이 라마는 보좌에 앉았고 축하 의례는 수일 동안 계속되었다. 섭정은 달라이 라마의 수석교사를 맡았다. 또 청조 황제는 관례에 따라 황색 목도리[까따] 1개, 불상 1개, 염주 1개, 영저(鈴杵) 1세트를 보내 축하를 표하고 이전 달라이 라마의 금인(金印), 황색가마 및 황색 안장과 고삐를 쓰기 시작하며, 부친 공가렌첸을 우대하여 공작(公爵) 작위 및 보석을 포상하고 공작꼬리(花翎)를 머리에 일 수 있도록 하였다.

좌상 의례 후에 어린 달라이 라마는 전례에 따라 티베트어 읽기와 쓰기, 불경을 공부하였다. 어린 달라이 라마의 일상은 나이든 승려들 가운데서 공부하고 또 공부하는 생활이었다. 7세 때인 1882년에는 사미계를 받았으며, 1884년에는 정식으로 티베트어 쓰기 공부를 시작하였고 수석교사와 부교사가 교대로 어린 달라이 라마에게 불경을 가르쳤다. 11세 때인 1886년에는 인명학(因明學)을 배우기 시작하였다. 그런데 그 해에 수석교사인 덕림(德林) 섭정왕이 병으로 세상을 떠나, 4명의 까륀[수상] 중에서 데모 후톡투가 대리섭정으로 선출되었다. 또 5년마다

한 차례 행하는 조공사절이 베이징에서 돌아왔고, 영국인의 국경 침범을 막기 위해 네충 호법신상을 주조하였다. 1887년 9월에는 달라이 라마의 부친이 병으로 세상을 떠났다. 이때는 달라이 라마가 12세 때였다.

13세 때인 1888년은 13대 달라이 라마의 삶에서 그가 젊어진 시대적 과제가 매우 선명하게 부각된 해였다. 이 해 1월에 판첸 라마의 전생자가 결정되었고 달라이 라마는 상반기에 티베트의 주요 사원들 중에서 재뿡 사원과 세라 사원 등을 돌면서 '토론' 수업 과정에 참여하였다. 티베트의 상황은 달라이 라마가 편안하게 공부에만 전념할 수 없는 상황으로 전개되었다. 영국령 인도군은 티베트 남부의 룽투르라산의 티베트군을 공격하여 전쟁을 일으켰다. 영국 측의 입장에서는 소규모 원정대를 보낸 셈이지만, 티베트 측으로서는 현대식 무기로 무장한 상대를 맞아 아주 힘든 싸움을 해야 했다. 인도병 1600명을 맞아 티베트군은 만 수천 명을 동원하였으나, 전투에서는 크게 패하였다. 18세기 청조가 승인한 티베트 군대 3천 명이 정규병력이었고, 나머지는 민병이었다. 어려운 상황에도 불구하고 티베트인들은 항전의 의지를 굽히지 않았다. 영국과 청조 사이에는 1890년과 1893년에 조약이 체결되어 국경개방과 세관설치가 규정되었다. 그러나 티베트인들은 교역지역을 설치할 의사가 없었다.[26]

티베트인들은 기독교 포교와 통상이 티베트의 불교문명을 파괴할 것이라고 인식하여 강경하게 저항하였다. 그 저항에는 구심점이 필요했다. 청조는 영국의 압력에 티베트 개방을 천명하였으나, 이것은 티베트인들의 청조에 대한 의구심만을 키웠다. 당시 주장대신은 티베트 상황이 "꼬리가 너무 커서 흔들 수 없는 형세"라고 인식하였다. 이것은 청조가 구축한 제국체제의 일원인 티베트의 독자적 면모를 잘 보여주는 사실이다. 당시의 주장대신은 티베트를 설득하느라 "혀가 닳고 입술이 탈" 지경이라고 했다.

1888년의 제1차 티베트-영국 전쟁[티베트인들은 흙쥐년(土鼠年)전쟁이라고 함]은 티베트군의 취약함을 보여주는 동시에 티베트의 자립성을 보여주고 강화시켰다. 이 전쟁을 통해 티베트인들은 국가체제 정비의 필요성을 강하게 느꼈다. 청조는 제대로 된 군사적 지원도 해주지 않고 오히려 국경초소를 철거하라고 강요했다. 티베트 정부는 1892년 청조에 군사원조, 관할구역의 조정 등을 내용으로 하는 개혁안을 제시했으나, 그 요구는 거부되었다. 이러한 상황에서 13대 달라이 라마는 18세 성년에 접근하고 있었다. 대외적 위기 속에서 13대 달라이 라마는 불교 국가의 모습을 지키고자 하는 티베트인들의 열망을 한 몸에 받고 친정을 시작하였다.

3. 친정 이후 '청조 세력 구축'까지 13대 달라이 라마의 군주제 인식과 대외인식

13대 달라이 라마는 1895년 1월 비구계를 받고 티베트 불교의 정수에 대한 학습을 마쳤다. 그는 지속적으로 서적의 출판에도 관심을 기울였다. 그는 사실 정치와 경제 등 지도자 교육을 받은 것이 아니라 승려 교육을 받고 지도자 역할을 해야 하는 상황으로 나아가고 있었다. 13대 달라이 라마의 종교적 생애는 전례에 따라 이루어졌으나, 정치적 생애는 매우 파란만장했다. 1888년 전쟁이 끝나고 조약이 체결되었을 때, 누구도 이후의 상황에 만족하지 못하고 있었다.

티베트 정부는 불교문화와 교단국가를 방어하기 위하여 13대 달라이 라마의 친정을 단행했고, 청조와 영국 사이에 맺어진 조약에 따라 티베트를 개방할 생각이 전혀 없었다. 또한 티베트 정부는 외부의 위협에 맞서서 달라이 라마의 완전한 통치권을 확립하려고 했다. 이것은 기존의 주장대신의 관할지역을 달라이 라마의 통치권하에 귀속시키는 것도 포함하였다. 전통시대에 교단국가를 유지한 티베트에서는 달라이 라마가 종교적인 지도자로 인정받았지만, 정치권력 차원에서 달라이 라마와 티베트 정부의 권력은 제한되었다. 티베트는 여러 지역지배세력의 연합체와 같은 형태를 띠었다. 강력한 외부의 상대에 대항하기 위해서는 군주권이 강화되고 국가내부 체제가 현대화될 필요가 있었다.

13대 달라이 라마는 20세 때인 1895년 8월 8일에 친정을 시작하여 38년 동안 티베트를 통치했다. 그의 권력이 확고해진 것은 섭정이었던 데모 후톡토 아왕롭쌍이 1899년 7월 달라이 라마를 저주했다는 죄목으로 제거된 후였다. 13대 달라이 라마는 13세 때인 1888년 제1차 티베트-영국 전쟁(룽투르라 산 전쟁), 29세 때인 1904년 제2차 티베트-영국 전쟁(강쩨 방어전)을 경험했다. 또 신정(新政) 시기 청조의 개토귀류(改土歸流)와 군사침공을 겪었다. 영국군의 공격과 청군의 공격으로 두 번이나 망명의 길을 떠나야 했다. 오죽했으면 13대 달라이 라마는 유서에서 "우리는 두 나라와 굳건한 우의를 유지해야 한다. 두 나라 다 워낙 강하니."[27]라고 했다. 청 정부는 두 번이나 달라이 라마의 명호를 취소했다가 다시 회복시켜주었다. 친정을 시작할 때 광서제는 "그대는 역대 달라이 라마와 같이 짐이 천하군주(天下君主)가 되는 것을 도우라"고 했지만, 청조와는 근본적인 이해충돌의 지점을 갖고 있었다. 13대 달라이 라마는 평생 티베트 문명의 자주적 존속을 위해서 노력했던 인물이었고, 그 과정에서 그의 상대는 티베트 내부의 분파들과 함께 청조(후의 중화민국)와 영국 세력이었다.[28]

13대 달라이 라마가 떠맡은 책무는 사실 티베트 사회를 재구성하여 20세기 현대국가로 거듭나도록 하는 것이었다. 티베트의 가장 중요한 국가적 목표는 티베트 불교공동체를 지켜내는 것이었고, 이를 위해서는 부분적으로 현대적인 개혁도 가능한 것이었다. 또한 '외부 후원자'를 국익에 맞게 현명하게 선택해야 했다. 다시 말해서 이것은 영국의 '패권전략(The Great Game)' 패러다임, 특히 인도식민지를 보호하기 위한 동심원 전략과 중국의 "하나의 중국" 패러다임 속에서 '불교국가'라는 패러다임으로 대응하는 것이었다. 영국 식민주의자들은 인도식민지를 보호하기 위하여 3개의 완충지대(티베트, 인도양, 아프가니스탄), 2개의 동심원(안쪽 동심원은 인도북부의 네팔, 시킴, 부탄과 아삼이었고, 바깥쪽은 페르시아, 아프가니스탄, 타이, 티베트였다), 1개의 브리튼 내부 호수(인도양)라는 지정학적 전략을 구사했다.[29] 이것은 중국이 추구하는 하나의 중국, 즉 청대 이래 통제권이 미치던 변부(邊部)를 영토로 확고하게 통합하여 변부와 본부(本部)를 통합한 '대중국'을 만들어 내는 '하나의 중국' 전략과 이해관계가 충돌하는 것이었다. 특히 이해관계가 충돌하는 지역은 티베트였다.

젊은 달라이 라마는 청조의 신정(新政) 정책, 1904년 영국과의 전쟁, 이에 대응한 청조의 동부 티베트 개토귀류(改土歸流), 그리고 청조 육군의 라싸 진주 등으로 어려운 시절을 보내야 했다. 영국 측은 티베트가 자유로운 통상을 거부하고 이전의 조약들을 지키지 않는다는 이유로 1904년 3월 제2차 티베트-영국 전쟁을 일으켰다. 영국 원정군의 목적은 티베트와의 자유로운 무역, 그리고 인도식민지를 보호할 수 있는 완충지대의 확보, 그리고 러시아에 대한 견제 등이었다. 영허즈번드 대령 휘하의 영국 원정군은 1,150명의 병사와 1만여 명의 인부로 구성되었는데 우세한 화력으로 8월에는 라싸까지 진주하였다. 이 전쟁에서 청조와 주장대신은 의미 있는 역할을 하지 못했다. 영국군은 라싸 정부와 라싸조약을 맺어 티베트 국경의 개방과 무역지역의 개설 등의 이권을 확보하였다. 이 사이 젊은 달라이 라마는 러시아의 원조를 기대하며 외몽골로 피난을 떠났다. 그러나 러시아의 원조를 얻지 못하고, 결국 우여곡절 끝에 1908년 8월 베이징으로 가서 서태후와 광서제를 만났다. 달라이 라마의 해외 여행은 외국의 군주제와 그 변화상을 직접 관찰할 수 있는 기회였다.

태후와 황제를 만난 자리에서 13대 달라이 라마는 5대 달라이 라마의 전례에 따라 주장대신을 거치지 않고 직접 황제에게 상주할 수 있는 권리를 요구하고, 동부 티베트에서 자오얼펑이 추진하고 있는 개토귀류와 중부 티베트에서 장인탕이 추진하고 있는 신정 개혁을 중단할 것을 요구하였다. 달라이 라마는 티베트가 청조의 '영토 주권'하에서 신정을 추진해야 할 지역이라는 청조의 티베트 개념을 수용할 수 없었다. 청조의 신정 개혁은 궁극적으로 달라이 라마의 통치권을 부인하고 종교권만을 인정하려는 것이었다. 달라이 라마는 이 만남에서 별다른 성과를 거두지 못하고 청조가 이전과는 달리 훨씬 강력한 직접 통치를 기도하고 있다는 점을 확인한 채 티베트로 돌아왔다. 이 여행의 가장 큰 성과는 달라이 라마가 베이징에서 영국 공사와 유대를 맺었다는 점이었다.

1908년 11월 베이징을 출발한 달라이 라마는 이듬해 8월에 티베트 북부 고원의 낙추에 도착하여 전체 티베트인들의 환영을 받았다. 이 무렵 청조는 티베트 '도살자'로 알려진 자오얼펑을 주장대신으로 임명하여 티베트인들의 반감을 샀다. 또 1909년 6월 2천여 명의 쓰촨군에게 티베트에 진주하도록 명령했다. 1909년 겨울 청조는 티베트에 대한 '완전한 주권'을 확보하기 위하여 쓰촨의 신군을 라싸로 보냈다.

1910년 2월 청조의 육군이 라싸에 진주하자, 티베트에 돌아온 지 얼마 되지 않았던 젊은 달라이 라마는 또다시 망명길에 나서야 했다. 청조는 달라이 라마의 명호를 취소하였다. 영국의 인도식민지로 망명한 달라이 라마는 불교성지를 순례하기도 하고 인도식민지의 관리들과 회담하기도 하면서, 동시에 티베트 문제에 영향력을 발휘하였다. 또한 티베트 정부 내에는 자주파와 친중파, 친영파 등 여러 파벌이 형성되는 상황이 연출되기 시작하였다. 티베트에서는 13대 달라이 라마의 정통성이 분명하고 강했기 때문에 달라이 라마 지지세력이 많다고 할 수 있지만, 정적도 있었다. 정적들은 달라이 라마가 친영 정책을 택할 때에 친중 경향을 띠기도 했다.

달라이 라마는 1904년에 티베트를 떠나서 1909년 연말에야 라싸에 돌아올 수 있었다. 이 과정에서 달라이 라마는 청조와 티베트의 국가적 이해관계가 다르다는 점을 확인하였다. 결국 1904년의 티베트-영국 전쟁과 청조의 티베트 지배 강화 노력은 청조와 티베트의 불교적 유대를 해체했다. 쓰촨 신군의 라싸 점령은 궁극적으로 티베트의 친영파에게 힘을 실어주었다. 이런 와중에서 1911년 10월 중국에서 신해혁명이 일어났다. 청조 육군에게 보급품이 제대로 지급되지 않는 상황에서 내부의 봉기가 발생했다. 이 내부 봉기와 1만여 명의 티베트 군의 반격으로 청조 군대는 티베트에서 축출되었다. 두 차례의 군사적 공격과 두 차례의 망명을 겪어야 했던 달라이 라마는 강한 의지의 소유자였다. 그는 외부의 군사적 공격을 막기 위하여 백방으로 움직였고 그 결론은 독자적인 불교국가의 수립이었다. 달라이 라마는 과거 중국 일각에서 비방한 것처럼 단순히 '영국인의 주구'가 아니라 안팎의 도전을 극복하고자 했고 티베트의 안전과 자결을 추구한 인물이었다.

13대 달라이 라마의 대외인식은 시기에 따라 조금씩 차이가 있었다. 그의 대외인식은 무엇보다도 그의 행보가 말해준다고 하겠다. 1904년 영국과의 전쟁 시기에는 영국이 티베트를 위협하는 가장 위험한 적국이었다. 이때 달라이 라마는 러시아의 협조를 얻기 위해 외몽골로 갔다.[30] 그리고 티베트가 청조의 위협을 받을 때는 영국령 인도의 도움을 얻고자 했다.

4. '독립' 이후의 13대 달라이 라마의 군주 인식과 대외인식

동부와 동북부 티베트를 제외한 티베트는 20세기 전반기에 40년 동안 사실상의 독립국으로 존재하였다. 티베트의 국제적 지위에 대해서는 이견이 크다. 주로 중국학계는 티베트가 독립국 지위를 갖지 못하였다고 본다. 반면에 티베트의 독립성에 주목하는 해외 학자들은 티베트가 독립국의 지위를 가졌다고 보는 견해가 우세하다고 볼 수 있다. 아무튼 티베트 정부가 사실상의 독립을 이룬 후에 국제사회에 적극적으로 독립국으로서의 자기주장을 하지 않았다는 점도 사실이다. 여기에는 형식적으로 중국의 '종주권'을 인정하면서도 자치국으로 간주하여 중국 측이 티베트 내정에 관여하지 못하도록 했던 영국의 입장도 큰 역할을 하였다. 인도식민지의 관리들은 티베트의 독립을 추진하기도 하였으나, 전체적으로 영국 측은 티베트의 완충국 상태에 만족하였다고 할 수 있다.

신해혁명의 와중에서 달라이 라마를 수반으로 하는 티베트인들은 한인(漢人)을 추방하고 '독립'을 선택하였으나, 새로 구성된 중화민국 정부는 티베트를 중국의 일부라고 규정하였다. 이러한 인식의 차이는 민국시기에 동부 티베트에서 중국과 티베트 사이에 3차례의 대규모 충돌을 야기하였다. 이 충돌의 티베트 측 최고지도자는 13대 달라이 라마였다. 이 전쟁의 무대는 주로 동부 티베트인 캄 지역이기 때문에 캄 전쟁이라고 칭할 수 있을 것이다. 세 차례의 캄 전쟁은 13대 달라이 라마가 가진 근대 자주국가의 군주를 지향하고 하는 의지를 보여준다고 하겠다.

1912년의 제1차 캄 전쟁은 티베트국과 중국의 최초의 대규모 충돌이었다. 그것은 티베트가 '독립'을 추진하여 동부 티베트까지 회복하기 위해 벌인 일종의 독립전쟁이었다. 신해혁명 기간에 티베트인들이 동요하고 라싸의 중국군대에서 반란이 일어나자, 달라이 라마는 티베트인들의 봉기를 지시했다. 달라이 라마는 그해 5월 칼림퐁을 떠나 티베트 영내로 들어왔다. 그리고 5월과 6월에 동부 티베트인 캄 지역으로 진격한 티베트군은 리탕을 공격하여 함락시켰다. 티베트군이 진격하자, 캄에서 20만 티베트인들이 독립전쟁에 호응하였다. 초기 전투에 승리하자, 티베트 정부는 참도 총관을 설치하였으나, 티베트군은 1912년 7월 쓰촨군과 윈난군의 공격을 받아 참도를 내주어야 했다. 영국 측은 외교적 압력으로 중국 군대의 진군을 제지하였다. 제1차 캄 전쟁은 티베트 측에게는 매우 불편한 상태로 종결되었다. 참도에 대한 수복 실패는 티베트의 '독립'이 확고한 것이 되지 못하는 상황을 잘 보여주는 사례라 하겠다.

달라이 라마는 동부 티베트의 일부를 장악하고 티베트의 독립성을 강화하기 위해서 다양한 개혁 조치를 시행하였다.[31] 달라이 라마의 개혁은 군사와 정치 영역에 한정된 것이 아니었다. 그는 이미 1912년에 시종 승려와 학자를 일본에 보내 학습하도록 하고, 이듬해에는 영국에 4명의 귀족 자제를 유학시켰다. 심라 회의 이후에 달라이 라마는 개혁 정책을 강력하게 추진하였다. 그는 수력발전기를 설치하거나 우체국을 창설하였다. 또 1918년경에는 티베트 각 지방에 티베트어 초등학교를 설치하도록 하였다. 1918년에서 1923년까지 흡연을 금지하는 공고를 반포하기도 하였다. 1920년에서 3년 동안 청조의 군대가 조캉 사원 근처에 주둔하면서 훼손한 부분을 복원하였다.

그러나 역시 무엇보다도 중요한 점은 달라이 라마가 외교와 내정 개혁에 적극적인 관심과 노력을 기울였다는 점이다. 먼저 주목할 사건은 심라 조약의 체결이다. 영국 측의 주선으로 영국과 중국, 티베트 측의 대표는 1913년 10월 6일에 인도의 심라에서 조약 체결을 위한 협상에 들어갔다. '독립'을 지향하는 티베트 측과 완전한 주권을 가진 '주국(主

國)'의 지위를 요구하는 중국 측의 입장 사이에서 영국 측은 영국이 티베트에서 갖는 특별이익을 승인한다는 전제 위에서 중국정부가 티베트를 '성'으로 편입시키지 않는다는 조항을 승인하라고 주장하였다. 이 회의에서 티베트 측은 티베트문화권을 포괄하는 '티베트국'을 창설하고자 하였으나, 중국 측이 점령한 동부 티베트와 동북부 티베트에는 지배력이 미치지 못했다. 중국 측은 캄 지역에 천변(川邊)특별행정구를 설치하고 통치하였다.

비록 중국정부가 승인하지 않았으나 영국과 티베트 사이에 1914년 심라 조약이 체결된 이후 티베트는 티베트 내부 개혁에 착수하였다. 1914년에 티베트 정부는 티베트군 장교를 걍쩨의 영국군 주둔지에 보내 현대 군사기술을 습득하도록 했다. 또 이후 병력을 걍쩨 등의 서부전선에서 동부전선인 캄으로 대거 이동시켰다. 그리고 티베트는 영국군으로부터 구식 라이플 소총 5천 자루와 수십만 발의 탄알을 구입하였다.

외교적, 군사적 준비를 마친 달라이 라마는 1918년 1월에서 4월 사이에 동부 티베트에서 중국군을 몰아내기 위한 전쟁을 벌였다. 이것이 제2차 캄 전쟁이다. 이 전쟁의 발단은 티베트 병사가 풀을 베러 경계를 넘어갔다가 참수된 리워체 사건이었다. 중국 측 변방군 장교인 펑리성(彭日升) 통령은 티베트 병사를 돌려보내라는 요구를 무시하고 병사를 참수하고 머리를 돌려보냈다. 분노한 티베트군은 캄에서 기세 좋게 변방군을 밀어붙이고 동부 티베트의 전략적 요충지인 참도와 데게 등을 장악하였다. 1918년 8월 영국 부영사 타이크만의 주선으로 참도에서 13조 정전협정이 체결되어 이 전쟁은 종결되었다. 이 전쟁에서 중국 측은 군벌전쟁으로 사실상 캄 지역을 돌볼 여유가 없기도 하였다. 한편으로 이 전쟁은 1915년부터 본격적으로 추진된 티베트 개혁의 효과를 보여주었다. 이 전쟁의 의미는 티베트국이 상대적으로 불교국가의 안전을 확보할 수 있는 가능성을 열었다는 점일 것이다.

　티베트의 내부 개혁 문제는 매우 복잡한 문제였다. 1920년 티베트군 사령관 차롱은 티베트군의 병력을 당시의 3배인 15,000명으로 확대하자는 건의를 하였다. 병력 증강은 막대한 재원을 필요로 하는 일이어서, 달라이 라마는 곧 '재원조사사무처'라는 새로운 기구를 창설했다. 세금 부담의 확대는 티베트에 커다란 파장을 몰고 왔다. 1923년 9대 판첸 라마의 중국 탈출도 이 문제와 깊은 관계가 있었다. 달라이 라마의 개혁은 티베트 중앙정부가 기존 정치세력들의 자치권을 침해하는 측면이 있었고 판첸 라마도 이런 측면에 반발하였다. 1920년대의 티베트는 여전히 반독립적인 세력의 연합체였다. 달라이 라마의 티베트 정부는 판첸 라마가 통치하던 후장(後藏) 지역을 직접통치 영역에 포함시켰고, 이후에도 반독립적인 세력들을 정벌했다. 1927년 납세를 거부하던 캄의 뽀메왕국은 1,500명의 티베트군에 의해 멸망하였다.

　1910년대와 1920년대 13대 달라이 라마의 모습은 개혁군주의 모습이었다. 전통적으로 티베트 정부의 관할 지역 안팎에는 내부의 여러 세력들이 반독립적으로 존재해왔기 때문에 강력한 현대국가에 대항할 수 있는 20세기 국가를 만들기 위해서는 여러 중소국과 정치체들을 단일한 정부 내에 통합해야 했다. 판첸 라마를 비롯한 정치세력들은 상당한 독립성을 갖고 있었다. 이 독립성을 제한할 경우 반발이 터져나올 것은 명약관화한 일이었다. 13대 달라이 라마는 지속적으로 국가적 통합을 위한 제반 활동을 진행하였다. 1920년대는 티베트 내부에 개혁파와 보수파의 갈등 속에서 개혁정책이 상당 부분 표류한 시기였다.

　1924년 차롱 사령관이 면직된 사건은 달라이 라마 정권의 특징을 잘 보여주었다. 당시 티베트에는 3대 정치세력, 즉 차롱을 우두머리로 하는 장교집단과 라싸 3대 사원을 대표로 하는 승려 집단, 그리고 티베트 정부의 보수적인 관원 집단이 서로 견제를 하고 있었다. 이런 상황에서 달라이 라마 정권은 이중의 과제를 짊어졌다. 달라이 라마의 정치적 기반은 사실 영주-귀족 세력과 전통 친화적인 불교교단세력이었다. 이들 기득권층은 현대적인 개혁에는 소극적이었다. 따라서 달라이 라마는 현대화를 자신의 정치기반을 지나치게 흔들지 않는 조건하에서 추진해야 한다는 부담을 안고 있었다.

이런 와중에서 1928년 형식적으로나마 중국을 대부분 통일한 장제스의 국민정부는 삼민주의와 중화민족을 내세우면서 티베트에 대한 영향력을 회복하려고 시도하였다. 장제스는 1929년 달라이 라마에게 일치단결하여 적백(赤白)의 제국주의 세력에 대항해야 한다고 훈계하였다. 당시에 티베트인들은 삼민주의가 뭔지도 모르고 있었다. 그러나 국민정부가 한편으로 몽장(蒙藏)위원회를 설치하고 다른 한편으로 캄에 대한 실질적인 지배력을 강화하기 위하여 시캉성(西康省)을 설치하려 하자, 캄에서 또다시 긴장의 기운이 높아갔다. 1930년 캄에서는 또다시 전쟁이 발발하여 제3차 캄 전쟁이 진행되었다.

이번에도 사태의 발단은 중국과 티베트의 갈등과는 거리가 있었다. 캄의 깐제에 있는 베리 토사와 다르개 사원에서 재산 분쟁으로 1930년 6월에 다르개 사원 측이 베리촌을 공격하였다. 중국 변방군은 베리 측이 자신들의 소속이고 베리 주민들이 구원을 요청했다는 명분으로 베리촌을 점령하였다. 당시에 티베트 측은 상당한 무장을 하고 캄에 와서 티베트로 돌아갈 날을 기다리고 있던 판첸 라마 측이 이 사건에 개입되지 않았을까 극도로 긴장하여 주시하고 있었다. 당시에 캄 지역의 통제자는 류원훼이(劉文輝)와 티베트 측이었지만, 판첸 라마의 활동도 제3차 캄 전쟁의 발발에 상당한 기여를 하였다.

1931년 2월부터 티베트군은 이 사건에 대대적으로 개입하여 2년 동안 캄 전쟁을 벌였다. 당시는 9·18 만주사변의 전야였기 때문에 국민정부는 사태의 확대를 원하지 않았다고도 볼 수 있지만, 당시 변방군의 마청롱 단장은 1918년의 정전협정을 파기해야 한다고 주장하였다. 티베트군 1천여 명은 1931년 5월에 냐롱과 깐제를 점령한 후에 진격을 멈추고 그것을 기정사실화하여 중국과 티베트의 보다 안정적인 경계선을 설정하려고 했다. 13대 달라이 라마는 5대 달라이 라마 때의 통치구역을 회복하려는 이상을 가지고 있었고, 현실적인 역량이 되는 한 이 목표를 추진하고자 하였다.

1932년 4월에 류원훼이 군은 진격을 시작하여 7월 말에는 데게까지 점령하였다. 이 전쟁의 패배로 티베트군과 류원훼이의 변방군은 진사강(金沙江)을 경계로 대치하게 되었다. 1932년 10월 8일에 류원훼이는 티베트 측과 천장(川藏) 정전협정을 맺었다. 당시의 티베트군은 '위대한 5대 달라이 라마'의 시절을 재현하려는 13대 달라이 라마의 이상을 뒷받침해주지 못했다. 그것은 1920년대에 티베트 내부의 개혁이 지지부진했기 때문이기도 하였다. 13대 달라이 라마가 '부국강병' 정책을 추진하기 위해서는 전통적인 불교세력과 귀족세력을 강력한 현대국가의 통치력 속에 용해시켜야 했지만, 달라이 라마의 가장 큰 통치기반은 바로 그 세력들이었다. 비교사례가 상당히 동떨어져 있기는 하지만 마치 이것은 한국전쟁 종전 후 한 마을에서 이장의 지도력이 유명무실했던 사례와도 비교할 수 있을 것이다. 그것은 위기 시기에는 "씨족이 가지는 강한 응집력 때문에 전쟁이라는 위기를 잘 넘겼지만 그 씨족이 가지는 보수성으로 인해 전후 농촌 사회의 문제들을 함께 해결할 새로운 공동체문화를 만들어내지 못했던 것"과 유사했다.[32] 티베트에서는 바로 귀족사회와 불교사회가 씨족과 같은 것이었다. 티베트의 군주권은 불교적 세계관에 바탕을 둔 전통성에 근거를 두고 있었으므로 달라이 라마가 현대국가의 군주로 변신하는 과정은 우여곡절이 많을 수밖에 없었다.

독립 이후 13대 달라이 라마의 대외인식의 특징은 그가 중국을 티베트의 가장 큰 위협으로 인식했다는 것이다. 이는 중국과의 세 차례 전쟁을 통해 잘 표현되었다. 이는 그의 티베트 개념과 깊은 관계가 있다. 동부와 동북부 티베트는 '티베트 국가'의 영역이어야 했으나, 중국 측 내지는 군벌들은 그 지역을 장악하고 티베트의 '민족국가' 완성을 방해하고 있었다. 더 나아가 중국은 티베트 전체를 중국의 일부로 간주하고 있었다. 이러한 상황에서 영국세력은 조금 '덜 나쁜 외세'였다. 이는 논란의 여지가 있지만 그의 유서에 나타난 바와 같다. 전반적으로 1930년대의 티베트 정치 상황을 두고 볼 때 티베트 집권세력 가운데서는 외세에 의존하는 타성이 되살아가는 기미도 보여주고 있었다. 이처럼 다른 국가의 경우와 마찬가지로 군주권은 내대적인 문제와 함께 대외적인 관계 설정도 중요한 요소라고 하겠다.

5. 맺음말

불교르네상스와 강력한 불교국가의 건설을 꿈꾸던 13세 달라이 라마는 1933년 12월 17일(티베트력 10월 30일) 늦은 7시 반에 향년 58세로 집권 38년 만에 운명했다. 중국 측은 달라이 라마의 사망을 영향력 확대의 기회로 인식하여 추모사절단을 보내고 그들 중 일부는 라싸에 주재하도록 하였다. 이로써 1930년대에는 티베트 내에 중국세력이 존재하지 않는 상황을 조금이나마 변화시켰다. 그러나 영국 측의 견제도 견제지만, 티베트인들의 중국세력에 대한 경계심으로 중국의 영향력 확대는 매우 제한적인 것이었다.

13대 달라이 라마의 58년 생애는 티베트의 강점과 약점을 동시에 보여주는 거울이었다. 38년 동안 티베트를 통치한 13대 달라이 라마는 영국군의 침략, 청조의 침략을 경험하고 그 때문에 두 차례나 티베트 밖으로 망명의 길을 떠나야 했다. 그는 개성이 강하고 의지가 굳은 인물이었다. 여러 대의 전임 달라이 라마들이 티베트 내부의 정치 사정과 청조의 견제로 대부분 실권을 갖지 못한 상징적인 통치자였다면, 13대 달라이 라마는 달랐다. 그는 티베트 불교공동체를 수호하기 위하여 단호하게 영국에 대항하여 싸우고 또 청조의 직접통치 시도에 저항했으며, 민국정부와도 긴장관계를 유지하였다. 그러나 티베트의 내부적 응집력이 약하고 또 국가의 물리적 힘도 약한 상황에서 내부 통합을 도모하고 국제 후원자를 찾아 티베트의 안전을 확보하기 위하여 노력했다. 상대적으로 고립된 티베트가 영국과 중국의 강력한 물리력에 대항하는 데는 한계가 있었다. 13대 달라이 라마는 외세의 위협에 굴복하지 않고 시기마다 '덜 나쁜 외세'를 이용하여 티베트의 안전을 확보하려고 하였다.

13대 달라이 라마의 행적은 그의 군주권 강화 노력과 대외인식의 변화를 보여준다. 특히 두 차례의 여행을 통해 보여준 대외인식은 티베트의 안전을 지켜줄 후원자를 찾으려는 노력이었다. 이것은 티베트의 가장 큰 현실적인 문제가 국가안전 문제였다는 점을 보여준다. 동시에 이것은 티베트 내부 역량이 근대적인 체제를 갖춘 외부 세력들에 대한 대응에 미흡했다는 것을 보여준다. 그러나 달라이 라마의 가장 중요한 두 개의 지지기반인 승려계층과 귀족계층은 현대적인 개혁을 지지하기에는 너무 전통에 젖어 있었다. 물론 개별 승려나 개별 귀족들은 티베트의 현실에서 너무나 벗어난 현대적인 개혁을 추구하기도 했지만, 그것은 부분적인 현상이었다. 따라서 티베트의 최고 지도자로서 13세 달라이 라마는 티베트의 전통과 현대의 문명을 조화롭게 통합해야 하는 과제를 안고 있었고 군주제의 현대적 적응에 많은 딜레마를 안고 있었다고 할 수 있다.

제2부

서구의 충격에 대응하기 위한
동아시아 5개국의 군주이미지 비교연구

<u>6장</u>

광무·명치시기 양경체제 추진과 군주이미지 활용 비교연구

신명호

1. 머리말

조선왕조는 건국 초의 혼란기를 제외하고 500여 년 동안 한양을 수도로 하는 단일 수도체제를 유지해왔다. 일본은 헤이안(平安) 시대가 시작된 8세기부터 19세기까지 천여 년 동안 교토를 수도로 하는 단일 수도체제를 유지해왔다. 그런데 조선에서는 광무시기에 한양과 평양을 수도로 하는 양경체제가 추진되었고 일본에서도 명치시기에 교토와 도쿄를 수도로 하는 양경체제가 추진되었다.

광무시기와 명치시기의 양경체제 추진은 근본적으로 서구의 충격에 대응하는 과정에서 나타난 결과였다. 따라서 겉으로만 보면 한·일 양국은 서구의 충격에 아주 비슷하게 대응한 것처럼 보인다. 하지만 그것은 어디까지나 겉으로 드러난 모습일 뿐이었다. 19세기 서구의 충격에 맞닥뜨린 조선과 일본은 정치체제, 국가이념, 사회구성 등에서 판이하게 달랐다. 따라서 대응하는 방식 역시 다르게 나타났다. 그럼에도 불구하고 한·일 양국은 동일하게 양경체제를 추진했다. 이런 점에서 광무시기와 명치시기의 양경체제 추진은 19세기 서구의 충격에 대응하던 한·일 양국의 역사적 경험을 비교하기에 좋은 연구소재라 할 수 있다.

광무시기와 명치시기의 양경체제 추진 과정에서는 적지 않은 반발을 겪어야 했다. 기왕의 수도에 살던 주민들은 물론 정치적, 경제적으로 이해관계가 얽힌 사람들로부터 반발이 일어났던 것이다. 따라서 양경체제를 성공적으로 추진하려면 그 같은 반발을 효과적으로 제압할 만한 명분과 조치가 있어야 했다.

공식적으로 광무시기의 양경체제 추진은 광무 6년(1902) 5월 6일에 고종황제가 평양에 행궁을 두고 서경으로 삼겠다고 선포한 때로부터 시작되었다. 이 선포는 매우 획기적인 사건이었다. 무엇보다도 건국초의 혼란기인 태조와 태종대를 제외하고, 조선왕조 500년을 통틀어 처음이자 마지막으로 선포된 양경체제였다는 점에서 획기적이었다. 뿐만 아니라 서경으로의 천도를 염두에 둔 선포였다는 점에서도 획기적이었으며, 별다른 저항 없이 양경체제가 추진되었다는 점에서도 획기적이었다.

명치시기의 양경체제 추진은 명치 1년(1686) 7월 17일(양력)에 에도(江戶)가 도쿄(東京)로 개명되면서 공식화되었다. 뒤이어 천황과 황후 그리고 황태후까지 모두 도쿄로 옮겨감으로써 실제적인 천도까지 이루어졌다. 그럼에도 교토는 여전히 수도로 인식되어 사실상 양경체제가 구축되었다. 명치 1년에 에도가 도쿄로 개명되고 천황이 교토에서 도쿄로 옮겨간 일은 일본 역사에서 매우 획기적 사건이었다. 천여 년 만에 이루어진 사실상의 천도라는 사실에서 획기적이었으며, 막부시대 동안 교토의 어소(御所)에 유폐되다시피 했던 천황이 본격적으로 민중들 앞에 모습을 드러냈다는 사실에서도 획기적이었고, 또한 교토 시민들의 반발이 예상외로 쉽게 진정되었다는 사실에서도 획기적이었다.

조선왕조 500년 동안 몇 번에 걸쳐 양경논의 또는 천도논의가 있었다. 그때마다 격심한 반발을 불러왔다. 예컨대 한양과 교하를 양도(兩都)로 하려던 광해군은 혹심한 비판을 받았을 뿐만 아니라 결국 반정으로 왕위에서 쫓겨나기까지 했다.[1] 그 결과 광해군 이후 300년 가까이 양경논의 또는 천도논의는 공론화되지 못했다. 이런 상황에서 고종황제가 광무 6년 5월 6일에 양경체제를 선포한 후, 별다른 저항 없이 양경체제가 추진될 수 있었던 것은 매우 특이한 현상이었다.

이런 현상이 벌어진 현실적인 원인으로 러시아와 일본 사이에 전쟁이 벌어질지도 모를 공포 상황에서 일본의 위협을 피하고 싶어 하던 고종황제와 양반관료들의 태도가 지적될 수 있다.[2] 하지만 그것만으로 모든 원인을 설명할 수는 없다. 일본의 위협을 피하고 싶어 하던 고종황제와 양반관료들의 태도가 현실적이었던 것만큼, 일본의 힘으로 대한제국을 개혁하려던 친일개화파의 태도 역시 현실적이었다. 일본을 피해 천도하려는 고종황제를 막으려던 일본의 힘 역시 현실적이었다. 그러므로 개화파 또는 일본이 이런저런 명분을 들어 양경체제를 반대하거나 방해할 가능성은 높았다.

명치시기의 일본 역시 마찬가지였다. 명치유신의 주역들은 그동안 민중으로부터 격리되었던 천황을 민중들에게 드러내 보임으로써 개혁추진의 효과를 높이고자 했으며, 그 연장선상에서 에도의 개명, 명치천황의 행행 등이 실현되었다.[3] 하지만 이에 대한 반작용으로 교토 시민들의 거센 반발이 일어났다. 교토 시민들의 반발이 폭동으로 비화할 수도 있었으며, 이를 이용한 정치적 소요도 가능한 상황이었다.

이와 관련해 광무시기와 명치시기의 군주이미지는 비교사적으로 매우 중요한 시사점을 준다. 광무시기의 경우 고종황제의 어진 제작, 황제어진의 서경봉안이 양경체제의 선포, 양경체제의 추진과 밀접하게 연관되어 있었으며, 명치시기의 경우 역시 명치천황의 행행, 명치천황 초상화의 교토 어소 봉안이 양경체제의 추진에 밀접하게 연계되어 있었기 때문이다.

고종황제의 어진은 광무시기(1897~1907) 10년 동안 대량 제작하였다. 고종황제의 어진 중에는 전통적인 어진 이외에도 사진 또는 유화처럼 서양의 근대문명과 결합된 어진도 있었다.[4] 이 같은 사실은 근대로의 전환기에 시각문화에서 나타난 변화의 양상을 함축적으로 보여줄 뿐만 아니라, 전환기에 서 있던 고종황제가 전통적인 방식과 근대적인 방식 모두를 이용해 당시의 현실에 대응하려 했음도 보여준다.

기왕의 선행 연구에서 누차 지적된 바와 같이, 고종의 어진 중에서 근대적인 어진은 근본적으로 제의적 대상물로서 신성시되던 전통적인 어진의 신성성을 해체하는 기능을 하였다. 그럼에도 불구하고 고종이 그 같은 어진을 제작하는 데 참여한 이유는 근대화된 군주의 이미지를 외국인들에게 알리기 위한 외교적, 정치적 필요 때문이었다.[5] 따라서 광무시기 고종황제의 근대적 이미지를 표상하는 어진은 전통적인 어진이 아니라 사진 또는 유화처럼 서양의 근대문명과 결합된 어진이었다.

그런데 광무시기에는 전통적인 어진도 많이 제작되었다. 전통적인 어진은 제작 과정이나 보관 방법에서도 여전히 전통적이었다. 특이한 점은 양경체제가 선포되던 1902년을 전후한 시기에 전통 어진이 대량 제작되었다는 사실이다.[6] 1902년은 고종의 즉위 40주년이 되는 기념비적인 해였을 뿐만 아니라 고종이 환갑을 바라보는 51세가 되는 해이기도 하였기에 대대적인 경축행사가 벌어졌다. 고종황제 어진 제작은 그 같은 경축 행사의 일부분이었다.[7]

명치천황의 초상 사진은 천황을 비롯하여 황후, 황태후까지 천황 일가족 모두가 도쿄로 옮겨간 직후부터 촬영되기 시작했다. 명치천황은 1872년에 전통적인 의상을 입은 초상 사진을 촬영했으며 뒤이어 1873년에는 단발을 한 채 서양식 군복을 입은 초상 사진을 촬영했다.[8] 명치천황의 초상 사진 역시 외교적, 정치적 필요에서 촬영되었다.

이 글은 1902년을 전후한 시점에 제작된 전통적인 고종황제의 어진과 1873년을 전후로 촬영된 명치천황의 초상 사진이 양경체제 추진과 어떤 연관성을 갖고 있는지를 중심으로 비교, 고찰하였다. 이를 통해 광무시기와 명치시기에 혹시 제기될지도 모를 양경체제 반대여론 또는 방해공작을 효과적으로 제압한 명분과 조치 중의 하나가 바로 시각적 군주이미지였음을 비교사적으로 규명하고자 하였다. 아울러 한·일 양국에서 군주이미지를 활용하여 양경체제를 추진하던 방식, 내용, 의미 등을 비교사적으로 규명해보고자 하였다.

2. 광무·명치시기 양경체제 추진과 반발

1902년을 전후한 시점에서, 대한제국을 둘러싼 국제환경은 매우 위험했다. 1900년에 터진 의화단 사건을 기화로 러시아가 만주를 무력 점령하면서 러시아와 일본 사이에는 전쟁의 위기가 높아졌다.[9] 이 위기에서 벗어나기 위해 고종황제는 중립화 정책을 추진했다.[10] 하지만 중립화 정책은 일본, 러시아, 미국 등으로부터 외면받아 전혀 효과가 없었다. 이런 상황에서 고종황제는 자신을 중심으로 국력을 결집함으로써 위기 상황에서 벗어나려 했다. 고종황제는 대한제국선포, 명성황후 국장, 독립문 건설, 황실 추숭과 추존, 궁궐 건축, 대한국 국제 선포 등 전통적인 방식을 동원하여 국왕과 국가의 위상을 높이고자 하였다.[11] 그 같은 사업은 1902년에 가장 활발하게 시행되었다.

광무시기의 양경체제는 이런 상황 속에서 추진되었다. 『고종실록』에 의하면, 평양을 서경으로 만들어 양경체제를 구축하자고 고종황제에게 최초로 제안한 사람은 특진관 김규홍이었다. 김규홍이 양경체제를 제안한 때는 광무 6년(1902) 5월 1일이었다. 김규홍이 제안한 양경체제 역시 넓은 의미에서 볼 때, 전통적인 방식을 동원하여 국왕과 국가의 위상을 높이려는 고종황제의 시책에 부응했다. 나아가 양경체제는 만에 하나 러시아와 일본 사이에 전쟁이 발발할 경우 평양으로 천도할 수 있다는 점에서 많은 사람들의 관심을 끌기에 충분했다.[12] 김규홍의 제안에 대하여 고종황제는 '천년 고도의 사적이 묘연했는데, 지금 경이 고사를 자세히 진술한 것이 모두 분명한 근거가 있으니 마땅히 조처함이 있을 것이다. 별도로 편의를 따져보고 처분을 내리겠다.'[13]고 매우 긍정적으로 답하였다. 그리고 5일 후인 5월 6일 평양에 행궁을 두고 서경으로 삼겠다고 일방적으로 선포하였다.[14]

그런데 『윤치호일기』에는 광무시기의 양경체제 추진에 대하여 또 다른 내용을 전하는 기록이 있어 주목을 끈다. 그것은 1902년(광무 6) 4월 28일자의 일기 기록인데, 다음과 같은 내용이다.

새로 경흥감리에 임명된 변정상 씨가 얼마 전 임지로 부임하던 길에 들렀다. 그는 나에게 삼화감리였던 김정식이라는 사람이 체포된 이유를 들려주었는데, 다음과 같은 내용이었다. 김정식은 자신이 평양에서 이인 또는 예언자를 만났다고 고종황제에게 말했다. 그 이인이 자신에게 충고하기를, 고대의 중국이나 일본에서 양경을 두었던 것을 본떠 고종황제는 반드시 평양 외성에 이궁을 건설하고 그것을 서경이라고 불러야 한다고 했다. 김정식은 고종황제가 만약 자신에게 서경 이궁을 건설할 권력을 주기만 한다면 자신은 고종황제에게 비용을 청구하지 않고 서경 이궁을 건설함으로써 자신의 충성심을 증명하겠다고 말했다. 손쉽게 속아 넘어간 고종황제는 김정식을 삼화감리로 임명했다. 이렇게 되어, 김정식은 강제모금과 다른 부정한 방법을 통해 돈을 거두어들여 서경 이궁을 건설하려 했다. 하지만 분명히 그의 행운은 다른 사람들의 질투를 유발했다. 김정식이 이인이라고 했던 그 자가 자신의 뜻인지 아니면 다른 사람의 사주 때문인지 모르지만, 어쨌든 고종황제에게 자신은 절대 이인이 아니며, 예언이나 이궁 등은 모두가 김정식이 돈을 착복하기 위해 꾸민 음모라고 말해버렸던 것이

다. 고종황제는 이인을 찾았다고 말했던 김정식을 체포하라 명령했다.[15]

윤치호는 광무 5년(1901) 7월 24일에 삼화감리 겸 삼화부윤에서 덕원감리 겸 덕원부윤으로 임명되었고, 그의 후임으로 김정식이 임명되었다.[16] 따라서 그 이후로 윤치호는 덕원에 머물고 있었다. 덕원의 윤치호에게 김정식의 소식을 전한 변정상은 광무 6년(1902) 3월 14일에 경흥부윤에 임명되었다.[17]

그런데 『고종실록』을 살펴보면 광무 6년(1902) 4월 15일에 고영철이 삼화감리로 임명되었다.[18] 이런 사실로 미루어보면 변정상은 1902년 4월 15일을 전후하여 한양을 출발하면서 김정식에 관한 소문을 들었다고 생각된다. 그리고 덕원을 지나던 변정상은 윤치호를 방문하여 김정식에 관한 소문을 전했던 것이다.

문제의 인물 김정식은 광무 5년(1901) 7월 6일 평양감리 겸 평양부윤에 임명되었다가,[19] 그로부터 18일 후인 7월 24일에 삼화감리 겸 삼화부윤에 임명되었다.[20] 이 사실을 『윤치호일기』와 관련해서 검토해보면, 고종황제는 아무리 늦어도 김정식이 삼화감리 겸 삼화부윤에 임명되는 시점인 1901년 7월 24일 이전에 이미 평양에다 이궁을 짓고 양경체제를 추진 결심을 굳힌 상태였다고 판단할 수 있다.

그런데 특이하게도 1901년 7월경, 김정식이 고종황제에게 제안했던 양경체제 논리는 1902년 5월 1일에 김규홍이 고종황제에게 제안한 논리와 아주 흡사하다. 따라서 고종황제가 김정식의 제안에 적극적으로 반응했던 이유는 김규홍의 제안에 적극적으로 반응했던 이유와 동일선상에 있다고 할 수 있다. 즉 고종황제는 전통적인 방식을 동원하여 국왕과 국가의 위상을 높이는 점에서뿐만 아니라 만에 하나 러시아와 일본 사이에 전쟁이 발발할 경우 평양으로 천도할 수 있다는 점에서 김정식의 제안에 적극 반응했던 것이다. 식민지 시대인 1936년에 평양부에서 발간된 『평양소지(平壤小誌)』에 실린 다음의 기록은 의미하는 바가 크다.

풍경궁은 이조 말기에 세워진 이궁으로서 지금의 도립병원이다. 광무 6년(명치 35년, 1902) 러시아 사람 아무개가 제창하고, 한국의 현관 아무개 등이 그것에 호응하여 공사를 일으켰다. 공사 경비 200만 원은 평안 남북과 황해의 3도 촌읍에서 일인당 평균 2원가량 부과하여 징수했다고 한다.[21]

위의 기록을 『고종실록』과 연관시켜 생각해보면, 평양에 이궁을 조성하자는 러시아 사람 아무개의 주장에 호응한 한국의 현관 아무개는 분명 특진관 김규홍이다. 즉 김규홍은 러시아 사람 아무개의 사주 또는 언질을 받고 평양에 이궁을 조성하자고 요청했던 것이다. 아마도 위의 기록에 등장하는 러시아 사람 아무개는 일본과 러시아 사이에 전쟁이 발발할 경우 한양보다는 평양이 훨씬 안전하다는 논리로 김규홍을 설득했을 듯하다. 좀 더 적극적으로 생각한다면 러시아 사람 아무개는 같은 논리로 김규홍뿐만 아니라 고종황제도 설득했을 것으로 생각된다. 김규홍의 상소가 있은 지 5일 후인 5월 6일에 고종황제가 평양에 행궁을 두고 서경으로 삼겠다고 선포함으로써 양경체제는 공식화되었다.

명치 시기의 양경체제는 에도가 도쿄로 개명되면서 공식화되었다. 에도가 도쿄로 개명된 것은 명치 1년(1868) 4월 11일에 쇼군의 에도 성이 천황 군대에 함락됨으로써 이른바 무진전쟁이 마무리된 직후였다. 즉 에도 성이 함락된 지 3개월 후인 7월 17일에 명치천황은 에도 성을 도쿄로 개명한다는 조서를 내렸는데, 다음과 같은 내용이었다.

짐은 만기를 친재하고 억조창생을 위무한다. 에도는 동국 제1의 대진이며 사방에서 폭주하는 곳이니 마땅히 친림하여 정치를 살펴야 한다. 이에 지금부터 에도의 호칭을 도쿄로 한다. 이는 짐이 해내를 일가로 하며 동서를 공평하게 보기 때문이다. 중서(衆庶)는 이 뜻을 체득하라.[22]

에도가 도쿄로 되었기에 도쿄는 교토와 함께 양경이 되는 셈이며, 아울러 명치천황이 도쿄로 간다면 천도가 되는 셈이지만 그것이 천도로 표현되지는 않았다. 다만 친림이라고 함으로써 천도가 아니라 행행임이 강조되었다. 명치천황의 에도 행차는 1868년 8월 4일(양력)에 공포되었다.[23] 명치천황의 도쿄 행차는 기왕의 연구에서 지적된 것처럼 두 가지 목적에서 추진되었다. 첫째는 왕정복고를 통해 세속적 권력을 장악한 명치천황을 사람들에게 알리기 위해서였다. 둘째는 무진전쟁에서 패배한 에도 시민들을 위문하기 위해서였다.

9월 20일, 명치천황은 3천 3백 명의 수행원과 함께 교토를 떠나 도쿄로 향했다. 10월 13일 도쿄에 도착한 명치천황은 그곳에서 두 달 가까이 머무르다 12월 8일에 도쿄를 출발하여 12월 23일에 교토로 되돌아왔다. 따라서 이번의 도쿄 행차는 천도라기보다는 일시적인 행행이라 할 수 있었다. 따라서 교토 시민들 사이에도 천도에 대한 불안감은 별로 크지 않았던 것으로 보인다.

교토 시민들이 천도문제로 심각하게 반발하기 시작한 때는 1869년 10월에 소헌황후 즉 명치천황의 황후가 도쿄로 옮겨가게 되면서부터였다. 1868년 12월 23일에 교토로 돌아왔던 명치천황은 1869년 3월 7일에 다시 도쿄로 갔다. 그 뒤를 따라 소헌황후가 1869년 10월 5일 교토를 출발하여 10월 24일 도쿄에 도착했다. 그 당시 교토 시민들 사이에 심각한 반발이 일어났던 것이다. 당시 상황이 『명치천황기』에 다음과 같이 기록되어 있다.

"지난번 황후가 도쿄로 행차하려 하자, 교토 부민들은 천도의 논의가 이미 결정되었다고 믿고, 기우하는 자들이 많았다. 이에 인심이 동요하여 혹은 천도(千度)라 칭하며 신사(神社)에 모이기도 하고, 혹은 금중(禁中)에 수소하여 황후의 도쿄 행차를 정지시키라고 청하였다. 만약 황후가 도쿄로 행차한다면 도당을 모아 강소, 애원하려고까지 했다. 경도출장 탄정대(彈正臺)는 변관(辨官)에 품신하여, 인심의 동요가 극심하여 불측의 변이 발생할 우려가 있으니, 황후의 도쿄 행차를 중지하던가 아니면 그것을 대체할 만한 조치를 취하여 부민의 의혹을 해소해달라고 하였다. 유수장관 중어문경지(中御門經之)와 경도부지사(京都府知事) 장곡신독(長谷信篤) 등이 힘껏 시민들을 위무하여 다행히 무사하게 되었다."[24]

"지난해(1869) 거가가 다시 도쿄로 갈 때에 다음 해(1870) 3월이나 4월에 다시 돌아와 교토에서 대상회를 집행하겠다는 뜻을 황태후 및 숙자(淑子) 내친왕(內親王)에게 말씀드렸다. 그 후 황후가 도쿄로 옮겨가게 되자 교토 부민들은 천도라고 생각하여 인심이 동요하였다. 군중들은 강소하여 옥여(玉輿)를 멈추게 하려 했다. 유수장관 중어문경지와 경도부지사 장곡신독은 황후의 도쿄 행차는 천황의 도쿄 행행이 장기간 지속되기 때문이며 내년 3월에 천황이 되돌아올 것이라는 뜻을 포고하고서야 겨우 교토 부민들을 안정시킬 수 있었다."[25]

위에 의하면 교토 시민들은 도쿄로의 천도를 막기 위해 소헌황후의 도쿄 행차를 실력으로 저지하려고까지 했다. 교토 시민들의 반발은 명치천황이 내년 3월에 다시 돌아온다는 약속을 듣고서야 진정되었다. 이에 더하여 명치천황은 교토 시민들을 안심시키기 위해 황태후를 교토에 머물게 하였다. 명치천황의 생모인 황태후가 교토에 머물게 되면 천황과 황후가 조만간 다시 돌아올 수밖에 없기 때문이었다.

하지만 명치천황의 약속은 하나도 지켜지지 않았다. 1870년 3월쯤 교토로 되돌아오겠다고 약속했던 명치천황은 시국이 어수선함을 들어 교토로 되돌아가는 것을 무기한으로 연기했다.[26] 뿐만 아니라 교토에 머물던 황태후까지 1872년 3월에 도쿄로 옮겨가고 말았다. 황태후의 도쿄 행차가 알려지자 다음의 기록에 보이는 것처럼 교토 시민들은 크게 동요했다.

"3월 5일, 궁내대보 만리소로박방(萬里小路博房)이 칙서를 받들고 교토에 도착해 황태후를 알현하고 도쿄로 오셨으면 하는 천황의 뜻을 전하였다. 황태후는 즉시 허락했다. 출발 날짜는 3월 하순으로 정했다. 이날 태정관이 황태후의 도쿄 행차를 포고했다. 황태후는 9일에 천산(泉山)에 행차하여 효명 천황의 후월윤동 산릉을 배알했다. 22일 묘시 반각에 황태후는 박방(博房) 및 권전시(權典侍) 만리소로행자(萬里小路幸子)를 따라 대궁어소를 출발했다. 길은 동해도를 따라 도쿄로 갔다. 육군성에 명하여 연도를 경위했다. 황태후의 도쿄 행차가 알려지자, 교토의 부민들은 천황의 환행도 연기된 마당에 이런 일까지 더해지자 비분하여 일을 일으키려는 현상도 있었다. 경도부에서 그것을 깊이 주의하여 단속하였다."[27]

이처럼 광무시기 고종황제와 명치시기 명치천황의 양경체제 추진은 모두 반발을 불러왔다. 따라서 고종황제나 명치천황은 이 같은 반발을 효과적으로 누를 수 있는 명분과 조치가 필요했다. 이와 관련하여 고종황제의 전통 어진과 명치천황의 초상 사진이 적극 활용되었다. 이 문제는 절을 바꾸어 논의하기로 한다.

3. 광무·명치시기 전통어진과 초상 사진 제작

광무시기에 전통적인 어진이 대량 제작된 계기는 광무 4년(1900) 10월 1일에 있었던 경운궁 선원전의 화재 사건이었다. 이 화재로 태조, 숙종, 영조, 정조, 순조, 문조, 헌종의 7위 어진이 모두 불탔다. 10월 13일, 고종황제는 명령을 내려 선원전을 중건하고 7위의 어진도 다시 그리게 했다.[28] 그런데 11월 21일 중추원 의관 이명철이 상소문을 올려 개경의 목청전을 복구하고 태조의 어진을 봉안하자고 요청했다. 그로부터 9일 만인 12월 1일에 고종황제는 개성에 목청전을 복구하기로 결정했다.[29] 그 결과 광무 5년(1901) 2월 13일에 태조의 어진이 미리 한양에서 개성으로 옮겨졌다. 개성의 목청전도 한양 경운궁의 선원전과 비슷한 시기에 완성되어 광무 5년(1901) 7월 초에 태조 어진이 봉안될 수 있었다.[30] 경운궁의 선원전에는 그보다 한 달 전인 6월 13일에 7위의 어진이 봉안되었다.[31]

김정식이 고종황제에게 평양에 이궁을 조성하고 양경체제를 구축하자고 제안한 광무 5년 7월은 바로 개성의 목청전이 중건되고 태조 어진이 봉안되던 즈음이었다. 광무 5년 7월 6일에 김정식은 평양감리 겸 평양부윤에 임명되었다.[32] 개성의 목청전이 중건되고 태조 어진이 봉안된다는 소식을 들은 평양 주민들 사이에는 평양에서도 영숭전을 중건하고 태조 어진을 봉안해야 하는 것은 물론 아예 그 기회에 평양을 서경으로 승격해야 한다는 여론이 돌았을 듯하다. 따라서 그 같은 평양 주민들의 여론이 새로 평양감리 겸 평양부윤에 임명된 김정식에게 전달되었으리라는 추론은 충분히 가능하다. 『윤치호일기』에 언급된 내용, 즉 김정식이 평양에서 만났다고 하는 '이인 또는 예언자'란 바로 평양 주민들의 여론을 김정식에게 전달한 사람이었을 것이다.

광무 5년(1901) 7월 24일에 김정식을 삼화감리 겸 삼화부윤으로 임명한 고종황제는 몇 달 동안 김정식을 예의 관찰한 듯하다. 그동안 고종황제는 '비용을 청구하지 않고 서경 이궁을 건설함으로써 자신의 충성심을 증명하겠다.'고 호언장담한 김정식이 정말 서경 건설에 필요한 자금을 확보할 수 있는가를 확인했을 것이다. 『윤치호일기』에서 '김정식은 강제모금과 다른 부정한 방법을 통해 돈을 거두어들였다.'는 내용은 바로 이 같은 상황을 나타내는 것이라 생각된다. 그런데 광무 5년(1901) 11월 7일, 고종황제는 갑자기 자신과 황태자의 어진을 그리겠다는 명령을 내렸다.

어진을 10년마다 한 번씩 도사하는 것은 영조와 정조께서 이미 시행하신 아름다운 전례이다. 그러나 연이어 일이 있어서 아직까지 거행할 틈이 없었다. 이제 장차 도사하려고 하니 이것은 또한 성헌을 소술(紹述)하고자 하는 뜻이다. 이것을 잘 알아서 거행하도록 하라.[33]

기왕의 연구에서도 고종황제의 어진과 황태자의 예진 제작이 평양의 이궁과 양경체제를 염두에 두었다는 점은 이미 지적되었다. 예컨대 광무 5년(1901) 11월 7일, 고종황제의 명령으로 제작되기 시작한 황제의 어진과 황태자의 예진 중에서 익선관본만 2본씩 만들어지고 나머지는 1본씩 만들어졌는데, 그 이유는 바로 익선관본을 서경에 봉안하기 위해서라는 것이었다.[34]

즉 고종황제의 익선관본 어진은 광무 6년(1902) 3월 31일부터 도사되기 시작하여 4월 8일에 완성되었는데, 그로부터 보름쯤 지난 4월 25일에 익산관본 어진을 또 도사하기 시작했던 것이다.[35] 따라서 늦어도 1902년 4월 25일 이전에 고종황제는 평양에 이궁을 조성하고 양경체제를 구축하기 위한 명분으로의 익선관본을 이용하겠다고 결심했다고 할 수 있다.

그런데 1902년 4월 25일은 특진관 김규홍이 평양에 이궁을 건설하고 양경체제를 구축하자고 상소했던 5월 1일보다 며칠 앞선다. 즉 고종황제는 김규홍의 상소 이전에 이미 평양에 이궁을 건설하고 양경체제를 구축할 준비를 하고 있었던 것이다. 이 사실을 김정식과 연결해 생각하면, 고종황제는 1901년 7월쯤 김정식의 제안을 받은 때로부터 평양에 이궁을 건설하고 양경체제를 구축하려 결심했으며, 일을 성사시키기 위해 어진을 이용할 생각을 했다고 할 수 있다. 어진을 이용하려 생각한 이유는 반대 여론을 누르기 위해서였다.

『윤치호일기』에 의하면 윤치호는 1902년 4월쯤, 변정상을 통해 고종황제가 평양에 이궁을 조성하고 양경체제를 구축하려 한다는 소문을 들었다. 즉 그 즈음에 고종이 평양으로 천도를 염두에 둔 양경체제를 구축하려 한다는 사실은 웬만한 관리들에게 이미 알려질 만큼 알려졌던 셈이다. 당시 상황에서 이 같은 소문은 그 누구보다도 일본 그리고 개화파 관료들의 반발을 불러왔을 것이 분명하다. 윤치호나 변정상 역시 통리기무아문에서 일한 적이 있던 개화파 관료였는데, 그들 사이에는 고종황제가 김정식에게 사기 당하여 양경체제를 구축하려 한다는 소문이 돌았던 것이다. 이는 개화파 관료들 사이에 평양으로의 천도를 염두에 둔 양경체제에 대하여 냉소적 태도가 많았음을 반증한다. 반면 일본은 냉소적 태도에서 더 나아가 적극적인 방해공작까지 했을 가능성이 높다. 식민지 시대에 작성된 『평양소식』에서 평양으로의 천도를 염두에 둔 양경체제를 '러시아 사람 아무개가 제창하고'라 기록한 것으로 볼 때, 이런 판단은 당시 러시아와 대립하던 일본에서 했으며, 그 같은 판단에서 일본은 김정식이 '이인'이라 말했던 평양 사람을 러시아의 사주를 받은 인물로 판단했을 것으로 생각된다. 따라서 일본은 이 인물을 역공작하여 평양으로의 천도를 염두에 둔 양경체제를 원천봉쇄하려 했을 것이다. 『윤치호일기』에서 언급된 내용, 즉 '그 자가 자신의 뜻인지 아니면 다른 사람의 사주 때문인지 모르지만, 어쨌든 고종황제에게 자신은 절대 이인이 아니며, 예언이나 이궁 등은 모두가 김정식이 돈을 착복하기 위해 꾸민 음모라고 말해버렸던 것이다.'는 내용이 그 같은 판단을 뒷받침한다. 이는 평양으로의 천도를 염두에 둔 양경체제를 일본이 적극적으로 방해했으며, 나아가 개화파 관료들 사이에도 반대여론이 높았다는 뜻이 된다.

따라서 고종의 입장에서는 이 같은 반대여론 또는 방해공작을 억제할 수 있는 분명한 명분이 있어야 했다. 그것이 바로 어진이었던 것이다. 관행적으로 조선시대 어진은 국왕의 이어와 관련하여 독특한 기능을 하였기 때문이었다. 즉 국왕이 특정한 궁궐에서 다른 궁궐로 옮길 경우, 어진도 함께 옮겼던 것이다.[36] 그러므로 고종황제가 자신의 어진을 제작해야만 하는 명백한 이유, 그리고 그 어진을 평양으로 옮겨 봉안해야 할 명백한 이유가 제시되면 당시 사람들은 그것을 반대하기 어려웠다. 이는 군주제하에서 국왕 또는 황제 자체를 상징하는 어진의 기능과 역할이 지대하였음을 의미한다.

광무 5년(1901) 11월 7일에 고종황제가 영조와 정조의 전례에 따라 어진을 그리라고 명령하자 조정중신들은 반대하지 못했다. 11월 8일에 의정부 의정 윤용선은 어진도사의 사체가 중대하므로 도감을 설치해 거행하자는 주청을 올렸을 뿐이다.[37] 이어서 고종황제와 황태자의 어진은 11월 20일부터 그리기로 결정되었다.[38] 그런데 고종황제는 어진을 그리기로 예정된 11월 20일의 바로 하루 전인 19일에 명령을 내려 어진도사는 내년 봄부터 거행하라고 하였다.[39] 고종황제가 시일을 늦춘 이유는 내년 봄부터 평양에 이궁을 건설할 때 같이 그리려 했기 때문으로 생각된다. 결국 고종황제의 어진은 1902년 3월 19일부터 그리기로 결정되었다.[40]

그런데 고종황제의 어진이 본격적으로 그려지던 시점인 1902년 4월

15일에 고영철이 삼화감리에 임명되었다.[41] 그 즈음 이른바 '평양 이인'의 폭탄선언이 있었고 그 결과 김정식이 체포되었을 것이다. 앞뒤 정황으로 볼 때, 이는 김정식 개인의 착복도 착복이지만 평양에 이궁을 건설하고 양경체제를 구축하려던 고종황제의 계획을 일본이 적극적으로 방해 또는 반대한 결과가 분명하다. 이런 상황을 타파하고자 고종황제는 조정중신의 상소문을 통해 양경체제를 공론화하려 했다고 생각된다. 그런 면에서 5월 1일에 올라온 김규홍의 상소문은 고종황제의 암시나 사주에 의한 것이 분명하다. 김규홍의 상소문이 있은 지 5일 후인 5월 6일에 고종황제는 다음과 같은 명령을 내렸다.

평양은 기자가 정한 천년 역사를 가진 도읍으로서 예법과 문명이 여기서 시작되었다. 이것은 비록 사람의 일에서 나온 것이지만 그 고장의 신령스러움도 역시 논할 수 있다. 주(周)에는 동경과 서경이 있었고 명(明)에는 남경과 북경이 있었으며, 요즘에 이르러 외국의 경우에도 역시 두 개의 수도를 세우고 있다. 또한 고려 때의 역사를 상고해보아도 특별히 평양에 서경을 두고 송경과 함께 두 수도로 삼았는데 이것은 모두 나라를 공고히 만들어 반석같이 크게 다지려는 목적에서였다. 짐은 벌써부터 이에 대하여 생각해온 지가 오래되었는데 마침 중신이 상소를 올려 논하였으니, 이제 평양에 행궁을 두고 서경이라 부름으로써 나라의 천만년 공고한 울타리로 삼겠다. 더구나 이것은 그곳 백성들이 모두 바라고 기꺼이 호응하는 데에야 더 말할 나위가 있겠는가? 이것은 매우 중대한 공사이니 의정부의 여러 신하들로 하여금 해당 도신과 자세히 의논해 들이게 하라.[42]

위의 '짐은 벌써부터 이에 대하여 생각해온 지가 오래되었는데'라는 언급에서 확인할 수 있듯이, 고종황제는 이미 오래 전부터 평양에 이궁을 조성하고 양경체제를 구축하려 했었다. 1901년 7월에 김정상을 삼화감리로 임명한 것, 1902년 3월부터 자신과 황태자의 어진을 그리게 한 것 등이 모두 양경체제구축을 위한 사전준비였던 것이다. 그리고 김규홍의 상소문을 명분으로 평양에 이궁을 건설하고 양경체제를 구축하겠다고 일방적으로 선포한 것이었다. 이 결과 평양은 서경으로 승격되었고 행궁이 건설되기 시작했다.[43]

5월 6일에 평양에 행궁을 건설하고 양경체제를 구축하겠다고 선포한 고종황제는 9일 후인 15일에 자신의 어진과 황태자의 예진을 서경에 봉안하겠다고 하였다. 명분은 서경에는 태조 이성계의 어진을 모셨던 영숭전이 있었으므로 이를 계승하겠다는 것이었다.[44] 이는 혹시 제기될 지도 모를 반대론 또는 방해공작을 차단하기 위한 사전 포석임과 동시에 서경으로의 천도를 위한 사전 포석이기도 했다.

명치천황의 초상 사진이 처음으로 촬영된 시점을 주의 깊게 살펴보면 바로 황태후가 교토를 떠나 도쿄에 도착한 직후임을 알 수 있다. 앞에서 살펴본 것처럼 황태후는 1872년 3월 22일 묘시 반각에 교토를 출발해 도쿄로 향했다. 동해도를 따라간 황태후는 4월 11일에 도쿄에 도착했다. 명치천황과 소헌황후의 영접을 받은 황태후는 적판이궁(赤坂異宮)에 거처를 정했다.[45] 황태후까지 도쿄로 옮겨옴으로써 도쿄에는 천황, 황후, 황태후 등 천황 일족이 모두 거처하게 되었다. 이로써 도쿄로의 천도는 사실상 완료되었다. 다음에 보듯이, 황태후가 도쿄에 도착한 이후에 명치천황과 소헌황후 그리고 황태후까지 천황 일족 모두가 처음으로 초상 사진을 촬영하게 되었다.

"지난번 천황과 황후는 사진사 내전구일(內田九一)을 불러 각각 초상 사진을 찍었다. 이날 궁내대보 만리소로박방(萬里小路博房(을 통해 초상 사진을 황태후에게 드렸다. 9월 3일에 황태후 역시 궁성에 행차하여 구일(九一)을 불러 초상 사진을 촬영하였다. 9월 15일에 구일은 천황, 황태후의 초상 사진 큰 것과 작은 것 합하여 72매를 상납했다. 당시 천황의 초상 사진은 하나는 속대(束帶)이고 하나는 직의(直衣)를 입고 금건자관(金巾子冠)을 쓴 모습이었다. 이보다 앞서 2월에 특명전권부대사 대구보리통(大久保利通), 동 이등박문(伊藤博文)이 서기관 소송제치(小松濟治)를 따라 미국에서 귀국하던 즈음, 특명전권대사 암창구시(岩倉具視)가 제치(濟治)로 하여금 천황의 초상 사진을 궁내성에 신청하게 하였다. 궁내성은 천황의 초상 사진이 마련되는 대로 외무성을 통해 보내려 했는데, 5월에 두 명의 부사가 다시 미국으로 가게 되었을 때에도 초상 사진이 이루어지지 않았다. 천황은 또 말을 탄 초상 사진을 촬영한 것도 있다. 촬영 날짜는 분명하지 않지만, 궁내의 소록, 일록에 의거하면 명치 6년(1873) 2월 6일 이전에 속한다."[46]

이때 촬영된 명치천황의 초상 사진 중에서 큰 사진은 대구보리통과 이등박문에게 하사되었으며, 또한 외국에 파견된 일본 공사관, 영사관 등에도 게시되었다.[47] 이는 천황이 처음으로 초상 사진을 촬영한 이유가 기왕의 연구에서 언급된 것처럼 외교적 필요 때문이었음을 보여준다.[48] 그런데 처음으로 촬영된 명치천황의 초상 사진은 대외용으로뿐만 아니라 국내용으로도 사용되었다. 즉 다음에 보듯이, 1872년에 촬영된 명치천황의 초상 사진은 일본 내의 관공서에도 게시되었던 것이다.

"지난번 나라 현령 사조융평(四條隆平)이 천황의 초상 사진을 받아 신년 또는 천장절 등의 경축일에 초상 사진을 정청에 게시하고 현관 및 관민들로 하여금 첨배하고자 하여, 궁내경에게 하사해줄 것을 신청했다. 이날 특별히 그 신청을 들어주었다. 이것이 지방관청에 천황의 초상 사진을 하사하는 시초가 되었다."[49]

이처럼 천황의 초상 사진이 외교용뿐만 아니라 국내용으로도 사용되었다는 사실은 명치 초반부터 천황 초상 사진의 활용도가 높았음을 보여준다. 이에 따라 1872년 이후에도 여러 차례 명치천황과 소헌황후의 초상 사진이 촬영되었으며, 그 초상 사진들은 대내외적으로 광범위하게 활용되었다. 1872년에 이어 1873년 10월 8일에도 천황의 초상 사진이 촬영되었다. 이때의 초상 사진은 1872년의 초상 사진이 전통 복장이었음에 비해 서구식 군복을 입은 근대 복장이었다.[50] 이때 촬영된 초상 사진이 훗날 각 부현에 하사되었다. 반면 1873년 10월 14일에 촬영된 황후의 초상 사진은 화장(和裝) 즉 일본식 전통 복장이었다.[51]

1874년 11월 5일에는, 이태리 주재 총영사 중산양치(中山讓治)가 이태리 밀라노의 화가에게 부탁하여 1873년 10월에 촬영된 명치천황의 군복 초상 사진과 황후의 전통복장 초상 사진을 모사하게 한 후, 그 초상화를 천황에게 바쳤다.[52] 이 초상화는 서양화가에 의해 모사된 최초의 초상화였다. 1880년대에도 명치천황과 소헌황후의 초상 사진이 촬영되었다. 이렇게 제작된 명치천황과 소헌황후의 초상 사진은 다양한 목적으로 활용되었다.

예컨대 1875년 7월 교토 어소의 자신전에 게시된 명치천황과 소헌황후의 초상화 역시 그런 사례 중의 하나였다. 교토 어소에 게시된 초상화는 1874년 11월 5일에 이태리 주재 총영사 중산양치가 바친 천황과 황후의 초상화였다.[53] 따라서 천황의 초상화는 군복을 입은 근대 복장이었고 황후의 초상화는 전통 복장이었다. 이렇게 근대 복장을 한 천황의 초상화와 전통 복장을 한 황후의 초상화를 교토 어소의 자신전에 게시하게 한 명치천황은 특별한 목적을 가지고 있었다. 그것은 바로 천황과 황후의 상징물을 교토 어소에 배치함으로써 도쿄 천도에 따른 교토 시민들의 불만을 위로하고 아울러 교토를 계속하여 수도로 유지하여 양경체제를 구축하려던 의도라고 하겠다. 이 문제는 절을 바꾸어 논하고자 한다.

4. 광무 · 명치시기 양경과 군주이미지 활용 비교

고종황제는 서경의 행궁을 세우기 위해 내탕금 50만 냥을 보내는 등 건설공사를 독려하였다.[54] 1902년 6월 23일에는 서경의 행궁 명칭이 풍경궁, 정전 명칭이 태극전 그리고 편전 명칭이 지덕전으로 결정되었다. 아울러 동궁 이름은 중화전으로 결정되었으며, 행궁의 정문은 황건문, 동문은 건원문 서문은 대유문으로 결정되었다.[55] 태극전과 중화전은 1903년 11월 6일에 완공되었다.[56]

서경의 이궁이 건설되는 과정에서 고종황제의 어진과 황태자의 예진을 풍경궁에 봉안하기 위해 두 차례의 행차가 있었다. 첫 번째 행차는 광무 6년(1902) 9월에 있었던 행차였고, 두 번째의 행차는 광무 7년(1903) 11월에 있었던 행차였다. 두 행차는 모두가 황제의 이미지와 존재를 지방의 백성들에게 널리 알리는 역할을 하였다. 또한 홍경궁 건설에서 서경 주민들의 적극적인 협조를 끌어내는 역할도 하였다.

광무 6년(1902) 5월 15일, 고종황제는 자신과 황태자의 어진을 서경에 봉안하겠다고 선포하면서 봉안의식은 강화도에 어진을 봉안하던 전례를 참고하여 마련하라고 명령했다.[57] 강화도에 어진을 봉안하던 전례란 영조 21년(1745) 강화부에 영조의 어진을 봉안할 때 정해진 의식을 뜻했다. 이때의 봉안의식에서 중요한 내용을 골라 보면 다음과 같았다.

1. 연 앞에 소가를 두어 가를 인도해 강을 건넌다. 그 후에는 본도의 감사와 지방관, 본 강화부의 유수 및 경력이 각자 그 경내에서 교체한다.
1. 받들고 갈 때의 숙소 및 주정소는 객사 대청에 배설한다.

1. 어진을 봉안한 후에는 본전 관원 2명이 번갈아 직숙하고 번을 나누어 수직한다.

　1. 전내의 의물은 청개, 홍개 각 1개, 봉선과 작선 각 1개를 좌우로 나누어 진설한다.

　1. 전의 온돌에 땔 화목 및 금화의 여러 도구는 본 강화부에서 준비해두어야 한다.[58]

　영조 21년에 정해진 어진 봉안의식이 그 후 지방에 어진을 봉안할 때의 기준 의식이 되었다. 따라서 고종황제도 자신의 어진과 황태자의 예진을 평양에 봉안하기 위한 의식도 이를 참조하여 마련하라 명령한 것이었다. 비록 영조 때의 봉안의식을 참고하여 마련한다고 해도 고종황제의 어진과 황태자의 예진을 평양에 봉안하는 의식은 여러 면에서 달라질 수밖에 없었다. 무엇보다도 기준으로 삼는 예법이 달랐다. 영조 때의 봉안의식은 제후 예법을 기준으로 하였지만, 광무 시기의 봉안의식은 황제 예법을 기준으로 하였기 때문이다.

　위에서 보듯이 영조 21년에 정해진 어진봉안 행차는 기본적으로 소가 행차였다. 소가는 조선시대 국왕의 행차에 사용되던 세 등급의 의장물 즉 대가, 법가, 소가 중 가장 작은 규모의 의장물로서 주로 능행 때에 갖추어지던 의장물이었다.[59] 영조 이후의 국왕 행차 의장물을 규정한 『국조속오례의서례』에 의하면, 소가 의장물은 주작기, 청룡기, 백호기, 현무기 등 40여 종류의 의장 그리고 행차 앞뒤의 호위군 및 왕이 타는 연으로 구성되었다.[60] 물론 행차 앞뒤의 호위군은 전통군복을 한 구식군인이었으며 왕이 타는 연은 제후 왕을 상징하는 붉은색 연이었다.

　하지만 광무 6년(1902) 9월에 있었던 서경의 어진봉안 행차를 묘사한 반차도에 의하면 동원된 호위 군사들은 신식군복에 총검으로 무장한 신식 군인이었으며, 연은 황제가 타는 황금색이었다.[61] 따라서 이때의 행차 모습은 1897년 10월 11일에 고종황제가 환구단으로 행차할 때의 의장 모습을 묘사했던 독립신문의 기사, 즉 '시위대 군사들이 어가를 호위하고 지나갈 때에는 위엄이 웅장했다. 총 끝에 꽂힌 창들이 석양에 빛을 반사하여 빛났다. 육군 장관들은 금수로 장식한 모자와 복장을 하였고, 허리에는 금줄로 연결된 은빛의 군도를 찼다. (중략) 대황제는 황룡포에 면류관을 쓰고 금으로 채색한 연을 탔다. 그 뒤에 황태자가 홍룡포를 입고 면류관을 쓴 채 붉은 연을 타고 지나갔다.' 하는 광경과 방불했다.

다만 가장 큰 차이점은 황금색 연(輦)에는 고종황제 대신 고종황제의 어진이, 붉은색 연에는 황태자 대신 황태자의 예진이 봉안되었다는 사실이었다. 광무 6년(1902) 9월 17일 한양을 출발한 행차는 9월 24일 서경에 도착했다. 행차의 규모는 매우 컸다. 의장 자체를 위해 동원된 군사들만 해도 연을 메기 위한 연배군 120명, 우비군 2명, 용정자 담배군 16명, 향정자 담배군 16명, 의장군 62명, 양산황선 봉지인(陽繖黃扇奉持人) 12명, 일산 봉지인 4명, 수정장 봉지인 4명, 금월부 봉지인 4명 등 240명에 이르렀다.[62] 이들 외에도 행차의 앞뒤에서 호위하는 군사들, 수행 관료들이 또 있었으므로 전체 규모는 300명이 넘었다. 어진봉안 행차는 앞에서 뒤로 볼 때, 다음과 같은 순서로 구성되었다.

道路差使員-地方官-觀察使-前射隊-尉官-香亭-龍亭-差備官-黃陽繖-前部鼓吹-典樂-黃日傘-御眞輦-奉侍-尉官-典樂-後部鼓吹-禁亂差備官-假太僕司官-假掌禮-秘書院卿-秘書院郎-香亭-龍亭-差備官-紅陽繖-前部鼓吹-典樂-紅日傘-睿眞輦-奉侍-尉官-典樂-後部鼓吹-禁亂差使員-假太僕司官-假相禮-侍講院詹事-侍講院侍從官-陪從大臣-掌禮院 兼提調-別看役-後射隊兵丁-尉官[63]

이처럼 대규모의 어진행차는 황제의 군악을 연주하면서 움직였다. 바로 고종황제의 어진을 모신 어진연과 황태자의 예진을 모신 예진연의 앞뒤에 배치된 전부고취와 후부고취에서 황제의 군악을 연주했던 것이다. 따라서 한양의 경운궁에서 평양의 객사까지 이어진 어진 행차를 통해 경기도, 황해도, 평안도의 백성들은 고종황제의 이미지를 눈으로 직접 볼 뿐만 아니라, 귀로도 들을 수 있었다. 그렇게 보고 듣는 이미지는 전통적인 제후왕의 이미지가 아니라 근대화된 신식군대로 호위되는 황제의 이미지였다. 어진행차를 직접 보고 들은 백성들을 통해 고종황제의 이미지는 전국의 백성들에게 전파되었을 것이 분명하다. 따라서 어진행차를 통해 고종 황제는 한양 주민들에게 그랬던 것과 마찬가지로 경기도, 황해도, 평안도 백성들에게 황제의 이미지를 각인시킬 수 있었으며 나아가 충성심도 끌어낼 수 있었다. 이는 광무 7년(1903) 11월 6일 풍경궁의 태극전과 중화전이 완공된 후, 서경 객사에서 태극전과 중화전으로 고종황제의 어진과 황태자의 예진을 옮겨 모시고 돌아온 의정 이근명의 보고를 통해 확인할 수 있다.

고종황제가 함녕전에 임어하셨다. 서경에서 돌아온 대신 이하가 입시하였다. (중략) 이근명이 아뢰기를, "신이 서경에 나아가는데 일진은 좋고 날씨는 맑았습니다. 어진과 예진을 태극전과 중화전에 안녕하게 봉안하여 여러 사람들이 경축한 것을 어찌 말로 아뢰겠습니까?" 하였다. 짐이 이르기를, '바람 불고 눈이 와서 추웠을 텐데 일행은 무사히 다녀왔는가?' 하였다. 이근명이 아뢰기를, "황령께서 돌보아주셔서 일행은 무사히 다녀왔습니다." 하였다. 이어서 아뢰기를, "받들어 모시던 날, 평안남도와 평안북도의 진신과 유생들이 배종하였는데 그 수가 수천이었습니다. 사녀들이 운집하여 길옆에서 구경하였는데 모두 기뻐 뛰며 춤을 추어 기상(氣像)이 화기애애하였습니다." 하였다. 짐이 이르기를, "성안의 백성과 물화는 경이 몇

년 전에 보았던 것과 어떠하던가?" 하였다. 이근명이 아뢰기를, "신이 관찰
사로 재임할 때는 난(亂, 청일전쟁)을 겪은 지 얼마 되지 않아 태반이 돌무
더기였으며 流民은 모이지 않아 시정은 쓸쓸하였기에 몹시 근심스럽고 혼
란스러웠습니다. 지금은 여염이 즐비하고 백성과 물화가 번성하여 거의 예
전 모습을 회복하였습니다. 다만 다른 나라 사람들의 집이 이전에 비해 좀
많아졌습니다." 하였다.[64]

위에서 보듯 평양에 이궁을 세우고 양경체제를 구축하려는 고종황제
의 시책에 평안도 백성들은 적극 호응하였다. 그것은 고종황제의 어진
과 황태자의 예진이 태극전과 중화전에 봉안됨으로써 최고조에 달했
다. 당시 상황에서 유일하게 남은 것은 서경으로의 천도였다. 하지만 결
과적으로 서경천도는 실현되지 못했다. 풍경궁에 고종황제의 어진과
황태자의 예진이 봉안된 지 석 달 만인 광무 8년(1904) 2월에 일제의 도
발로 러일전쟁이 발발했기 때문이었다. 일제는 러일전쟁을 도발하면서
군대를 서울로 입성시켜 사실상 한양을 무력으로 점령했다. 이런 상황
에서 고종황제의 서경 천도는 실현불가능하게 되었던 것이다.
　고종황제가 평양에 풍경궁을 조성하고 어진을 봉안한 방식은 철저하
게 전통적인 방식이었다. 풍경궁 자체도 전통건축이었고 어진 역시 전
통적인 양식이었다. 풍경궁에 봉안된 어진이 제의의 대상이 된 것 역시
전통적이었으며, 어진을 모시고 간 행차 역시 전통적이었다. 단지 전통
과 다르다면 행차의 의례가 황제의례로 달라졌다는 사실뿐이었다. 이
런 면에서 광무시기 고종황제는 전통적인 방식을 이용하여 양경체제를
구축하였으며, 그 과정에서 전통적인 황제이미지를 적극 활용했다고
할 수 있다.
　반면 명치시기 명치천황은 양경체제를 추진하면서 보다 근대적인 방
식과 근대적인 군주이미지를 적극 활용하였다. 1872년에 황태후까지

교토를 떠난 직후부터, 명치천황은 여러 번에 걸쳐 교토에 행차했다. 1872년 5월을 비롯하여 1877년 1월, 1878년 10월, 1880년 7월 등 10년 이내에 세 번을 교토에 행차했다. 뿐만 아니라 황후와 황태후도 교토에 행차했다. 황후는 1876년 11월에, 황태후는 1877년 1월에 교토에 행차했다. 따라서 거의 2년에 한 번 꼴로 천황, 황후, 황태후가 교토에 행차한 셈이었다. 교토에 행차할 때, 명치천황은 서양식 군복을 입은 근대 군주의 이미지를 가졌다.[65] 그 이미지는 1875년에 7월에 교토 어소의 자신전에 게시된 명치천황의 초상화와 다를 것이 없었다.

교토의 어소 그리고 자신전은 전통적인 천황의 이미지를 상징하는 건축물이었다. 바로 그곳에 명치천황은 근대 군주의 이미지를 상징하는 초상화를 게시함으로써 자신의 근대적, 개방적 이미지를 강조했다. 이는 교토 시민들에게 전통에 입각한 근대적, 개방적 군주상을 제시함으로써 교토가 전통적인 단일 수도만으로 머물 수 없음을 암시하는 행위였다.

명치천황, 황후, 황태후가 도쿄로 옮겨간 후, 교토의 어소는 과거의 밀폐된 공간이 아니라 개방된 공간으로 활용되었다. 그것을 상징하는 사건이 바로 박람회장으로 활용한 것이었다. 교토 어소는 황태후가 도쿄로 옮겨간 1872년부터 1년 후인 1873년부터 박람회장으로 이용되었다.[66] 또한 1879년 1월부터는 일반 시민들이 교토 어소 안을 관람할 수 있게 되었다. 그 이전에는 교토 어소 내부관람은 단지 외국인에게만 허가했었는데, 이때부터 일반 시민들도 어소 내부를 관람할 수 있게 되었던 것이다.[67] 아울러 어소의 자신전에는 천황과 황후의 어좌인 어장대 (御帳臺)가 설치되었다. 따라서 비록 명치천황과 황후는 도쿄에 머물고 있지만, 명치천황과 황후의 어장대와 초상화가 교토 어소의 자신전에 배치됨으로써 명치천황과 황후는 상징적으로 교토의 어소에도 머무는 효과를 냈다.

명치천황은 교토 어소를 박람회장으로도 개방하고 또 일반 시민들의 관람에도 개방함으로써 전통적 군주이미지 위에 근대적, 개방적 이미지를 더하였다. 하지만 교토 어소는 무질서한 근대적 공간 또는 개방적 공간이 아니었다. 명치천황은 교토 어소를 개방시키면서도 그곳을 황실의례가 거행되는 신성한 공간으로 만들려고 했다.

교토의 어소가 황실의례 공간으로 활용될 수 있는 계기는 1875년 7월 천황과 황후의 초상화가 자신전에 게시되면서부터였다. 교토 어소의 정전인 자신전에 천황과 황후의 초상화가 게시됨으로써 교토 어소는 주인 없는 빈 궁궐에서 현실의 천황이 임재하는 궁궐이 되었던 것이다. 따라서 교토 어소는 역사속의 퇴락한 궁궐이 아니라 현실 속의 살아 있는 궁궐로 유지되어야 했다.

1877년 1월에 명치천황은 교토에 행차해 어소를 둘러보았다. 천황 일가가 도쿄로 옮겨간 지 몇 년 되지 않았지만 많이 퇴락해 있었다. 이에 명치천황은 이해부터 1888년까지 12년간 매년 내탕금 4천 원을 하사하기로 하고, 그 자금을 이용해 교토 어소를 보존하게 했다.[68] 다음 해인 1878년 10월에 명치천황은 또다시 교토에 행차했다. 그때 명치천황은 교토 어소의 활용과 관련해 다음은 같은 지시를 내렸다.

"어소 내의 각 궁전을 돌아보며 시종 신료들에게도 그것을 보게 했다. 시종 신료 등은 황폐한 곳이 많은 것을 보고 몹시 탄식했다. 명치천황 역시 분통해 하였다. 그래서 명치천황은 어소를 보존할 방법으로서 러시아 황제가 즉위식 등의 대례를 모스크바 궁전에서 집행하는 예를 본따 황실의 대례를 교토 어소에서 행할 생각을 했다고 한다."[69]

명치천황의 생각대로 교토 어소에서 황실의 대례를 거행한다면 교토 어소는 명실상부하게 살아 있는 궁전이 되고 아울러 교토와 도쿄를 두 수도로 하는 명실상부한 양경체제가 구축될 수 있었다. 물론 도쿄 천도로 낙심한 교토 시민들을 위로하는 효과 역시 적지 않다고 보아야 한다.

이런 상황에서 1879년 1월부터 교토 어소의 자신전에 어장대까지 설치하고 일반 시민들로 하여금 관람할 수 있게 한 것이었다. 자신전에는 어장대에 더하여 천황과 황후의 초상화가 게시되어 있으므로 어소 관람객들은 천황과 황후를 알현하는 것과 같은 예를 거행하여야 했다. 『명치천황기』에 의하면 교토 어소에 들어온 관람객들은 자신전 안에는 들어가지 못하고 뜰에서 배관해야 했다. 교토의 어소는 다음에 보듯이, 1883년 4월 26일의 조칙에 의해 황실의 대례를 거행하는 장소로 확정되었다.

"조칙으로서 교토를 즉위식 및 대상회 시행의 장소로 정하고 궁내성으로 하여금 교토 어소의 보존사무를 관장하게 하였다. (중략) 올해 1월에 우대신 암창구시(岩倉具視)가 상소하여 교토 어소의 보존을 언급하였다. 구시(具視)의 뜻은 단순히 어소의 보존에 그치는 것이 아니라 옛날 헤이안경의 규모를 유지하고 교토의 번영을 도모하려는 데 있었다. (중략) 즉위, 대상회, 입후의 삼대례를 집행하고, 환무 천황의 신령을 봉사하며, 신궁에도 나란히 신무제릉(神武帝陵)의 요배소(遙拜所)를 설치하고, 하무석청수(賀茂·石淸水)의 두 가지 축제의 옛 의례를 다시 일으키며, 궁중 의식 및 향연의 거행, 귀빈관·보고의 축조, 자신전·청량전 포설의 복구, 그 외 궁궐과 사사의 보존과 관리 등을 언급하였다."[70]

이 조칙에 의해 교토 어소는 일본 황실에서 전통적으로 가장 중요시했던 세 가지 의례 즉 즉위, 대상회, 입후를 거행하는 신성한 장소가 되었다. 즉위, 대상회, 입후를 거행하는 장소는 다름 아니라 교토 어소의 정전인 자신전이었다. 그 자신전에는 명치천황과 황후의 초상화와 함께 어장대가 설치되어 있었다.

평상시 교토 어소를 찾는 관람객들은 자신전 안에 게시된 천황과 황후의 초상화에 배관함으로써 천황과 황후를 알현하는 것과 같은 의례를 거행하였다. 그들이 알현하는 천황은 근대 군복을 입은 근대적, 개방적 천황이었다. 따라서 일본 시민들은 교토 어소 관람이라는 개방적이며 근대적인 방법으로 개방적이며 근대적인 천황을 만날 수 있었다. 반면 즉위, 대상회, 입후같은 황실 의례 역시 자신전에 게시된 천황과 황후의 초상화 앞에서 거행됨으로써 명치천황과 황후는 전통적인 황실의 례를 계승한다는 상징성도 갖게 되었다. 교토 어소에 게시된 명치천황의 초상화는 이처럼 개방적이며 전통적인 군주의 이미지를 동시에 드러내는 역할을 하였다. 이를 통해 교토는 명실상부한 양경체제의 하나로 기능하였으며, 교토 시민들 또한 도쿄 천도로 인한 상실감을 만회했다고 할 수 있다. 이런 면에서 명치시기의 양경체제 추진은 매우 성공적이었다고 평가할 수 있다.

하지만 고종황제가 추진하던 양경체제는 실패로 끝났다. 내부요인이 아니라 외부요인 때문이었다. 고종황제는 1907년의 헤이그 밀사사건으로 강제 양위당했다. 처음 헤이그 밀사사건이 불거졌을 때, 고종황제는 양위가 아닌 대리청정으로 사태를 수습하고자 했다. 실제로 고종황제는 7월 18일에 황태자에게 대리청정을 시키겠다고 명령을 내렸다.[71] 하지만 일제의 강압에 의해 8월 24일에 순종에게 양위하고 태황제로 밀려났다.[72] 그로부터 8개월 만인 1908년 4월 2일에 순종황제는 태극전과 중화전에 봉안된 태황제의 어진과 자신의 어진을 덕수궁 정관헌으로 옮겨 모시라 명령했다.[73] 황제의 어진이 사라진 평양은 더 이상 서경으로서 간주되지 않았다. 결국 고종황제가 추진한 양경체제는 실패로 끝났다.

5. 맺음말

광무시기에 고종황제는 1902년 5월부터 양경체제를 공식적으로 추진했다. 광무황제가 권력을 잡고 있던 동안 양경체제는 순조롭게 추진되었다. 고종황제는 전통어진을 효과적으로 활용함으로써 양경체제에 대한 반발을 제압했다. 하지만 헤이그 밀사사건으로 고종황제가 강제양위당한 1907년에 서경이 폐지됨으로써 양경체제는 해체되었다. 따라서 광무시기의 양경체제는 1902년부터 1907년까지 약 5년간 존속된 셈이었다.

명치시기의 양경체제는 1868년 7월에 에도가 도쿄로 개명되면서 공식적으로 추진되기 시작했다. 명치시기의 양경체제 역시 교토 시민들의 반발을 받았지만 순조롭게 추진되었다. 명치천황은 교토 시민들의 반발을 제압하고 황실의례를 강화하기 위해 초상 사진을 적극 활용했다. 1883년 4월에 교토 어소가 즉위, 대상회, 입후 같은 황실 의례를 거행하는 곳으로 확정되면서 교토는 양경체제의 하나로 명실상부하게 기능하게 되었다. 이때 확정된 구도가 오늘날까지 지속된다는 면에서 명치시기에 추진된 양경체제는 매우 성공적이었다고 할 수 있다.

고종황제는 양경체제를 추진하는 과정에서 주로 전통적인 방법을 활용했다. 평양에 건설된 풍경궁은 전통 건축이었고 그곳에 봉안된 고종황제의 어진 역시 전통적인 양식이었다. 풍경궁에 봉안된 어진이 제의의 대상이 된 것 역시 전통적이었으며, 어진을 모시고 간 행차 역시 전통적이었다. 단지 전통과 다르다면 행차의 의례가 황제의례로 달라졌다는 사실뿐이었다. 이런 면에서 광무시기 고종황제는 전통적인 방식을 이용하여 양경체제를 구축하였으며, 그 과정에서 전통적인 황제이미지를 적극 활용했다고 할 수 있다.

이에 비해 명치천황은 양경체제를 추진하면서 보다 근대적인 방식과 근대적인 군주이미지를 적극 활용하였다. 명치천황은 근대 군주의 이미지를 상징하는 서구식 군복을 착용한 채 일본열도를 행행(行幸)하며 여러 차례 교토에 찾아왔다. 또한 교토 어소의 자신전에 근대 군주의 이미지를 상징하는 초상화를 게시함으로써 자신의 근대적, 개방적 군주이미지를 강조했다. 아울러 교토 어소를 박람회장으로도 개방하고 또 일반 시민들의 관람에도 개방함으로써 명치천황은 전통적 군주이미지 위에 근대적, 개방적 이미지를 더하였다. 하지만 명치천황은 교토 어소를 일본 황실에서 전통적으로 가장 중요시했던 세 가지 황실 의례를 거행하는 신성한 장소로 만들기도 했다. 이를 통해 교토는 양경체제의 하나로 명실상부하게 기능할 수 있었다.

고종황제와 명치천황은 양경체제를 추진하는 과정에서 공히 군주이미지를 적극 활용하였다. 하지만 방식은 많이 달랐다. 고종황제는 전통적인 어진을 사용하였지만 명치천황은 근대적인 초상 사진을 사용하였다. 또한 고종황제는 어진을 모신 건물을 제의적, 폐쇄적 공간으로 만들었지만 명치천황은 초상 사진을 모신 건물을 개방적 공간으로 만들었다.

이 같은 차이가 나타나게 된 가장 큰 이유는 광무황제와 명치천황의 권력 근거가 다르다는 사실에 있었다. 광무황제는 명실상부하게 국가 최고 권력을 장악했던 조선국왕의 전통을 계승하였다. 따라서 광무황제는 새삼 자신의 존재와 권력근거를 민중들에게 알릴 필요는 없었다. 단지 대한제국선포 이후 제후에서 황제로, 그것도 근대적 황제로 바뀐 사실만 알리면 충분했다. 반면 명치천황은 수백 년간의 막부시대를 거치면서 권력현실에서 소외되었던 상징 천황의 전통을 계승하였다. 따라서 명치천황에게는 무엇보다도 천황의 존재 자체를 민중들에게 알리는 일이 시급했다.

결국 고종황제와 명치천황은 어진과 초상 사진이라는 시각적 군주이미지를 적극 활용하여 양경체제를 성공적으로 추진할 수 있었다고 평가할 수 있다. 또한 시각적 군주이미지를 통해 자신들이 추구하는 군주이미지를 확대, 재생산하기도 했으며, 이 과정에서 고종황제와 명치천황은 역사적, 정치적, 국제적 현실의 차이에 따라 군주이미지를 활용하는 방식에서 차이를 보였다고 평가할 수 있다. 결과적으로 나타난 양경체제의 성공과 실패도 국제적 현실의 차이에서 비롯되었다고 평가할 수 있다.

7장

청말신정 시기 만한갈등과 군주입헌론의 굴절

관제개혁과 만한평등책을 중심으로

조 세 현

1. 머리말

청조의 가장 큰 특징은 만주족이라는 소수민족을 중심으로 한족, 몽골족, 회족, 장족 등을 아우르는 통합정권이라는 점이다.[1] 청 황제 역시 다민족을 통치하는 통합군주의 이미지를 지녔다. 만주족이 세운 청의 이민족 통치는 몽골족이 세운 원과 달리 한족에 대하여 가능한 한 차별하지 않았다. 그러나 만주족의 인구는 한족의 40분의 1에 불과하고 문화적 수준도 상대적으로 높지 않았으므로 통치지위를 유지하기 위해서는 일정한 차별은 불가피하였다. 예를 들어, 만주족과 한족 간에 결혼할 수 없다든지, 법이 정한 예의와 형벌이 만한 간에 차이가 있다든지, 일부 관직은 오직 만주족이 담당하는 것 등이 그것이다.[2] 그들은 중국 통치가 이민족 통치라는 사실을 정확하게 인식하였다. 그래서 중앙에서 지방까지 주요 관직은 만한병용제(滿漢幷用制)를 실시하여 "한족이 한족을 통치"하고 "만주족이 한족을 통제"하는 방식을 채택하였다. 만주족 지배층들은 제국질서의 정상에 있는 자신들의 위상에 대해 항상 불안감을 가지고 있어서, 자신들의 우월한 지위나 왕조에 대한 정통성에 도전이 감지되면 신속하게 대응하였다.[3] 하지만 의화단운동 이후 만주족은 팔기제(八旗制)를 중심으로 한 무력으로 만한갈등(滿漢葛藤)을 해결할 수 없다는 사실을 자각했고, 한족의 인심을 얻기 위해 만한평등책과 관제개혁이 필요하다는 사실을 깨달았다.

청말신정(淸末新政)이 백성을 우롱하고 혁명을 막으려는 사기극이었다는 기존견해는 이제 거의 설득력이 없다. 개혁개방 후 중국학계의 연구 성과에 따르면 예비입헌(豫備立憲)은 사기극이 아니며 청조의 태도는 진지했고 장기적인 계획을 가지고 있었다고 본다. 단지 입헌은 청조가 직면한 여러 가지 문제들을 해결하면서, 기본적으로 만주귀족의 이익을 침범하지 않아야만 했다. 입헌파는 입헌이 전제보다 우월하며 그것은 구망도존(救亡圖存)의 가장 효과적인 방법이라고 믿었다. 입헌정치가 민권을 일으키고 민권이 흥하면 인민들이 스스로 자신의 국가를 구할 것이라는 생각에 따른 것이다. 단방(端方)과 원세개(袁世凱)와 같은 고위관리들도 입헌을 실행하여 모든 국민이 평등해지면 만한이 융합할 것이니, 한인의 불평이 사라지면 구만(仇滿)이니 배만(排滿)이니 하는 말들은 사라질 것이라고 믿었다. 그러나 새로운 정책과 제도를 도입하는 과정에서 나타난 한족의 종족적 적대감은 중앙정부로 하여금 개혁을 주저하도록 만들었다. 혁명파의 '배만혁명(排滿革命)'과 같은 호전적 민족주의에 대응해 청조 역시 정권 내부의 취약함을 만회하고자 '보만(保滿)' 이데올로기가 출현하였다.

이 글은 만한관계가 청말 정치개혁에 미친 영향 혹은 만한갈등이 군주입헌론에 미친 영향에 대한 연구가 부족하다는 문제의식에서 출발한다.[4] 당시 민족주의의 고조에 따른 종족 간 갈등을 넘어서기 위해서는 입헌을 실행하여 정치적 근대화를 이룩해야만 혁명을 막을 수 있다는 생각이 지배적이었다. 정치적 근대화를 이루려면 무엇보다 관제를 개혁해야 하는데, 이 과정에서 만한 간의 불평등을 제거해야 했다. 따라서 관제개혁과 만한평등책은 사실상 표리관계에 놓여 있었는데, 단지 만한모순이 입헌과정에 어느 정도 영향을 미쳤는지는 섬세한 접근이 필요하다. 왜냐하면 관제개혁에는 만한모순 말고도 국가재정의 악화, 중앙권위의 실추, 왕조내부의 권력투쟁 등 다양한 변수가 얽혀 있었기 때문이다. 특히 중앙과 지방과의 갈등은 무엇보다 중요한 변수로 예전부터 연구자의 주목을 받아왔다.

본문에서는 우선 청말신정 초기에 나타나는 만한갈등의 배경과 만한평등책의 특징을 살펴보고, 다음으로 예비입헌 시기 입헌의지가 가장 뚜렷했던 단방과 원세개를 중심으로 관제개혁과 '평만한진역(平滿漢珍域)'정책의 내용을 살펴볼 것이다.[5] 그리고 선통(宣統)시기 만한갈등의 고조에 따른 군사제도와 내각제도의 중앙집권화 시도가 군주입헌제 개혁을 굴절시키는 과정을 알아볼 것이다. 아울러 관제개혁 과정에서 변화하는 군주이미지에 대해서도 주목하여 간단하게나마 「흠정헌법대강(欽定憲法大綱)」(1907년)과 「헌법중대신조십구조(憲法重大信條十九條)』(1911년)의 차이를 소개할 것이다.

2. 예비입헌 이전 개혁정책 속의 만한평등책

만주족 정체성의 원천이며 기반이 되는 팔기(八旗)제도에서 팔기는 "구성원이 모두 병사이고, 관리가 모두 장수인" 조직이었다. 팔기제도는 기적(旗籍)에 있는 기인(旗人)과 기외의 민간인을 완전히 다른 체계에서 통제 관리하는 방식으로 기민분치(旗民分治) 정책으로 완성되었다. 대체로 기인과 일반 백성과의 차이점이라면 첫째 기인과 일반 백성이 거주하는 지역이 다르고, 둘째 기인과 일반 백성 사이에는 교류가 없으며, 셋째 기인과 일반 백성은 서로 통혼하지 않고, 넷째, 기인과 일반 백성은 형벌조차 같지 않았다. 청조에게 팔기제도가 무척 중요했다는 사실은 무엇보다 기인들을 부양하기 위해 만주족 황실이 투자한 막대한 자금에서 분명하게 드러난다.[6]

팔기제도는 시간이 흐름에 따라 변질되어 팔기의 군사력은 나날이 쇠퇴했으며, 팔기의 생계(경제)문제를 발생시켰다. 청조가 팔기군을 정돈하려고 애를 썼으나 무기와 전술의 변화로 말미암아 이미 전투력을 상실했으며 팔기병의 부패는 오히려 심해졌다. 그 결과 기인과 일반 백성간의 거주지, 토지 및 주택의 매매, 혼인 등의 차별이 사라지기 시작했다. 이에 따라 기적과 민적의 경계가 모호해져 기인과 일반 백성의 구분이 애매해지는 경우가 발생하였다. 특히 아편전쟁 이후 서양 열강의 침입이 사방에서 이루어지면서 병사와 백성의 분리 체계에 동요가 가속화되었다. 일부 만주족들은 생산에 종사할 수 없어 빈곤해졌으며, 사람들은 '팔기자제'를 하는 일 없이 놀고먹는 사람이라고 풍자하였다. 이제기인은 더 이상 "학자도, 농부도, 노동자도, 상인도, 병사도, 평민도 아닌" 쓸모없는 존재로 전락하였다. 매년 만주족에게 제공되는 전량(錢糧)이 왕조에 적지 않은 부담이 되자, 관리들 사이에도 불만이 높아졌다. 게다가 의화단 운동의 패배로 말미암아 팔기 세력이 크게 약화되고, 배상금 등으로 기인의 봉급이 정지되는 상황이 발생하자 생계에 위협을 받았다. 결국 20세기에 들어오면서 민족주의의 흥기는 만한평등 문제와 관련해 팔기제도의 개혁을 요구하게 만들었다.

청말신정 초기개혁과 관련해 누구보다 중요한 인물로는 장지동(張之洞)과 유곤일(劉坤一)이 있다. 이 두 지방독무는 1901년 5월 27일, 6월 4일, 6월 5일 세 차례에 걸쳐 「강초회주삼절(江楚會奏三折)」이라는 유명한 상주문을 올렸다. 제1절은 교육개혁에 대한 내용을 주로 담았고, 제2절은 정치개혁에 대하여, 제3절은 군사와 경제개혁에 대한 내용을 각각 담았다.[7] 장지동은 만한차별을 없애는 것이야말로 청의 정치개혁 가운데 중요한 것이라고 믿어서, 두 번째 상소문 가운데 팔기생계 문제와 관련한 법률 개정을 건의하는 내용을 처음 언급하였다. 우선 장지동은 "만주인 몽골인 한인이 이미 오래전부터 서로 혼인을 맺어왔고 심정적으로 한 집안"이니, "기인 한인을 막론하고 모두 근심과 어려움을 함께하고 편안함과 즐거움을 함께 누려야 마땅하다."면서, 기인이 스스로 살길을 찾도록 할 방법과 국가가 전량을 제공하는 것을 정지하자는 주장을 폈다. 그는 이전처럼 만주족의 직업을 제한해서는 안 된다면서 "경성 및 주방의 기인들이 각지의 성으로 가서 관리들의 막우가 되길 원하거나, 친척이나 친구들에게 의탁하거나, 농사 수공업 상업 등을 하려는 경우 그 요청을 들어달라."고 점잖게 제안하였다.[8] 장지동은 1903년 다시 자희태후(慈禧太后)와 광서제(光緒帝)를 직접 만난 자리에서 만한의 차별을 없앨 것을 주장하며 한족도 고루 장군과 도통 등에 임명하고 주방기인의 범죄도 한인과 같이 다룰 것을 제안해 황실의 동의를 얻었다. 물론 이런 정책의 실현은 시간을 필요로 하는 일이었다.

예비입헌 이전에 이루어진 대표적인 만한평등책이라면 만한통혼을 허락한 일이다. 1902년 2월 1일 자희태후는 "옛날에 (만한 간의) 혼인을 허락하지 않은 까닭은 입관 초기에 풍속과 언어 등 많은 것이 달라서 금령을 내린 것이다. 지금 같은 길을 걸은 지도 이미 200여 년이 되었다. 마땅히 사람의 정에 따라 그 금령을 해제한다. 모든 만한 관민 사이의 상호 결혼을 허가한다."[9]고 선포하였다. 두 민족 사이에 제한적으로 허용되었던 혼인은 이제 모든 만한 간에 신분에 관계없이 서로 결혼을 할 수 있게 되었다. 만한통혼의 대표 사례로는 만주족 고위관료 단방이 자신의 딸을 원세개의 아들에게 시집보낸 일이다. 지배층의 만한결혼이 정치적 고려에 따른 경우가 많았다면, 하층민의 결혼은 경제적인 이유인 경우가 많았다. 만한통혼으로 민족갈등을 완화시키려 한 것은 성공적인 조치였지만 만한차별 철폐의 시작에 불과하였다.

당시 이른바 '평만한진역'의 핵심은 두 가지였다. 하나는 팔기제도의 기미분치로 말미암아 나타난 혼인, 거주, 거래, 직업, 형벌 등의 차별을 없애고 기민사회의 일체화를 추진하는 것이다. 동시에 기민이 일반 백성의 직업에 종사하도록 하여 오랫동안 문제가 된 팔기의 생계문제를 해결하는 것이다. 하지만 1902년의 조치는 혼인문제만 해결한 상태로 팔기제도 개혁의 첫 단추를 연 상태였다. 그 후 1905년부터 만주족과 한족 사이의 재산거래금지령을 폐지하면서, 한족들은 만주족이 소유하고 있던 전국의 기지를 제한 없이 전매할 수 있게 되어 한 걸음 더 나아갔다.

　　다른 하나는 만한 권력의 불균형을 없애고 관제를 포함한 각종 제도의 개혁을 통해 만한불평등을 개혁하는 일이다. 청조 고위관직의 경우 만주족이 절대적인 우세를 점했다. 대체로 상서(尚書)나 시랑(侍郎)과 같은 직책에는 만주족의 숫자가 한족보다 많았다. 만주족 관원은 한족 관원의 빈자리를 채울 수 있었지만 한족 관원은 만주족 관원의 빈자리를 채울 수 없었다. 청말신정이 시작되면서 단계적으로 임관에 만한을 구분하지 않았다. 예를 들어, 1901년부터 1905년 사이에 청조는 외무부 상부 순경부 학부 등 4개 새로운 부에 만한병용제를 폐지하고 한 명의 상서와 두 명의 시랑을 두면서 만한구분을 없앴다.[10] 지방관직에는 한족이 다수 진출했으나 여전히 중앙의 핵심 관직에는 만주족이 많았는데, 특히 황족의 진출이 두드러졌다. 1901년 경친왕(慶親王) 혁광(奕劻)이 외무부 총리대신으로 임명된 사건은 처음으로 황족이 정계에 진출한 사례이며, 2년 후에는 황족 재진(載振)이 상부대신으로 임명되었다. 이런 추세는 확대되어 장차 문제의 여지를 남겼다.

3. 예비입헌 이후 관제개혁과 만한평등책

1) 1906년의 관제개혁

청조가 '출양오대신 고찰정치(出洋五大臣 考察政治)'의 성과를 기반으로 1906년 9월 1일 예비입헌을 선포하고, 다음 날 다시 "관제로부터 시작해 입헌의 기초를 삼는다."[11]는 계획 아래 관제개혁을 선포하였다. 황실은 재택 등 8명의 만주족 대신과 6명의 한족 대신이 함께 새로운 관제를 편찬토록 하였다. 곧이어 북경에 신관제편제관(新官制編制館)이 만들어져 법률과 제도를 연구한 경험이 많은 여러 학자들이 참가하였다.[12]

청말 입헌을 주장한 대표적인 관료라면 원세개를 들 수 있다. 1905년 7월 출양오대신이 선발될 무렵 원세개는 입헌운동의 대표자임을 자처했고, 오대신의 귀국 후 관제개혁이 추진되자 원세개도 편찬대신의 한 사람으로 참가해 개혁을 주도하였다. 이때 원세개는 기존 내각(內閣)과 군기처(軍機處)를 없애고 책임내각(責任內閣)을 만들 것을 제안하였다. 그가 제시한 관제개혁의 요지를 살펴보면, 입헌국의 선례를 따라서 입법 행정 사법으로 나누어 독립한다; 국회가 만들어지기 전에는 먼저 북경에 자정원(資政院)을 설립하여 입법기관을 대신한다; 대리사(大理寺)를 대리원(大理院)으로 바꾸어 전국최고심판기관으로 삼는다; 삼심제(三審制)를 채택한다는 원칙 아래 우선 각 성에 지방 및 고등법원을 설립한 후, 모든 민사소송은 법원이 판결하며 행정관은 간섭할 수 없도록 한다; 책임내각을 설치해 우두머리를 국무총리대신(國務總理大臣)으로 하고 각 부에 상서(尚書) 1인을 두어 모두 국무대신(國務大臣)으로 삼으며, 중요 행정은 반드시 국무회의에서 통과하도록 한다; 군기처를 폐지하여 내각을 만들고, 군기대신을 국무총리대신으로 바꾼다 등의 내용을 담고 있었다. 원세개 못지않게 관제개혁에 노력한 또 다른 대표인물은 단방이다. 원세개의 중앙 관제개혁 구상은 단방의 그것과 거의 일치한다.[13] 이들은 청말 고위관료 가운데 급진적인 개혁가에 속하며 서로 호응하면서 관제개혁을 주도하였다. 특히 원세개는 자신이 관할하던 직례(直隸)에서 지방자치를 실행하여 뚜렷한 성과를 올렸는데, 그의 지방신정이 청말신정의 가장 모범이라는 평가도 있다.[14]

1906년 11월 6일 중앙관제가 발표되었는데, 내각과 군기처는 그대로 두고 각 부의 상서들을 모두 참예정무대신으로 바꾼다는 내용이었다. 그리고 기존 정치실세였던 혁광과 구홍기(瞿鴻禨)는 계속 군기처에 근무하도록 했다. 다음 날 각 부의 상서를 임명하고, 외교부는 낡은 체제를 그대로 유지하면서 혁광을 관부총리대신으로, 나동(那桐)을 회판대신으로, 구홍기를 회판대신 겸 상서로 임명하였다. 새로 성립한 각 부에는 만한차별의 원칙이 철폐되면서 각 부 장관에는 만주족이나 한족의 구별 없이 한 명만 임명되었다. 그런데 관제개혁 전에 군기대신 6인 가운데 만주족이 3인(몽골기인 포함), 한족이 3인이었고, 군기대신과 상서를 합치면(중복 제외) 14명 가운데 만주족(몽골기인 포함) 8인, 한족 6인이었다. 관제개혁 후에는 15인(중복 제외) 가운데 만주족(황족과 종실 포함)이 8인, 한족이 7인이었다.[15] 여기서 주목할 점은 관제개혁 후 가장 중요한 3개 부처 가운데 우전부(郵傳部) 상서에 한인 장백희(張百熙)가 임명된 것 말고는 다른 두 부서인 도지부(度支部)와 육군부(陸軍部)는 모두 만주족의 통제 아래에 놓였다는 사실이다. 특히 육군부는 일본 유학 출신의 만주족 사관생 철량(鐵良)이 상서를 맡았고, 두 명의 시랑도 모두 만주족과 몽골기인이었다.

원래 원세개가 구상한 관제개혁의 핵심은 "기존 내각과 군기처를 없애고 책임내각을 만드는 것"이었는데, 군기처가 그대로 유지되고 책임내각도 만들어지지 않았다. 예비입헌을 이끌었던 원세개와 혁광을 중심으로 한 그룹이 관제개혁에서는 의외로 구홍기, 잠춘훤(岑春煊)을 중심으로 한 반대파에 밀린 것이다. 당시 책임내각을 반대한 사람들은 행정과 입법이 서로 다른데 현재 입법기관인 의회가 없는 상태에서 곧바로 책임내각을 만들면, 내각은 의회의 견제를 받지 않아 권력이 너무 강력해져서 군주권을 위협할 것이라는 논리를 폈다.[16] 내각총리의 권한이 막강해져 황제를 유명무실하게 만드는 대신전제(大臣專制)가 될 것을 염려한 것이다. 원세개는 군기처를 그대로 둔 사실이나 일부 불필요한 부서가 그대로 유지된 사실에 몹시 실망하였다. 게다가 철량을 육군부의 상서로 임명하고 우전부를 증설한 것, 그리고 각자가 맡은 업무를 각자가 책임지도록 한 것 등은 원세개 개인에게도 무척 불리한 내용이었다. 결국 원세개는 본의 아니게 8개 겸직을 모두 사직하고, 육군 제1, 3, 5, 6진을 육군부에 넘겼다. 그나마 육군 제2, 4진을 자신이 관할하도록 요청하여 겨우 승인받은 것으로 위안을 삼았다.

관제개혁의 한계는 원세개를 중심으로 한 북양세력의 진출을 저지했으며 만주귀족의 관직독점을 가져왔다. 개혁이 실패한 배경에는 원세개, 단방 등의 세력 확대를 경계하는 만주족 집단이 있었다. 원세개가 관제개혁을 주도하는 과정에서 황족과 만주귀족을 배제하려 하자 광서제의 이복동생인 재풍(載灃)을 중심으로 만주귀족과 환관세력이 그를 견제한 것이다. 여기에는 유능한 만주족 장군 철량도 포함되어 있었다. 철량은 육군부를 만들어 전국의 군대를 총괄해 군권을 중앙집권화하고자 했다. 그는 자희태후에게 원세개를 따르는 무리들이 곳곳에 있으며 각 성의 요직도 그의 심복들이 차지하고 있다고 고발했다. 얼마 후 원세개도 철량이 사사로이 관리를 임용한다고 탄핵하며 무능한 봉산(鳳山)이 훈련이 잘된 북양사진을 통솔하면서 대내외의 웃음거리로 만들었다고 비난했다. 이처럼 겉으로는 만한평등이 강화되는 듯했지만 실제로는 만한모순이 심화된 측면이 없지 않았다.

관제개혁의 내용에는 지방관제 개혁논의도 포함되어 있었다. 성급 행정단위의 경우 혹자는 행정과 사법을 분리하는 서양 입헌국가의 지방

관제를 따르자고 주장했고, 혹자는 독무가 외무, 군정, 행정, 사법을 총괄하자고 주장했다. 청조는 이 기회를 통해 지방독무의 권력을 약화시키려 했으나 다수의 지방관들이 반발해 약간의 성과만 얻었다. 장지동과 같이 입헌을 지지하던 거물관료조차 중앙집권화에는 비판적이었으며, 직례총독이던 원세개는 명확한 반대를 표시하지 않았다.

청조가 관제개혁을 통해 원세개에게 집중된 병권을 빼앗고, 철량을 육군부 상서를 삼은 사건을 반드시 만한 간의 갈등으로만 보기에 곤란한 측면이 있다. 기본적으로 병권이나 재정권을 중앙으로 집중하려는 정책의 일환으로 볼 여지가 있는 것이다. 예비입헌과 관제개혁의 기본정신은 중앙집권화에 있었는데, 철량이 "입헌은 중앙집권이 아니면 안 되며, 중앙집권을 실현하려면 독무의 병권과 재정권을 중앙정부가 접수하지 않으면 안 된다."[17]고 말한 것이 이를 보여준다. 이와 달리 원세개는 중앙과 지방의 권력을 적절히 배분하려는 측에 서 있었다고 볼 수 있다. 실제로는 만주족과 한족 간의 갈등이 있었지만, 종실과 만주족 간의 갈등도 있었고, 황족과 종실 간의 갈등도 있었다. 예를 들어, 자희태후 앞에서 입헌을 주장하던 단방에게는 이를 노골적으로 반대하는 철량이 있었다.[18]

만주족과 한족 관리 간의 갈등도 뒤엉켜서 나타났다. 1907년에 일어난 정치파동인 '정미정조(丁未政潮)'처럼 원세개, 혁광 집단과 잠춘훤, 구홍기 집단 간의 권력투쟁이 대표적이다. 원세개는 자신의 막료인 서세창(徐世昌)을 동삼성 총독에, 당소의(唐紹儀)를 봉천 순무에, 주가보(朱家寶)를 길림 순무에, 단지귀(段芝貴)를 흑룡강 순무에 각각 추천하였다. 동북성의 총독과 순무 네 사람의 임명이 거의 결정 날 즈음 원세개의 정적인 잠춘훤이 자희태후를 만나 혁광과 원세개를 비판하는 과정에서 흑룡강 순무로 예정된 단지귀가 추문에 연루된 사실을 폭로하였다. 결국 그의 임명은 보류되고 대신 정덕전(程德全)이 순무가 되는 결과를 낳았다. 이로서 잠춘훤을 옹호하는 구흥기와 원세개 세력 간의 권력투쟁이 가열되었다. 원세개는 혁광과 짜고 구흥기가 양계초와 결탁했다는 구실로 탄핵했고, 잠춘훤도 강유위·양계초와 함께 찍었다는 조작된 사진을 빌미로 제거하였다. 이 사진조작에는 양강총독으로 부임한 단방도 개입되었다고 전한다.[19] 그런데 정미정조 후에 다시 시행된 관제개혁에서는 군기대신에 만주족 3인 한족 3인이고, 각부 상서를 포함하면 만주족 11인 한족 7인 비율로 여전히 만주족이 압도적이었다. 이는 공식적으로는 한족에 대한 차별대우를 없앤다면서도 중앙정부를 만주족이 장악한 것을 의미한다.

요컨대, 1906년과 1907년의 연이은 관제개혁은 청조 예비입헌의 중요한 출발이었지만 결과적으로 한족관원의 배척을 가져왔다. 예컨대, 원세개가 8개의 겸직을 내놓고 북양4진의 군권을 빼앗긴 것과 군기처 대신이던 한족 관원 임소년(林紹年)이 쫓겨난 것이나, 얼마 후 군기대신이자 외무부상서인 구흥기와 우전부상서인 잠춘훤과 같은 한족중신이 관직을 박탈당한 것 등이 그러하다.[20] 이 과정에는 자희태후의 노련한 정치적 계산이 숨어 있던 것으로 보인다.

당시 민족문제와 관제개혁과 관련해서 주목해야 할 곳으로 실제 소수민족들이 많이 살던 변강지역을 빼놓을 수 없다. 특히 만한관계와 관련해서는 동북지역을 주목해야 한다. 만주족과 한족 간의 관직차별이 축소되면서 한족 관료의 진출이 두드러진 곳이 새로 만들어진 동삼성이었다.[21] 원세개와 그의 추종자들은 중앙의 관제개혁에 실패하자 동삼성의 개혁에 관심을 가졌다. 원래 이곳은 청조의 발상지라서 황제 직속의 장군이 다스리던 곳으로 관내와는 달리 별도의 제도로 운영되고 있었다. 그런데 이곳도 러일전쟁 후 러시아와 일본의 진출을 저지하기 위해 행정구역을 중국의 다른 지역과 마찬가지로 바꾸어 통치할 필요성을 느꼈다. 1906년 10월 서세창은 봉천 길림지역을 고찰한 후 상주문을 올려 동북지역을 세 개의 행성으로 나누고 총독을 둘 것을 요청하였다. 다음 해 청조는 기존의 성경(盛京), 길림(吉林), 흑룡강(黑龍江)장군을 없애고, 봉천장군이 동삼성총독 겸 삼성장군이 관할하던 업무를 겸직하도록 했으며, 봉천, 길림, 흑룡강에 각각 순무 한 사람을 두었다. 아울러 총독이 수시로 삼성을 순시하도록 하고, 삼성은 각기 행성공서(行省公署)를 설치하도록 했다. 이에 따라 동삼성의 행정은 기정(旗政)체제에서 민정(民政)체제로 바뀌었다. 이때 비로소 중국 본토의 성들과 동등한 지위를 획득하게 되었으며, 관내 한족의 동북으로의 이주 제한도 철폐되었다.[22]

1907년 4월 20일 동삼성의 초대 총독으로 서세창이 임명되었다. 이처럼 정쟁이 있었음에도 불구하고 한족인 서세창을 총독으로 임명한 사실은 만주족과 한족 사이의 장벽을 넘으려는 청조 측의 의지를 보여준 것으로 의미가 있다. 그 후 원세개의 막료들에 의해 동삼성 개혁이 추진되었다. 관제개혁 이후 동심성에서는 한족인 유영경(劉永慶), 풍국장(馮國璋), 왕사진(王士珍), 단기서(段祺瑞), 오록정(吳祿貞), 이국걸(李國杰), 이전림(李殿林) 등이 팔기도통이나 부도통의 직책을 맡는 경우가 나타났다.[23] 그 후 각 지역의 부도통(副都統)과 같은 기관이 점차 없어져, 신해혁명 폭발 직전 동삼성에는 17개의 부도통이 3개로 줄어 있었다. 그리고 동삼성 36개의 주요 직책 가운데 총독과 2개의 부도통을 제외한 나머지 직책은 모두 한족이 맡고 있었다.[24] 하지만 혁명파들은 관제개혁 이후에도 동북지역에서는 만주족이 정치적 군사적 뿐만 아니라 경제적으로 특권이 늘어났으며, 이로 말미암아 한족의 생존이 위협을 받고 있다고 선전하였다.[25]

1907년 8월 27일 반포된 「흠정헌법대강(欽定憲法大綱)」은 중국 역사상 최초의 헌법적 성격을 띤 문건이었다. 이를 통해 군주입헌과 삼권분립의 헌정원칙을 천명했고, 군상대권(君上大權)과 신민권리의무(臣民權

利義務)를 확인하였다. 특히 「흠정헌법대강」 가운데 「군상대권」 14조에는 단방과 재택 등이 자희태후에게 보고한 황실 주도의 입헌 구상이 어느 정도 반영되었다. 「흠정헌법대강」의 원칙은 다음과 같이 몇 가지로 요약할 수 있다. 첫째, 통치권은 황제에게 속하며, 황제는 세습하며 신성불가침한 것이라는 군주입헌의 원칙을 확립하였다; 둘째, 황제가 입법·행정·사법 통치권을 가지며 헌법에 근거해 통치권을 행사하는 원칙을 확립하였다; 셋째, 불완전한 삼권분립제도가 확립되어 권력제한의 원칙이 부분적으로 실현되었다; 넷째, 황실과 국가가 분리될 수 없다는 원칙이 확립되었다; 다섯째, 권리와 의무가 서로 결합하는 원칙이 확립되었다; 여섯째, 권리와 의무의 법적 원칙이 확립되었다. 이러한 원칙과 내용은 1889년 공포된 「일본제국헌법(日本帝國憲法)」을 모델로 만들어진 것으로 일본의 이른바 흠정권위군주입헌제를 듬뿍 받아들인 것이다.[26] 그런데 일본의 천황보다 권력이 더욱 막강하고 특권이 거의 무제한적이어서 전통적인 유교국가의 군주상으로 돌아가려는 것이 아닌가 하는 생각이 들 정도였다.

전통적인 전제군주제와 근대적인 입헌군주제는 '입헌'의 기준으로 볼 때 전혀 다른 제도였다. 그 차이를 잘 보여주는 것이 관제개혁과 같은 제도변화를 통해 보는 방법일 것이다. 왜냐하면 입헌군주제는 기존의 관제를 폐지하고 새로운 관제를 만드는 과정에서 구체화되기 때문이다. 하지만 그 과정은 결코 순탄치 않았다. 당시 자희태후는 "군권(君權)을 침범해서는 안 된다", "복제(服制)를 다시 바꿀 수는 없다", "변발(辮髮)을 자를 수는 없다", "전례(典禮)를 폐지할 수는 없다"는 네 가지 원칙을 지니고 있어서, 1906년의 관제개혁에서는 전통적인 종인부(宗人府), 한림원(翰林院), 흠천감(欽天監), 내무부(內務部) 등이 그대로 유지되는 등 개혁이 크게 제한되었으며, 여전히 전제군주의 모습에 연연하며 헌법이 황실의 권위를 훼손하는 것을 용납하지 않았다.

2) 만한평등책의 실시

만한 간의 민족모순은 청조가 민심을 잃는 데 결정적인 요소였다. 당시 공화파 혁명가도 인정했듯이 구제달로(驅除韃虜)를 내용으로 삼은 민족주의가 일반인에게 쉽게 받아들여졌기에 만한모순을 이용해 배만 선전을 고양하였다. 혁명가들 사이에 한족제국을 건립하려는 대한족주의 사상이 풍미했으며, 일부는 혁명이 성공하면 만주인을 모두 살해할 것을 선동하거나 혹은 만주인을 모두 장백산으로 몰아내자고 선전하였다.[27] 이것은 통치자들로 하여금 한인들이 개혁을 빙자해 만주족의 권력과 지위를 무력화시키려는 것이 아닌가 하는 경계심을 낳았다.

군주입헌파에게도 변화가 나타났는데, 그들은 만한갈등이 혁명파만의 주장이 아니라 반드시 해결해야 할 정치문제의 하나라고 인식하였다. 대표적인 군주입헌파 이론가 양도(楊度)는 만한문제의 본질이 쌍방의 권리와 의무의 불평등문제라고 보았다. 그는 "오늘날 팔기와 일반사람을 서로 비교하면 권리의무의 불평등이 매우 심하다."면서 "일반백성은 민적이 있되 군적이 없고, 납세의 의무는 있지만 군인의 의무는 없다. 기인은 군적이 있되 민적이 없고, 군인의 의무는 있지만 납세의 의무는 없다."[28]고 구분하였다. 이런 만한차별을 해결하려면 먼저 쌍방의 권리와 의무를 고르게 해야 한다고 주장했다.

예비입헌의 주체는 엄격한 의미에서 입헌파도 공화파도 아닌 청조 통치 집단이라고 말할 수 있다. 특히 만주귀족들이야말로 가장 직접적으로 입헌의 영향을 받는 존재여서 예민하게 반응하지 않을 수 없었다. 그런 까닭에 헌정을 고찰한 오대신 가운데 재택(載澤)과 단방의 역할이 중요하였다. 출양오대신의 한 사람이자 황족인 재택의 비밀 상주문에는 입헌이 만주인에게 불리하다는 주장에 대한 반론을 펴면서, 일부 만주족들이 헌정이 만주족의 이익을 해친다고 불안해하지만 실제로는 헌정을 실행하는 것이 만한차별을 없애는 것이라는 점을 강조하였다.[29] 역시 출양오대신의 한 사람이자 유능한 만주귀족인 단방은 일찍부터 폭력수단으로 혁명을 소멸시킬 수 없다는 사실을 알고 있었기에 입헌을 통해 배만 주장을 잠재우려 했으며, 일본의 제국헌법과 황실전범을 편찬하여 반포하면 배만의 주장이 크게 줄어들 것이라고 생각하였다.[30] 그는 여기에 머무르지 않고 관제개혁과 만한정책에 대한 체계적인 저술을 준비하였다.[31] 단방은 양강총독으로 부임하고 얼마 지나지 않아 「청평만한진역밀접(請平滿漢畛域密摺)」이란 제목으로 글을 썼다. 이 글은 만한평등책을 체계적으로 제시한 대표적인 상주문이다.

우선 단방은 구미 열강의 역사 사례를 들어 다민족국가의 민족문제를 설명하였다. 벨기에가 네덜란드로부터 독립한 것이나, 노르웨이가 스웨덴으로부터 분리한 것이나, 오스트리아 러시아가 쇠퇴한 것 모두 국가 내 민족 간의 대립의 결과라고 보았다. 이와 달리 영국이나 미국은 비록 민족이 잡거하지만 어떤 민족이든 동일한 법률 아래 통치를 받아 권리와 의무가 모두 평등하고, 종족이 달라도 이해가 다르지 않으니 모든 백성들이 좋아한다고 보았다. 이처럼 구미국가에서 종족이 다양한데 서로 강약이 다른 까닭을 "두 개 이상의 민족이 합쳐져 하나의 나라를 이룬 곳 가운데 내홍이 있는 나라는 강국이 될 수 없고, 내홍을 끊고 여러 민족임을 잊은 나라는 합쳐서 하나가 되니, 이것이야말로 국가의 기초를 안정시키는 첫 번째 요체"[32]라고 하였다.

다음으로 중국에서 민족갈등과 혁명파의 위험성에 다음과 같이 기술하였다.

"청초 이래로 만한통혼을 금지한 것이 해제되지 않아… 양 민족은 언어 종교 풍속이 크게 달라 종족 간의 구분이 뚜렷합니다. 근래 열강과 교통하며 국위가 쇠락해지는 것에 대해 인민들이 정부를 책망하는 경우가 있습니다… 일부 불온한 무리들이 감히 이 기회를 틈타 만한 간의 권리가 달라 불평등하다는 설을 만들어 함부로 퍼트려 황실의 존엄을 모욕하고 반역의 뜻을 품고 있습니다… 제가 출사해서 가는 곳마다 공개적이나 비공개적으로 조사한 바로는 무지한 청년들 가운데 사악한 학설에 현혹된 자들이 열에 일곱 여덟입니다. 역적 손문의 연설을 듣는 자들이 수천에 이르고 혁명당의 잡지를 읽는 자들이 수만을 넘습니다… 근래에 듣기로 역당의 무리들이 비밀결사를 만들고 각 성에 지부를 만들어 도처에서 선전활동을 한다고 합니다. 혁명을 고취하는 소책자를 인쇄하는데, 노래나 백화문을 이용해 사방에 보내니 그 수를 헤아릴 수 없습니다. 입회하는 사람이 하루에 백 명에 이르지만 종적을 비밀로 하니 막기가 어렵습니다."[33]

위의 글처럼 단방은 만한지쟁의 근본원인을 외국이 부강하고 중국이 유약한 것에 절망한 사람들이 정부를 원망하게 된 것이라고 보면서, 정부에 대한 원망이 만주족에 대한 원망으로 바뀐 것이라고 하였다. 따라서 만한차별이 신정의 큰 장애이자 황실의 큰 위협이라고 진단하여 만한평등이야말로 혁명을 방지하기 위해 반드시 필요한 조치라고 판단하였다. 그는 해결책으로 "역당의 선전이 퍼지는 것은 전염병이 도는 것과 같아서 역적들이 많아질수록 숙청하기가 더욱 어렵기 때문에, 오직 정치적으로 새로운 희망에 인도하고 종족적으로 그 호적을 없애야 한다."[34]고 말하였다. 여기서 '새로운 희망'이란 입헌을 국시로 선포하여 실행하는 것을 의미하며, '호적을 없애는' 것이란 바로 만한평등을 이루는 것이었다. 만한평등을 위해 단방은 두 가지 대책을 제시하였다. 첫째는 관제를 개정하여 만한의 차별 항목을 없애는 것이고, 둘째는 각 성의 주방을 철폐하는 것으로, 이 두 가지 문제는 불가분의 관계이자 핵심적인 문제였다.

첫 번째 대책과 관련해, 단방은 만한지쟁을 없애는 방법으로 엄격한 법을 실행하는 것과 공정한 법을 실행하는 것을 꼽았는데, 그중 엄격한 법의 실행은 효과를 거두기 어렵다고 보았다. 왜냐하면 혁명당은 대부분 소년들이어서 판단력이 흐리고 일시의 감정에 격하기 때문에 그 어리석음을 일깨우고 희망을 주면 국가에 유용한 인재가 될 것이지만, 만약 진압하고자 하면 오히려 혁명당의 세력이 증가할 것이라고 보았다. 따라서 공정한 법을 실행하면 국내가 안정될 것이라고 하였다.

두 번째 대책과 관련해, 단방이 보기에 각지 주방의 기병은 세 가지 폐단이 있었다. 첫째, 국가의 입장에서는 해마다 거액을 들여 유명무실한 필요 없는 관리를 부양하는 것이다. 둘째, 기인의 입장에서는 병적에 이름이 있어 농공상을 금지하므로 독립해서 생계를 도모할 수 없다. 셋째, 한인의 입장에서는 이름이 주방이지 거주하는 곳이 요지여서 천하가 이미 통일되었는데 누구를 막겠다는 것인지 모르겠다는 것이다. 그들은 주방기인이 각성에 흩어져 지방관의 관할을 받지 않으니 마치 국제법상 치외법권을 향유하는 것과 같다며 비아냥거렸다. 단방은 "기인이 관리가 되면 한 가지 일도 못하고 한문도 모르니 모든 일을 주변의 도움을 받지 않을 수 없다."고 비판하면서 개혁의 필요성을 역설하였다.[35]

관제개혁이 불충분하게 이루어진 상태에서 1907년 7월 6일 서석린(徐錫麟)의 봉기가 일어났다. 봉기는 실패했지만 청의 관리였던 서석린이 안휘순무 은명(恩銘)을 권총으로 상해를 입힌 사건은 청조에게 큰 충격을 주었다.[36] 이 사건을 통해 잠복해 있던 만한 간의 갈등이 밖으로 드러났다. 만주족 관리들 사이에서는 배한의 감정이 고개를 들었고, 한족 관리들 사이에서도 청조에 대한 복수의 감정이 나타났다.

만한갈등을 해결하기 위해 단방은 「양강총독단방대주이홍재조진화제만한진역판법팔조접(兩江總督端方代奏李鴻才條陳化除滿漢畛域辦法八條摺)」(1907년 7월 31일)을 써서 만한차별 철폐를 위한 여덟 가지 조치를 제안하였다. 간단히 열거하면, 1)만한의 형률을 하나로 통일하고, 2)만주족 신하가 노재(奴才)라고 칭하지 못하게 하고, 3)만한 간의 통혼을 확실하게 실행하고, 4)만한 간의 관직 차별을 없애고, 5)만주족은 성명을 병기하고, 6)전족(纏足)을 금지하고,[37] 7)수도의 팔기도 기인을 혼성으로 편제하고, 8)주방과 징병의 방법을 하나로 통일하자고 건의했다.[38] 단방의 건의는 이전의 주장을 더욱 구체화시킨 것으로 당시 큰 논쟁을 불러일으켰다. 그가 자희태후의 돈독한 신임을 받고 있었다는 사실을 감안한다면 청조의 정책 결정과정에 상당한 영향을 미쳤을 것임을 짐작할 수 있다. 실제로 1907년 8월 10일 자희태후는 '평만한진역'을 위한 구체적인 제안을 하도록 명하였다. 이에 따라 다음 해 4월까지 전국 각지에서 20여 부의 상주문이 올라왔다. 그 후 평만한진역이 본격화되었는데, 만한 간의 통혼문제, 만한 간의 관직차별 철폐, 기민생계의 해결, 만한 간의 사법통일 등이 주요 개혁내용이었다.[39]

다시 단방은 「양강총독단방주균만한이책치안의판법사조접(兩江總督端方奏均滿漢以策治安擬辦法四條摺)」(1907년 8월 24일)을 통해 기인문제와 관련해 네 가지 건의를 올렸다. 첫째, 기인은 원거주지의 기적에 올려 한인과 같이 지방관이 관리할 것. 둘째, 기인을 해를 나누어 철폐하고, 10년의 전량을 준 후 스스로 생계를 모색하도록 할 것. 셋째, 수도에 거주하는 기인은 동삼성의 넓은 땅을 개간하도록 이주시킬 것. 넷째, 기적에 있는 관료들은 일률적으로 감봉하여 이주경비를 보조할 것 등이다.[40] 이처럼 양강총독 시절 단방의 최대 공헌은 각종 교육·문화사업 말고도 만한차별의 철폐에 있었다. 그는 원세개와 마찬가지로 지방자치와 관련한 각종 개혁에서 뚜렷한 성과를 이룬 것으로 유명한데, 그중에는 만주족의 자치문제도 있었다. 단방은 지방자치국 내부에 만주족이 소외되자 약간의 만주족을 참여시켰으며, 주방도 지방자치의 범주 안에 넣었다.

그 밖에 청조에 올라온 몇 가지 주절의 내용을 살펴보면 다음과 같다.

영하부도통(寧夏副都統) 지예(志銳)은 만주족 인재가 부족하고 부패한 사람이 많다는 것은 헛말이 아니라면서, 신강성이든 동삼성이든 상황은 비슷하다고 보아 조정이 사람을 쓸 때는 능력을 보고 쓸 것을 주장하였다. 아울러 그는 상벌에 있어 만한 간에 하나의 법률을 적용해야 한다고 제안하였다.[41] 지예는 기민들이 자신들의 힘으로 생계를 꾸려나가도록 만들고, 만주족의 관직에 결원이 생기면 한족 관리도 임명할 수 있도록 요청하는 상주문도 썼다.[42]

사천보용도(四川補用道) 웅희령(熊希齡)은 '평만한진역'에서 주의하지 않으면 안 되는 것이 세 가지가 있는데, 첫째 사람을 쓸 때는 반드시 그 능력을 보아야 하고, 둘째 입법에서는 법이 평등해야 하며, 셋째 국민이 일치하는 방향으로 나아가야 한다면서, 그렇지 못하면 문제가 발생한다고 보았다. 아울러 그는 주방을 없애고 수도의 기인을 개혁하자면서 일본의 예를 들어 채권 발행과 이민 등과 같은 몇 가지 대책을 제시하였다.[43]

어사(御史) 강춘림(江春霖)은 종족은 하늘이 내린 것이니 종족차이를 없애려는 것은 불가능하다고 보았다. 그는 한인이 배만을 주장하는 것이 만주라는 두 글자를 세상에서 없애려는 것이라고 보는 것은 오해이며, 한인이 말하는 배만이란 만한불평등에서 나타난 것이니, 만한의 경계를 없애지 않으면 만한의 논쟁은 그치지 않을 것이라고 하였다. 하지만 만한차별의 철폐에는 신중하게 접근할 것을 주장하였다.[44]

흑룡강순무(黑龍江巡撫) 정덕전(程德全)은 겉으로는 종족문제 때문에 정치문제가 나타난 듯 보이나 실제로는 그 반대이니 청조가 형식적인 평만한진역을 통해 만한문제를 해결하려는 것은 본말이 전도된 것으로 기대한 효과를 얻을 수 없다고 했다. 그는 정체의 변화를 이루는 것이야말로 유일한 출로라고 주장하였다. 따라서 기존의 만한평등책에 대해 조심스런 입장을 취하였다.[45] 이런 생각은 이른바 "배만의 주장은 정략적인 논쟁이지 종족적인 논쟁이 아니라"[46]는 생각을 반영하고 있었다.

당시 원세개도 만한평등책을 실행하는 데 큰 역할을 했다고 알려져 있다. 예를 들어, 청조가 공포한 기민을 일반 민적에 편입시키고 기민의 생계의 대책을 마련하는 유지를 만드는 데 그가 영향력을 행사한 것으로 알려져 있다.[47]

청조는 기인에게 제공하던 특혜를 조정하기로 결정하고, 1907년 9월 27일 상유를 내려 각 성의 장군과 도통들이 기민에 대한 생계대책을 강구하도록 했다. 그 방법으로는 기인에게 토지를 주어 농사를 짓게 하는 것, 공장 등을 세워 생계를 유지하는 것, 학당을 세워 교육을 발전시키는 것, 장정을 선발해 신군과 순경에 확충하는 것 등 다양하였다. 이 가운데 비교적 실행 가능한 것은 네 번째 방법으로 기인(주로 京旗에 해당)을 새롭게 만든 육군이나 순경부대에 편입시켜 병적을 유지시키는 방법이었다.[48] 이 방법은 신정 초기부터 실시하던 방식으로, 1902년 말 3,000명의 팔기병이 원세개의 북양군대에서 훈련을 받고 경기상비군(京旗常備軍)이 된 사례가 있었다. 순경이 되는 조건은 신군보다 다소 쉬웠지만 여기에 참가한 기인들은 소수에 불과하였다. 이런 조치는 기인의 생계문제를 일부 해결했으나 근본적인 해결책이 될 수는 없었다.

기인들을 귀농시키는 방법은 근본적인 해결책으로 보일 수도 있겠으나, 실제로는 한인의 농지를 반강제적으로 뺏는다든가 혹은 전혀 농사 경험이 없는 기인들이 농사를 망쳐 부채에 시달린다든가 하는 등 여러 가지 부작용을 낳았다. 기인들 가운데 상공업의 경험이 있는 사람들은 일부 공장을 세우기도 있으며, 직업교육이나 보통교육을 통해 팔기 가운데 일부가 수공업 기술을 습득하는 경우도 있었다. 그나마 팔기의 생계해결에 어느 정도 결실을 본 지방은 동삼성 정도였다. 왜냐하면 이곳은 광활한 토지가 널려 있었고, 대대로 농업에 종사하던 전통이 있었기 때문이다.

본래 기민 간의 예제와 형벌이 다른 것은 팔기제도의 또 다른 특징 가운데 하나였다. 그래서 두 민족은 서로 다른 법률을 실행하고 재판기관도 달랐다. 1907년 10월 9일 자희태후는 "예교는 풍속교화와 관련이 있고 형률은 기강과 관련이 있는데, 만한의 전통과 풍속은 관복의 종류부터 형벌의 경중에 이르기까지 차이가 있다. 서로 다른 것들을 하나로 통일하라. 종실처럼 제도가 정해지지 않은 곳을 제외하고, 예부는 법률을 고치고 대신들은 만한 간의 예제와 형률을 서로 통하도록 논의하여 정한 후 시행하라."[49]고 내각에 지시하였다. 여기서 형률을 고쳐 만주족과 한족에게 동등하게 적용한다는 것은 기인이 범죄를 저질러도 일반인과 같은 법률로 심판한다는 것을 의미했다. 1908년 1월 10일 대신들이 만든 50조의 법률안을 황실이 비준하여 시행되면서 사실상 종실을 제외한 만주족의 신분은 한족과 똑같이 되었다. 따라서 법률뿐만 아니라 재판소도 만한 구분 없이 운영되었다.

1908년 8월 청조가 마침내 「흠정헌법대강」을 공포하면서 「축년주비사의청단(逐年籌備事誼淸單)」을 통해 예비입헌 첫 해에 변통기제처(變通旗制處)를 설립하겠다고 선포하였다. 그해 12월 변통기제처가 만들어져 "팔기의 생계를 관할하고 만한융합을 추진한다."는 목표로 만주족 고관이 다수 참여했으며, 각 주방에도 기무처(旗務處)나 주판기정생계처(籌辦旗丁生計處)가 예비기관으로 만들어져 변통기제의 분위기가 고조되었다.[50] 변통기제의 내용은 세 가지로 요약된다. 첫째, 팔기제도 때문에 만들어진 만한 간의 경계를 허문다. 둘째, 팔기의 생계를 도모하기 위해 기인이 기적을 이탈해 일반 백성으로 바뀔 수 있는 기초를 만든다. 셋째, 기민사회의 일체화를 위해 팔기사회의 사회통제 체제를 바꾼다 등이다.[51] 배만풍조를 억제하기 위해 청조는 이미 만한통혼, 만한 거주지

구분과 교역의 금지를 철폐했으며, 기민의 예제와 형률을 통일하는 등 만한 간의 여러 가지 차별을 없앴다. 나아가 기정체제를 민정체제로 바꾸면서 기민분치의 사회가 점차 기민일체화의 방향으로 나아갔다.

1910년 변통기제처는 각 주방기인이 주변 일반 백성의 거주지로 옮기거나 주변 주현으로 옮겨 생계를 이루려는 경우 관청에서 편리를 보아주되 막지는 말라고 하였다. 변통기제가 만주족의 사회신분을 변화시켜 어느 정도 기민사회의 일체화로 나아간 것은 부정하기 어렵다.[52] 사실상 기제를 폐지하여 주방을 없애고 전량을 금지한 것이 평만한진역의 마지막 과제였다. 이 개혁은 만주족의 강력한 반발을 가져올 것이 분명했으며, 실제로 개혁을 적극적으로 추진할 정치세력은 적었다. 결과적으로 동삼성 말고는 주방이 폐지된 곳이 없어서 만주족이 민적에 편입된 곳은 많지 않았다. 그럼에도 불구하고 팔기제도의 와해는 피할 수 없는 대세로 받아들여졌다.

앞서 언급했듯이, 청조 고위관리 가운데 '평만한진역'에 가장 적극적인 인물은 초기에는 장지동, 후기에는 단방과 원세개를 들 수 있다. 그런데 자희태후와 광서제가 연이어 죽은 후 선통 시기에는 큰 변화가 일어났다. 오래지 않아 원세개와 단방은 차례로 파직되었으며, 신정을 설계했던 장지동 역시 1909년 10월에 죽었다. 이처럼 개혁성향의 정치가들이 물러나고 장지동이 죽은 시점이야말로 한인관료의 만주족 황실에 대한 충성이 와해된 시점이라고 볼 수 있다.[53]

4. 선통시기 만한갈등과 관제개혁의 실패

1) 황실중심주의의 대두

「흠정헌법대강」의 반포는 입헌운동이 새로운 단계에 진입한 사건이었지만 황제의 권리가 거의 무한해 처음의 생각보다 후퇴한 것이었다. 이 대강을 반포한 지 얼마 지나지 않은 1908년 11월 14일 38세의 광서제가 죽고, 다음 날 자희태후도 죽었다. 이로서 세 살에 불과한 부의(溥儀)가 황제가 되고 섭정왕으로 순친왕(醇親王) 재풍(載灃)이 임명되었다. 재풍은 25세에 불과한 청년으로, 3년 간(1909~1911) 집정하면서 청의 마지막 순간을 목격하였다. 그는 정치적으로 무능하여 중앙과 지방 정부의 권력자들을 잘 통솔하지 못했을 뿐만 아니라, 입헌파의 국회청원운동과 같은 요구에 부응하지 못해 "입헌의 이름을 빌어 전제를 행한다."는 원망을 불러일으켰다. 순친왕은 황실을 강화할 목적으로 군사제도와 내각제도 분야에서 황실중심주의를 관철시키면서, 팔기제도의 개혁이나 만한차별의 폐지에서 상당한 동요가 나타났다. 그는 황실 중심의 중앙집권화에 집착한 나머지 만한문제의 처리에 대해서 소극적이고 심지어 퇴보적인 모습을 보였다.[54] 분명한 사실은 재풍의 '평만한진역' 개혁의 후퇴는 청조가 이룬 다른 개혁들의 성과를 무너뜨릴 정도로 심각한 수준이었다는 점이다.

순친왕의 중앙집권화 정책은 군사제도에서 뚜렷하게 나타났다. 의화단사건을 거치면서 거의 전멸한 경사의 팔기를 재건하기 위한 노력의 하나로 기인들 일부를 신군으로 재편하였다. 만주족 정부는 원세개와 철량에게 북경의 기인들을 훈련시키도록 했는데, 이 부대는 1907년 무렵 편성이 완료되어 신군 제1진이 되었다. 신군 말고도 북경의 순경을 육성해 모두 1만 4천 명 이상의 기인이 교육을 받고 재편되었다. 그리고 1903년에 육군귀주학당(陸軍貴胄學堂)을 만들어 왕공귀족과 만주고급관원의 자제들을 군관으로 훈련시켰는데, 1908년에는 같은 목적으로 해군귀주학당(海軍貴胄學堂)도 만들었다. 아울러 일부 만주귀족을 일본과 유럽에 파견에 군사시설을 고찰하도록 했고, 그들의 자제를 외국으로 유학시켜 군사학을 공부하도록 했다.[55]

청조가 신군을 만드는 과정에서 원세개와 장지동을 비롯한 한인관료의 역할이 컸다. 원세개는 북양신군을 만들었으며, 장지동은 호북신군을 만들었다. 만주족 정부는 이런 존재를 불안하게 여겨 병권을 회수하는 작업에 들어갔다. 순친왕은 각 지방의 독무에 의해 군권이 장악되어 있는 상황을 개혁하여 중앙정부가 군권을 통솔하고자 했다. 앞서 언급했듯이 1906년의 관제개혁 때 육군부가 만들어졌는데, 만주인 철량은 육군부 상서로 임명되고 다른 두 명의 만주인이 좌우시랑이 되어, 육군부는 전부 만주인이 통솔하였다. 육군부는 곧바로 원세개의 북양군 6개의 진 가운데 4개의 진을 흡수하면서 단지 2개의 진만을 남겨놓았다. 이처럼 중앙정부가 직접 군대를 장악한 것은 이전에는 없던 일이었다.

순친왕은 이런 성취에 고무되어 전군을 만주인의 손에 장악하려는 정책을 폈다. 1908년 재풍은 자신의 아우 재도(載濤)로 하여금 1만 2천 명으로 된 궁중금위군(宮中禁衛軍)을 편성하여 이를 관장하는 전사훈련금위군대신(專司訓練禁衛軍大臣)으로 삼았다. 그리고 독무가 지방의 육군 지휘권에 간여해왔던 제도를 없애고, 중앙에서 총괄 지휘하기 위한 군자처(軍諮處)를 만들어 이를 관장할 관리군자처사무대신(管理軍諮處事務大臣)에도 재도를 앉혔다. 또 다른 아우 재순(載洵)은 지방의 독무가 해군병함지휘권(海軍兵艦指揮權)에 참여하지 못하도록 하기 위해 새로 건설할 해군책임자인 주판해군대신(籌辦海軍大臣)으로 임명하였다. 결국 1910년에는 북양육군의 6개의 진이 모두 육군부의 통제 아래 놓이면서, 순친왕 재풍 자신은 어린 황제를 대신하여 사실상 청조의 육해군을 모두 통솔하는 전국육해군대원수(全國陸海軍大元帥)가 되었다. 이로서 청조는 1906년의 관제개혁을 통해 병권을 만주인의 손에 놓은 후, 다시 선통시기에는 황실의 손에 놓았다.[56] 하지만 재도나 재순 등은 군사 경험이 거의 없는 인물들이었다.

중앙정부가 병권을 장악하는 일은 근대국가 체제상으로는 당연한 조치이자 중요한 과제였지만 현실적으로 황실은 그 과제를 풀어나갈 여건과 힘을 갖지 못하였다. 1909년 1월 2일 순친왕은 자희태후의 유지를 빌어 원세개를 살해할 생각이었으나, 주변의 반대에 직면하자 그에게 발병으로 걷기도 어려우니 고향으로 돌아가 요양하라고 명령했다. 이는 절차를 무시한 채 일방적으로 파면한 것으로 원세개는 그후 2~3년 동안 은거생활에 들어갔다.[57] 겉으로 보면 황족을 중심으로 권력이 집중화된 듯 보였지만 자희태후의 죽음에 이은 원세개의 파직은 정치권력의 공백을 가져왔다. 청 황실의 군사개혁은 한족 순무의 반대에 직면했을 뿐만 아니라, 심지어 만주족이자 육군부 상서인 철량의 불만을 일으켜 결국 그는 육군부 직책을 사직하였다. 그러나 순친왕의 황실중심주의는 계속되어 철량은 물론 자희태후의 신임을 받았던 단방조차 정치에서 배제되었다. 1909년 6월 단방은 양강총독 3년의 임기를 마치고 중앙정부로부터 우수한 평가를 받아 직례총독에 임명되었다. 불과 48세의 단방은 이홍장과 원세개의 뒤를 이어 중국 최고의 지방 실력자가 되는 듯했으나, 얼마 지나지 않아 주변의 견제를 이기지 못하고 반 년 만에 물러났다.[58]

재풍의 중앙집권화 정책은 나름대로 납득할 만한 시도였으나 주변 친인척만을 기용하고 우유부단하게 일을 처리하는 방식은 청조의 위기를 가져왔다. 재풍 본인도 20대 중반의 어린 나이였으며, 동생인 재순이나 재도도 군부를 담당하기에는 경륜이 부족했다. 재풍이 권력을 잡자마자 실권자였던 원세개와 단방은 물론 철량조차 관직에서 쫓아낸 것은 겉으로는 성공적으로 보이나 실제로는 입헌파에게 큰 실망을 주어 중앙정부의 개혁의지에 대한 회의를 불러 일으켰다. 철량과 단방은 만주족 고관으로 비록 서로 정치적으로 대립하였지만 다른 한편으로는 한족 고관들과 복잡한 정치적 동맹관계를 맺고 있어서 청 제국의 안정에 도움을 주고 있었다. 이제는 그런 연결고리마저 끊어진 것이다. 게다가 원세개를 죽이려 시도한 사실은 민족모순을 과장하는 계기로 작용해 배만사조의 흥기를 가져왔다.

황실중심주의의 대두는 순친왕집단과 원세개, 단방의 북양집단 간의 대결로 바라볼 여지도 있다. 북양집단은 표면상 혁광이 중앙에 군기대신으로 장기간 있으면서 나동, 서세창의 도움 아래 영향력을 행사하고 있었는데, 이들에 대해서는 순친왕조차 어쩌질 못하였다. 하지만 순친왕은 권력을 잡자마자 자희태후의 유지를 빌어 재빨리 원세개를 제거했고, 원세개 다음으로 군대 내에 실세였던 철량을 육군대신에서 사퇴하도록 만들었다. 철량과 같은 유능한 만주귀족조차 소외시킨 것은 당시의 권력투쟁이 얼마나 심각했었나를 보여준다.

흥미로운 사실은 청조의 '평만한진역' 과정에서 중앙정부와 달리 지방정부에서는 한족관리가 점유하는 비중이 꾸준히 증가한 점이다. 1911년 신해혁명 폭발 직전에는 전국 9개 총독 가운데 만한비율은 각각 절반(4:4)이었다. 사천에는 정식총독이 없어서 직책을 분담해 왕인문(王人文, 한족)과 조이풍(趙爾豊, 한군기인)이 임시로 맡고 있었고, 만주족 가운데 동삼성 총독은 한군기인이었다. 가장 중요한 직례총독과 양강총독은 모두 한족이었다. 그런데 14개의 순무 가운데 정식 순무가 아닌 섬서순무를 제외한 13인 가운데 만주족은 단지 2명의 몽골기인뿐이었다. 즉 한족은 11인, 만주족은 2인(모두 몽골기인)이었다.[59] 특히 동삼성에서는 36개의 중요 관직 가운데 만주족은 겨우 3명에 불과하였다.

한편 봉천기무처총판(奉天旗務處總辦) 김량(金梁)은 선통 3년 헌법과 황족 기적의 관계에 대한 주절을 올려 주목할 만하다. 이 상주문은 당시 만주귀족이 헌법에 대해 가진 복잡한 생각을 잘 담고 있다. 그는 헌법의 중요성과 필요성을 인정하면서도 황족과 기적의 입장을 솔직하게 드러내었다. 청의 헌법에서 황족과 기적에 관한 것이 매우 중요하다면서 다음과 같이 말한다.

"우선 헌법과 황족의 관계입니다. 입헌국가에서 황족은 정치에 간섭할 수 없으나 동시에 황실은 그 존엄을 보장받습니다. 그런데 우리나라 황족의 지위는 사람들이 알듯이 정권을 가지고 있는데 일단 제한이 가해지면 황족의 권리에 훼손과 축소가 있지 않겠습니까? 정치의 앞날에 장애가 있지 않겠습니까? 헌법은 장차 어떤 방법으로 그 균형을 유지하겠습니까? 이것이 첫 번째로 논의되어야 할 사항입니다. 다음으로 헌법과 기적의 관계입니다. 북경 이외의 기인 숫자는 오백만 이상에 다다릅니다. 대체로 국가의 식량과 봉급으로 충당되어 스스로 생계를 유지할 수 없는데 제도를 개혁하여 시행하려 합니다. 삼백 년 동안 관습에 안주하여 원기가 상한 지 오래이므로 역시 십 년 교육으로 회복될 수 있는 것이 아닙니다. 헌법에 특별대우의 조항을 정해야 하지 않겠습니까? 이것이 두 번째로 논의되어야 할 사항입니다."[60]

김량은 청 제국이 양원제를 실행하는 데 의원의 자격과 관련해 황족이나 기적의 의원에게 제한이 많아 문제가 있으므로 헌법에 특별규정을 두어 의원 수를 조정할 것을 요청하였다. 이 상주문에서 알 수 있듯이 입헌이 만주귀족에게는 정치적 경제적 특권을 상실할 수 있는 위기로 인식되었다는 사실이다. 그리고 청조의 입헌이 일본을 비롯한 서양열강과 달리 소수민족 정권의 개혁이라는 사실을 잘 지적하고 있다. 청 왕조 전 시기에 걸쳐 만주를 숭상하고 만한일체를 주장한 정책으로 일관되었는데, 헌정개혁은 바로 이런 현실에 근본적인 변화를 가져오는 것이었다. 예비입헌을 하는 중요한 이유 가운데 하나가 헌법을 반포하여 배만의 설을 잠재우려는 것이었지만, 실제로 개혁을 추진하던 만주귀족의 눈에는 매우 불안한 것이었다.

2) 마지막 관제개혁의 실패

1906년 관제개혁의 핵심이 책임내각의 설치 여부였다면, 1911년 관제개혁 과정에서 문제가 된 것은 국회의 개원시기였다. 순친왕이 9년의 준비기간을 거쳐 반드시 입헌을 실행하겠다는 약속은 별다른 호응을 얻을 수 없었다. 오히려 중앙의 일부 관리들과 대부분의 지방 독무들은 9년이 너무 길다고 생각해 1~2년 내에 국회를 열고 내각을 만들 것을 희망하였다. 이미 1907년 9월 20일 자정원(資政院)을 설치하여 입법부의 기초로 만든 바 있었다. 1909년에는 제1차 자의국(諮議局) 회의가 열렸으며, 1910년에는 북경에서 자정원 회의가 열렸다. 자의국이 성 입법기관의 전신이라면, 자정원은 국회의 전신이었다.[61] 국내외 입헌파들은 입헌의 최우선 목표가 국회를 개설하고 책임내각을 성립시키는 것이라고 굳게 믿고 있었으며 청조의 입헌을 촉진시키기 위해 국회청원운동을 벌였다.

국회청원운동이 계속되자 청조는 입헌일정을 4년으로 단축하여 1912년에 헌법을 반포하고 1913년에 국회를 열도록 약속하였다. 그리고 순친왕은 한인들의 요구에 따라 책임내각을 조직하기로 동의했다. 1911년 5월 8일 청조는 새로운 내각제도를 반포하면서 군기처 및 회의정무처를 폐지하였다.[62] 이로서 옹정제(雍正帝) 이후 권력의 핵심인 군기처가 사라지고 내각이 들어섰다. 책임내각을 만들면서 중앙 관제에 변화가 있었다. 중앙 각 부서의 장관은 모두 대신(大臣), 부대신(副大臣)으로 하고, 그 아래로 좌우승(左右丞), 참의(參議), 참사(參事) 등의 관직이 있었다. 이부(吏部)를 없애고 예부(禮部)를 전례원(典禮院)으로 바꾸고, 염정처(鹽政處)를 염정원(鹽政院)으로 바꾸었으나 오래지 않아 도지부(度支部)에 합쳤으며, 군자처(軍諮處)는 군자부(軍諮府)가 되었다. 황제의 권위를 보장하고 국회와 내각을 견제하기 위해 필덕원(弼德院)을 고문기구로 증설하였다. 해군부(海軍部)와 군자부(軍諮府)를 만들었다. 이런 내각제도의 개혁까지는 호응이 좋았다.

그런데 막상 내각명단이 발표되자 사람들은 큰 충격에 빠졌다. 총리대신(總理大臣)에 경친왕 혁광(황실)이 임명되었고, 협리대신(協理大臣)에 대학사 나동(만주족)과 대학사 서세창(한족), 각부대신(各部大臣)의 경우, 외무대신에 양돈언(梁敦彦, 한족), 민정대신에 숙친왕(肅親王) 선기(善耆, 황족), 도지대신에 재택(황족), 학무대신에 당경숭(唐景崇, 한족), 육군대신에 음창(蔭昌, 만주족), 해군대신에 재순(황족), 사법대신에 소창(紹昌, 황족), 농공상대신에 부륜(溥倫, 황족), 우전대신에 성선회(盛宣懷, 한족), 이번대신에 수기(壽耆, 황족)가 결정되었다. 13명의 내각각료 가운데 만주족이 9명, 한족이 4명이었다. 게다가 9명의 만주족 가운데 무려 7명이 황족이었다. 순친왕은 황실친인척들을 위해 군권을 장악한 후에 이제는 행정권까지 장악하려 기도한 것이다. 이른바 황족내각의 출현은 입헌의 원칙(군주는 책임을 지지 않고, 황족은 내각을 조직하지 않는다)에 완전히 위배된 것이어서 입헌파를 비롯하여 그나마 남아있던 지지자들을 절망에 빠뜨렸다. 황족내각의 출현은 군주입헌제의 완전한 굴절을 상징하는 사건이었다.

결국 무창봉기가 발발하자 입헌파의 다수가 혁명을 지지했고, 지방독무는 조정을 버리고 독립을 선포하였다. 비록 직례총독이나 양강총독과 같은 가장 중요한 총독들은 관망하는 태도를 취했으나, 다른 독무들은 급진적인 모습을 보였다. 신해혁명으로 남북이 분열하자, 남북의 신문에는 "중대한 국면을 수습할 수 있는 사람은 원세개밖에 없다."[63]는 기사를 실어 그의 복귀 분위기를 조성하였다. 청조 내에 남아있던 혁광, 나동, 서세창과 같은 원세개의 지지자들도 지금은 절체절명의 위기상황이므로 원세개의 기용을 강력히 주장하였다. 열강 역시 새로운 중국을 탄생시킬 걸출한 인물로 원세개를 꼽고 그야말로 진보적인 관리이므로 하루빨리 정계에 복귀해야 한다고 보았다.[64] 황실조차도 이제는 자신들을 살릴 수 있는 유일한 인물이 원세개라고 기꺼이 인정하였다.

1911년 11월 1일 청조는 원세개를 내각총리대신으로 임명하고 군사의 전권을 넘겨준 것은 물론 책임내각의 조직권한을 맡겨 20명의 정부대신을 임명하도록 했다.[65] 모든 권력을 한 손에 쥔 원세개는 11월 16일 새로운 내각명단을 발표했는데, 여기에는 만주족이 겨우 한 사람으로 황족은 없었으며, 각료 중에는 공상대신으로 장건(張謇), 법부 부대신으로 양계초(梁啓超)의 이름이 올라 있었다. 그는 열강의 지지까지 등에 업고 순친왕 재풍의 사직을 압박했으며 결국 재풍은 자신의 정책오류를 인정하는 글을 쓰고 쫓겨났다. 정치적으로 무능한 융유태후(隆裕太后)가 등장하자 거꾸로 원세개가 오래전부터 구상했던 책임내각이 출현하였다. 하지만 이 내각도 두 달 후 청조의 몰락과 함께 해체될 운명에 놓여 있었다.

얼마 후 청조는 군대의 압력으로 「헌법중대신조십구조(憲法重大信條 十九條)」(1911년 11월 26일)를 발표하였다. 여기서 입법 사법 행정의 삼권분립을 확인하여 황제권을 축소시키고 국회의 권력을 확대하여 마지막으로 독무와 입헌파의 지지를 회복하려고 시도했다. 「헌법중대신조십구조」에는 다음과 같은 내용을 담고 있다. 황제의 권리를 헌법으로 제한하고, 국회의 상원을 국민선거로 뽑는다; 헌법과 헌법 수정안은 국회에서 기초하여 의결한다; 내각은 국회에서 나오며 황족은 총리대신이나 기타 국무대신 및 각성의 행정장관이 될 수 없다; 육해군은 황제가 통솔하지만 부서의 조정은 국회의결 후에야 실행할 수 있다. 황실경비 황족대전 심지어 황위계승까지 모두 국회에서 결정하되 헌법에 저촉되어서는 안 된다 등이다. 이른바 「십구신조」는 청조의 어쩔 수 없는 선택으로 영국식 군주입헌제의 모델에 따른 것인데, 황제는 사실상 정치적 상징에 불과하고 내각의 권리가 크게 확대된 것이었다. 정부는 책임내각제를 실행하여 권력을 확대하고, 내각이 의회에 대해 책임을 지는 구조였다. 의회지상주의를 추구하여 국회가 입법은 물론 사법감독 등의 권리를 가지면서 권력균형의 원칙을 관철시키는 내용이었다.[66]

그런데 「십구신조」는 황급히 만들어진 문건임에도 불구하고 1908년의 「헌법대강」과 마찬가지로 세습황권에 관한 특별 규정을 두었다. 「십구신조」의 제1조가 "대청제국 황통은 만세불변이며", 제2조에 "황제의 신성함은 침범할 수 없다."는 규정 등이 그것이다. 그럼에도 불구하고 몇 차례의 관제개혁을 거치면서 만들어진 군주이미지는 더 이상 전통적인 의미의 황제와는 상당한 차이가 있었다. 예를 들어, "멀리는 독일을 본받고 가까이는 일본을 채용한다(遠法德國, 近採日本)."는 청 황실의 군주제 원칙을 중심으로 「일본제국헌법」을 모델로 만들어진 「헌법대강」에서 영국식 모델을 차용한 「십구신조」로의 변화에서 알 수 있다. 이 시기를 전후하여 궁부의 체제를 명확히 해 황실과 정부를 분리하고 황실경비와 국가경비를 구분하는 등 일련의 제도개혁이 이루어졌다. 뿐만 아니라 얼마 지나지 않아 황실에서 가장 문제 있는 집단이 궁정환관이라며 궁정태감(宮廷太監)을 없애거나, 여관(女官)을 따로 설치해 궁녀를 선발하지 않는 방향으로 나아갔다.

원세개는 군주입헌제의 옹호자임을 자처하며 청조 권력을 장악했으나, 혁명파와의 교섭과정에서 청 황제의 퇴위를 조건으로 자신이 대총통직을 보증받는 과정에서 일단 공화제로 돌아섰다. 어쩌면 황족내각의 여파로 인해 군주입헌제를 계속 고집하기에는 곤란한 상황이었을 수 있다. 비록 이 무렵 원세개는 만주족 정권의 퇴진에는 혁명파와 같은 입장이었으나, 앞으로의 정치체제와 관련해 공화제에 대해서는 여전히 이견이 있었던 것으로 보인다. 재풍을 대신한 융유태후는 군주 공화정, 즉 군주가 국정에 간섭하지 않는 조건으로 황제의 직위만이라도 보전하려 했지만 격렬한 반대에 부딪혔다. 결국 1912년 2월 12일 융유태후는 선통제의 이름으로 「퇴위조서(退位詔書)」를 발표하였다.

"지금 온 나라가 공화제 정부에 기울어져 있다. 남부와 중부의 여러 성이 먼저 이러한 의사를 확실히 표명했고, 이어서 북부 여러 성의 군사 지도자들도 향후 똑같은 주의 주장을 지지하기로 약속했다. 신민이 열망하는 바를 살펴 우리는 하늘의 뜻을 알았다. 그저 우리 황실만의 영광을 위해 신민의 요구를 거스르는 것은 옳지 않다. 우리는 시대의 조짐을 알았고 민심의 동향을 판단했다. 그리고 지금 황제의 도의를 얻어 주권을 신민에게 부여하고, 공화국의 기초위에 입헌정부의 수립을 선언한다. 이렇게 결정함으로써 우리는 정치적 혼란의 종식을 바라고 있는 신민에게 위안을 주고자 할 뿐 아니라, 정치적 주권이 궁극적으로는 백성에게 있다는 옛 성현들의 가르침도 따르고자 한다."[67]

청 황실의 「퇴위조서」에는 "원세개가 전적으로 공화정부를 조직한다."는 말을 보태 그가 황실로부터 정권을 얻었다는 사실을 드러내었다. 황제의 퇴위는 청조와 혁명파와 원세개 간의 삼자의 작품이지만, 원세개는 청조와 혁명파는 물론 열강의 신임 아래 대총통 취임이라는 가장 좋은 과실을 얻었다. 「퇴위조서」와 함께 「청실우대조건(淸室優待條件)」을 공포했는데, 여기서는 만주인은 한인과 평등하며, 원래의 사유재산을 보호해주고, 기존 거주지 등의 제한을 없애어 각 주현에 자유롭게 입적할 수 있다든지, 만몽회장(滿蒙回藏)은 원래의 종교를 신앙할 자유가 있다는 내용 등을 담았다. 이런 원칙은 민국 초 「대총통선언서(大總統宣言書)」나 「임시약법(臨時約法)」에서도 다시금 확인되었다.[68]

당시 인구에 회자되었던 "황제가 물러나고, 변발을 잘랐다."는 표현은 신해혁명의 두 가지 성격을 암묵적으로 보여준다. 하나는 황제체제가 무너졌으나 헌정이 제대로 실시되지 못하여 힘의 시대가 도래했다는 것이다. 다른 하나는 변발은 만주족과 한족 간의 민족문제를 넘어 중요한 정치문제였는데, 이것이 사라졌다는 것이다. 어쨌든 신해혁명의 성공으로 '배만'의 문제는 사라졌지만 여전히 '공화'의 문제는 남았다.

5. 맺음말

청말 민족주의의 구조는 군주입헌과 공화라는 두 가지 정치적 아이덴티티로 나타났으며, 정치적 아이덴티티의 분화는 민족관계, 특히 만한관계에 대해서 다르게 나타났다. 청조는 군주입헌제를 중심으로 한 헌정을 통해 다민족을 하나의 국민으로 만들어 새로운 국가를 만들려고 시도했지만 실패하였다. 우선 충분한 군사력과 경제력을 가지지 못한 채 '평만한진역'을 추진한 것이 문제의 하나였다. 만한차별에도 힘이 필요했지만, 만한평등에도 힘이 필요했던 것이다. 소수민족으로 국내외 민족주의 사조에 대응하며 민족 간 평등을 이루려는 것은 결코 쉬운 일은 아니었다.

본문에서는 청말신정 시기 만한갈등을 해소하기 위한 관제개혁 과정에서 단방과 원세개의 역할이 무척 중요했다는 판단 아래 이 두 인물을 중심으로 그들의 생각과 활동을 살펴보았다. 청말신정 이래로 중앙정부는 전통관제 가운데 만한겸용의 원칙을 폐지해 민족모순을 완화시키려 했지만 실제 관제개혁에서는 정반대의 현상이 나타났다. 두 차례 관제개혁에서 처음에는 한족이 제거되었고, 다음에는 만주족이 득세하여, 오히려 만한융합이 불가능하다는 사실을 드러내는 역효과를 초래하였다. 만주족 통치자는 체제개혁 과정에서 한족이 개혁의 이름을 빌려 황제를 비롯한 만주귀족의 권력과 지위를 빼앗을지도 모른다고 경계하며 기득권에 연연하였다. 이런 수구적 경향은 만한평등책과 관제개혁을 주도한 단방이나 원세개의 축출로 이어졌으며, 황실중심의 중앙집권화 시도는 오히려 입헌파의 좌절감만을 키우고 혁명파의 급속한 확산을 가져왔다. 만주귀족 이외의 일반 만주족 기인들도 경제적 토대의 와해로 빈곤해져서 더 이상 청조에 우호적이지 않았다. 막상 무창에서 봉기가 일어났을 때 대부분 한족이었던 지방의 독무들은 독자적인 행보에 나섰으며 황실은 중앙의 군대조차 통제할 수 없었다. 그런데 신해혁명 후 만주족 타도를 주장했던 혁명파가 금방 '오족공화(五族共和)'를 주장하는 발 빠른 변신은 만한갈등의 진정성을 의심케 한다. 물론 그 까닭은 다수민족인 한족이 정치의 중심이 된 상황에서 다민족국가의 광대한 영토의 분열과 해체를 원치 않았기 때문일 것이다. 게다가 일부 혁명가들은 오래전부터 민족주의의 위험성을 인지하고 있어 이를 조절하려고 노력하였다.

왜 이론적으로나 실제적으로 나름대로 설득력이 있었던 군주입헌론이 실패하고 혁명이 일어났을까? 청조가 군주입헌제로 나아가는 길에서 피할 수 없는 과제의 하나는 관제개혁이었다. 그런데 관제개혁을 왜곡시킨 대표적인 원인 가운데 하나가 만한갈등이라는 사실에는 의심의 여지가 없다. 이것은 다른 나라의 사례에서도 자주 나타나듯이 민주주의의 과정 중에 민족주의의 간섭을 받은 현상일 것이다. 특히 만주족이라는 소수민족 권력의 특수성이 관제개혁을 왜곡시켜서 예비입헌을 변질시켰으며, 궁극적으로는 근대적인 입헌군주를 창출하는 데 실패하였다. 그렇다고 군주의 존재 자체에 대해 중국사회에 전반적인 회의가 있었던 것은 아니다. 당시는 '한족'이 아닌 '만주족' 황제의 이미지를 부정했던 측면이 강하며, 그래서 얼마 지나지 않아 원세개의 제제운동(帝制運動)을 비롯한 복벽이 계속 시도되었다.[69] 어쨌든 혁명 후 종족 간 모순과 갈등의 색채는 후퇴하고 공화국 건설이라는 새로운 정치적 과제가 대두되었지만, 그 길도 결코 순탄치만은 않았다.

8장

명치정부의 무대장치 천황릉

이근우

1. 머리말

명치유신은 복고적인 외피와 개혁적인 내실이 뒤얽혀 있는 정치과정이었다. 외피를 상징하는 존재가 천황이었다면 내실을 대표하는 것은 유신관료(維新官僚)들이라고 할 수 있다. 쿠데타를 통해서 권력을 장악한 유신관료들은 권력의 정당성을 확보하기 위하여 천황이라는 존재를 적극적으로 이용하게 된다. 그 결과로 나타난 것이 천황의 순행(巡幸)을 비롯하여 천황의 사진 및 초상과 같은 시각적인 장치들이었다. 이미 천황의 사진과 이에 대한 예배의례는 천황제국가를 형성하고 유지하기 위한 매우 엄격한 장치이며, "명치유신 직후에 만들어진 여러 중요한 정책들이 새로운 국가권력을 '눈에 보이는' 것으로 만들려는 의도로 관철되고 있었다는 사실이 논의되어왔다. 사실 천황은 민중에게 그다지 알려져 있지 않았다. 이러한 천황을 시각화하는 정책은 뒤얽힌 국내외의 정치 사회 문화 등의 그물을 풀어내기 위한 것이었으며, 천황의 양장화(洋裝化) 과정과 함께 점차 사진으로 표현된 천황의 모습에 천황을 가깝게 만들어갔다"고 하는 시각에서 천황의 초상을 연구한 성과가 있다.[1]

그런데 천황과 명치정부의 권력을 시각화하려는 작업 중에서 빼놓을 수 없는 것이 과거 천황들의 능 즉 천황릉[2]이다. 이 글에서는 천황릉이 성립되는 과정과 천황릉이 가지고 있는 문제점, 그리고 외세의 등장이라는 국가적인 위기상황에서 왜 천황이 부각되었는지에 대해서도 일정한 전망을 제시해보고자 한다.

2. 대왕·천황의 능묘

고분시대에 고분은 열도사회의 통합을 상징하는 기념물로 전국 각지에서 조영되었다. 전방후원분(前方後圓墳)을 최상위로 하고 전방후방분(前方後方墳)·원분(圓墳)·방분(方墳)의 서열을 가진 고분은 3세기 경에 성립된 일본열도의 호족연합정권을 상징하는 심벌이었다고도 할 수 있다.[3] 그래서 3~6세기를 일본 고고학계에서는 고분시대(古墳時代)라고 부른다. 거대한 전방후원분이 조영된 시기이자 고분이야말로 그 시대를 대표하는 유적이기 때문이다.

그런데 특히 큰 전방후원분들은 대부분 천황릉 내지 참고지(參考地)로 지정되어 있어서 발굴은 물론 접근 자체가 금지되어 있다. 가장 큰 고분 30개 중 25개가 천황릉으로 지정되어 있다. 물론 이 고분이 전혀 발굴(도굴)되지 않은 것은 아니지만, 현재로서는 고고학적인 연구가 불가능하기 때문에 외형이나 주변에서 우연히 수습된 토기류 등을 가지고 축조시기를 판단하는 상태에 머물러 있다.[4]

또한 고분시대에는 호족연합정권의 수장을 아직 천황이라고 부르지 않았으며, 왕 혹은 대왕이라고 불렀다. 따라서 엄밀한 의미에서는 인덕천황릉(仁德天皇陵)·응신천황릉(應神天皇陵)·계체천황릉(繼體天皇陵)과 같은 용어는 성립될 수 없다. 천황이라는 용어가 처음 사용된 시기는 빨라야 추고(推古) 혹은 천무(天武)·지통(持統)의 시대로 보고 있다.[5]

그러나 정작 천황이라는 용어가 사용되는 시기에는 거대고분의 축조가 이미 중단되었다.[6]

7세기 중엽부터 8세기 초에 걸쳐서 일본의 고대 율령제국가가 성립되고 관료제가 정비되자 그 이전에 피장자의 신분을 드러내는 표지로 사용되었던 분구의 의의가 소멸하게 되었다. 귀족 및 관인은 분구묘(墳丘墓)를 축조하지 않게 되었고, 천황릉의 분구(墳丘)도 작아지거나 팔각형으로 형태가 바뀌게 된다. 이미 천지천황(天智天皇)의 경우가 그렇다.[7]

또한 불교 교리에 입각한 화장이 보급되면서 더욱 그러한 경향이 강해졌다. 지통천황(持統天皇, 재위 690~697)은 화장을 하였다고 기록된 최초의 천황이다. 지통은 천무와 합장되었는데 이 천황릉은 겸창시대(鎌倉時代)에 도굴되었으며, 이에 대한 기록은 『아불기내산릉기(阿不幾乃山陵記)』이다. 이에 따르면 절석(切石)을 이용한 횡혈식석실(橫穴式石室)형태의 현실(玄室)에는 천무천황의 관과 함께 지통천황의 화장골(火葬骨)을 담은 장골기(藏骨器)가 있었다고 한다. 이후 천황의 경우도 화장이 일반화되어 사찰이 천황의 장송(葬送)과 능묘의 제사가 중요한 역할을 담당하였다. 화장을 하게 되면서 화장한 장소에 분묘를 만들거나 화장골을 사원에 납골하는 방법이 채택되었다.

한편 고대의 천황권력이 쇠퇴하면서, 대왕이나 천황의 능묘는 강호시대(江戶時代)까지 방치되거나 혹은 논이나 밭 혹은 성 등으로 개발되었다. 또한 논에 물을 대기 위한 관개시설로 쓰기 위하여 원래는 물이 들어 있지 않던 고분 주변의 해자[隍][8]에 저수시설이나 배수설비 등을 마련하여 물을 채우게 된다. 특히 중세 이후 무사들이 자신들의 거점이나 방어시설로 쓰기 위하여 이미 산과 같은 외관을 가지고 있는 고분을 변형하여 성(城)으로 개축한 경우도 적지 않았다. 예를 들어 대판(大阪)의 전안한릉고분(傳安閑陵古墳)은 전국시대(戰國時代)에는 성으로 개조되어 사용되었으며, 이 때문에 고분 중에는 금성총(今城塚)·고옥성산고분(高

屋城山古墳)과 같이 성이라고 불린 것들도 적지 않았다.

강호시대에 이르면 대부분의 천황은 경도(京都) 천용사(泉湧寺) 경내에 구층 석탑 형식의 능묘를 만들었다.[9] 이처럼 평안시대(平安時代) 이후 천황릉은 기념물로서의 성격이 거의 사라지게 되었다고 해도 과언이 아니다. 그 기간은 실제로 천황이 정치적인 권력을 상실한 시기와도 맞물려 있다고 할 수 있다.

그러나 강호시대의 원록(元祿) 연간에 들어서면서 수호(水戶)의 덕천광국(德川光圀, 1628~1701)의 건의를 계기로 막부(幕府)가 천황릉을 수리하기에 이르렀다. 이때 천황릉의 경계를 분명히 하기 위하여 담을 두르기도 하였다.[10] 덕천광국은 바로 『대일본사(大日本史)』를 편찬한 장본인이며 후에 존황론(尊王論)을 형성하는 배경이 된 수호학(水戶學)의 창시자라고 할 수 있다. 길전송음(吉田松陰)과 서향륭성(西鄕隆盛)를 비롯한 막말(幕末)의 지사(志士)들은 수호학에 커다란 감명을 받았으며, 이 수호학이야말로 명치유신의 중요한 이념적인 배경이 되었다. 대표적으로 1791년에 등전유곡(藤田幽谷)이 「정명론(正名論)」을 저술하여, 군신상하(君臣上下)의 명분을 엄격하게 유지하는 것이 사회의 질서를 안정시키는 요체라고 주장하였으며, 이러한 생각이 바로 존왕론에 이론적인 근거를 부여하였던 것이다. 이처럼 막말 존왕론의 배경이 된 수호학에서 처음으로 천황릉에 대한 관심이 싹트기 시작하였다.

또한 1808년에는 포생군평(浦生君平)이 『산릉지(山陵志)』를 저술하여 당시 천황릉의 상황을 자세히 조사한 내용을 담고 천황릉의 부흥을 주장하였다. 이는 막말의 천황릉 지정 및 존왕론(尊王論)에 커다란 영향을 주었다. 막부는 막부 타도 및 존황 운동이 고조되는 와중에, 천황가의 환심을 사고 존왕론자들을 무마하기 위하여 1862년부터 6년에 걸쳐서 역대 천황릉을 수리하였다.[11] 천황이 새로운 군주로 등장하기 전에 이미 천황릉은 그 권위를 회복하고 있었던 셈이다.

그리고 존왕론의 중심에 있었던 효명천황의 경우는 용천사(泉湧寺) 경내에 분구를 갖춘 능을 만들었다. 3단으로 축성된 원분(圓墳)에 수혈식 묘갱을 파고 그 안에 석곽을 놓고 관을 안치한 것이다. 직경 45m에 이르러 분구묘가 근대의 여명에 다시 출현한 것이다. 이 시기에 존왕사상(尊王思想)이 고조되면서 고대에 대한 복고적인 경향이 강해진 결과이다.

뒤를 이은 명치천황의 경우도 경도의 복견도산(伏見桃山)에 능을 조영하였다. 상원하방분(上圓下方墳)으로 조영된 능은 하단 방형의 한 변이 약 60m, 상원부의 높이 6.3m이며, 방형의 묘갱을 파서 내벽을 콘크리트로 마감하고 그 안에 목관과 목곽을 넣었다. 곽 내부의 빈 공간에는 석회를, 곽 바깥과 묘갱 사이에는 목탄을 채우고, 석개(石蓋)를 덮은 다음 다시 콘크리트로 마감하였다고 한다. 상원하방분은 천지천황릉(天智天皇陵)을 모델로 하였다고 한다. 백제에 구원군을 파견하고 당과 맞섰던 천지천황이야말로 명치유신이 추진된 명치시대에 이상적으로 생각하였던 군주였기 때문일 것이다. 7세기 이후 화장이 일반화된 속에서 효명에 이르러 드디어 화장이 중단되고 고대의 묘제로 복귀한 것이다. 이후 대정천황릉(大正天皇陵, 多摩陵), 정명황후릉(貞明皇后陵), 소화천황릉(昭和天皇陵)은 모두 상원하방분으로 조영되었다. 소화천황릉의 경우는 한 변 27m로 명치천황릉에 비해서는 규모가 많이 축소되었다.[12]

3. 흑선(黑船)의 출현과 신무천황릉(神武天皇陵)

1853년 동경만(東京灣)에 나타난 페리의 흑선(黑船)은 일본사회에 커다란 충격을 던졌다. 막부는 미국의 개항요구를 조정에 상신하였고, 이를 기점으로 조정의 동향이 정국에 적지 않은 영향을 미쳤다. 이 시기에 조정은 원의 침입 때와 마찬가지로 신사와 절에 서양 오랑캐를 물리쳐 줄 것을 기원하였고, 일본국의 건국주인 신무천황(神武天皇)에 대한 관심도 커진다.

1) 신무천황릉의 탄생

이미 1853년(安政 6) 12월에 조정은 막부에 대하여 묘방산(畝傍山)의 신무천황릉을 수리하도록 요구하고 있다. 그리고 신무천황릉은 국가의 대사이며 공무(公武)[13] 번영의 기초임에도 불구하고 종래 그 정확한 위치에 대하여 여러 가지 의견이 있으므로 국사(國史)를 살펴서 확인하고 묘사(廟祠)를 두어 황국(皇國)의 광휘(光輝)로 만민(萬民)들이 받들어야 할 것이라고 하였다.[14] 이 해는 바로 페리함대가 미국 대통령의 국서를 지참하고 온 사실과 페리가 지참한 서한이 조정에 전달된 때이다. 이어서 1855년과 1857년에도 신무천황릉에 대하여 논의한 바가 있는 것으로 기록하고 있다.[15]

신무천황은 실존 여부가 의문시되고 또 신무천황의 모델이 된 것으로 보고 있는 숭신천황(崇神天皇)의 시기도 본격적으로 고분이 조영되기 이전에 해당하므로 신무천황릉의 위치에 대해서 많은 논란이 있었다. 그러나 천무천황의 즉위와 관련하여 신무천황릉에 제사를 지내고 말과 병기를 바쳤다는 기사가 『일본서기』에 보이므로 천무 원년 7월 단계에는 신무천황릉이 존재하였다고 할 수 있다.[16]

그러나 실제로는 신무천황릉의 위치에 대해서는 세 가지 이상의 견해가 있었고, 계속 그 위치가 변해왔다. 1675년에 편찬된 『남도명소집(南都名所集)』(太田敍親)에서는 '신무전(神武田)'을 신무천황릉으로 간주하였다. '신무전'에 대한 설명에 따르면, "묘방산은 신무천황이 도읍한 곳이다. 곧 천황의 능임을 보여주는 돌이 있다. 그 돌을 신무전이라고 한다. 기미년 10월에 일향국(日向國) 궁기군(宮崎郡)으로부터 와서 이곳에 제도(帝都)를 세우고 강원궁(橿原宮)이라고 이름하셨다. 이 산을 흔히 자명사산(慈明寺山)이라고 한다"고 하였다.[17]

이러한 견해는 송하견림(松下見林)의 『전왕묘릉기(前王廟陵記)』(1696)로 이어지고 있는데, 그는 동북릉(東北陵, 신무천황릉)이 100년 전부터 무너져서 분전(糞田)이 되었으며, 지저분하기 이를 데 없어서 크게 탄식하고 슬퍼할 지경이라고 하였다. 농부들이 이곳을 오르내리며 전혀 이상하게 여기지 않으니 보는 사람이 한심할 지경이라고 하여, '신무전'이 논으로 변하였고 농민들이 퇴비를 넣는 등 예사로이 경작하고 있었음을 알 수 있다.[18]

그런데 원록(元祿) 연간에 막부가 수릉사업(修陵事業)을 할 때 편찬된 『제릉주원성취기(諸陵周垣成就記)』(1698)에 의하면, 이 수릉사업의 대상이 된 신무천황릉은 '신무전'(山本村)이 아니고 사조촌(四條村)의 총산(塚山)이었다.[19] 이에 대해서 본거선장(本居宣長)은 『관립일기(菅笠日記)』(1775)에서 총산(塚山)의 위치나 지형이 『고사기(古事記)』의 기록과 일치하지 않는 점을 들어 부정하였고, 후에 산본촌(山本村)에 속한 부락민 마을인 동촌(洞村)에 있는 어릉산(御陵山, 현재 丸山古墳)을 신무천황릉으로 보는 견해에 찬동하였다. 이후 포생군평[20]의 『산릉지(山陵志)』(1808)와 평총표재(平塚瓢齋)의 『성적도지(聖蹟圖志)』(1854)에서도 같은 견해를 확인할 수 있다.[21] 1853년에 효명천황이 막부에 신무천황릉의 수리를 명할 때는 아마도 어릉산을 염두에 두고 있었을 것이다.

이처럼 〈표1〉에서 볼 수 있는 바와 같은 복잡한 논의가 있었으나,[22] 1862~1863년의 수릉사업에서는 '미산자이'를 신무천황릉으로 만들었다. 환산고분(丸山古墳)과 '미산자이'[23]라고 불리는 장소 두 곳이 유력한 후보였는데, 결국 1862년 단계에서 현재 궁내청이 관리하고 있는 '미산자이'로 결정된 것이다.[24] 원래 이곳은 '신무전'(지부타)이라고 부르는 2 정보(町步) 정도의 논밭이 있는 곳이었다. 다만 한 변 길이 약 7m, 높이

1m 정도의 방형 토단과 직경 4m 정도의 원형 토지에 풀이 자라는 곳이 있었다. 1862년에 수축할 때 그 주위에 방형으로 호(濠)를 파고 물을 채웠다. 한편 문구(文久) 연간의 수릉 때 책정되어 전국 116곳에 부과된 능묘 수축비가 총 43,500량(兩)이었는데 그중 15,000량이 신무릉 조성에 투여되었다. 현재 신무릉은 동서 약 130m, 남북 약 114m의 호로 둘러싸인 능역(陵域) 가운데, 직경 33m, 높이 약 6m의 팔릉원분(八菱圓墳)이 있으며, 주변은 울창한 숲으로 둘러싸여 있다. 그러나 신무릉 자체가 막말에 새롭게 만들어진 것이고, 주변도 논밭이었던 곳에 인공적인 식목을 통하여 조성한 새로운 숲이다.[25]

명치시대에 이처럼 신무천황이 중시되었기 때문에 1873년에 신무천황의 즉위일인 2월 11일을 축하하기 위하여 기원절(紀元節)로 삼았다. 또한 1890년에는 신무천황을 제사 지내기 위한 강원신궁(橿原神宮)이 신무릉(神武陵)의 남쪽에 건설되었다. 신무가 나라를 세웠다는 해로부터 2,600년이 되는 1940년에는 전국 각지에서 나무를 기증받았고, 이를 다시 노력봉사를 통해서 신궁 주변에 심는 사업을 추진하였다. 또한 기원절에 강원신궁을 참배하는 일을 특별한 의미가 있는 것으로 권장하였다.[26]

이처럼 신무천황릉을 정하고 많은 비용을 투입하여 천황릉을 조성한 다음 천황이 요배(遙拜)를 하거나 직접 행행하여 제사[親拜]를 지낸 이유는, 신무가 구주(九州)에서 출발하여 동쪽으로 정벌한 무위(武威)가 강한 신격(神格)으로 여겨졌기 때문이다. 이 시기에 신공황후도 역시 삼한정벌을 단행한 무위를 갖춘 신격으로 여겨지면서 주목받게 된다.

	사료명	편저자명	연대	사항
1	古事記	太安萬侶	712	御陵은 畝火山의 북쪽 白檮尾上에 있다
2	日本書紀	舍人親王	720	畝傍山 東北陵에 장사지냈다
3	天武紀	(高市縣主許梅)	(672)	神日本磐余彦天皇의 능에 말과 여러 가지 병기를 바쳤다
4	延喜式		927	畝傍山東北陵(畝傍橿原郡 兆域宮御宇 神武天皇, 在大和國東西一町, 南北一町, 守戶五烟, 高市)
5	多武峰略記	檢校靜胤	1179	國源寺는 高市郡 畝傍山 동북. 人皇第一 國主(神武)
6	南都名所集	太田叙親	1675	畝傍山은 신무천황의 도읍 흔적, 御陵 표시석, 神武田
7	定基卿記	野野宮定基	1694	畝傍 艮 방향에 작은 언덕이 있다. 이것 이 山陵이다
8	和州巡覽記	貝原益軒	1695	神武陵은 うねび山의 艮 방향에 있다. 神武田
9	前王廟陵記	松下見林	1696	東北陵은 백년 이래 糞田이 되었고 神武 田이라 함
10	諸陵周垣成就記	細井知愼	1697	土民이 능에 오르고 개간하기도 함
11	歷代廟陵考	(松平紀伊守信庸)	1699	신무천황릉, 畝傍山의 동북. しぶの田 (神武田의 訛)라고 함
12	上同	上同		高市郡 四條村 小泉堂村의 동쪽, 塚山
13	神武御陵考草案	川路聖謨	(1732)	함부로 말을 풀어놓음
14	菅笠日記	本居宣長	1772	畝傍山 서북의 高市郡 慈明寺村 すいせ ん으로 추정
15	陵墓誌	竹口英齋	1797	畝傍山 동북부의 御陵山(丸山)
16	山陵志	蒲生君平	1808	畝傍山 동북 모퉁이 御陵山
17	山陵記	北蒲定政	1848	畝火山의 동북 洞村 위의 丸山
18	蘭笠のしづく	谷森善臣	1857	神武田
19	文久 修陵	宇都宮藩	1882	神武田을 神武天皇陵으로 修陵

〈표1〉 신무천황릉 관련 사료와 여러 가지 견해(藤田友治의 자료에 의함)

2) 천황릉 어배(御拜)의 성립

신무천황릉의 창출 및 천황릉 수리와 관련하여 또 하나 주목해야 할 것이 '산릉어배(山陵御拜)'라고 불리는 의례의 성립이다. 역시 양이론(攘夷論)이 비등하는 과정에서 천황이 서양 오랑캐들을 직접 정벌해야 할 필요성이 논의되면서 '산릉어배'라는 새로운 의례가 성립된다. 이러한 의례 또한 천황릉이 가지고 있는 정치적인 의미를 보여주는 것이라고 할 수 있다.

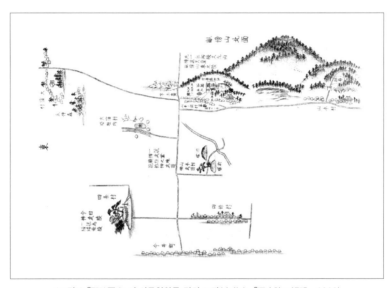

〈그림1〉『聖蹟圖志』의 신무천황릉 관련 도판(今井堯,『天皇陵の解明』, 2009)

강호시대에는 천황릉 자체에 대한 의례는 존재하지 않았다. 다만 역대 천황의 기일이 되면 불교식으로 의식을 치렀을 뿐이다. 그런데 산릉어배가 처음으로 등장하는 것은 효명천황의 부왕인 인효천황의 17번째 기일에 해당하는 1862년 2월 6일의 일이다. 이날 저녁 어전(御殿)의 앞뜰에 나가 묘소가 있는 천룡사 쪽을 향하여 절을 하였다.

1862~1863년은 존왕양이운동이 격화되었으며, 그런 와중에 천황과 조정의 권위가 급격하게 높아진 시기이다. 천황릉을 중심으로 보면 1862년 10월에 산릉수보어용괘(山陵修補御用掛)와 산릉봉행(山陵奉行)이 설치되고, 수릉사업이 진행되었다. 1863년 2월에는 신무천황릉의 정비가 완료되었다. 그래서 2월 22일에는 이 사실을 알리기 위한 봉고사(奉告使)가 신무릉에 파견되었고, 봉고사가 산릉에 도착한 24일에는 청량전(淸涼殿) 동쪽 뜰에서 효명천황이 신무천황릉 및 수정천황(綏靖天皇) 이하 여러 능에 대하여 배례를 행하였다. 바로 이 시기는 조정 내에서 존왕양이파(尊王攘夷派)가 득세한 때이고 천황이 서양 오랑캐를 직접 정벌해 한다고 주장되기 시작한 때이다. 그리고 봉고사가 출발한 22일은 장주번(長州藩) 번주(藩主) 모리경친(毛利敬親)이 서양 오랑캐를 천황이 직접 정벌할 것을 건의한 날이다. 모리경친이 건의한 내용을 살펴보도록 하자.

이번에 특별한 성단[宸斷]으로 바다를 건너온 큰 적들을 일소하고 황국의 무위를 여러 오랑캐들에게 빛내고자 하시는 생각을 하셨는데, 반드시 친정(親征)하지 않으면 (그 목적을) 이룰 수 없는 상황인 것으로 삼가 생각하고 있습니다. 계축년(1853년, 페리 내항) 이래 여러 차례 이세(伊勢)·가무(加茂)·석청수(石淸水)에 양이안민(攘夷安民)을 위한 기원을 하셨으며, 이번에 양이의 기한을 결의함과 관련하여 바로 봉폐사(奉幣使)[27]를 파견하게 되었는데, 특히 가무신사(加茂神社)는 가까운 곳에 있으므로 특별히 파격적으로 신사에 직접 참배하시고 또한 용천사(泉湧寺)에 참예하셔서, 역대 (천황)의 지혜로운 혼령(叡靈)에게 이를 보고하지 않으면 안 된다고 삼가 생각합니다.(하략, 괄호 안 필자)[28]

이처럼 양이친정을 실행하는 새로운 천황상의 창출이 '역대 천황의 지혜로운 혼령'에 대하여 결의를 보고하고 도와줄 것을 기원하는 행위에 의해서 정당화되는 논리구조를 가지고 있다.[29] 그러한 논리구조 속에는 신무천황릉이 멀리 떨어져 있어서 직접 갈 수는 없지만 천황이 요배(遙拜)를 통해서 오랑캐를 물리치는 일을 결행할 것을 보고하는 내용도 포함되어 있다. 실제로 3월 28일과 29일에 궁정에서 천황 스스로 산릉어배를 행하였다. 8월 13일에는 신무천황릉과 춘일신사(春日神社)의 행행(行幸)이 결정되기도 하였다. 양이 친정을 실행하는 천황을 만들어냄으로써 막부의 존재의미를 부정하려고 한 존왕양이파의 의도로, 산릉어배는 중요한 의례로 자리잡게 된다.[30]

수릉사업이 진행되면서 1864년 2월에 천황릉을 관리하는 제릉료(諸陵寮)가 다시 설치되었고, 5월에는 외환(外患)에 대한 기원을 위해서 신무천황릉에 봉폐사(奉幣使)를 파견하였고, 이후 매년 3월 11일에 봉폐하기로 결정하였다. 왕정복고(王政復古) 이후에도 명치천황의 행동에 권위를 부여하는 수단으로 다시 산릉이 사용된다. 1868년(명치 원년) 12월 효명천황의 3주기(三周忌)에 명치천황은 직접 산릉에 나아가 참배하였다. 3주기 의례 자체도 신도식으로 행해졌고 불교의례는 배제되었다. 1870년 3월에는 천황이 직접 신무천황제를 지내게 된다.

암창구시(岩倉具視)는 1867년 9월에 "왕정복고는 힘써 도량(度量)을 넓히고, 규모를 크게 할 필요가 있다. 그러므로 관료제도를 세우는 데는 마땅히 신무제(神武帝)의 건국에 근거하여 천하의 통일을 꾀하고, 만기(萬機)의 유신(維新)에 따르는 것으로써 규준으로 삼아야 할 것이다"라고 하여, 왕정복고를 도모하기 위해서는 신무천황의 건국에 기초를 두어야 함을 밝히고 있다. 이처럼 명치유신의 과정에서 종래에는 전혀 돌아보지 않았던 신무천황을 명확하게 의식하기 시작한 것이다.[31] 그러한 신무천황을 가시적으로 보여주기 위해서 신무천황릉과 강원신궁(橿原神宮)을 만들어낸 것이다. 천조대신(天照大臣)의 자손으로서 일본국을 세운 신무천황을 명치국가의 원점으로 삼음으로써, 만세일계(萬世一系)[32]나 천황의 신성불가침과 같은 논리를 정당화할 수 있었던 것이다.

이와 같이 명치유신의 과정은 천황의 제사장으로서의 권위와 권능을 부활하는 과정이기도 하였고, 당연한 결과로서 유신정권은 제정일치의 체제를 갖추지 않을 수 없었던 것이다.

4. 천황제 부활의 배경

이처럼 천황릉을 정하고 이를 대대적으로 보수하거나 새로 만든 배경으로 간과할 수 없는 것이 원래 일본의 천황이 가지고 있었던 제사장으로서의 성격이다.[33] 천황은 고대에는 현실적인 정치권력의 정점에 있었을 뿐만 아니라, 일본열도 전체의 제사를 총괄하는 제사장으로서의 성격을 가지고 있다. 실제로 천황은 신상제(新嘗祭)를 비롯한 각종 제사를 집전하는 존재이며, 지금도 여전히 각종 제사를 집전하고 있다.[34]

서양 오랑캐(洋夷)들이 나타나 일본이 국가적인 위기에 처하자, 막부를 비롯한 많은 사람들이 천황이 가지고 있는 주술적인 성격에 주목하였고, 천황의 오랑캐 퇴치(攘夷)를 위한 기원을 통하여 그 위기를 극복하고자 한 것이 천황릉 특히 신무천황릉과 신공황후릉의 지정으로 나타나게 된 것으로 볼 수 있다. 실제로 이 시기에 천황은 오랑캐 퇴치를 위한 제사에 적극적으로 나서게 된다. 당연히 천황이 오랑캐나 반란자에 대한 항복과 복속을 기원하는 것은 이미 역사 속에 거듭되었던 일이다.

1) 내우외환과 천황의 역할

원나라의 침입 때도 외국이 항복할 것(異國調伏)을 기원하는 각종 기도행위가 빈번히 나타난다. 1271년 9월 원의 사신이 원에 대한 복속을 요구하는 국서(國書)를 가져오자, 막부(幕府)는 이를 조정에 진상하였고, 조정은 바로 이세신궁에 칙사를 파견하여 신들에게 이국항복을 기도하였으며, 10월 25일에는 후심초상황(後深草上皇)이 직접 석청수팔번궁(石淸水八幡宮)[35]에 나아가 외국의 일에 대하여 기원하였다. 원의 1차 침입 때인 1274년 11월 6일에 "외국의 도적(異賊)의 배가 큰 태풍을 만나 모두 침몰하였다"는 통지를 받자, 이틀 후인 8일에 구산상황(龜山上皇)이 직접 석청수팔번궁에 나아가 참배하고 밤을 새워 승리와 국토 안전을 위한 기원과 감사 의례를 행하였다. 9일에는 하무신사(賀茂神社)·북야신사(北野神社)에도 행차하였다.

원의 2차 침입에 앞서 미장국(尾張国) 중도군(中島郡)의 성해사(性海寺)의 경우에도 1280년 초에는 이적항복(異賊降伏)을 위한 기도를 행하였으며(『性海寺文書』), 1281년 초에는 인화사(仁和寺)·석산사(石山寺) 등에서도 마찬가지 기도가 행해졌다. 4월에 이르러 조정은 적의 공격 시기가 닥쳐오고 있다는 풍문을 듣고 연력사(延曆寺)·원성사(園城寺)·동사(東寺)·인화사(仁和寺)에 칙사를 보내어 외국이 항복하도록 하는 수법(修法)을 행하도록 하였고, 원어소(院御所)[36]에서도 마찬가지로 오단법(五壇法)[37]을 행하였다. 조정은 1281년(弘安 4) 5월 8일에 외국의 침입과 관련된 기원을 위하여 22개의 신사에 봉폐사를 파견하였다.

막부도 겸창(鎌倉)에서 존승법(尊勝法)[38]을 7일에 걸쳐 행하도록 명령하였다.[39] 또한 여러 신사에 대하여 천도예(千度詣) 및 백도예(百度詣)[40]를 명하였다. 하무(賀茂)·송미(松尾)·평야(平野)·도하(稻荷)·대원야(大原野)·일길(日吉)·매궁(梅宮)·기원(祇園)·자야금궁(紫野今宮)·태조호(太詔戶)에 각각 백도(百度), 춘일(春日)·길전(吉田)·광전(廣田)·북야(北野)·종상(宗像)·매전(梅田)·법성사총사(法成寺惣社)·우치이궁(宇治離宮)·평강(平岡)에 각각 천도(千度), 동삼조각명신(東三條角明神)에 이천도예(二千度詣)를 행하기로 하고 각각 봉사자(奉仕者)와 봉행자(奉行

者)를 정하였다. 상황(上皇) 등도 직접 이국이 항복하도록 기도를 행하였는데, 6월 18일에는 구산상황(龜山上皇), 19일에는 후심초상황(後深草上皇), 20일에는 당시 관백(關白) 등원겸평(藤原兼平)이 대궁원(大宮院)과 실정원(室町院) 등의 원궁(院宮)에서 행하였고, 조정이 고관들도 모두 이를 행하였다.

이처럼 조정과 막부는 몽고에서 사신이 내항한 직후부터 석청수팔번궁 및 우좌팔번궁(宇佐八幡宮) 등의 주요 팔번사(八幡社)와 이세신궁(伊勢神宮), 주길대사(住吉大社), 엄도신사(嚴島神社), 추방대사(諏訪大社), 동대사(東大寺), 연력사((延曆寺), 동사(東寺) 등 각지역의 신사와 절에 이국항복을 위한 기도와 기원, 봉폐를 거듭하였다.[41]

대외적인 위기만이 아니라 내부의 반란이 생긴 경우에도 어김없이 각종 제사를 통하여 반란을 진압하려는 노력을 기울이고 있다. 고대에서 그 사례를 찾아보면, 740년 9월 3일에 등원광사(藤原廣嗣)의 반란이 일어나자 대야조신동인(大野朝臣東人)을 대장군, 기조신반마려(紀朝臣飯麻呂)를 부장군으로 임명하여 군사 17,000명을 거느리고 반란군을 토벌토록 하는 한편, 11일에는 치부경(治部卿) 삼원왕(三原王)을 보내어 폐백을 이세신궁에 바치게 하였다. 또한 15일에는 부처님의 가호로 백성을 편안하게 하고자 하여 각 지역별로 7척 높이의 관세음보살상을 만들고 『관세음경(觀世音經)』을 필사하도록 하였다. 29일에는 구주 지역에 조칙을 내려 등원광사가 불효불충하여 하늘에 어긋나고 땅을 등졌으므로, 신명(神明)이 그를 버리고 멸하는 일이 곧 있을 것이라고 하였다.

즉 반란의 주모자인 등원광사를 멸하는 것은 바로 신명이라고 한 것이다. 10월 9일에도 대장군 대야조신동인으로 하여금 팔번신(八幡神)에게 기원하여 청하도록 조칙을 내렸다. 10월 29일에는 이세국에 행궁(行宮)을 만들도록 하였는데, 이는 성무천황(聖武天皇)이 직접 이세대신궁을 참배하고 반란을 진압을 기원하기 위함이었다. 그러나 성무천황이 이세로 가는 도중에 반란이 진압됨으로써 이세신궁 참배는 실현되지 않았으나, 성무의 이러한 궤적은 효명천황이 서양 오랑캐를 물리치기 위해서 신사와 사찰에서 제사를 올린 것과 유사한 것이라고 하지 않을 수 없다.

2) 양이(攘夷) 기원

1853년 6월 15일에 막부로부터 북아메리카 군함이 포하(浦賀)에 내항하였다는 보고를 받자, 가장 먼저 한 것이 7개의 신사와 7개의 절에 사신을 보내어 기도하도록 하는 일이었다. 이때 내린 교서의 내용은 다음과 같다.[42]

요즘 오랑캐의 배[夷船]가 상모국(相模國) 어포군(御浦郡) 포하(浦賀) 앞바다에 왔다고 하는데, 그 사정은 실로 알기 어렵다. 비록 방어를 위한 대비가 엄중하다고 하나, 근래에 자주 근해에 접근하니, 나의 마음[叡慮]이 심히 불안하다. 오직 신명(神明)과 부처의 그윽한 보살핌[冥聽]을 우러러 속히 오랑캐의 무리를 물리쳐서, 국체(國體)에 지장이 없고, 세상이 평온하며, 천하가 태평하며, 왕위가 장구하며, 만민이 즐길 수 있도록 하고자 한다. 기도를 오늘부터 7일 간 7개의 신사와 7개의 절에서 정성을 다하여 근행해야 할 것이다.

7월 12일에는 막부에서 페리가 지참한 미국 대통령의 국서와 페리의 서한을 일본어로 번역하여 조정에 전달하였다. 그 내용은 읽은 효명천황은 다음과 같은 답서를 내렸다.[43]

어젯밤에 소사대(所司代)로부터 이번에 포하(浦賀)에 도래(渡來)한 서한의 사본을 황망하게 열어보고는 급히 옮겨 쓴 다음, 공개[披露]해야 하는 것인지 생각하였다. 지난밤에 과거를 살펴보니, 항상 보내온 서한이 다른 나라의 역사서에 실려 있음을 볼 수 있었다. 홍안(弘安) 연간(1278~1287)의 원나라 세조가 글을 보낸 일이 있었는데, 이에 회답을 하지 않았으며 사절도 살해하였다가, 후년에 화가 난 원의 선박이 평호(平戶)의 바다에 이르렀으나, 폭풍으로 배들이 부서졌다는 대재부의 첩장(牒狀)이 있었다. 모두 황량한 일이다. 그 후의 원사(元史)에 선박이 온 일이 분명하다.(하략)

이 글에서 알 수 있는 것처럼 효명천황은 미국 페리의 내항을 원 세조 쿠빌라이가 사신을 보낸 일과 연관시켜 파악하고 있다. 그리고 그 이후 효명천황의 대응은 기본적으로 원의 침입 때 조정이 보여준 대응과 다르지 않다. 각 지역의 큰 신사에 외환에 대하여 기도하는가 하면,[44] 이세 신궁 이하 22개의 절에서도 기도를 올리도록 하였다.[45] 러시아 함선이 나타난 이후나 막부가 미국과 체결한 조약 내용을 보고한 때에도 이세 신궁 등에 봉폐사를 보내거나 기도하도록 하였다.[46]

이러한 대응은 지진[47]·천연두[48]·돌림병[49] 등이 발생하거나 예방하기 위해서 혹은 혜성이 나타났을 때 신사 등에 기도를 올리게 한 것[50]과 다르지 않은 것이다. 이처럼 천황의 주된 역할은 외우내환이 발생하였을 때 이를 해소하기 위하여 신사와 사찰에 기도를 하도록 하거나 스스로가 신사에 참배하는 것이었다고 할 수 있다.

또한 페리 함대가 외륜증기선(外輪蒸氣船)이라는 특이한 외관의 함선들을 거느리고 내항하기는 하였지만, 그 목적은 포경선들이 식수나 땔감 등을 얻을 수 있는 기항지를 마련하고 조난이나 표류되었을 때 선원들을 구제해주기를 원하는 것이었기 때문에 전혀 공격할 의도를 갖지 않았다. 페리에게 내린 해군장관의 지침도 포경선원의 생명과 재산의 보호였다.[51] 페리가 지참한 국서 속에서도 페리가 내항한 이유를 결호(結好)와 통상장정(通商章程)의 체결이라고 하면서, 극히 우호적인 내용이었다.[52] 원의 세조가 보낸 복속을 요구하는 국서와는 전혀 다른 것이었다. 그런데도 서찰의 내용이 말이 되지 않고[不文] 예를 잃었으니 가히 오랑캐라고 할 만하다고 하였다. 다만 이적에게 답을 하지 않아서 전쟁에 이를 가능성을 염두에 두면서 '신주(神州, 일본)가 더렵혀지는 것'을 걱정하고 있다.[53] 조정 측의 이러한 외국에 대한 경계심과 오랑캐에 대한 멸시는 명치국가의 기조로 이어졌다고 할 수 있다.

양이론(攘夷論)이 비등하는 시기에 이르러 1863년 3월 11일에 효명천황은 양이기원(攘夷祈願)을 위해 가무신사(加茂神社)에 행행하였다. 이때 14대 장군 덕천가무(德川家茂)도 참여하였다. 4월 11일에는 효명천황이 석청수신사에 나아가 양이(攘夷)를 기원하였다.[54] 석청수신사와 가무신사(加茂神社, 賀茂神社)는 모두 원의 침입 때 이국항복의 기원을 올린 신사들이다. 8월 13일에는 효명천황이 양이 기원을 위해서 신무천황릉과 춘일신사에 행행하고 다시 이세신궁에 행행하려는 계획이 발표되었다. 이 또한 1863년 8월 18일의 정변으로 성무천황의 경우처럼 실행에 옮기지 못하였으나 국가의 위기가 닥치면 천황이 직접 이세신궁에 행행하려고 한 점에서는 일치하고 있다.

이런 점에서 효명천황의 대응은 도저히 개명적이라고 할 수 없다.[55] 복고적이라고 하기조차 어렵고 종래의 천황이 행해오던 각종 제사를 그대로 행하는가 하면, 이미 중단된 각종 제도나 제사를 부활시키고 있다. 재궁(齋宮)의 부활을 논하는가 하면,[56] 제릉료를 다시 설치하고,[57] 북야신사(北野神社) 임시제(臨時祭)[58] 춘일제(春日祭) 구의(舊儀),[59] 기원제(祇園祭)[60] 신상제(新嘗祭) 구의(舊儀),[61] 대원야제(大元野祭),[62] 송미제(松尾祭)[63] 등을 차례로 부활시키고 있다.

명치유신의 과정에서 천황제가 부활되는 것은 천황의 정치적 권력이나 능력 때문이 아니라 종교적·주술적인 권위에서 비롯된 것이다. 원의 침입 때 외국의 항복을 기원한 것과 전혀 다르지 않은 논리에 입각해서 서양 오랑캐들을 신명과 부처에 대한 기도로 물리치고자 한 것이다. 다만 원의 침입 때와 달라진 점이 있다면 신무천황을 비롯한 천황릉에 대한 제사·행행을 하고 있다는 점이다.

이처럼 대외적인 위기에 직면한 상황에서 천황이나 천황릉의 존재가 부각된 것은 천황이 전통적으로 행해왔던 외국 항복이나 양이(攘夷)를 위한 주술적인 역할, 그리고 천황 자체가 신격(神格)으로서의 성격을 가지고 있었기 때문이라고 할 수 있다. 이는 무사들이 권력을 장악한 시대에도 천황제가 존속할 수 있었던 이유와도 연관되어 있다고 할 수 있다. 이 문제에 대해서는 다음 기회에 좀 더 자세히 다루어보고자 한다.

5. 명치시대의 능묘 지정과 문제점

막말(幕末)에는 이처럼 신무천황릉(神武天皇陵)의 지정과 조성이 중요한 사안으로 부각되었다. 이는 서양 오랑캐의 등장이라는 위기상황에 직면하여, 원의 침입 때와 마찬가지로 신국 일본을 신명들이 도와주기를 바랐기 때문이라고도 할 수 있다. 그러한 신국의 원점이 바로 천조대신의 자손이자 일본국의 시조인 신무천황이었고, 그 신명에게 위기를 알리고 오랑캐의 퇴치를 기원한 것은 어쩌면 당연한 일이었다고 할 수 있다. 그러나 한편으로 명치시대에는 명치유신의 주역들이 천황을 전면에 내세우고 천황을 새로운 국가의 구심점으로 만들고자 하였다. 그러기 위해서는 천황이라는 존재의 의미를 부각시킬 필요가 있었고, 또한 신성불가침의 존재로 만들 필요가 있었다. 이를 위해서 강조되는 것이 천신의 자손이라는 사실과 만세일계로 이어져온 황통이었다.

1) 능묘의 지정

만세일계의 천황이라는 논리를 만들기 위해서는 신무천황부터 연면히 이어져온 천황들을 증명할 수 있는 천황릉을 가시적으로 보여줄 필요가 있었다. 그래서 명치시대에 들어와서 모든 천황의 능을 비롯하여 왕비와 왕자들의 묘까지 확정하기에 이르렀다.[64] 1874년에는 고분을 발견하면 신고하도록 하는 통달을 내렸다. 또한 이 해에 신대삼릉(神代三陵)이 결정되었고, 1876년에 숭준(崇峻), 1877년에 홍문(弘文), 1878년에 수정(綏靖), 1879년에 환무천황(桓武天皇)의 황후릉 등 정해지지 않았던 능묘의 지정이 완료되었다. 천황릉 지정은 이렇게 1878년에 일단 종료되었고, 이후 천황릉의 정비와 관리가 본격적으로 이루어졌다. 그리고 능묘 이외의 일반 고분까지도 발굴이 크게 제한되었다. 아직 능의 소재가 확인되지 않은 왕자 및 공주가 있었기 때문에 그들의 능묘일지도 모르는 고분을 발굴할 가능성을 사전에 차단한 것이다. 또한 천황릉에 대한 현창사업이 더욱 강화되었다. 그러나 천황릉의 비정에는 많은 문제가 있었고 그러한 문제점은 현재까지 일본의 고고학 연구 등에 어두운 그림자를 드리우고 있다.

막말의 막부와 명치정부가 천황릉을 비정하는 과정에서 주로 참고한 것은 『고사기』·『일본서기』 및 『연희식(延喜式)』, 현지의 지명·전승, 천황릉 추정과 관련하여 이른바 능묘연구가들이 집필한 문헌 등이었다. 분구의 규모나 형태 유물 등을 검토하는 고고학적인 방법론은 전혀 채택되지 않았다.[65]

대산고분(大山古墳)을 인덕천황릉(仁德天皇陵)으로 지정하는 과정을 보도록 하자. 『고사기』와 『일본서기』에서는 인덕천황릉에 대하여 각각 모수지이원(毛受之耳原, 모즈노미미하라), 백설조야릉(百舌鳥野陵, 모즈노노미사사기)라고 하였다. '모즈'라는 말은 '때까치'라는 새를 나타낸다. 이 새는 곤충·거미·도마뱀·개구리·물고기·들쥐 등을 잡아먹는데, 잡은 먹이를 나뭇가지나 뾰족한 가시에 꽂아 두는 버릇이 있다. 『일본서기』에 따르면 인덕천황이 하내(河內)의 석진원(石津原)에 나아가 직접 능지를 정하고 능을 만들게 하였다. 그런데 갑자기 사슴이 나타나 일하는 사람들 사이에 쓰러져 죽었으며 죽은 사슴의 귀에서 때까치가 나왔다고 한다. 때까치가 사슴의 귓속을 다 찢어놓았던 것이다. 그래서 이곳을 백설조이원(百舌鳥耳原)이라고 하였다는 것이다. 이러한 기록을 통해서 인덕천황릉이 하내의 석진원 혹은 백설조이원에 조영되었음을 알 수 있다.

그 밖에도 『연희식』이라는 법규집의 「제릉료식(諸陵寮式)」에 의하면, "백설조이원중릉은 난파궁에서 천하를 다스린 인덕천황의 능으로 화천국 대도군에 있다. 조역은 동서 8정 남북 8정이고, 능호는 5연이다"라고 되어 있다.⁶⁶ 여기서 중릉(中陵)이라고 한 것은 백설조이원에 위치한 고분군 중에서 인덕천황릉이 가운데 위치하고 있다는 뜻일 것이다. 그 밖에도 이 문헌에는 백설조이원의 북릉(百舌鳥耳原北陵)은 반정천황(反正天皇)의 능(동서 3정·남북 2정), 백설조이원의 남릉(百舌鳥耳原南陵)은 이중천황(履中天皇)의 능(동서 5정·남북 5정)과 같이 백설조이원에 위치한 다른 능에 대해서도 기록하고 있다. 그러나 실제로 백설조 고분군에는 대형 고분이 7기나 있어서 세 천황의 능을 결정하는 것은 결코 용이한 일이 아니다. 그러나 명치정부는 간단한 방법으로 결정했다. 중앙에 위치한 것으로 생각되는 중릉이 일단 고분군 전체에서 가장 큰 고분에 해당하는 것으로 보고 이를 인덕천황릉으로 지정하였다. 그리고 그 북쪽에 있는 것(田出井古墳)을 반정천황릉으로, 남쪽에 있는 것 중에서 거리가 가깝고 큰 것(石津丘古墳)을 이중천황릉으로 지정한 것이다.

더욱 기이한 것은 신대 삼릉의 지정이다. 이 능들은 신무천황 이전의 삼대의 인물들의 무덤인 셈이다. 『일본서기』에 따르면 천조대신의 명령으로 천진언언화경경저존(天津彦彦火瓊瓊杵尊, 니니기)은 위원중국(葦原中

國)을 통치하기 위하여 고천원(高天原)에서 지상으로 내려왔다고 한다. 이것이 바로 천손강림이다. 『고사기』에서는 니니기가 강림한 곳이 "축자(竺紫) 일향(日向)의 고수구사포류다기(高穗久土布流多氣)에 내려왔다"고 하였고, 『일본서기』에서는 '일향습(日向襲) 고천수봉(高千穗峯)' 혹은 '축자(筑紫) 일향(日向) 고천수(高千穗)'라고 하였다. 그 후에 니니기가 죽자 축자 일향의 가애산릉(可愛山陵)에 묻었다고 하였다.[67] 또한 언화화출견존(彦火火出見尊)은 일향(日向) 고옥(高屋)의 산상릉(山上陵)에, 언파렴무로자초즙불합존(彦波瀲武鸕鶿草葺不合尊)은 일향(日向) 오평(吾平)의 산상릉(山上陵)에 묻었다고 하였다. 신무천황의 능도 우여곡절 끝에 신무전(神武田)에 새롭게 조영하는 방식으로 해결할 수밖에 없었으므로, 그보다 훨씬 이전 시기에 활동한 존재의 능을 정하는 일은 사실 불가능에 가깝다고 할 수 있다.

그러나 이것도 극히 정치적인 입장에서 결정되었다. 현재 『능묘요람(陵墓要覽)』을 보면 천진일고언화경경저존(天津日高彦火瓊瓊杵尊)의 가애산릉은 녹아도현(鹿兒島縣) 천내시(川內市) 궁내정(宮內町) 협원(脇園)에 있는 원분으로 지정되어 있고, 천진일고언화화출견존(天津日高彦火火出見尊)의 능은 같은 녹아도현 압량군(始良郡) 구변정(溝邊町) 녹관구(麓菅ノ口)에 있는 방형분, 천진일고언파렴무로즙자불합존(天津日高彦波瀲武鸕葺鶿不合尊)의 능은 역시 녹아도현 간속군(肝屬郡) 오평정(吾平町) 상명(上名)의 무덤으로 비정되었다. 고대에 일향이라고 불린 지역은 궁기현(宮崎縣)이다.

그런데도 신대삼릉 모두 녹아도현으로 비정된 것은 명치유신의 주역들이 대부분 살장(薩長) 즉 살마(薩摩, 현재의 녹아도현)과 장주(長州, 현재의 山口縣) 출신이었다. 특히 토막(討幕)의 군사력의 중심은 살마였다. 서향륭성(西鄕隆盛)이 근황군(勤皇軍)의 총사령관이었던 사실을 통해서 살마의 우위를 짐작할 수 있다. 1877년(明治 10)의 서남전쟁(西南戰爭) 때까지는 이러한 경향이 강하였다. 또한 신대삼릉을 찾도록 명령을 받은 사람도 전중뢰용(田中賴庸)이라는 살마번(薩摩藩)의 국학자였다. 국가적인 위기를 구하기 위하여 막부를 타도하고 천황의 권위를 다시 회복하는 데 성공한 인물(薩摩藩의 藩士)들이 바로 천손강림의 땅에서 온 인물이라고 한다면, 천조대신을 비롯한 천황가의 조상신의 음덕을 확인할 수 있는 셈이다. 또한 살마번 무사들의 행동이 정당화될 수 있다. 신대삼릉을 살마번에서 찾아낸 것은 일석이조의 정치적 효과를 갖는 일이었다. 그런 의미에서 신대삼릉은 극히 정치적인 산물이라고 하지 않을 수 없다.[68]

명치시대의 능묘 지정은 이처럼 문헌 기록이나 전승 등을 근거로 한 것이었고 또한 강렬한 정치적인 의도를 가진 것이기 때문에, 시간이 흐를수록 고고학적인 지식이 축적되면서 능묘지정의 문제점들이 심각하게 제기되고 있다.

2) 능묘의 문제점

고분에 대한 지식이 거의 없었던 당시의 비정은 여러 가지로 문제를 안고 있었다. 우선 결사팔대(缺史八代)라고 불리는 천황들까지도 모두 능을 비정하였다. 신무는 그나마 숭신천황을 모델로 하여 창작한 인물로 생각되므로 숭신천황을 기준으로 능묘의 비정을 시도해볼 수 있겠지만, 결사팔대의 천황들은 일본 국가의 기원을 앞으로 끌어올리게 위해서 허구로 만들어낸 것이기 때문에 능묘의 비정 자체가 불가능하다. 고분이 조성되기 시작하는 때는 가장 올려 잡아도 3세기 전반이고 3세기 중엽 이후로 보는 견해가 많다. 그런 상황에서 기원을 전후한 시기에 재위한 것으로 기록되어 있는 천황들에게도 능을 모두 비정해준 것이다. 이 부분이 우선 천황릉 비정에서 큰 문제를 안고 있다고 할 수 있다.

그러나 문제는 거기에 그치지 않는다. 예를 들어 고분이 아닌 곳을 천황릉으로 조성하거나, 두 개의 독립된 고분을 하나의 고분으로 만들거나, 고분의 원형을 자의적으로 변형시키면서까지 모든 천황릉을 정하려고 하였다.

안강천황(安康天皇)의 능으로 비정된 곳은 원래 실정시대(室町時代)의 보래성(寶來城)이라고 하는 성곽의 흔적이다. 이 안강천황은 중국 남조의 사서인 『송서(宋書)』에 등장하는 왜5왕(倭五王) 중 흥(興)으로 추정되는 인물로 고분시대에 재위하였다. 그러므로 안강천황의 무덤은 대형 전방후원분 중 하나일 것이다. 그럼에도 불구하고 전혀 엉뚱한 중세의 성곽 유적에 능을 비정하고 현재까지 능에 제사를 올리고 있는 실정이다.[69]

분구의 형태를 개변한 경우로는 대판부(大阪府) 우예야시(羽曳野市)에 있는 웅략천황릉(雄略天皇陵)으로 비정된 고분의 경우는 원래 직경 75m의 원분이었으나, 가늘고 긴 이등변삼각형 형태의 전방부를 새로 만들어 붙였다. 강원시(橿原市)의 왜언명(倭彦命)의 능으로 비정된 고분은 한변 85m의 방분이었는데, 전방후원분 형상으로 개조하였다. 당시는 천황이나 황족의 능은 모두 전방후원분이어야 한다는 생각을 가지고 있었던 것이다.[70]

역사적으로 실재한 천황들의 경우도 전혀 시기가 맞지 않은 비정이 적지 않다. 예를 들어 인덕천황릉이 대표적인 경우라고 할 수 있다. 앞에서 언급한 바와 같이 인덕천황릉으로 지정된 대산고분은 1852년(嘉永 5)에 당시 계봉행(堺奉行) 천촌수취(川村修就)가 산릉이 황폐해진 것을 걱정하여 능을 정비하였다고 하며, 1872년(明治 5)에는 전방부의 일부가 무너지면서 수혈식석실이 노출되고 그 안에서 석관을 비롯한 여러 가지 유물들이 확인되었다. 석관의 복원 모형이 현재 박물관에 전시되어 있다. 이 석관은 장지형석관(長持形石棺)으로 6세기 초의 양식이라고 한다. 또 이때 나온 유물들 중 일부가 보스턴박물관이나 필라델피아박물관에 인덕천황릉 출토품으로 전하는 유물로 소장되어 있다. 다만 이들은 모두 전방부에 발견된 것이기 때문에 고분의 주체부인 후원부에 석실이 있을 가능성이 있으며, 전방부의 석실은 후원부 이후에 조성되었다고도 볼 수 있다. 그러나 2001년에는 분구에서 5세기 중엽경으로 추정되는 토기편이 발견되어,[71] 이들 자료를 종합해보면 대산고분은 450년 이후에 조성된 고분으로 볼 수 있다.

그런데 인덕천황이 죽은 것은 『일본서기』에서는 399년, 『고사기』에서는 427년으로 되어 있다. 즉 인덕천황이 죽은 시기 자체가 유동적이라고 할 수 있다. 인덕릉의 조성에 20년 이상의 시간이 걸리지 않았다고 한다면 『고사기』의 기록에 근거하더라도, 대산고분이 인덕천황의 능일 가능성은 희박하다. 그래서 일본고고학자들은 이를 인덕천황릉으로 전하는 무덤 혹은 인덕릉 고분 혹은 원래 고분의 이름이었던 대산고분(大山古墳) 혹은 대선고분(大仙古墳)이라는 용어를 쓰고 있는 것이다.

6세기 전반의 계체천황(繼體天皇)은 자목시(茨木市) 태전(太田)에 있는 고분을 비정하였으나, 전방후원분의 형식이나 출토 토기의 특징은 5세기 중엽경의 고분으로 재위기간과 고분 축조시기가 80년 가까운 차이가 난다. 일본 학계에서는 고규시(高槻市)의 금성총고분(今城塚古墳)이야말로 연대관에서도 진정한 계체의 무덤으로 보는 견해가 지배적이다.[72] 이런 사례는 적지 않다.

뒤이은 흠명천황(欽明天皇, 계체천황의 아들)의 경우도 현재 내량(奈良) 고시군(高市郡) 명일향촌(明日香村) 평전(平田)에 있는 매산고분(梅山古墳, 전장 140m)로 비정되어 있다. 이 고분이 흠명천황릉이 된 것은 명일향 지역에서 가장 큰 전방후원분이었기 때문인 것으로 보인다. 현재는 종내 천무·지통천황 합장릉으로 지정되었던 강원시(橿原市)의 견뢰환산고분(見瀨丸山古墳)이 흠명천황릉으로 거론되고 있다. 1991년에 우연히 지역 주민이 현실의 내부에 들어가 석관 등을 촬영한 것을 계기로, 이 고분 안에 두 개의 석관이 있는데 6세기 후반과 7세기 전반의 것으로 밝혀졌다. 현실 자체의 석축 방식도 6세기 말에 7세기 초의 것으로 추정되었다. 흠명이 죽은 것은 571년이고, 그의 비인 견염원(樫鹽媛)을 합장한 것은 612년이므로 석관의 편년도 흡사하다.[73] 한편 이 고분은 전장 318m, 높이 21m에 달하며 내량현 안에서 가장 크고 전국적으로 6위에 해당하는 거대고분이다.

사실 지정된 천황릉 중에서 확실한 것은 천지천황릉과 천무·지통 합장릉뿐이라고 할 수도 있다. 내량시대(奈良時代)에 조성된 고분 중에서도 천무천황의 손자인 문무천황(文武天皇)의 경우도 현재는 명일향촌 고송총(高松塚) 부근에 있는 고분으로 정해져 있다. 그러나 이전부터 좀 더 북쪽 언덕 위에 있는 중미산고분(中尾山古墳)이 문무천황릉으로 전해지고 있었다(『大和志』, 1734).

천황릉을 비롯한 황족들의 무덤으로 지정된 고분, 그리고 능묘 참고지라고 하여 특정한 인물의 능묘로 지정되지는 않았지만 그 가능성을 인정해서 지정해놓은 46개소의 고분들이 있다. 능묘와 능묘 참고지는 대부분 대형으로 고분시대의 중심적인 고분이다. 그런데 이러한 고분들이 모두 발굴조사는 물론이고 출입조차 금지되어 있는 것이 현실이다. 그래서 일본 고고학계에서는 지속적으로 능묘 공개를 요구하고 있고, 궁내청에서는 이러한 요구에 응하여 부분적인 공개나 궁내청에 의한 조사에 고고학자들을 입회시키기도 하고 있다. 그러나 능묘와 능묘 참고지가 고분시대를 중심으로 고고학연구에 커다란 장애가 되고 있는 것은 분명한 사실이다.

6. 맺음말

일본 중고등학교 교과서에는 최대의 전방후원분인 대산고분(인덕천황
릉으로 비정)[74]의 평면도를 이집트의 피라미드 및 진시황제릉과 비교한
그림을 싣고 평면 면적이 세계에서 가장 넓은 것이 대산고분이라고 소
개한 경우가 있다. 피라미드와 진시황제릉은 대산고분[75]이 만들어진 시
기와는 큰 차이가 난다는 사실을 무시한다고 하더라도, 평면 크기만을
가지고 세계 최고라고 하는 것은 오해를 불러일으킬 소지가 크다. 피라
미드의 체적을 고려하면 대산고분의 몇 배가 되고, 또한 피라미드는 석
재를 사용한 것이다. 흙으로 쌓은 고분과는 비교할 수 없다. 한편 평면
크기를 비교할 때 대산고분의 주변을 감싸고 있는 주호(周濠)도 포함시
켜 평면도를 작성하였는데, 그렇게 한다면 진시황제릉의 경우도 주변에
있는 제사용 건물이 들어 있는 외곽까지 포함시켜야 할 것이다.

신무천황릉의 경우처럼 없던 천황릉을 새롭게 만들기도 하고, 원분이
나 방분을 전방후원분으로 둔갑시키기도 하였다. 크기가 큰 것을 중심
으로 천황릉으로 지정하면서 천황의 시기와 고분의 시기가 서로 맞지
않은 경우도 비일비재하다. 인덕천황릉으로 간주되고 있는 대산고분도
5세기 중엽 이후의 고분인데 인덕은 4세기 말에서 5세기 초의 인물로
생각된다. 천황릉은 역사적인 사실이라기보다는 막말부터 명치시대에
걸쳐서 조작된 허상이라는 측면을 간과할 수 없다.

천황을 전면에 내세워 자신들의 권력을 생성해내는 원천으로 삼고자
하였던 명치유신의 주역들은, 고분이라는 거대한 구조물을 무대장치로
이용하였다. 대부분 산(塚山, 作山, 造山)이라고 불렸던 대형 고분들은 현
인신(現人神)으로 간주되었던 천황의 권능을 보여주는 것으로 선전할
수 있었다. 천황은 아무리 보아도 인간의 모습을 하고 있지만, 천황을
묻기 위한 고분은 인간의 능력을 벗어난 것처럼 보인다. 그럴수록 천황

릉으로 탈바꿈한 고분은 명치국가의 국민들에게 깊은 인상을 주었을 것이다.

지금도 천황릉이나 참고지로 지정된 고분은 발굴은 물론이고 출입조차 금지되어 있다. 명치유신의 주역들이 '만들어낸 傳統'이 왜 지금도 그대로 유지되는지 물어보지 않을 수 없다.

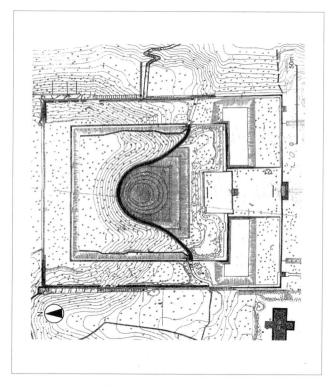

〈그림2〉 명치천황릉(今井堯, 『天皇陵の解明』, 2009)

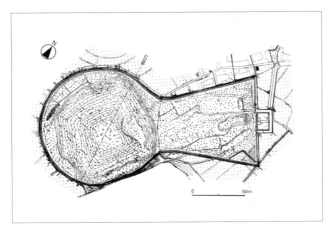

〈그림3〉 1변 85m의 方墳을 전방후원분으로 조성한 사례(今井堯, 『天皇陵の解明』, 2009)

9장

러시아 전제정의 반격

베일리스 사건의 상징성을 중심으로

박 원 용

1. 머리말

20세기가 시작될 무렵 러시아의 마지막 왕조 로마노프 왕조의 미래
는 대단히 불확실하였다. 국내에서는 노동자·농민의 기층 민중세력이
전제권력과 특권층에 대한 노골적 저항의 강도를 높여가고 있었다. 더
구나 러일전쟁에서의 패배는 러시아 전제권력의 무능함을 국제무대에
서 상징적으로 드러내는 사건이었다. 국내외의 이러한 도전에 대해 효
과적인 대응책을 마련하지 못한 전제정부는 급기야 1905년 혁명을 초
래하여 두마라는 대의제적 기구가 전제권력을 견제하는 상황을 허용하
게 되었다.

이러한 시기에 1911년 키에프에서 등장한 베일리스(М. Бейлис) 사건
은 여러 측면에서 우리의 관심을 끌기에 충분하다. 강도 무리들은 우연
히 절도행위에 가담한 12세의 어린 소년 유쉰스키(А. Ющинский)를 소
년이 자신들의 범죄 행위를 경찰당국에 고발할지도 모른다는 우려 때
문에 살해한 후 동굴에 유기한다. 얼마 후 강도 집단의 우두머리가 체
포되어 유쉰스키의 죽음은 단순 절도의 과정에서 일어난 살해사건으로

종결되는 듯했다. 그러나 같은 해 7월, 무리의 우두머리가 석방되고 그 대신 사건 현장 근처의 공장에서 일하던 유대인 베일리스가 이 사건에 관여한 혐의로 기소되고 본격적인 재판이 진행되면서 이 사건은 러시아 국내뿐만 아니라 국제적으로 관심을 끄는 사건으로 비화되었다.

전제정부의 말기에 중앙정치의 핵심무대도 아닌 지역에서 등장한 베일리스 사건이 이렇게 전국적 차원의 조명을 받게 된 배경은 무엇일까? 이 사건은 러시아 전제권력의 부도덕성과 사법적 정의의 부재를 상징적으로 드러낸 사건인가? 이상은 필자가 위에서 지적한 바와 같은 베일리스 사건의 개요를 접했을 때 처음 떠오르는 의문들이었다. 동시에 유대인이라는 베일리스의 인종적 정체성은 세기말 유럽 대륙을 흥분시켰던 드레퓌스 사건을 떠올리게 하는 계기가 되었다. 즉 프랑스의 드레퓌스 사건과 마찬가지로 베일리스 사건은 한 선량한 유대인을 국가권력이 핍박한 세기말 유대인 박해의 러시아판 재현인가?

연구의 초기 단계에서 생겨난 이러한 의문들을 염두에 두면서 필자는 본격적 연구를 진행하였다. 연구를 진행해나가면서 베일리스 사건은 필자가 맨 처음 가졌던 인상 이상으로 복잡한 정치사회적 맥락을 가지고 있다는 점을 알 수 있었다. 이 사건에 대한 연구자들의 몇 가지 관점을 정리하면 다음과 같다. 먼저 베일리스 사건을 러시아 사회뿐만 아니라 19세기 말부터 유럽사회에서 확산되기 시작하였던 반유대주의의 전반적인 맥락에서 살펴보려고 시도하는 동시에 이러한 유대인에 대한 반감이 각각의 사회 발전에 끼친 영향을 비교사적으로 검토하려는 시각이 있다.[1] 이러한 시각은 세기말과 20세기 초에 있었던 특정 유대인에 대한 박해 사건을 각각의 특수한 역사적 환경에 결부시켜 설명하고 있지만 베일리스 사건이 러시아 역사 전개과정에서 갖는 의미를 상대적으로 소홀히 취급하였다는 인상을 지울 수 없다. 또 다른 접근 방법은 베일리스 사건을 러시아 문화 엘리트층, 즉 민중의 일상적 문화와는 다른 독특한 삶의 양식을 가지고 있었던 집단의 대응 산물로서 보려고 한다. 20세기 초에 러시아에는 신비주의적 경험과 지식을 추구하는 특별한 문화 엘리트집단이 존재하였는데 이들이 베일리스를 유대인들의 살인 의식(儀式)과 같은 혐의를 씌워 기소할 수 있는 여건을 제공해주었다는 것이다.[2] 유대인에 대한 박해를 그 실체가 불명확한 상투적인 반유대주의를 통해서가 아니라 비밀스러운 유대인들의 의식과 같은 독특한 관습을 통해 설명하고 아울러 그러한 관습이 베일리스 사건을 낳게 한 기원이라고 설명하였다는 점에서 이러한 관점은 베일리스 사건을 새로운 맥락에서 파악할 수 있는 가능성을 열었다. 그러나 종교적 의례와 신비주의와 같은 요소를 지나치게 강조함으로써 베일리스 사건이 내포할 수도 있는 정치사회적 맥락을 의도적으로 도외시하고 있다.

베일리스 사건을 전제정 말기의 정치 · 사회적 맥락에 위치시켜 그것을 유대인과 러시아 민족들 간의 인종적 갈등이나 문화적 차이를 매개로 분석하려는 시각에서 벗어난 연구로 한스 로저(Hans Rogger)의 연구를 들 수 있다. 로저는 중앙의 전제정부가 베일리스 사건을 원대한 계획을 가지고 조성해나갔다거나 상황변화에 따른 전술을 가지고 이 사건을 다루려고 하지는 않았다고 주장한다. 베일리스 사건은 러시아의 정치적 중앙무대가 아닌 변경에서부터 돌출된 사건으로 "몇몇 순진한 광신자들"이 전체적인 방향 정립을 하지 못한 상태에서 "영향력이 크지 못한 몇몇 정치가들"의 지원을 받아 전개된 사건이었다.[3] 로저의 시각은 베일리스 사건을 둘러싼 정치권의 움직임을 중앙과 지방의 관련 속에서 풀어보려고 하였다는 점에서 시사하는 바가 적지 않으나 그것이 전국적인 관심의 대상으로 부각할 수 있었던 이유는 명쾌하게 설명하고 있지 못하다. 반유대주의의 신념을 가졌던 "몇몇 광신자"와 정치가들의 합작품으로 베일리스 사건을 규정하기에는 그것의 파급력을 제대로 포착하지 못한다고 생각하기 때문이다.

필자는 기존 연구에서 제대로 언급되지 못한 베일리스 사건의 정치적 함의를 점증하는 위기에 대한 전제정의 반격이라는 관점에서 설명하고자 한다. 베일리스 사건에는 법무대신을 비롯한 고위 정치 관료들의 개입, 이들의 이러한 개입을 용인한 차르 니콜라이 2세의 암묵적 지원, 그리고 유대인에 대한 기존의 적대감을 베일리스 사건을 통해 증폭시켜 이를 체제 수호의 의지로 전화시키려는 보수적 정치집단의 선동 등이 더해지면서 지방에서 발생한 단순한 범죄사건 이상으로 확대되었다. 전제정의 위기가 가속화되는 시점에서 기존 지배세력들은 베일리스 사건을 통해 수세에 몰린 자신들의 입지를 역전시키려고 하였다. 물론 그러한 시도가 로저가 지적하였듯이 일사불란한 계획 아래에 진행되지는 않았다고 하더라도 보수 세력들의 '원대한 정치적 희망'을 전혀 배제할 수 있는 것도 아니었다. '전제정 수호'라는 목표를 달성하기 위해 당시의 지배세력은 이 사건을 적극적으로 활용하려고 하였다는 의미이다. 베일리스 사건은 이런 측면에서 1차 세계대전의 중간 역을 경유하여 종착역으로 치닫는 전제정이라는 기차를 잠시나마 멈춰 세우고 새로운 동력을 보충하려는 전제정 수호세력의 시도가 상징적으로 드러난 사건이라고 말할 수 있을 것이다.

2. 단순 살해사건에서 유대인에 대한 증오로 비화

1911년 3월 20일, 8일 전 등굣길에 사라졌던 12세의 우크라이나 소년 유쉰스키가 키에프 주변 동굴에서 시체로 발견되었다. 반나(半裸) 상태의 유쉰스키의 시체는 칼에 47군데나 찔린 상태였기 때문에 출혈이 사망의 주된 원인으로 추정되었다. 7일 후인 3월 27일 유쉰스키의 장례식이 거행되었는데 그 장례식장에서 우익 성향의 반유대인 단체들은 유쉰스키가 유대인의 제례를 위한 성찬식에 사용되는 제물에 들어갈 피 때문에 고문 끝에 죽었다는 문건을 배포하였다. 이 문건은 "불쌍한 순교자의 원수를 갚자! 이제 때가 되었다, 때가 되었다!"[4]라는 다소 선동적인 어조로 끝을 맺으면서 유대인에 대한 대량학살의 분위기를 고취시키기 위해 노력하였다. 그렇지만 이러한 과격한 호소는 1905년 혁명의 혼란에서 어느 정도 벗어나 안정의 조짐을 보이고 있던 당시의 사회 환경에서 큰 반향을 불러일으키지 못했다. 유대인 대량학살이라는 또 다른 갈등요인을 추가하여 진정국면에 있던 사회적 분위기가 악화되는 것을 대부분의 지역 주민들이 원하지 않았기 때문이다.

유쉰스키가 절도 행각을 경찰 당국에 신고할지 모른다고 우려한 도적떼에 의해 살해되었다는 경찰의 초기 수사결과가 발표되면서 이 사건은 더 이상의 인종적 요인이 개입되지 않고 종결되는 듯하였다. 그러나 유대인이 관여하였다는 소문을 가볍게 여기지 않았던 키에프 성 블리지미르 대학 시코르스키(И.А. Сикорский) 교수의 견해가 제출되면서 사건은 또 다른 국면으로 전환하였다. 정신의학자로서 존경을 받고 있었던 시코르스키 교수는 인류학과 역사학 분야의 지식을 고려해 판단할 때 이 사건은 러시아뿐만 아니라 다른 나라에서도 간헐적으로 발생하였던 살해사건의 전형적 특성을 지니고 있다고 주장하였다. 그가 보건데 이 사건의 심리적인 기저에는 "인종적 복수심, 다시 말하자면 다른 인종들에 대한 야콥 자손들의 피의 복수심"이 깔려 있었다.[5]

키에프 경찰당국은 시코르스키 교수의 주장과 이 사건에 유대인이 관여하였다는 세간의 풍문을 마냥 무시할 수만은 없어서 러시아 정교회의 성직자 유스틴 프레네이티스(Justin Pranaïtis)에게 유대인들의 살인의식에 대한 자문을 구하기도 하였다. 프레네이티스는 유대인의 고대문헌을 근거로 유대인은 여전히 인간의 피를 필요로 하는 비밀스런 종교의식의 전통을 유지하고 있다고 주장하였다.[6] 유쉰스키 사건의 경우에서 그러한 비밀스런 종교의식과의 관련이 어느 정도로 명확한지는 지적되지는 않았지만 그의 언급은 이 사건에 대한 유대인의 개입 가능성을 환기시키는 것이었다.

유쉰스키 사건에 관한 갖가지 루머는 그 이후에도 계속해서 확대되어나갔고 유대인의 종교의식을 준수하여 그를 살해한 살인자를 처벌해야 한다는 반유대주의적 선동도 사라지지 않았다. 이러한 상황에도 불구하고 이 사건에 대한 키에프의 대중은 비교적 차분한 편이었다. 그렇지만 살인 사건 넉 달 후 유력한 용의자로서 사건 현장에서 그리 멀지 않은 벽돌공장의 관리자 베일리스가 체포되자 그들의 관심은 증가하기 시작하였다. 베일리스의 체포는 키에프 지역에만 한정되지 않고 러시아 전역, 더 나아가 국제적 관심을 끌게 되는 재판을 초래하는 계기였다.

베일리스의 공판은 당사자의 체포 이후 대략 1년 반이나 지난 1913년 9월 25일부터 10월 28일까지 34일간 지속되었다. 베일리스의 공판이 그가 체포된 이후 이렇게 많은 시간이 경과한 후에 열렸다는 사실은 검찰 측에서 그를 기소하는 데 많은 어려움이 있었음을 간접적으로 암시해준다. 일단 베일리스는 유대인의 비밀스런 종교의식에 참여하였다는 주장을 받아들일 수 있을 정도로 열렬한 종교적 심성을 가지고 있지 않았다. 그는 유대인의 안식일을 지키지 않고 공장에 나가 일을 하였다. 더구나 살인 사건의 발생 추정 시점에 다른 장소에 있었음을 증명하는 알리바이를 가지고 있었다.[7] 검찰 측은 그럼에도 불구하고 베일리스에 대한 기소를 포기하지 않았다. 자금과 회원 수의 부족으로 거의 고사 위기에 있던 키에프 우익 조직들의 입장에서 베일리스 사건은 그들의 역량 강화를 위한 좋은 기회로 활용될 수 있었고[8] 국가 권력은 이들의 반유대주의적 선동을 무시할 수 없었기 때문이다.

베일리스의 기소에 도움이 될 만한 증인에게 허위 증언을 강요하기도 하고 반면 기소에 해를 끼칠 것 같은 증인을 유형 보내는 조처도 검찰 측은 마다하지 않았다. 베일리스의 기소를 위한 검찰 측의 이러한 무리한 행동은 검찰 측에 호의적인 상황을 조성하기 어려웠다. 재판을 기다리는 베일리스가 수감되어 있는 형무소의 재소자들도 베일리스의 무죄를 믿고 있었다. 검찰 측에서는 이러한 상황을 역전시키기 위해 은밀히 첩자를 심어 그에게 불리한 증거를 확보하려고 노력하였다. 이후의 재판의 증인으로 출석한 검찰의 첩자는 베일리스가 자신에게 불리한 증언을 할지도 모르는 증인을 독살하기 위해 자신을 매수하려고 하였다고 증언하였다.[9] 이렇듯 검찰 측은 베일리스 공판에서의 승리를 위해 1년 반의 시간을 들여가면서 베일리스를 법정에 세웠지만 그의 유죄 입증이 순탄치만은 않았다.

베일리스를 법정에 세우는 순간 검찰 측은 다음 두 가지의 목표 달성을 최우선 과제로 설정하였다. 베일리스가 유쉰스키의 살해범임을 증명하는 것은 검찰 측의 일차적 과제였다. 그러나 베일리스의 유죄를 증명할 만한 증인을 확보하는 데에 검찰 측은 어려움을 겪었다. 베일리스는 유대인이라는 인종적 정체성을 가지고 있었지만 러시아인 주변 이웃과 우호적 관계를 유지하고 있었다. 앞에서 지적한 바와 같이 그는 종교적 신념 때문에 안식일 노동을 거부할 정도로 독실한 유대인은 아니었다. 종교와 관련한 그의 이러한 유연성은 러시아 정교의 전통을 따르고 있었던 러시아인 이웃들과 대립의 소지를 줄일 수 있는 요인이었다. 일례를 들자면 지역의 정교 성직자가 주도하는 장례 행렬이 베일리스의 벽돌공장을 통과할 때 장지에 보다 빠르게 도착할 수 있는 경우가 있었다. 베일리스 이웃 공장의 유대인 관리인은 똑같은 경우에 장례 행렬이 자신의 소유지를 통과하는 것을 허용하지 않았지만 베일리스는 허용하였다. 이 사건 이후 베일리스의 가족은 지역의 정교 성직자와도 우호적 관계를 유지해나갈 수 있었다.[10]

유대인에게 적대적이었던 보수주의적 정치 단체 러시아 민족동맹

(Союз русского народа)의 일부 구성원들과도 베일리스는 동료로서의 우정을 나누고 있었다. 이들 동료 중의 한 사람은 재판을 마치고 다시 구치소로 돌아가는 호송차에 뛰어올라 베일리스를 껴안으며 다음과 같이 말하였다. "형제여, 좌절하지 마십시오. 나 역시도 쌍두 독수리[민족동맹]의 회원입니다만 감춰진 실체들이 하나씩 모습을 드러낸다면 진리는 밝혀질 것입니다"라고 말하였다.[11] 비록 일부이긴 하지만 유대인에게 적대적 태도를 보였던 민족동맹의 내부에서도 베일리스를 도우려고 하였던 극우성향의 인사가 있었다는 사실은 그가 결코 러시아 사회 내에서 인종적 문제 때문에 고립된 인물이 아니라는 사실을 간접적으로 웅변해준다.

베일리스의 변호인인 그루젠베르크(Грузенберг)는 베일리스의 유죄를 증명할 객관적 사실이 없다는 점을 강조하였다. 객관적 사실은 오히려 베일리스가 유쉰스키의 살해와 관련이 없음을 증명한다고 그루젠베르크는 주장하였다. 유쉰스키를 마지막으로 본 목격자의 증언에 의하면 학교에 항상 들고 다니는 공책들을 유쉰스키는 당시 들고 있지 않다. 유쉰스키는 밖에 나가서 친구들과 어울릴 때 그 공책들을 체베략크(Чеберяк)라는 친구 집에 습관적으로 맡겨두곤 하였다. 그렇지만 유쉰스키의 시체와 더불어 그의 공책들은 살해 현장인 동굴에서 발견되었다. 이러한 사실은 유쉰스키의 살해범으로서 혐의를 두어야 할 인물은 베일리스가 아닌 체베략크임을 드러내는 것이라고 그루젠베르크는 주장하였다. 더구나 유쉰스키의 시체 옆에 체베략크와 그의 동료들이 즐겨하던 게임에서 필요한 종이의 발견은 살인 사건에 대한 체베략크의 관련성을 오히려 입증하는 것이라고 그는 주장하였다.[12]

검찰 측은 이러한 수세적 상황을 극복하기 위한 전략으로서 베일리스 재판에서 한 가지의 사실을 추가로 입증하려고 하였다. 유쉰스키의 살해에는 근본적으로 유대인의 살해 의식이 개입되어 있다는 점이었다.

이러한 전략은 베일리스에 대한 유죄판결을 재판이 계속될수록 확신하기 어려웠던 검찰에게는 피할 수 없는 선택이었다. 이것을 증명한다면 베일리스가 무죄로 판결을 받더라도 유쉰스키의 죽음에 대한 책임을 유대인 전체로 확산시킬 수 있기 때문이다. 베일리스의 재판은 그의 살해혐의보다는 유대인 살해의식과의 관련성 여부를 밝히는 재판처럼 보였다.

검찰은 유대인들의 은밀한 종교적 관행에 대한 전문가로서 명성을 가지고 있는 러시아 정교회의 성직자 프레네이티스를 증인으로 소환하여 기독교도인들의 피가 유대인의 종교의식에 사용되었던 의식은 매우 뿌리가 깊은 관행임을 입증하려고 하였다.[13] 또한 검찰은 유쉰스키의 시체에 나 있는 수많은 상처가 그러한 의식을 완수하기 위해 그의 몸으로부터 피를 뽑아내는 과정에서 생긴 상처임을 입증하기 위해 노력하였다.

베일리스의 재판에 임하는 검찰의 이중 전략은 배심원들의 판결을 통해 일정 부분 성공적이었음이 드러났다. 판결은 크게 두 부분으로 나뉘어 구성되었다. 배심원들은 두 가지 기소 사항에 대해 엇갈린 판결을 다음과 같이 내렸다. 검찰 측의 첫 번째 주장, 즉 안드레이 유쉰스키가 "입에 재갈을 물린 채로 신체에 상해"를 입게 되었고 그러한 상해의 결과 그는 "몸 안의 피 거의 대부분을 상실하고 이러한 출혈이 그를 죽음에 이르게 하였다"라는 주장을 배심원들은 "합당하다"고 받아들였다.[14] 베일리스의 무죄를 확신하는 측에서 배심원들의 첫 번째 판결은 실망스러웠다. 그러나 두 번째 혐의에 대한 배심원들의 판결에서 이들의 우려는 순식간에 기쁨으로 전환하였다. "피고가 종교적 광신주의에 사로잡혀 안드레이 유쉰스키를 살해할 사전계획을 가지고 있었으며 그러한 계획을 실제로 실행하였는가?"라는 질문에 대해 배심원들은 "이유 없다"고 판결을 내렸던 것이다.[15]

베일리스의 무죄를 인정하는 판결은 본인은 물론 그를 지지하였던 많은 이들에게 가뭄의 단비와 같았다. 거리에는 재판을 지켜보았던 이들이 쏟아져 나와 서로 부둥켜안고 기쁨을 나누었고 "재판의 해피엔딩과 행정부의 치부"를 목격한 것을 다행스럽게 생각하였다.[16] 그렇다고 판결이 검찰 측에 완전한 패배였다고 단언할 수도 없었다. 베일리스 개인이 살인을 저질렀다는 혐의를 배심원들은 받아들이지 않았지만 유대인의 살인의식이 러시아의 한 순진한 소년의 희생, 즉 유쉰스키의 죽음과 간접적으로 관련이 있다고 인정하였다. 반유대주의의 전선을 유지할 수 있는 일정 정도의 명분을 제공하는 것이었다.

베일리스의 기소부터 석방으로 재판이 종결되기까지 이 사건은 러시아 내외부에서 점차 관심을 증폭시키게 되면서 더 이상 키에프라는 지방 도시에서 일어난 일회성의 의미만을 지닌 사건이 아니었다. 모스크바나 페테르부르크 중앙 도시의 러시아인들도 사건의 추이를 관심있게 지켜보았고 "러시아판 드레퓌스 사건"이라는 말이 나올 정도로 국제적 관심도 받게 되었다. 이러한 현상은 베일리스 사건이 지닌 인종적 특성이 지역의 반유대주의자들의 관심만을 받았다면 일어날 수 없었을 것이다. 비록 조직적이진 않았다 하더라도 이것에 내재해 있는 특성을 중앙의 정치권력이 활용할 수 있는 가능성을 보았기에 베일리스 사건은 시간이 지날수록 관심과 의미가 증폭되는 사건으로 발전해나갔던 것이다. 키에프에서 세력이 미약했던 반유대주의적 성향의 우파세력들이 그렇게 과감하게 행동하고 말할 수 있었다면 그것은 그들이 중앙으로부터 강력한 지원군을 가지고 있었기 때문이라고 가정해볼 수 있다.[17] 다음 장에서 중앙의 정치권력과 연계된 베일리스 사건의 확대 재생산과정을 살펴보는 것도 이러한 맥락을 가지고 있다.

3. 중앙 정치권력의 대응

베일리스 사건의 재판 결과에서 간접적으로 드러나듯이 검찰 측의 기소는 여러 측면에서 문제를 가지고 있었다. 전제정 체제에 비판적이었던 자유주의자, 급진주의자, 그리고 진보적 성향의 인사들은 베일리스를 기소한 자체가 전제정의 부당함을 상징적으로 드러낸 것이라고 주장하였다. 베일리스를 변호하는 이러한 분위기는 체제의 비판세력에게만은 한정되지 않았다. 키에프에서 친정부적 성향의 신문 간행인 슐긴 (В.В. Шульгин)에게도 베일리스 사건은 전제정부의 탈법성을 보여주는 것이었다. 베일리스의 기소를 슐긴은 국제사회에서 러시아가 야만의 나라로 취급받는 빌미를 제공한다고 생각하였기 때문에 반정부적 선동혐의로 고초를 당하면서까지[18] 베일리스의 기소를 막으려고 하였다.

사법 정의의 측면을 고려할 때 베일리스에 대한 기소는 중지되어야 하였다. 베일리스의 수사를 담당하였던 키에프 지역의 양심적인 수사관 미슈크(Мищук)는 그가 수집한 모든 증거를 고려해보아도 베일리스는 유쉰스키의 살해범으로 기소될 수 없다고 판단하였다.[19] 사실 베일리스가 체포되었던 1911년 7월의 상황에서 극소수의 지역 반유대주의자를 제외하고 베일리스를 법정에 세워야 한다는 주장이 강한 동력을 얻지 못하였다. 예를 들어 러시아 민족동맹의 일원이었던 골루베프(В. Голубев)는 유쉰스키의 장례식에서 뿌려진 반유대주의적 선동문을 배후에서 작성하면서 지역 검찰 차플린스키(Н. Чаплинский)의 지원을 받아 베일리스 사건을 유대인에 대한 전국적 증오의 불씨를 되살리는 계기로 활용하고자 하였다.[20] 그렇지만 1911년 중반의 상황은 중앙권력의 입장에서 베일리스 사건을 활용하여 혁명의 열의를 잠재울 필요를 느낄 정도로 절박하지 않았다. 혁명진영은 앞으로 전개될 사태의 추이를 낙관하지 못하였고 혁명 운동의 주된 기반이라고 여겨지는 노동자의 정치적 무관심을 우려하고 있었다. 이런 상황에서 1912년 4월 레나 금광에서 파업노동자에 대한 총격은 1905년 때와 마찬가지로 파업과 정치적 저항을 불러일으키는 계기로 작용하였다.[21] 1914년 1차 세계대전이 일어나기까지 사회적 불안은 지속되었는바, 그 중간 시점에 열린 1913년 베일리스의 재판에 대한 광범위한 관심을 불러 일으켜 지배세력은 전제권력의 방어를 위한 계기를 만들어보고자 하였다.

그렇다면 베일리스 사건과 관련하여 중앙 정치권력의 주도적 인물들은 어떤 가능성을 보고 있었을까? 먼저 우리는 황제의 측근 인사 중 1906년부터 1911년까지 대신회의 의장직을 수행하였던 스톨리핀을 검토해볼 필요가 있다. 제정 말기 러시아의 보수적 개혁을 통해 체제의 안정을 이룩하려고 했던 스톨리핀[22]이야말로 중앙정치의 방향을 좌우하는 데 있어서 핵심 인물이기 때문이다.

러시아 제정시대의 유대인 문제에 관한 전문 역사가인 한스 로저는 스톨리핀이 베일리스 사건을 우파의 압력에 굴복하면서 정치적 목적을 가지고 활용했을 가능성을 부정하고 있다. 그에 의하면 스톨리핀은 결과가 확실치 않은 정치적 책략을 채택할 정도로 아둔하지도 않았고 또한 자신의 세력기반도 아닌 우파의 정치적 압력에 굴복할 정도로 허약하지도 않았다. 따라서 베일리스 사건을 스톨리핀이 커다란 정치적 구도를 가지고 접근했을 가능성을 낮게 보고 있다.[23]

로저의 주장을 받아들인다고 하더라도 그것이 곧 베일리스 사건에 대한 중앙 정치권력으로부터의 관심 약화를 의미한다고 해석하기는 어렵다. 주지하다시피 스톨리핀은 1911년 9월의 암살로 정치무대에서 제거되었다. 유쉰스키 살인 사건이 발생한 같은 해 3월부터 스톨리핀의 암살 시점인 9월까지 불과 6개월의 시간차가 있을 뿐이다. 그 6개월의 기간 동안 스톨리핀은 국가 전체에 관계하는 중요 문제들을 해결해야 하는 대신회의 의장으로서 부처들 간의 이견을 조정하고 이견이 여전히 해소가 안 될 시에는 군주의 힘을 빌려 정치적 역량을 발휘해야 하는 바쁜 나날을 보내야만 하였다.[24] 이런 상황에서 스톨리핀이 베일리스 사건을 통해 얻을 수도 있는 정치적 가능성을 세세히 계산하면서 개입하기를 기대하기란 어려울 것이다. 스톨리핀이 베일리스 사건과 관련하여 "원대한 디자인"이 없었다고 해서 그것을 중앙 정치권력의 무관심 혹은 정치적 의도의 부재로 해석할 충분한 이유는 없다는 것이다. 스톨리핀과 더불어 전제정의 정책을 이끌었던 그 외 인물들의 태도 또한 중요한 변수로 작용할 수 있었다.

베일리스 사건의 진행 과정을 법정 밖에서 누구보다도 깊게 관여하고 있었던 인물은 법무대신 쉐글로비토프(И.Г. Щегловитов)였다. 이미 혁명 이전부터 법무대신 쉐글로비토프는 사법 질서의 수호자라기보다는 러시아의 사법 체계를 파괴시키는 주범이라는 비판을 법조계와 두마의 자유주의적 성향의 의원들로부터 받고 있었다. 쉐글로비토프가 이끄는 법무부는 불의와 동의어로서 이들에게 받아들여지고 있었다.[25] 이러한 비판에도 불구하고 그는 황제의 의중을 누구보다도 잘 알고 있다고 생각하며 반유대주의를 공개적인 석상에서도 숨기려고 하지 않았다. 사회주의 혁명 이후 법무부에 만연하였던 부패를 조사하기 위한 위원회에서 쉐글로비토프는 유대인의 종교적 특성 때문에 그들은 법무부의 관리로서 적합하지 않다는 견해를 노골적으로 표명하기도 하였다.[26] 이런 그에게 베일리스 사건은 유대인에 대한 박해를 정당화시켜 전제정을 다시 건실한 기반 위에 올려놓을 수 있는 기회로 비쳤다.

쉐글로비토프는 제정 말기 유대인 탄압에 적극적 역할을 담당하였던 우익 정치집단 러시아 민족동맹[27]뿐만 아니라 두마에 진출한 그들의 대표자들과도 긴밀한 관계를 유지해오고 있었다. 쉐글로비토프는 베일리스의 유죄 입증보다는 유대인 살인의식의 확인을 통해 유대인에 대한 박해를 정당화할 수 있는 빌미를 이 사건에서 찾으려고 하였다. 이를 위해 그는 두마의 왕당파 의원이자 베일리스 사건의 담당 검찰 중의 하나였던 자미슬로프스키(Г. Г. Замисловский)와 협력하여 베일리스 사건의 방향을 확정하였다. 자미슬로프스키의 마지막 기소문은 쉐글로비토프의 의도를 충분히 반영하고 있는 것이었다. 자미슬로프스키는 베일리스 사건 심리를 위해 법정에 출석하였던 증인들의 신빙성 여부를 그의 마지막 논고에서 장황하게 거론하였다. 그러면서 그는 이 사건의 핵심은 유대인의 종교의식의 전통과 연관된 살해의식의 거행 여부를 확인하는 것이라고 규정하였다. 알렉산드르 1세 등의 역대 황제들이 종교의식 때문에 유대인이 박해받아서는 안 된다는 칙령을 내렸지만 이것이 그들의 의식 살해 가능성을 완전히 배제한 것은 아니라고 그는 주장하였다. 니콜라이와 알렉산드르 2세 통치 기간에도 그러한 살해의식은 여전히 자행되어왔다. 무고한 희생을 초래하는 그러한 살해의식을 우리는 종식시켜야 하며 어린 소년을 살해한 베일리스를 심판하는 이 법정을 이러한 이유 때문에 전 러시아가 주시하고 있다고 주장하면서 그는 자신의 논고를 마쳤다.[28] 러시아 국민의 안녕과 생명 보호라는 국가의 기본 책무를 이행하기 위해서 베일리스의 처벌은 피할 수 없다는 주장이 내포되어 있었다.

자미슬로프스키가 중앙권력의 의지를 검찰로서 대변하는 인물이었다면 재판관과 배심원의 선정에서도 중앙권력은 노골적으로 개입하여 자신의 의지를 관철하려고 하였다. 우만이라는 지방 도시의 법원장이었던 표도르 볼디레프(Фёдор Болдырев)가 키에프 지사의 추천으로 재판장에 임명되었는데 그는 분명하게 "우익의 정치 성향"을 가진 인물로 평판이 나 있었다.[29] 전제 정권은 그에게 무엇을 요구하는지를 확실히 전달하기 위해 그가 베일리스 사건의 재판관으로 임명되자마자 키에프의 상급 법원장으로의 영전과 재판 이후 키에프 대법원의 주재판관 자리를 약속하였다. 이러한 유혹에 적극 부응하여 그는 재판과정 내내 베일리스 변호인 측의 증인들을 재판장이 할 수 있는 갖가지 질문들로 괴롭혔고 검찰 측에 유리한 심의절차를 확정하였다.[30] 재판의 결과를 좌우하는 데 결정적 영향을 미칠 수 있는 배심원의 선정에도 정치권력은 노골적으로 개입하였다. 법원의 관리들에게 "반정부적 인사로 분류된 도시의 거주민들을 배심원의 명단에서 제외"하라는 지시가 하달되었다. 여기에 그치지 않고 베일리스 사건 담당 배심원 선정에 있어서 "가장 체계적이고 사려 깊으며 효과적인 감독체계"를 확립하라는 명령도 하달되었다.[31] 그리하여 최종 선정된 12명의 배심원들 가운데 7명이 유대인에 대한 적대감을 노골적으로 드러내었던 러시아 민족동맹의 성원이었다.[32]

전제권력은 이렇듯 베일리스에 대한 혐의를 성공적으로 입증하여 전제권력의 위기를 타개하는 기회로 삼고자 하였다. 그렇지만 결과는 '절반의 성공'이었다. 베일리스 개인에 대한 혐의는 검찰 측의 패배로 끝이 났고 유대인의 살인 의식 때문에 무고한 러시아 소년이 살해되었다는 점이 입증되었을 뿐이다. 그렇지만 이러한 '절반의 성공'을 근거로 전제권력은 유대인에 대한 박해가 체제의 수호와 무관하지 않다고 주장하며 반격의 기회를 포착하고자 하였다. 그렇다면 니콜라이 2세를 비롯한 전제권력의 지도부가 베일리스 사건에서 전제권력의 안정화를 위한 반격의 가능성을 볼 수 있었던 상황은 무엇인가? 전제정 말기 왕정을 지지하는 보수세력의 유대인에 대한 반감을 전제권력이 무시할 수 없었던 당시의 상황을 다음 장에서 살펴보는 이유가 여기에 있다.

4. 보수 정치단체들의 선동

1913년 10월 9일 자 『뉴욕 타임즈』는 베일리스 사건에 대한 사설을 게재하였다. 사설은 지금까지 공개된 증거자료를 바탕으로 베일리스의 무죄는 확실하다고 주장하였고 러시아의 지식인 계급은 베일리스를 지켜내지 못할 때 인류에 대한 치욕적인 죄를 짓는 것이라며 양심적인 지식인들이 그의 변호를 위해 적극적으로 나서야 한다고 주장하였다. 러시아 황제와 전제정은 베일리스 사건의 처리 결과에 따라 심각한 도전에 직면할 수도 있다는 지적도 덧붙였다.[33] 외부 관찰자의 입장에서 베일리스 사건은 이와 같이 기소 자체가 성립해서는 안 될 사건으로 비쳤지만 러시아 국내의 사정은 외부로부터의 충고를 수용하기 어렵게 만들었다.

베일리스 사건에 대한 전제권력의 집착을 이해하기 위해서는 1905년 10월 선언 이후 유대인 전반에 대한 전제권력의 시각을 이해할 필요가 있다. 전제권력의 권위에 치명적 타격을 가했던 10월 선언 이후 일부에서는 차르의 권위를 조롱하는 행위도 주저하지 않았다. 차르의 퇴위를 목적으로 하는 정치집회에 자주 참석한 전력이 있었던 한 인사는 시 두마의 회의가 예정되어 있는 키에프의 건물 발코니에서 차르의 초상에 구멍을 낸 다음 자신의 얼굴을 그 구멍에 집어넣고 "내가 이제 황제다"라고 외쳤다.[34] 전제정 치하의 질서를 최상으로 생각하고 있는 세력들에게 이러한 행위는 격렬한 분노를 유발시켰다. 러시아인들의 정서에 부합하지 않은 차르의 권위를 모욕하는 행위는 차르의 10월 선언이 초래한 자가당착적 결과였다고 자책할 수도 있었다. 그러나 차르에 대한 충성을 최고의 덕목으로 생각하는 정치세력들이 차르를 직접 비난할 수는 없었다. 차르와 러시아의 인민 사이에서 진정한 결속을 가로막는 악의 무리들에게 비난의 화살이 가해져야 했다. 이들 악의 무리들이 차르로 하여금 10월 선언과 같은 "악마의 문서"에 서명하도록 강요하였으며 결과적으로 지금과 같은 혼란을 초래했다는 것이다.[35] 특히 대표적인 우익 정치집단 중의 하나였던 러시아 민족동맹은 이러한 악의 무리에는 유대인이 다수를 차지한다는 선전을 광범위하게 유포시켰다. 민족동맹의 선전에 의하면 유대인들은 "지난 3년간 지속된 소요를 통해 나라의 질서를 파괴"하였을 뿐만 아니라 "혁명운동에도 적극적으로 가담"하였다. 또한 유대인들은 유럽에서와 같이 러시아의 상업, 공업 부문의 상당 부분을 장악하고 있으며 "러시아 수공업자들의 주문을 가로채어 러시아인들을 빈곤하게" 만들었다.[36] 민족동맹의 관점에서 러시아 현상황의 정치경제적 어려움을 초래한 주된 책임은 유대인에게 있는 것이었다.

유대인이 전제정의 위기를 초래한 장본인이라는 생각은 러시아 민족동맹과 같은 정치조직에 국한되지만은 않았다. 니콜라이 2세 또한 이러한 혼란의 배후에는 유대인이 존재한다고 생각하였다. 그가 1905년 10월 27일 어머니에게 보낸 편지를 보면 이 점은 보다 분명히 드러난다.

선언의 발표 이후 처음 며칠 동안 불온한 기운들이 강하게 등장하였지만 곧 이에 대한 강력한 대응이 출현하였고 충성스러운 모든 백성들이 일어났습니다. 이러한 결과는 납득할 만한 것이고 이 나라에서에 이상한 것도 아닙니다. 즉 백성들은 혁명가들과 사회주의자들의 오만방자함에 분노하였던 것입니다. 그리고 혁명가들과 사회주의자들 9/10가 유대인들이기 때문에 모든 적의는 그들에게 가 있습니다.[37]

니콜라이 2세가 이와 같이 유대인에 대한 박해가 전제정의 권위에 대한 그들의 도전에서 유래하였다고 생각하였기 때문에 황제의 이름을 빌어 유대인에 대한 학살행위를 정당화하려는 집단들도 등장하였다. 극단적인 우파 성향의 집단이자 민족동맹과도 깊은 연관을 가지고 있었던 검은 백인단(чёрная сотня)은 자신들의 집회 때 차르의 초상을 전면에 내세우며 자신들의 행동을 차르가 지지하고 있음을 상징적으로 드러내려고 하였다. 일례로 톰스크에서는 다음과 같은 의식을 통해 검은 백인단은 자신들의 행위를 정당화하려고 하였다. 검은 백인단이 이끄는 군중의 무리가 유대인의 한 상점에 도착하면 대열을 이끌던 한 사람이 니콜라이 2세의 초상 쪽으로 몸을 돌려 "폐하, 이 상점을 파괴해도 되겠습니까?"라고 물어본다. 그러면 초상을 들고 있던 사람이 "짐은 허락하노라"라고 대답한다.[38] 이러한 의식을 통해 검은 백인단의 비합법적 파괴행위는 차르의 용인 아래에서 이루어지는 충성의 표현으로 승화될 수 있었다.

우파 정치집단은 유대인에 대한 박해를 단지 인종적 편견에 의한 행위가 아니라 그들의 체제수호 의지와 연결되어 있음을 강조하였다. 베일리스 사건은 그들의 이러한 의지를 더욱 확대시킬 수 있는 좋은 기회였다. 특히 베일리스가 공판 과정에서 예비역 군인이라고 밝히자 러시아 민족동맹은 그의 발언을 유대인의 위협이 군대까지 뻗어 있음을 증명하는 좋은 기회로 활용하기 위해 기민하게 움직였다. 베일리스는 과거 자신의 군대 복무 경력을 통해 가족들을 부양하기 위한 의지를 강조함으로써 배심원들의 동정을 유발할 수 있을 것이라고 기대하였다. 그러나 우파 정치세력들은 이 사실을 국가 체제의 질서를 유지하는 가장 중요한 조직까지 유대인이 침투했다는 증거로서 선전하였다.[39]

체제를 지탱하기 위해 국가권력이 동원할 핵심조직 중의 하나라고 할 수 있는 군대와 같은 조직에 침투한 유대인의 위협을 부각하기 위해 우익 정치세력들은 역사적 사례를 활용하였다. 그들이 거론한 역사적 사례는 1853년에서 1858년까지 진행되었던 사라토프 공판이었다. 사라토프 지역 수비대의 일부 유대인 병사들이 베일리스 사건과 마찬가지로 의식 살인의 혐의로 기소되었다. 피고의 변호인들은 유대인의 종교 예식에 정통한 전문가들까지 동원하여 이러한 혐의 내용이 불합리하다는 것을 입증하려고 하였지만 이들에게는 유죄 판결이 내려졌다.[40] 베일리스의 유죄를 확신하고 있었던 검찰 측의 자미슬로프스키는 사라토 프 사건을 자신의 주장을 납득시키기 위한 좋은 선례로 활용하려고 하였다. 그는 유대인의 공동체가 군대 때문에 피해를 본 것이 아니라 사라토프 사건에서도 드러났듯이 지역 러시아 공동체의 피를 빨아들이고 있는 것은 군대 내의 유대인 병사라고 주장하였다. 폴란드의 유대인들이 벌였던 악의적 행동을 사라토프의 유대인들도 러시아에서 행하고 있던 것이다. 베일리스의 무죄 석방은 따라서 러시아를 위기에 빠뜨리지 않으려면 마땅히 재고되어야만 하였다.[41]

군대에 침투해 들어간 유대인의 위협에 대한 우익 정치조직의 선전이 그들만의 외침으로만 끝나지는 않았다. 군부의 고위 지휘관들 중의 일부는 러시아 군대 내의 유대인이 러시아의 진정한 국민군대의 창설에 방해가 된다는 주장에 공감하고 있었다. 이들 유대인들을 군대로부터 축출하는 것은 보다 과격한 반유대주의적 조치, 즉 그들로부터 고등 교육 기회를 박탈하여 법률과 의학 분야에 진출해 있는 유대인들의 비율을 낮출 수 있을 것이라는 주장도 제기되었다. 이러한 생각을 실천에 옮기기 위해 1912년에 군대 내에서는 고위 장교들을 중심으로 은밀한 여론 조사가 진행되기도 하였다. 국방부의 고위 관료, 지역 방위대의 지휘관들을 중심으로 설문조사가 진행되었기 때문에 유대인 병사들과 직접 접촉할 기회가 가장 많은 중간관리자들의 의견을 제대로 반영하지 못하는 한계가 있기는 하지만 이 조사는 적어도 차르를 포함한 러시아군 지휘부의 유대인들에 대한 시각을 보여주고 있다. 다소의 견해차가 있었지만 설문 조사에 응한 다수의 지휘관들은 군대 내의 유대인들이 혁명적 소요를 유발함으로써 군대의 전력을 약화시킬 수 있기 때문에 군 조직에서 배제되어야 한다는 견해를 피력하였다. 국방상 수호믈리노프(Владимир А. Сухомлинов)는 1913년 1월에 설문조사의 결과를 근거로 군대 내에서 모든 유대인들을 완전히 몰아내고 싶다고 선언하기

도 하였다.[42]

베일리스 사건은 이렇듯 유대인들에 대한 적대감이 러시아의 불안한 상황과 맞물려 확대되고 있었던 시점에 발생하였다. 1905년 혁명 이후 불안정한 정치상황을 완전히 벗어나지 못했던 기존 정치세력에게 베일리스의 기소 여부는 사법적 정의의 구현이라는 원칙적 차원에서 접근할 수는 없는 문제였다. 혼란스러운 사회정치적 상황을 조성하는 반정부세력의 지도부를 유대인이 구성하고 있다는 생각이 전제정부의 지도부에서도 어느 정도 만연해 있는 상황[43]에서 베일리스 사건은 유대인에 대한 탄압의 빌미를 제공해주는 것이었다. 그러한 탄압을 통해 니콜라이 2세 치하의 지배 세력은 전제정을 다시 안정시킬 수 있는 동력을 획득하게 될 것이라고 기대하였다. 전제권력이 베일리스에 대한 기소의 빌미를 다양한 수단을 동원하여 포기하지 않았던 이유 중의 하나이다. 베일리스 사건은 그리하여 단순히 유대인에 대한 정치권의 반감을 확인하는 의미만으로 축소되지는 않았다. 그것은 전제정의 수호세력이 그들의 위기상황을 벗어날 수 있도록 하는 결집의 기회로 부각될 수도 있었다. 그러나 그러한 가능성을 전제정 수호세력이 시간을 가지고 충분히 활용하기도 전에 전제권력은 1차 세계대전이라는 또 다른 소용돌이에 빠져들면서 내부적 모순을 더해갔다.

5. 맺음말

베일리스 사건이 "드레퓌스 사건의 러시아판"이라는 규정에는 유대인에 대한 유럽인들의 인종적 차별이 러시아에서도 벌어지고 있다는 함의가 내포되어 있다. 러시아를 유럽의 일원으로 볼 수 있을 것인가라는 질문으로 요약되는 러시아의 유라시아적 정체성에 대한 논의[44]를 문제 삼지 않더라도 베일리스 사건을 이와 같이 19세기 말 유럽 사회의 맥락에서 벌어진 한 유대인의 인권탄압 문제로 축소하기에는 무리가 있어 보인다. 러시아는 개개인의 인권을 중시할 정도의 시민사회 역량이 전제정 치하에서 충분히 성숙하지 못한 상태였다. 따라서 베일리스 사건을 드레퓌스 사건과 단순 비교한다면 그것은 20세기 초반 러시아 사회 내의 특수성을 간과한 채 유럽의 조건에서 익숙한 경험을 베일리스 사건에 투영하는 것에 불과하다. 베일리스 사건에는 그것을 통해 러시아 군주정의 위기를 타개하려고 하였던 다양한 세력들의 복합적 고려가 작용하고 있었다.

군주정의 안정화를 위해 베일리스 사건을 활용하려고 하였던 다양한 정치세력들이 일차적으로 추진한 목표는 그의 유죄를 입증하는 것이었다. 이와 관련하여 그들은 절반의 성공만을 거두었을 뿐이었다. 베일리스의 유죄를 입증하는 데는 실패하고 유대인들의 종교적 살해의식이 한 무고한 러시아 소년의 죽음을 가져왔다는 것만을 배심원들에게 인정받았기 때문이다. 그렇지만 이러한 절반의 성공을 빌미로 전제정 수호세력들은 베일리스 사건의 의미를 확대 재생산해나갔다. 유대인의 존재가 이번 경우에는 한 소년의 죽음으로 끝나지만 보다 긴 안목으로 보면 러시아의 전통적 체제에 대한 위협으로까지 나아갈 수 있다는 점을 이들은 부각시켜나갔다는 의미이다.

전제정 수호세력들의 이러한 시도가 그들 내부의 공허한 외침으로 끝나지 않았다. 전제정의 대표자 니콜라이 2세는 법무대신 쉐글로비토프를 통해 베일리스 사건의 진행과정을 보고받고 있었고 그는 전제정을 지지하는 세력들이 가지고 있던 유대인에 대한 반감을 무시할 수 없었다. 니콜라이 2세 스스로도 1905년 혁명 이후 진정될 줄 모르는 사회적 혼란을 조성하는 사회주의자들 및 혁명가들 다수가 유대인 출신이라고 판단하고 있었다. 그리하여 군대 내에서 유대인 병사를 축출하려는 고위 장교들의 견해에 전적인 동감을 표시하기도 하였다. 차르의 이러한 입장을 확인할 수 있었던 법무대신 쉐글로비토프는 베일리스 사건을 유대인에 대한 탄압의 정당성을 확인하는 기회로 활용하려고 하였다. 베일리스 사건은 유대인에 의한 한 개인의 희생보다는 유대인의 러시아 체제에 대한 위협으로 부각되어야 하였다. 베일리스의 유죄를 끌어내기 위해 그는 법무대신으로서 가져야 할 기본의무는 아랑곳하지 않고 자신의 의지에 부합하는 재판장을 임명하는 등의 파행적 행동도 서슴지 않았다. 결국 베일리스 개인에 대한 유죄 입증에는 성공하지 못했지만 최종 판결에서 유대인의 피를 필요로 하는 종교의식이 무고한 청년의 죽음과 무관하지 않다는 결과를 얻어냄으로써 그는 유대인에 대한 탄압이 러시아 체제 전반의 수호와 러시아인들의 생명을 지키는 것과 무관하지 않다는 논리로의 확대 재생산을 시도하였다. 이러한 확대 재생산의 논리가 등장할 수 있었던 것은 전제정을 수호하는 주요 원군의 위치를 확립하고자 하였던 러시아 민족동맹, 검은 백인대와 같은 우익 정치세력들의 유대인 박해가 당시에 광범위하게 전개되고 있었던 사정과 무관하지 않았다.

베일리스 사건은 처음부터 전적으로 중앙의 주도에 의해 통제되고 중앙과의 주도면밀한 조율의 과정을 통해 등장하지는 않았다. 그렇지만 전제정을 위태롭게 하는 상황이 지속적으로 끊이지 않는 상황에서 그것은 전제정을 수호하려는 의지를 가진 세력에게 더 이상 지역의 하찮은 사건으로 머물지 않았다. 그들은 베일리스 사건을 통해 전제정을 위협하는 세력들에 대한 반격의 기회를 잡으려고 하였다. 그러한 반격의 가능성을 충분한 시간을 두고 확인하기도 전에 러시아 전제정은 1차 세계대전의 국제적 분쟁에 휘말려 들어감으로써 종점으로 치닫는 열차의 속도를 잠시 늦출 수 있는 기회를 상실하고 말았다.

10장

20세기 전반기 달라이 라마의 이미지 변화
자연재해와 관련하여

박 장 배

1. 머리말

달라이 라마의 권위가 확립되면서 달라이 라마는 티베트에서 '군주'
의 역할을 담당했다. 티베트 사회의 불교화 이후 티베트에서 승려의 종
교적·정치적 역할이 커졌지만, 티베트 불교문명의 대표자이자 수호자
로서 달라이 라마가 등장하는 과정은 상당한 시간을 요하는 것이었다.
티베트는 원(元)제국의 해체 이후 매우 독립적인 파모주빠(Phagmogrupa)
정권을 포함한 병존하는 여러 정권으로 나뉘었다. 비교적 세력이 컸던
파모주빠 정권은 그 영향권이 현재의 티베트 자치구에 국한되었다. 파
모주빠 정권은 티베트 내부의 각축과 내륙아시아에서 세력을 확장하는
몽골 세력에 의해 몰락하고 티베트에는 몽골의 군사력을 정치적 자산
으로 새롭게 개혁교파인 게룩빠 교파의 달라이 라마를 수반으로 하는
교단국가 체제가 구축되었다. 17세기 후반의 '위대한 5대 달라이 라마'
는 티베트가 몽골세력의 지배를 오히려 내부 통합에 활용한 인물이었
다. 달라이 라마는 티베트 내부의 종교적 권위와 함께 외부 세력의 군사
적 후원을 기반으로 존립하는 티베트의 종교적·정치적 통치자라고 할

수 있다. 전통적으로 달라이 라마의 종교적 권위는 분명하게 유지되었으나, 정치적·외교적 권위에는 상당한 편차가 있었다. 18세기에 티베트가 청 제국의 판도에 흡수되자 청조는 주장대신을 설치하여 달라이 라마의 권력을 종교적인 차원으로 제한하려 했다. 이러한 시도는 장기적으로는 성공하지 못했지만, 달라이 라마의 통치자로서의 권위가 외부 세력의 작용과 영향에 따라 크게 변동할 수 있다는 것을 보여주었다.

1860년대 이후 티베트 정부를 긴장시킨 외부세력은 영국이었다. 1860년대 시킴과 부탄 등 티베트 문화권의 중소형 국가들이 영국세력의 압박으로 티베트와의 연계가 끊어진 이후 티베트는 교단국가 체제를 보다 강력하게 재편하는 쪽으로 움직였다. 이러한 체제 개혁은 형식적으로는 근대의 정치사상에 기초를 둔 것이 아니라 종교권력과 세속권력을 함께 가진 기존의 달라이 라마 제도를 강화하는 것이었다. 특히 1888년과 1904년 영국세력의 티베트 원정은 티베트의 전통 체제에 충격을 주었다. 티베트 민족주의는 청조와 영국의 틈바구니에서 성장해가고 있었다. 티베트 민족주의도 민족구성원 자체의 정체성 재확립, 교단국가 체제의 현대화를 추구하는 방향으로 성장해가고 있었다. 이 과정에서 티베트 군주로서의 달라이 라마의 이미지가 어떻게 변화하고 있는가를 구체적으로 살펴볼 것이다.

이를 위해서 필자는 먼저 티베트에서 전쟁과 자연재해와 같은 재해 상황에서 티베트 국가의 수장인 달라이 라마가 어떻게 대응했으며, 이에 대한 민중의 이미지는 어떤가를 살펴보고자 한다. 달라이 라마는 단순한 종교 수장이 아니라 정치 지도자이기도 하므로, 종교행사에서 드러나는 모습이 티베트의 정신적 지주로서의 모습이라면, 전쟁과 재해 구제 등에서 보이는 이미지는 불교의 보시와 자비의 정신을 실천하는 것이기도 하다. 또한 군주의 이미지를 만들어내는 장치이기도 할 것이다. 우선 티베트의 전쟁 수행과 자연재해의 이해에 집중하고, 이후에 그 것을 바탕으로 하여 군주의 이미지 변화를 추적해볼 것이다.

20세기 전반기는 티베트에서 13대 달라이 라마와 1940년대의 어린 14대 달라이 라마의 시기에 해당한다. 당시 14대 달라이 라마의 이미지 는 13대 달라이 라마가 구축한 이미지의 연장선상에 있다고 할 수 있 다. 그러므로 이 연구에서 중점적으로 분석한 달라이 라마의 이미지 는 13대 달라이 라마의 이미지라고 할 수 있다. 13대 달라이 라마의 이 미지가 형성되는데 국제적으로 중요한 역할을 했던 이로 찰스 벨(Sir Charles Bell)[1]과 같은 인물을 들 수 있을 것이다. 여기에서는 국제적인 이 미지보다는 통치자로서 국내외적으로 했던 실제적인 역할과 이미지에 더 주목할 것이다.

13대 달라이 라마에 대한 기존의 연구에서는 인물, 생애, 정책 등에 대한 분석이 있으나,[2] 군주이미지에 대한 본격적인 분석은 충분히 진행 되었다고 볼 수 없다. 티베트에서 달라이 라마 제도가 확립된 이래 모든 달라이 라마들이 명실상부한 정교일체의 권력을 행사한 것이 아니었다. 이런 측면에서 5대 달라이 라마나 13대 달라이 라마 등은 매우 특출한 통치자들이었다고 할 수 있을 것이다.

2. 13대 달라이 라마 시기의 전쟁과 자연재해

1) 13대 달라이 라마 시기의 전쟁

불교가 정치와 사회에서 중심적인 역할을 하던 티베트 사회에서 달라 이 라마를 정점으로 하는 티베트 지도층의 이미지는 무엇보다도 종교 적인 것이었다. 이 글이 주된 대상으로 하는 19세기 후반 이후의 티베트 사회에서 달라이 라마는 교단국가의 총수 역할을 수행했는데 그 역할은 단순히 종교적 구심점 이상의 것이었다. 달라이 라마는 티베트 불교의 수장으로 각종 의례의 수행과 함께 구체적인 행정 수반의 임무를 담당했다. 요컨대 달라이 라마는 종교권력과 세속권력을 동시에 갖고 있었다. 어린 달라이 라마가 성장해가는 과정에서는 섭정이 실질적으로 티베트를 통치했지만, 그 지위는 달라이 라마의 섭정이었다.

달라이 라마의 종교적 권위는 실질적이고 중요한 의미를 갖지만,[3] 여기에서는 세속권력의 행사와 관련된 달라이 라마의 이미지를 분석하는 데 중점을 둘 것이다. 달라이 라마의 권위가 확립된 이후에 달라이 라마는 판첸 라마와 병칭되기도 했던 것처럼 반드시 초월적인 일인자라고 할 수는 없었다. 그러나 판첸 라마의 부상은 청조 정부의 안배도 있었던 것이고, 실질적으로 판첸 라마의 종교적, 정치적 힘은 달라이 라마에 크게 미치지 못했다고 할 수 있다. 어쨌든 13대 달라이 라마는 티베트에 만연한 티베트 불교문명 자체에 대한 위기의식 위에서 역대 어떤 달라이 라마보다 강력한 정치적 힘을 행사했다고 할 수 있다.

근대 티베트 사회는 티베트 민족주의의 형성 시기이기도 했다. 이 글은 근대 티베트에서 전쟁과 자연재해에 대한 국가적 대응이 티베트의 군주이미지 형성에 중대한 의미를 갖는다는 가설에 입각한 것이다. 여기에서 근대 티베트는 엄격한 의미의 시대구분이 아니라, 지진 재해의 조사와 관리 체계가 비교적 잘 작동한 1700년경부터 1959년까지의 기간을 포괄적으로 지칭한 편의적인 용어다. 특히 1888년 영국의 식민지인 인도 원정군의 병력과 티베트 병력이 충돌한 이후를 말한다. 근대 시기는 서구의 과학적 사유가 영향을 끼치고 통상압력이 발생한 시기이다. 티베트의 불교적인 지도층은 이에 어떻게 대응하였나 하는 점도 흥미로운 요점이지만, 여기에서는 전쟁과 자연재해가 근대 티베트 사회에 미친 영향을 중점적으로 검토해보려고 한다.

13대 달라이 라마는 재위 기간에 여섯 번의 큰 전쟁을 경험하였다.

1888년과 1904년의 영국과의 대결, 1912년과 1917년과 1930년의 중국과의 대결이 그것이다. 이들 전쟁은 외부 세력으로부터 티베트를 방어하려는 방어전쟁의 성격과 티베트의 전통적인 영역을 직할지로 확보하려는 통일전쟁의 면모를 동시에 가지고 있었다. 근대의 전쟁기술을 확보한 대국들과의 경합은 티베트에게는 매우 불리한 것이었다. 내부적으로는 티베트인의 정체성을 확연하게 세워준다는 측면에서 현실적인 이득과 미래적 가치가 있는 것이었다.

티베트인들이 19세기 말과 20세기 전반기에 경험한 영국과 중국과의 전쟁에 대해서는 이미 언급한 바가 있다.[4] 여기에서는 이들 전쟁이 달라이 라마의 군주이미지에 끼친 영향과 의미를 음미해보는 기회를 갖도록 하겠다. 18세기에 청조는 티베트에 대한 지배구조를 짜면서 달라이 라마와 판첸 라마가 서로 견제하여 호각지세를 이루고, 그 위에 주장대신이 이를 감독하는 구조를 만들고자 했다. 그리고 달라이 라마의 선정과정에도 개입하는 금병추첨제도와 같은 제도적 장치를 만들었다. 13대 달라이 라마는 금병추첨제도의 추첨을 생략하고 달라이 라마로 선정되었다. 이것은 현재 티베트와 중국의 역사논쟁에서 티베트의 독립성을 의미하느냐 아니냐의 논쟁에서도 단골로 등장하는 사항 중 하나이다. 13대 달라이 라마는 티베트에서 청조의 힘과 권위가 현격히 약화된 상황에서 청조와의 관계가 재조정되는 시기의 티베트 최고지도자였다. 13대 달라이 라마가 18세기와 19세기의 달라이 라마들과는 다른 면모를 보여주었을 때 그 과정에는 전쟁이 개재하고 있었다.

1888년 제1차 영국-티베트 전쟁에서는 어린 달라이 라마가 친정을 시작하지 않았다. 그러나 이 소규모 전쟁과 그 수습 과정은 티베트에서 청조의 힘과 권위가 얼마나 약화되었는가를 보여주었고, 그 힘의 공백을 달라이 라마가 메꾸어야 했다. 1895년 13대 달라이 라마의 친정은 티베트 교단국가의 위기를 수습하려는 티베트인들의 의지를 담은 것이었다. 우연히도 이러한 중책을 맡은 13대 달라이 라마는 강한 개성과 의지력과 정치적 능력을 갖춘 인물이었다. 이것은 후에 찰스 벨이 잘 전해주는 바와 같다. 1904년 제2차 영국-티베트 전쟁에서 젊은 13대 달라이 라마는 몽골로 피신해야 했다. 티베트는 현대 무기를 갖춘 영국군에 무력으로 대응하기에는 역부족이었다.

1904년의 전쟁과 그 수습 과정을 지켜본 13대 달라이 라마는 티베트의 정치적 · 군사적 후원자를 청조에서 영국으로 바꿨다. 이것은 청조가 티베트 본부에서 벌인 신정(新政)개혁과 동부 · 동북부의 개토귀류의 직접적인 영향이었다. 티베트인들은 영국이 티베트 불교문명을 없애려고 한다는 문명적인 위기의식을 가졌으나, 영국의 관심은 티베트의 완충지대화라는 보다 현실적인 목표라는 점을 인지하였다. 티베트인들의 주된 관심은 티베트 불교문명의 유지와 그 구심점인 달라이 라마의 권위의 보존이었다. 사회경제적으로는 귀족 가문들의 기득권 보호라는 측면이 크겠으나, 티베트인들의 격렬한 저항은 티베트 불교문명의 침해를 향하고 있었다.

티베트 불교문명과 불교 교단국가와 달라이 라마의 권위의 수호가 일체를 이루었던 티베트인들의 인식과 대응에는 하나의 큰 딜레마가 있었다. 티베트 불교를 있는 그대로 유지하려고 한다면, 거기에는 현대적인 개혁과 양립할 수 없는 부분이 많이 있었다. 1920년대 티베트의 보수와 개혁의 대립과 갈등 속에서 개혁을 제대로 진행하지 못한 결과, 1930년대 초엽에 벌어진 중국계 군대와 벌인 전쟁에서 티베트군은 큰 약점을 보여주었다. 문제는 이러한 약점이 보완되지 못한 채 1950년 10월 참도 전투의 패배까지 이어졌다는 것이다. 티베트군의 대부분의 군사력이 참도에 배치되었다는 점을 고려하면, 참도의 군사적 패배는 티베트의 국가적 지위의 상실을 초래하는 패배였다고 할 수 있다.

그렇다면 1920년대와 1930년대에 티베트의 집권층은 왜 개혁에 소극적이었던가. 그것은 단순히 보수적 성향 때문만은 아니었다. 13대 달라이 라마는 티베트인들이 갖고 있던 티베트 개념을 현대화시켰다. 그것은 티베트가 티베트 본부와 캄과 암도를 포함한 '大티베트'로 통합되어야 한다는 것이다. 사실 티베트 민족주의의 목표는 대티베트의 통합이라고 할 수 있다. 대티베트 통합의 원칙은 불교문명의 유지와 내실화였다. 이러한 티베트 민족주의의 목표를 수행하고자 한다면 티베트는 현대적 무장력과 국가체제를 갖춰야 했다. 귀족가문의 입장에서 이를 위한 정책들은 중앙집권의 강화와 귀족세력의 약화를 초래할 위험이 있었다. 13대 달라이 라마는 티베트 통합과 불교문명의 유지라는 딜레마 속에서 티베트를 통치했다. 티베트 국가가 전쟁 수행에는 미흡한 능력을 보여주었지만, 구성원 복지에 대해서는 어떠했는가. 이하에서는 그것이 달라이 라마의 이미지와는 어떤 관계가 있었던가 하는 점을 검토해 보겠다.

2) 20세기 전반기의 자연재해

전쟁과 마찬가지로 자연재해는 개인적인 차원에서 대응할 수 있는 문제가 아니라 사회적인 차원의 대응이 필요한 문제다. 전쟁과 자연재해는 사회 성원의 공동 대응을 필요로 한다는 점에서 사회적인 통합 작용을 할 수도 있고, 오히려 사회 분열적인 요소로 기능을 할 여지도 있다. 근대 세계에서 전쟁과 자연재해 같은 재난은 사회의 몰락을 재촉하기도 하지만 '국민' 또는 '민족'을 만들어내는 용광로 같은 역할을 하였다. 이 글에서는 주로 지진의 사례를 통해 근대 티베트에서 자연재해가 어떻게 티베트 사회를 만들어갔는가 하는 점을 살펴볼 것이다.

티베트고원(靑藏高原)은 면적이 250만km²로, 평균고도가 4500m쯤이다. 티베트 고원지역은 지진과 설재(雪災)와 빙박(氷雹)과 수재(水災)가 빈발하는 지역이다. 1980년대에 출판된 『서장지진사료회편(西藏地震史

料汇编)』과 『재이지-수재편(災异志-水灾篇)』, 『재이지-포상충재편(災异志-雹霜虫灾篇)』, 『재이지-설재편(災异志-雪灾篇)』 등은 역사상 티베트의 재해지역에서 까삭과 달라이 라마에게 보고한 재해정보 문서와 까삭(내각)의 재해정보 보고서와 원조 청원에 대한 회답을 수집했다.[5] 재이설 전통이 강한 중원에서는 티베트의 자연재해를 정리하는 데도 '재이(災異)'개념을 통해 정리했는데, 불교적 인과론의 전통이 강한 티베트의 자료를 정리하는 데는 초점이 다를 수 있을 것이다. 그러나 내용상으로 볼 때, 이러한 자료집은 티베트의 자연재해의 주요 형태를 반영한다.

티베트 사회는 재해와 더불어 살아온 지역답게 자연재해에 대한 상당히 정연한 재해 행정 체계를 구축하고 있었다. 티베트에서는 관리와 승려와 귀족과 일반 백성이 모두 재해 상황을 보고할 권리와 세금·요역의 감면을 요구할 권리를 행사하였다. 그리고 재해 상황에 대처하는 데에도 불교적 세계관과 제도가 큰 역할을 하였다. 불교화된 티베트 사회에서 이러한 상황은 자연스러운 것이라고도 할 수 있다. 특히 지진과 병충해에 대해서는 불교의 지대한 역할은 명확했다. 물론 그 구체적인 차원에 대해서는 좀 더 세밀한 검토가 필요하다.

과거 티베트에서는 인위적인 재해와 자연적인 재해를 구분하지는 않는 편이었다. 19세기 캄의 데게의 지식인은 다음과 같은 격언시를 노래했다.

천상의 신들은 왜 하강하였으며, 국왕을 맡아 궁극적으로 무엇을 하려는가? 바로 악인이 늘어나는 것을 방지하려는 것인데, 만일 신성한 직권을 방기한다면, 광풍과 폭우가 크게 일어날 수 있고, 전란이 잇따르고 전염병이 끊이지 않으며, 별들은 다시 정상적으로 운행하지 않고, 농장의 곡식과 꽃나무는 성숙할 수 없고, 도둑과 우박에 흉년이 덧붙여지고, 각종 의외의 죽음이 발생하며, 숱하게 많은 두려운 재난을 동반할 것이다.[6]

여기에는 비바람, 전란, 전염병, 하늘의 이변, 도둑과 우박, 흉년, 돌연
사 등이 재해의 핵심목록으로 등장한다. 또 1951년 "9월 11일에는 달라
이 라마가 주재하는 가운데 대규모 법회가 열렸다. 대소사(大召寺)의 중
심루(中心樓) 대청루방에서 "금후에는 다시 지진, 전염병, 전쟁, 재황 등
의 재앙이 발생하지 않게 해달라"고 신에게 기원하였다.[7] 이러한 언급에
서도 지진, 전염병, 전쟁, 기근 등이 티베트에서 가장 대표적인 재해라는
것을 알 수 있다.

자연재해는 통치자에게 하늘의 '경고'였지만, 생존위기에 내몰린 민
중들에게는 경고 차원을 넘은 자연의 공포스러운 폭력이었다. 티베트에
서 1803년에서 1959년까지 150년간 발생한 중대한 수재는 60여 차에
달한다고 한다. 수재는 농업을 해치는 중대한 재해다. 1824년에서 1957
년까지 50여 건의 설재(雪災)가 있었다고 한다. 설재는 목축업과 큰 관
련이 있다. 1797년에서 1956년까지 160년간 우박피해는 30여 차례가
발생했다고 한다. 1832년에서 1952년까지 70년간 티베트에는 약 30회
의 우박피해가 있었다고 한다.

지진은[8] 빈도수나 사회심리에 비치는 영향 면에서 상대적으로 다른
자연재해를 앞지르고 있다고 생각된다.[9] 티베트에는 히말라야지진대와
티베트 · 청해 · 사천 주변(藏青川都區)지진대가 있다. 티베트는 타이완에
이어 중국에서 두 번째로 지진이 많은 지역이다. 역사상 티베트의 강
진은 1264년부터 1952년까지 29회가 손꼽힌다.[10] 이중 18세기 이전의
것은 6개 사례에 불과하다. 티베트 근대는 강력한 지진의 시기이기도
했다.

1982년의 조사에 의하면, 642년에서 1982년까지 티베트와 인근지
역의 강진(진도 4.7이상)은 612회였다.[11] 연간 5회 이상의 지진이 발생한
해는 1931년(7회), 1932년(5회), 1934년(8회), 1950년(86회), 1951년(36
회), 1952년(21회), 1953년(15회), 1954년(9회), 1955년(13회), 1957년(7

회), 1958년(7회), 1959년(12회) 등이다. 1960년 이후에도 1979년(3회)과 1981년(3회)을 빼고는 모두 5회 이상의 강진이 발생하였다. 이러한 숫자로 보면, 1930년대 이후 지진이 이전보다 훨씬 자주 발생하고 있다. 이것은 감지능력의 발달 때문이기도 하지만, 지진의 발생이 잦기 때문이기도 하다.

1642년 무렵 5대 달라이 라마 체제가 구축되어 있을 때부터 티베트 까삭의 공문서에는 지진 공문서 기록들이 등장하기 시작한다. 18세기 이후 지진 기록이 이전보다 풍부해진다. 1700년의 공문서부터 지진에 대한 기록은 비교적 자세한 것으로 평가할 수 있다고 생각된다. 이런 것들은 지진 행정체계가 티베트에 구축되어 있다는 것을 의미할 것이다. 객관적으로 자연재해가 발생했다는 사실도 중요하지만, 한편으로 자연재해를 자신들의 관점으로 인식하는 것이 매우 중요하게 생각된다. 당시 일반 민중들의 지진에 대한 태도에는 숙명론적인 점도 엿보인다. 1833년 지진 현장에서는 "운수가 사나운 사람은 재난이 많다"는 속담이 떠돌았다.[12]

19세기 당시에 재해는 운수 소관이라고 봤으나, 구제 정책의 중요성이 부각된 것은 13대 달라이 라마의 친정시기였다. 1895년 13대 달라이 라마의 친정 이후 재해행정의 가동이 활발해졌다. 1897년 야둥 대지진의 경우가 사례를 보여준다. 당시의 상황은 1888년의 국경 충돌의 여파가 가시지 않은 시기였다. 또 티베트군뿐만 아니라 티베트를 지배하는 청 제국의 관리와 군대가 티베트에 주재하는 상황이었다. 1888년의 근대 전쟁에서 충격을 받은 티베트 사회는 국경문제가 불거진 지역에서는 보다 신속한 정보 보고 체계를 구축해가는 모습을 보여준다.

1911년 10월 15일의 지진이 티베트에서는 처음으로 지진계로 측정되었다. 그리고 1915년 이후 까삭 공문서에도 대단히 자세하게 지진 피해 사례가 나타난다. 건물피해, 경작지 피해, 인명 피해와 가축 피해, 도로 피해 등이 자세하게 기록되었다. 1912년 이후 '대시주 황제'가 사라지면서 티베트인들은 새로운 시주를 찾아내지는 못했고, 영국의 인도식민지 관리들과 우호적인 관계를 맺었다. 1912년 이전에는 지진 행정체계에 청조 주장대신 등이 관여했으나, 1912년 이후 중화민국 변군이 장악한 지역 이외에는 티베트 정부의 보고 체계가 가동되었다. 1930년대 이후 지진의 발생 빈도는 현저하게 증가하였다. 여기에서 정부의 역할은 피해 구제와 복구, 그리고 민심수습일 것이다.

티베트 정부의 대응은 서로 관련되어 있지만 이원성을 띠고 있다고 생각된다. 지진이 발생하면 관부, 귀족, 사묘 또는 농민까지도 까삭에 보고서를 작성하여 올리고 세금과 부역의 감면을 요청할 수 있었다. 주로 각지의 총관과 종부의 종뵌이 관부, 사원, 민가, 다리 등의 피해 상황을 조사하여 까삭에 보고하였다. 보고서의 내용은 대단히 자세하여 피해자의 신원까지 기록하기도 하였다. 1897년 4월 12일 하오 지진이 발생했는데 27일에 까삭에서 보고서를 접수하였다. 그 시간은 보름 걸린 셈이다. 지방관원, 두인과 백성들의 구제 요청과 차역·세금 감면 요청을 받은 까삭은 보통 세금과 부역의 감면 요청에는 신중하게 대처하였다. 까삭의 물자지원과 세금감면, 우라의 동원 또는 면제 등은 관례에 따라 이루어졌는데, 관례는 보통 철호년 청책(鐵虎年 淸冊)과 관련이 있었다. 감면조치와 복구조치는 안약치안(眼藥治眼)의 효과를 거두기 위한 것이었고, 지은도보(知恩圖報)해야 할 것이었다.[13]

귀족들과 영주들은 철호 청책 규정에 따라 4대 감면을 향수하는 것 이외에도 더 많은 감면 혜택을 입었다. 4대 감면은 군직 감면, 공훈 감면, 재직 면차(免差), 발서(發誓) 감면 등이었다.[14] 이러한 감면의 혜택은 티베트의 3대 영주한테로 돌아갔고 일반 민중에게는 심각한 부담의 전가였다. 자연재해는 다른 사회에서와 마찬가지로 티베트에서도 고리대를 통하여 농민의 몰락을 촉진하는 경향이 있었다. 까삭은 이런 경향의 위험성을 경감하려고 했으나, 충분하지는 않았던 것으로 보인다.

한편, 티베트의 재해 행정 체계는 종교적인, 정신적인 요소도 중요한 부분이었다. 관리는 현지 조사 보고서를 작성하고 관례에 따라 구호하고 복구하는 것으로 재해 행정 체계가 완결되는 것은 아니었다. 지진이 일어났을 경우, 지방관리가 주관하여 신산과 불탑에 나쁜 귀신을 쫓아내주도록 독경하고 제사를 지내는 것은 상례였다.[15] 1924년의 지진에서도 까삭은 지방관에게 불경을 독송하고. 대위덕불(大威德佛), 도모(渡母), 묘음천녀(妙音天女), 오마천녀(鄔摩天女)에게도 제사를 지내도록 했다. 이렇게 티베트에서는 구호사업과 복구사업도 중요했지만, 제사활동도 중요한 것이었다.[16] 지진 등 자연재해의 규모와 빈도가 커지고 많아질수록 이러한 민심수습의 중요한 증대하였다.

수룡년(水龍年) 6월 27일(1952. 8. 18)에 당웅(當雄), 나곡(那曲), 임주(林周)에 대지진이 발생했다. 다음 날 저녁에 이창은 문자강(門孜康)에게 승관을 보내 점복을 행하도록 했다. 티베트의 종교를 관리하는 기구인 노블링카의 이창은 까삭보다 작으나 까삭과는 병치되어 있었다. 점괘는 티베트인에게 기근, 전염병, 풍흉 불균 등 잠시 동안의 불리함이 있을 것이라고 했다. 또 지진은 중생의 선악 업과(業果)가 성숙하였기 때문에 풍신(風神) 등 5위(位) 주진존신(主震尊神)의 뜻에 따라 나타난 것이라고 했다.[17] 1952년 9월 11일에는 달라이 라마가 주재하는 가운데 대규모 법회가 열렸다. 대소사(大召寺)의 중심루(中心樓) 대청루방에서 "금후에는 다시 지진, 전염병, 전쟁, 재황 등의 재앙이 발생하지 않게 해달라"고 신에게 기원하였다.[18] '전염병', '기근', '전쟁'과 '지진'은 티베트들에게 가장 큰 고통을 주는 재해였다. 1952년 당시 티베트 사회는 4중의 재해로 고통을 받고 있었다. 특히 강력한 지진의 빈발은 사회심리에 큰 영향을 주었다. 종교적 측면에서 티베트인들의 심리상태는 거의 공황상태였다. 티베트인들은 '대구주 달라이 라마'의 안위에 큰 관심을 갖고 있었다.

3. 재해가 티베트 사회에 미친 영향

중국 역사상 청대에 지진이 가장 많았고 한대에 두 번째로 많았다고 한다. 한대에 재난 대응 정책은 유교사상의 대두와 함께 등장하였고, 송대에 신유교사상의 대두와 함께 구황 저술 편찬 관행으로 확립되었다. 티베트에서도 자연재해는 티베트의 주류사상인 불교의 확립과 발전에 중대한 역할을 하였다. '티벳의 불교화' 문제는 티베트의 정교합일 체제의 형성과 발전을 설명할 때 빠질 수 없는 사안이다.

토번 시기 이래 상당 기간 동안, 특히 11세기와 12세기에 티베트 사회는 불교화 과정을 거쳤고, 13세기 몽골세력이 티베트에 도달했을 때는 불교화된 모습을 목격하였다. 티베트 대장경의 간행은 그러한 실태를 확연히 드러낸 사건이었다. 자연재해는 불교적 정치문화를 형성하는 데 기여하였다. 이 점은 재이 상황에 티베트 승려들이 어떻게 대응하였는가를 살펴봄으로써 가늠해볼 수 있다.

티베트 불교 까귀빠 종파의 제2대 조사인 미라래빠(1040~1123)는 『십만송』을 지은 것으로 유명하다. 그는 재산을 강탈하고 자기 식구들을 학대한 백부를 응징하기 위하여 집을 떠나 흑주술과 방박법(放雹法)을 배웠다. 그는 흑주술로 백부의 친지 35명을 주살하고 우박을 내려서 동네를 초토화시켰다. "우박폭풍이 휩쓸고 간 산비탈은 밭고랑마냥 파였다."[19] 복수의 성공에 미라래빠의 어머니는 좋아서 춤추고 다녔으나, 미라래빠는 살생에 회의를 느껴 금강승의 길을 걷고자 했다. 미라래빠의 노래는 티베트 불교의 발전에 자연재해가 얼마나 큰 역할을 하였는지를 보여준다.

티베트의 위인 전기는 다소 신성성을 가미해 엮는 것이 보통이다. 예컨대 13대 달라이 라마의 전기는 그가 태어날 때 지진이 있었다는 이적부터 기록하고 있다. "서리와 우박과 병충해"보다[20] 지진은 더 강력한 힘을 과시하는 것이었다. "중국 농민을 일상적으로 위협하는 두 개의 중요한 재앙", 즉 "물의 부족과 물의 과다함"은[21] 티베트 농민에게도 중대한 위협이었으나, 우박과 서리 등은 티베트의 특색인 재해라고 할 수 있다.

재해를 벗어나고 싶은 티베트 농민들의 소망은 그들의 우화 속에서도 찾아볼 수 있다. 100여 년 전에 채록된 「지혜롭고 용감한 생쥐들이 사는 나라」라는[22] 우화는 "먼 옛날 한 국왕이 있었다. 그가 다스리는 나라의 전역에 수많은 생쥐들이 살고 있었다. 생쥐들은 대체로 편안하게 지냈고, 먹을 것도 풍부했다. 그런데 어느 해 나라 전체에 흉년이 들었다."라고 시작된다. 생쥐 왕은 인간 왕에게 곡식을 빌리고 대신에 이 나라를 침략한 이웃나라 군대를 물리쳤다. 이에 보답하려는 국왕의 도움으로 생쥐들의 최대 위협인 "홍수와 고양이"의 위험이 없어지자, 생쥐들은 "안전하고도 행복하게 살았다."고 한다. '흥부가'의 박타령은 먹고 살 정도의 복을 갈구하던 민중의 꿈이 담겨 있다. 거기에는 일확천금을 바라던 심리도 개입되어 있었을 것이다. 생쥐 나라의 이야기는 횡재보다는 전쟁과 자연재해, 그리고 고양이가 사나운 관리와 귀족들을 만나고 싶지 않은 농민들의 소망을 담은 것으로 해석될 수 있을 것이다.

여기에 나타난 국왕은 국왕수신론(國王修身論)의 국왕의 모습과 합치하는 면이 있다. 이 책은 국왕의 '수신'뿐만 아니라 치방(治邦)의 원론에 대해서도 다루고 있다. 물론 국왕은 지혜를 갖춰야 하고 일반 민중을 자녀처럼 사랑하면서 그들을 선으로 이끌어야 한다. "자비심"을 가진 현명한 국왕은 "흉년을 만나면 구제를 잊지 않고 도적이 악행을 저지르면 단호히 대처하고, 서로 압박하여 좋은 말을 권하도록 하고, 고아와 과부와 빈민에게 보시를 해야 하며, 불법적인 폭도는 적절히 징치해야 한다."[23]

까삭과 이창 등으로 구성된 티베트 정부의 목적도 "정교가 창성하게 하고 백성이 안락하게 하고, 각 방(方)은 모두 간절하게 처리해야 한다." 는 것이었다. 그런데 "작년 11월 30일(양력 1934. 1. 15)에 발생한 지진은 점복을 통해 알았는데 정교와 중생에게 재난이 있을 징조였다."[24] 티베트인들에게 지진은 일종의 예언적 기능을 하는 것이기도 한 것이다. 철토년(鐵兎年) 윤 9월 19일(1951. 11. 18) 나곡(那曲)의 상웅(桑雄) 역참 야우장(野牛場)에 해방군 부대가 도착했을 때 전에 없던 강력한 지진이 발생했다.[25] 이것은 인민해방군의 티베트 진군을 재앙으로 인식하고 있었다는 어감을 갖는 듯하다. 당시 티베트 정부는 군사적으로 무능하였으므로 이에 대한 대책은 불경을 암송하는 것이었다. 티베트 정부는 "티베트의 전염병, 재황, 지진 등의 재난을 소제하기 위해" 점괘를 뽑도록 하고 널리 불회를 열었다. 티베트인들은 연이은 강진의 발생에 대해 매우 당황하고 있었다. 그들은 강진이 티베트의 멸망과 달라이 라마의 위험을 의미하는 것으로 인식했던 듯하다.

자연재해는 티베트 사회의 취약점을 드러내고 사회적 모순을 격화시킬 수 있다는 측면에서 일종의 예언자적 기능을 한다고 할 수 있을 것이다. 티베트인들은 1912년에서 1950년까지 상대적으로 독립을 누리고 있던 시기에 20세기의 현대국가로 변신해야 하는 과제를 안고 있었으나, 일부의 개혁과 변화 노력에도 불구하고 사실상 관습에 젖어 있었고 완충지대에 위치한 티베트의 지정학적 지위에 만족하고 있었다. 이런 가운데 닥친 1930년대 이래의 빈번한 자연재해, 특히 강력한 지진들은 티베트인들의 정서를 공황상태에 가깝게 몰고 갔다. 이것이 1950년과 1951년 티베트 몇몇 지역에 대지진이 일어났을 때의 상황이었다.

자연재해는 사회의 통합에 기여할 수 있고 사회의 퇴조에 기여할 수도 있는데, 1950년 무렵의 티베트 사회는 불시에 닥친 지진처럼 새로운 변화의 조류에 직면하고 있었다. 티베트인들은 중국 편입과 독자적 생존의 갈림길에서 별다른 선택의 기회를 갖지 못할 정도로 자생력을 보여주지 못하였다. 이때는 매우 험한 티베트의 지리적 특성도 독자적 생존에 도움이 되지 못하였고, 국제사회에 유력한 친구도 보이지 않았던 것이다. 이런 상황에서 티베트 까삭은 1920년대 이래 불교를 억압한 몽골 혁명 과정을 목격하면서 형성된 반공산주의 정서에도 불구하고 새로운 대륙의 주인공들인 중국공산당 정부와 협력의 길을 선택해야 했다. 티베트인들에게 이런 사태는 '재난'이었으나, 그들에게는 아직 불교 유산이 남아 있었다.

4. 맺음말

1950년대는 그야말로 대지진의 시기였다. 티베트의 여러 곳에서 많은 지진이 발생했다. 티베트인들의 삶, 즉 전쟁과 자연재해에 대한 대응은 티베트 불교뿐만 아니라 민중문화 유산을 낳았다. 자연재해가 티베트 뵌교와 불교의 형성과 발전에 큰 영향을 주었듯이,『게싸르 대왕 이야기』와 같은 대서사시는 티베트인의 전쟁과 자연재해 경험 속에서 탄생한 것이었다.

1950년대의 자연재해는 티베트의 문화적 역량이 시험을 받는 시기였다. 1950년대 후반의 티베트 일각의 '민주개혁'은 영주와 귀족과 사원의 토지소유를 박탈하는 과정이었고, 이에 대한 저항은 단순히 '봉건영주' 제도의 옹호인 것이 아니라 티베트 전통 문화의 지속가능한 발전이냐 지속적인 해체냐를 선택하는 과정이었다. 티베트 사회에서는 한편으로는 광범위한 저항이 일어났고, 다른 한편으로는 해방된 농노를 중심으로 티베트 전통의 이탈 움직임이 강하게 일어났다. 후자의 움직임은 물론 새로운 집권세력의 비호를 받는 측면이 컸다.

민주개혁에다가 1958년의 대약진운동과 같은 정치운동이 티베트 상층부를 압박하자, 티베트에서는 대중적인 봉기가 일어났다. 이 반란은 중국공산당 정부에게는 내놓고 티베트 전통을 개조할 수 있는 기회를 주었다. 권력은 생산적이면서도 동시에 폭력적이므로 절제와 균형 속에서 조심스럽게 사용되어야 하나, 중국의 집권세력은 저우언라이와 같은 탁월한 매개적인 인물이 있었음에도 불구하고 과격한 개조의 유혹을 떨쳐버리지 못했다. 그런 의미에서 저우는 이미지 정치인이라는 비판을 받을 소지를 안고 있다고 할 수 있다.

1959년 이후 지진 행정체계는 탈불교화되었다. 티베트 사회의 탈불교화는 중국사회의 탈유교화와는 사뭇 다른 양상을 보여준다. 오사운동 시기 이래로 중국의 청년개혁 세력은 유교주의를 버리고 과학과 민주라는 새로운 지침에 따라 자발적으로 20세기의 현대국가를 건설하고자 했다. 티베트인들은 불교문명을 버리지 않고 불교문명과 현대문명을 융합시키고자 했다. 티베트인들의 노력은 1959년 이후에는 티베트문화의 국제화와 티베트학의 국제적 확산이라는 의외의 결과를 불러일으켰다.

1950년대에 티베트는 1912년 이래의 독자성을 상실하고 중국의 사회주의 체제에 통합되었다. 티베트 전통 사회는 종교적이기도 했지만 동시에 매우 문필적인 사회였다. 물론 그 문필은 일부 계층에게 한정되어 있었으나, 그런 특징은 많은 사회가 공유하고 있었고, 당시에 티베트 사회에서도 이미 변화의 조짐들이 나타나고 있었다. 티베트 사회가 자연재해에 대응하는 방식을 보면, 조직적인 재해 행정체계를 구축하고 지속적으로 행정 문서를 남기는 등 매우 체계적이고 나름대로 자비와 보시를 실천하는 철학적 바탕도 탄탄했다. 담당관리는 피해상황에 조사하여 보고서를 작성하고 반드시 도장을 찍어야 했다.[26] 이런 점에서 티베트 사회는 자신의 불교문명을 가지고 현대사회에 자연스럽게 합류할 수 있는 풍부한 가능성을 구비하고 있었다. 물론 어느 한 측면만 보고 그 사회를 판단할 수는 없다.

요즘 티베트의 자연재해에 대한 중국학계의 연구성과를 보면 매우 실용적이라는 특징을 발견할 수 있다. 최근의 티베트 자연재해 관련 연구에는 도로 관련 재해가 많이 연구되고 있다. 이것은 교량과 도로의 파손에 관심이 많았던 전통시대의 연장선상에 있는 관심이면서 한편으로는 티베트 교통망을 유지하는 것이 학계 주류의 주요 관심사라는 것을 보여준다. 이것은 관광산업의 발전이나 티베트 사회의 현대화라는 명분으로 추진되는 도시 개발 등과 맥락을 함께하는 것으로 보인다. 인도에 망명 중인 14대 달라이 라마는 티베트를 생태보호구역인 동시에 평화구역으로 만들자는 전망을 제시하는데, 최근 대륙학계에서는 '지속 가능한 발전'이라는 원칙을 확고하게 견지하고 있다. 이러한 것들은 접근 가능성이 있다는 점을 보여줄 뿐 실제적인 공유점을 가지고 있다는 점을 말해주는 것은 아닐 것이다. 아무튼 1980년대 이후 중국학계의 괄목한 만한 성과의 축적은 국제 티베트학 연구에서 새로운 현상이라고 할 수 있다. 이점은 나름대로 틀이 있긴 하지만 재해학 연구의 영역에서도 마찬가지라고 생각된다.

자연재해에 집중하느라고 달라이 라마의 구체적인 이미지 변화까지 정리를 하진 못했지만, 1912년 이후 달라이 라마는 청 황제의 권위를 완전히 대신하여 티베트 사회의 구심점으로서 존재했다. 여전히 군주의 모습은 불교 교단 수장의 이미지 위에서 서 있었다. 이런 의미에서 정교합일 체제 상의 전통적인 티베트 군주상을 벗어난 것은 아니었다. 그러나 미묘한 변화들도 보인다. 근대 군사기술과 근대문물을 수용하려고 하는 13대 달라이 라마의 모습은 이런 군주상의 변화를 잘 보여준다고 생각된다. 이런 문제들에 대해서는 장기적인 계획에 따라 검토해볼 것이다. 달라이 라마의 이미지는 티베트 불교의 수장으로서만 존재했던 것이 아니라 통합된 티베트를 만들어내는 티베트 민족주의의 상징이었다는 점은 13대 달라이 라마, 그리고 그 후임자인 14대 달라이 라마의 경우에도 간과할 수 없는 부분이라고 판단된다.

1장

1 대한제국 시기 황제 중심의 '專制政治體制'에 관하여는 전봉덕(1974)「大韓國國制의 制定과 기본사상」『법사학연구』창간호;서진교(1996)「1899년 고종의 '大韓國國制' 반포와 專制皇帝權의 추구」『한국근현대사연구』5;민경식(2007)「大韓國 國制」『법학 논문집』31집 1호, 중앙대학교 법학연구소;이원태(2008)「개화기 '禮治'로부터 '法治' 로의 사상적 전환:미완의 '大韓國國制體制'와 그 성격」『정치사상연구』제14집 2호 참조.

2 대한제국의 탄생과 國母 復讎論이 직접적으로 관련된다는 논리는 한영우(2001)『명 성황후와 대한제국』, 효형출판, pp. 39-82 참조.

3 독립협회와 만민공동회에 관해서는 신용하(1976)「獨立協會의 創立과 組織」『獨立 協會硏究』, 일조각;국사편찬위원회(1999)『한국사』41-열강의 이권침탈과 독립협회-;신용하(2001)「甲午改革과 獨立協會運動의 社會史」, 서울대학교 출판부 참조.

4 갑오의병, 을미의병에 관하여는 김상기(1989)「조선말 갑오의병전쟁의 전개와 성격」『한국민족운동사연구』3;김상기(1990)『甲午乙未義兵 硏究』, 한국학중앙연구원 박사 학위논문;김상기(1992)「갑오경장과 갑오을미의병」『국사관논총』36;이상찬(1995)『1896년 의병의 정치적 성격』, 서울대 박사학위논문;강대덕(1995)「華西 李恒老의 현실대응론과 춘천지역 前期義兵運動」-개항전후 화서학파의 尊攘衛斥論과 을미의 병활동분석-『강원사학』11;김상기(1996)「갑오을미의병의 참여층과 擧義理念」『인 하사학』3;오영섭(1998)「춘천지역의 을미의병운동」『북한강유역의 유학사상』, 한림 대 아시아문화연구소;박민영(1998)『대한제국기 의병연구』, 한울;국사편찬위원회(1999)『한국사』43-국권회복운동- 참조.

5 이민원(1994)『아관파천 전후의 韓露關係』-1895-1989, 한국학중앙연구원 박사학위 논문;최덕수(1995)『19세기 후반 개화 개혁론의 구조와 전개』-독립협회를 중심으로, 연세대 박사학위논문;이윤상(1996)『1894-1910년 재정제도의 운영과 변화』, 서울대 박사학위논문;양상현(1997)『대한제국기 내장원 재정관리 연구』, 서울대 박사학위논 문;서진교(1997)『대한제국기 고종의 황제권 강화정책연구』, 서강대 박사학위논문 참조.

6 대한제국 연구사에 관해서는 서영희(2003)『대한제국 정치사연구』, 서울대학교 출 판부, pp. 2-19 참조.

7 양측의 논쟁에 관해서는 교수신문 기획 엮음, 이태진 김재호 외 9인 참여(2005)『고

종황제 역사청문회』, 푸른역사 참조.

8　『고종실록』권 36, 34년(1897) 10월 20일.

9　김구 원저 우현민 현대어역(2001),『백범일지』서문당, pp.91-92.

10　"冬十有一月壬辰 公薨 何以不書葬 隱之也 何隱 爾弑也 弑則何以不書葬 春秋 君弑
　　賊不討 不書葬 以爲無臣子也 子沈子曰 君弑 臣不討賊 非臣也 不復讎 非子也 葬 生
　　者之事也 春秋 君弑 賊不討 不書葬 以爲不繫乎臣子也"(『公羊傳』, 魯 隱公 11년(B.C.
　　712) 11월)

11　"子夏問於孔子曰 居父母之仇 如之何 夫子曰 寢苫枕干 不仕 弗與共天下也 遇諸市朝
　　不反兵而鬪 曰 請問居昆弟之仇 如之何 曰 仕弗與共國 御君命而使 雖遇之 不鬪 曰
　　請問居從父昆弟之仇 如之何 曰 不爲魁 主人能 則執兵而陪其後"(『禮記』檀弓 上)

12　"父之讐 弗與共戴天-본문, 父者 子之天 殺己之天 與共戴天 非孝子也 行求殺之 乃止
　　-鄭玄 注"(『禮記』曲禮 上)

13　을미사변에 대하여는 이민원(2002)『명성황후 시해와 아관파천』, 국학자료원, pp.
　　83-95쪽 참조.

14　"燒餘遺骸 肩下體"(『고종실록』권 33, 32년 11월 14일).

15　『고종실록』권 33, 32년 8월 22일.

16　이민원(2002)『명성황후 시해와 아관파천』, 국학자료원, pp. 102-107쪽.

17　『고종실록』권 33, 32년 10월 15일.

18　강창일(1999)「삼국간섭과 을미사변」『한국사』41, 국사편찬위원회, pp.38-43쪽.

19　"巽時 玉體移奉于泰元殿"(『景孝殿日記』장서각 도서분류 2-2418, 을미 10월 19일
　　조).

20　이민원(2002)『명성황후 시해와 아관파천』, 국학자료원, pp. 83-95쪽.

21　『고종실록』권34, 33년 2월 11일.

22　『일성록』고종 32년 12월 28일(양력 2월 11일).

23　"逆魁亂黨이 連腸結肚ᄒᆞ야 國母를 弑害ᄒᆞ고 君父를 脅制ᄒᆞ며 法令을 溷亂ᄒᆞ야"(『고
　　종실록』권 34, 33년 2월 27일).

24　『고종실록』권 34, 33년 2월 11일.

25　"此次에 爾等의 起義홈은 엇지 他意가 有ᄒᆞ리오 亦惟曰호대 國家를 위ᄒᆞ야 亂臣賊
　　子를 성토ᄒᆞ자 홈이니"(『고종실록』권 34, 33년 2월 18일).

26　"文武之時 周之盛德 旣無諸侯相犯 寧有臣子弑君父者 是以古典無責臣子討賊之義
　　春秋據亂而作 時則有之 因設其法"-疏(『公羊傳』, 魯 隱公 11년(B.C. 712) 11월).

27　『고종실록』권 34, 33년 2월 11일.

28　『고종실록』권 34, 33년 2월 11일.

29　『고종실록』권 34, 33년 7월 24일.

30　『고종실록』권 34, 33년 8월 14일.

31　"圜丘〈天地從祀 風雲雷雨 國內山川 冬至合祭 正月上辛 祈穀"(『고종실록』권 34, 33
　　년 8월 14일).

32 "君은 民의 標準"(『고종실록』권 34, 33년 2월 13일).

33 "父母된 道를 盡코자"(『고종실록』권 34, 33년 2월 13일).

34 『고종실록』권 34, 33년 8월 10일.

35 『고종실록』권 34, 33년 8월 23일.

36 『고종실록』권 34, 33년 9월 1일.

37 "戌時 成殯奠兼夕上食 親行"(『景孝殿日記』장서각 도서분류 2-2418, 병신 7월 27일).

38 "奉進隆安門景昭殿攢宮內 回南首 仍爲成殯"(『景孝殿日記』장서각 도서분류 2-2418, 병신 7월 27일).

39 "上曰 御眞奉安于卽阼堂"(『고종실록』권 34, 33년 9월 20일).

40 『고종실록』권 35, 34년 6월 25일.

41 『고종실록』권 35, 34년 2월 20일.

42 『고종실록』권 35, 34년 4월 9일.

43 "議政 金炳始曰 太廟展謁之未行 今爲四年之久"(『고종실록』권 35, 34년 3월 16일).

44 "詣宗廟永寧殿展謁"(『고종실록』권 36, 34년 11월 16일).

45 한영우(2001), 『명성황후와 대한제국』, 효형출판.

46 신명호(2005) 「대한제국기의 御眞 제작」, 『조선시대사학보』33, 조선시대사학회.

47 "國朝列聖及后 皆有晬容文昭殿內 別立一殿 號璿源殿 奉之 無奠獻之禮"(『春官通考』권 25, 吉禮, 眞殿, 璿源殿).

48 『大韓禮典』권 7, 吉禮, 酌獻璿源殿儀.

49 아관파천 이후 고종과 왕태자의 殯殿 祭享은 『景孝殿日記』(장서각 도서분류 2-2418)에 자세하게 기록되어 있다. 이에 의하면 환궁 이후 황제에 즉위할 때까지 약 8개월 간 고종이 景昭殿의 매일 5차례 제향에 한 번도 참여하지 않은 것은 딱 2차례인데, 이유는 선원전 화재 때문이었다. 따라서 부득이한 경우가 아닌 한 고종은 하루도 빠짐없이 景昭殿의 제향에 참여했던 셈이 된다.

50 『國朝五禮儀』凶禮.

51 『고종실록』권 36, 34년 11월 21일.

52 "(전략) 噫 后之至誠明鑑之勉勵朕者如此 而不能亟斬弘吉淵夏四賊 遂使潛招外兵 陰嗾訓隊 至有乙未天下萬古所未有之大變 (중략) 弘夏兩賊 旣斯得正罪 淵吉幷逭云 迄未就獲 東宮枕戈之思 儘可哀憫矣 (후략)"(『景孝殿日記』장서각 도서분류 2-2418, 丁酉 9월 30일, 大行皇后行錄 親撰).

53 "(전략) 四賊之罪 雖殱殄其類 無使遺育 豈足以少洩小子窮天極地之至痛至恨哉 弘集秉夏 旣就戮刑律已正 吉濬義淵 脫漏天網矣 小子寢苫枕戈 凶賊未殲 不敢戴天 凡我臣庶 咸願從事 苟有氣血之倫 宜其同一義理矣(후략)"(『景孝殿日記』장서각 도서분류 2-2418, 丁酉 9월 30일, 大行皇后行錄 睿製)

54 "春秋之義 寢苫枕戈 無時從事者 謂國讐未復 則國網壞矣 刑政廢矣 雖謂之無國可矣"(『고종실록』권 36, 34년 11월 22일).

330 근대 서구의 충격과 동아시아의 군주제

55 "皇帝陛下 勇智天縱 勘定大難 剏立自主之權 大小臣民 咸願推尊位號"(『고종실록』권 36, 34년 11월 22일).

56 『고종실록』권 36, 34년 9월 21일.

57 『고종실록』권 36, 34년 10월 3일.

58 대한제국의 政治體制는 光武 3년(1899) 8월 17일 공포된 '大韓國國制'의 제 2조에 서 '大韓帝國의 정치는 과거 500년간 전래되었고 앞으로 만세토록 불변할 專制政治 이다.'라고 명시됨으로써 황제 중심의 專制政治體制로 확정되었다.

2장

1 朱英(1995), 「淸末新政與淸朝统治的灭亡」, 『近代史硏究』1995年第2期, p.78.

2 카메론의 『중국의 유신운동(1898~1912)』에서는 청말신정의 여러 개혁 가운데 예비 입헌에 주목하였다. 여기서 청조의 입헌주장은 러일전쟁의 자극을 받아 등장한 것으로, 이런 예비입헌이 사기행위에 불과하다는 혁명파의 선전은 지나친 폄하에 불과하다고 보았다. 1906년 청조의 仿行立憲의 상유나 후에 청조가 반포한 「憲法大綱」은 기본적으로 같은 맥락의 사상으로 사기는 아니었으며, 헌정개혁이 실패한 것은 청조의 무능과 지방 관료의 비협조 때문이라고 했다(崔志海(2003), 「國外淸末新政硏究專著述評」, 『近代史硏究』2003年第4期, pp.253~254). 그리고 메인버그의 『중국입헌정부의 출현(1905~1908)-서태후에 의해 인식된 개념』에서는 청조 스스로 인식한 입헌 개념을 고찰해 그들의 헌정개혁은 진실했으며, 헌정개혁이 거짓이라는 주장은 혁명파와 일부 급진적인 입헌파의 의견일 뿐이라고 하였다. 그는 기본적으로 카메론의 입장에 따르고 있다(崔志海, 위의 논문, p.258). 출양오대신에 대한 연구현황에 대해서는 柴松霞(2011)의 저서 『出洋考察與淸末立憲』(法律出版社, 2011년), pp.10-22 참고.

3 엄격한 의미에서 1905년 출양오대신의 경우 '정치'일반에 대해 고찰했다면, 1907년 영국 독일 일본에 파견한 세 대신은 '헌정'을 중점적으로 고찰했다며, '정치'와 '헌정'의 의미를 정확하게 구분하기도 한다. 즉 오대신출양이 예비입헌을 추동했다면, 삼대신출양은 입헌을 심화시켰다는 것이다(柴松霞(2011), 위의 책, pp.7-9).

4 군주입헌론을 가장 먼저 주장한 인물은 양계초인데, 그는 「立憲法議」란 논문을 『淸議報』(1901년 6월 7일)에 발표하였다. 이 글에서 세상에는 세 가지 정체가 있는데, "첫째는 군주전제정체이고, 둘째는 군주입헌정체이며, 셋째는 민주입헌정체"라면서, 이 세 가지 가운데 중국인에게 군주입헌제가 가장 좋다고 평가하였다. 여기서 그는 예비입헌을 제안하였다.

5 劉高葆(1996) 「端方與淸末豫備立憲」(『學術硏究』, 1996年第6期)에서는 단방의 입헌 사상의 연원, 헌정에 대한 이해, 예비입헌 과정중의 활동에 대해 기초적인 접근을 하였다. 그는 입헌을 주장한 가장 강력한 만주족 관료가 단방이라고 보았다. 단방에 대한 다른 논문으로는 翟海濤의 「端方與淸末的滿漢政策」이나 迟云飞, 「端方與淸末

宪政」 등이 있으며, 근래에 張海林(2007), 『端方與淸末新政』(南京大學出版社)이라는 단행본 연구서가 출간되었다.

6 청말 오대신출양과 예비입헌을 연구하는 데 가장 중요한 사료는 故宮博物院明淸檔案部編(1979), 『淸末籌備立憲檔案史料』(上冊), 中華書局(이하 『淸末籌備立憲檔案史料』(上冊)로 약칭)이다. 이 자료집에는 청 황실의 정치 상황, 예비입헌의 과정 등은 물론 재정 교육 사법 滿漢관계 등에 관한 많은 정보를 담고 있다. 中國史學會主編(1957), 中國近代史資料叢刊 『辛亥革命』(四), 上海人民出版社(이하 『辛亥革命』(四)로 약칭)에도 오대신출양과 예비입헌에 관한 사료들이 실려 있다. 단방의 예비입헌 관련 주고는 端方(1966), 『端忠敏公奏稿』(6)(沈雲龍主編, 『近代中國史料叢刊』正編, 第十集), 臺灣文海出版社(이하 『端忠敏公奏稿』(6)로 약칭)에 실려 있다. 그리고 戴鴻慈(1986), 『出使九國日記』(鍾叔河主編, 『走向世界叢書』第1輯, 第9冊), 岳麓書社와 載澤(1986), 『考察政治日記』(鍾叔河主編, 『走向世界叢書』第1輯, 第9冊), 岳麓書社도 중요한 관련 자료이다. 그밖에 『歐美政治要義』, 『列國政要』 등도 참고해야 할 자료이다.

7 尙小明(1999), 『學人游幕與淸代學術』, 社會科學文獻出版社, p.165.

8 (美)費正淸編(1985), 中國社會科學院歷史硏究所編譯室譯, 『劍橋中國晚淸史』(下冊), 中國社會科學出版社, p.474.

9 핀처의 「중국의 민주: 1905~1914년 지방 성 중앙의 삼층적 자치운동」에서 1905년의 러일전쟁은 청조의 입헌 흥미를 유발시킨 것은 아니지만 입헌개혁을 가속시킨 것은 의심의 여지가 없다고 하였다(崔志海, 「國外淸末新政硏究專著述評」, p.261).

10 당시 한 지식인은 본문에서 열거한 여러 원인들 말고도 "자희태후의 입헌에 대한 본심"을 강조하였다(傖父, 「立憲運動之進行」, 『辛亥革命』(四), p.4).

11 1901년 여름 주일공사 李盛鐸이 청조 고위관료 가운데 가장 먼저 입헌을 주장했다는 설이 있다(王開璽(2006), 『晚淸政治新論』, 商務印書館, pp.203~204).

12 「上政務處書」(1904).

13 「立憲紀聞」, 『辛亥革命』(四), p.12.

14 『醒獅』제1기, 1905년 9월(鍾叔河, 『從東方到西方』, p.545 재인용).

15 徐爽(2006), 『1901-1911: 舊王朝與新制度-淸末立憲改革述論』, 中國政法大學博士學位論文, pp.44~45.

16 侯宜杰(1993), 『二十世紀中國政治改革風潮-淸末立憲運動史』, 人民出版社, p.71 재인용.

17 端方, 「考查政治調員差委摺」, 『辛亥革命』(四), pp.31~32.

18 오월은 거사하기 전 "배만의 길은 두 가지인데, 하나는 암살이고 하나는 혁명이다. 암살은 원인이고 혁명은 결과이다. 암살은 비록 개인이라도 할 수 있지만, 혁명은 대중의 힘이 없으면 성과가 없다. 오늘날은 혁명의 시대가 아니라 실로 암살의 시대이다."라는 글을 남겼다(吳樾(1957), 「暗殺時代」, 『辛亥革命』(二), 上海人民出版社, p.432).

19 戴鴻慈, 『出使九國日記』(卷1), p.314.

20 『時報』, 1905년 9월 29일(侯宜杰, 『二十世紀中國政治改革風潮-淸末立憲運動史』, p.59 재인용).

21 소영은 비록 부상으로 출양하지는 못했으나, 한 신문에서 "만약 내가 죽어 헌법이 확립된다면 죽더라도 영생할 것이니 내가 죽는 것이 어찌 슬픈 일인가? 각 국의 입헌은 피를 흘리지 않은 적이 없으며 그 후 비로소 평화가 있었다."(『時報』, 1905년 10월 15일)라며 굳은 결심을 밝혔다.

22 1905년 러시아에서는 「10월 17일 선언」이 발표되어 인민의 언론 출판 결사 집회 신앙 인신의 자유 및 참정의 권리를 승인하고 아울러 국가두마를 열기로 결정하였다.

23 대홍자는 진사출신으로 한림원 편수를 지냈으며, 산동 운남 복건 등의 학정을 담당하고, 내각학사 형부와 호부시랑을 역임하였다. 청일전쟁 이후부터 개혁을 주장하였다. 출사 도중 예부상서와 법부상서가 되고, 귀국 후 입헌준비에 주력하였다. 영국과 미국의 사례를 빌어 청조의 감옥을 개량하였다.

24 재택은 황족으로 鎭國公에 봉해졌으며, 강희제의 제6대 손자이자 가경제 다섯째 아들의 손자이다. 그는 단방과 더불어 군주입헌제의 수용에 노력했고 훗날 황족내각에도 참가하였다.

25 상기정은 산동포정사로 신정에 적극적이었다. 개인적 능력 이외에 자희태후와의 인맥 관계에 의해 고찰대신으로 선발되었다.

26 이성탁은 한림학사 출신으로 주일대신을 역임한 인물이다. 그는 가장 먼저 군주입헌제를 주장한 해외공사 중 한 사람으로 오대신 가운데 유일하게 해외경력이 있었다.

27 范鐵權·潘崇(2006), 「端方硏究的回顧與思考」, 『歷史敎學』, 2006年第7期, p.73.

28 戴鴻慈, 『出使九國日記』(卷2), p.321.

29 張海林, 『端方與淸末新政』, pp.120~124 목록참고.

30 단방이 교육개혁에 관심이 많았던 사실은 귀국 후 (대홍자 등과 함께) 올린 「考察各國學務擇要上陳折」(『端忠敏公奏稿』(6)에 잘 나타나 있다.

31 단방 일행은 태평양의 배 위에서 시차로 인해 1906년 1월 1일을 두 번 경험하였다. 1906년 6월 20일에는 이탈리아에서 화산폭발을 목격했고, 폼페이 화산유적을 관람하였다. 스위스의 아름다운 풍경에 대한 기억이나 독일에서 공연 관람한 인상 등이 일기에 담겨 있다.

32 재택 일행은 1906년 1월 14일(광서 31년 12월 20일) 상해에서 배를 타고 출발해 일본, 미국, 영국, 프랑스, 벨기에 등을 차례로 방문하였다. 미국은 단방 일행이 고찰책임을 맡았으므로 여행 방문이었으나, 일본, 영국, 프랑스, 벨기에는 고찰국가였다. 재택이 머무른 국가 중 프랑스가 52일로 가장 길었다. 두 번 방문한 영국은 45일, 일본은 29일, 벨기에는 16일이었다. 이들 국가와는 모두 국서를 교환하였다. 1906년 6월 6일 고찰 일정이 끝나자 이성탁은 벨기에 공사에 부임할 예정이어서 현지에 남았다. 6월 10일 프랑스 마르세이유로부터 귀국 길에 올라 7월 12일 상해로 돌아왔다. 7월 19일 상해에서 북경으로 출발해 7월 23일 북경에 도착하였다.

33 戴鴻慈, 『出使九國日記』(卷12), p.530.

34 재택 일행이 편집한 책은 67종(146책)으로 그 가운데 30종은 별도로 제요를 써서
    자희태후와 광서제에게 열람하도록 바쳤고, 다른 400여 종의 외국어서적은 고찰정
    치관에 보내었다.

35 「到德考察情形摺」, 『端忠敏公奏稿』(6), p.669.

36 戴鴻慈, 『出使九國日記』(卷6), p.406.

37 「到德考察情形摺」, 『端忠敏公奏稿』(6), p.669.

38 鍾叔河(2002), 『從東方到西方』, 岳麓書社, p.548 재인용.

39 載澤, 『考察政治日記』, p.579.

40 「出使各國考察政治大臣載澤等奏在英考察大槪情形?赴法日期摺」, 『清末籌備立憲檔
    案史料』(上冊), p.11.

41 「出使各國考察政治大臣戴鴻慈等奏到俄考察大槪情形摺」, 『清末籌備立憲檔案史料』
    (上冊), pp.17~18.

42 戴鴻慈, 『出使九國日記』(卷10), p.485.

43 「到義情形摺」, 『端忠敏公奏稿』(6), p.683.

44 戴鴻慈, 『出使九國日記』(卷12), p.521.

45 이 책은 원본으로만 남아 있어 쉽게 볼 수 없으나 張海林의 연구를 통해 대체적인
    내용을 알 수 있다. 책의 표지에 대홍자의 이름이 앞에 있고 단방의 이름이 뒤에 있
    는 것은 대홍자는 진사출신이고 단방은 거인출신이라 예의를 갖추기 위한 것으로
    보인다(張海林, 『端方與清末新政』, pp.143~144).

46 張海林, 『端方與清末新政』, p.147.

47 「國家憲法之制定」, 『歐美政治要義』(제2장).

48 대홍자의 『출사구국일기』는 정치고찰 말고도 재정경제와 문화교육 분야에 주목한
    것이 한 특색이다. 그는 외국정치가들의 우국충정에 감탄했으며, 난민의 심리를 두
    려워하였다. 한편 재택의 『고찰정치일기』는 앞의 책과 달리 주로 외국관원과 학자들
    이 헌법 및 국가제도 정치조직을 강의한 기록이 많다. 이토 히로부미를 만나 입헌에
    대해 나눈 대화나 각 나라의 사법독립과 상하의원 등을 기록하고 있다.

49 張海林, 『端方與清末新政』, pp.160~168 참고.

50 신우철(2006), 「근대 사법제도 성립사 비교연구」, 『法史學研究』제34호, p.260.

51 載澤等, 「出使各國大臣奏請宣布立憲摺」, 『辛亥革命』(四), pp.24~26.

52 「請定國是以安大計折」, 『端忠敏公奏稿』(6), pp.689~719.

53 위의 글.

54 「出洋大臣詳奏立憲情形」, 『申報』, 1906년 8월 21일(張海林, 『端方與清末新政』,
    p.191 재인용).

55 張海林, 『端方與清末新政』, p.194.

56 대홍자의 일기에 따르면, 옹희령은 단방 일행을 따라 미국을 방문했으며 영국까지
    갔으나, 그 후 프랑스와 독일을 방문할 때는 보이지 않는다. 오대신이 상해에 돌아

온 후 1906년 7월 25일에 다시 "웅희령이 봉천에서 왔다."는 기록이 보인다. 대체로 1906년 3월부터 7월까지 여행 일정에서 웅희령이 사라진 것이다. 아마도 그는 도중에 양계초와 양도를 독려하기 위해 일본으로 돌아간 것으로 보인다. 그의 존재는 단방 일행의 활동에서 흥미로운 부분이다(董方奎(1991),『梁啓超與立憲政治』, 華中師大出版社, p.169).

57 董方奎,『梁啓超與立憲政治』, p.170.

58 위의 책, p.168 재인용.

59 「御史劉汝驥奏請張君權摺」,『淸末籌備立憲檔案史料』(上册), pp.107~110.

60 「御史趙炳麟奏立憲有大臣陵君郡縣專橫之弊並擬豫備立憲六事摺」,『淸末籌備立憲檔案史料』(上册), pp.123~128.

61 鍾叔河,『從東方到西方』, p.556.

62 「立憲紀聞」,『辛亥革命』(四), p.14.

63 재택의 이 密折의 내용 때문에 예비입헌이 정치적 사기극이라는 견해가 있었으나, 최근에는 군주입헌을 실행하기 위한 노력이었다고 평가한다.

64 "첫째는 '皇位永固'이다. 입헌국의 군주는 신성불가침이므로 행정에 책임을 지지 않고 대신 이를 대신한다. 만약 행정에 실수가 있거나 혹은 의회의 반대가 있거나 혹은 의원의 탄핵이 있으면 정부 각 대신은 사직하고 별도로 새로운 정부를 세우면 된다. 고로 재상의 지위는 조석으로 바뀔 수 있으나 군주의 지위는 만세불변이니 큰 이점의 하나이다. 둘째는 '外患較輕'이다. 오늘날 외국인이 우리를 무시하는 것은 우리나라의 국력이 미약하고 우리의 정체가 다르기 때문인데, 전제라는 것이 반개화이어서 동등하지 않은 나라로 대우하기 때문이다. 일단 헌정이 시행되면 우리를 비하하다가 바꾸어 우리를 존경할 것이며, 장차 침략정책도 바뀌어 평화로운 외교를 할 것이다. 큰 이점의 둘이다. 셋째는 '內亂可弭'이다. 해변과 서양 조계지에는 회당들이 날뛰고 심지어 혁명의 설을 주장한다. 생각건대 인심을 현혹시키는 논리로 정체는 오로지 압제이고, 官은 모두 민적이며, 吏는 오로지 사람을 탐하므로, 백성은 어육이 되어 생활할 수 없다는 것이다. 고로 이를 따르는 자들이 많다. 지금 헌정으로 바꾸면 세계는 공평의 정의와 문명의 정도를 칭찬할 것이고, 그들이 비록 말을 지어내도 쓸 말이 없을 것이며, 반란을 일으키려 해도 사람들이 따르지 않을 것이다. 체포해서 잡아들이지 않아도 자연스레 얼음 녹듯이 와해될 것이다. 큰 이점의 셋이다."(載澤, 「奏請宣布立憲密摺」,『辛亥革命』(4), pp.28~29).

65 민두기(1994),『신해혁명사-중국의 공화혁명(1903~1913)』, 민음사, p.94.

66 단방이 구상한 중앙관제개혁 계획도표는 張海林,『端方與淸末新政』, pp.199~200을 참고.

67 端方, 「請改定全國官制以爲立憲豫備摺」,『辛亥革命』(四), pp.33~38.

68 "반드시 내각은 그 책임을 지니, 내각이 직무에 충실하면 감히 국가를 잘못으로 빠뜨릴 일이 없고 만약 실수가 있더라도 내각이 이를 책임진다. 천하가 감히 군주를 원망할 수 없으니 신성불가침이란 이를 말한다."(「請定國是以安大計折」,『端忠敏公奏

稿』(6)).

69 대홍자는 입헌의 요점은 자치에 있다면서 한 일본인의 글을 빌어 "헌법은 행정의 꽃이다. 그 꽃을 알려면 반드시 먼저 그 근본을 알아야 하므로 지방자치제를 알아야 한다."고 하였다(戴鴻慈, 『出使九國日記』, p.398). 그는 독일의 지방자치를 고찰한 후 지방자치의 관건은 연병과 교육에 있다고 보았다. 한편 재택은 영국의 지방자치를 높이 평가했는데, 그의 관제개혁안에는 중앙에 자정원을 설치하고 지방에 議事會를 설치할 것을 주장하였다.

70 단방의 주장 가운데 정부와 황실의 구분을 명확히 하자는 것도 있다. 황실은 황실을 담당하는 관리가 책임을 지고 일정한 경비로 운영하되 정부의 재정과는 구분을 두자는 것이다.

71 「考査學務擇要上陳摺」, 『端忠敏公奏稿』(6), pp.775~807.

72 관제개혁을 요약하자면, 1905년에 만든 巡警部를 民政部로, 戶部를 度支部로, 兵部를 陸軍部로, 刑部를 法部로, 大理寺를 승격시켜 大理院으로, 工部를 1903년에 만든 商部와 합쳐 農工商部로, 理藩院을 理藩部로 바꾸었으며, 얼마 후 郵傳部와 審計院을 신설하였다. 外務部 吏部 學部는 그대로 두었다. 각 부는 상서 1인과 시랑 2인을 두었고, 민족에 따라 관직을 분배하는 방식은 폐지되어 "不分滿漢"의 관리임용원칙이 확립되었다. 관제개혁은 오랜 행정 사법 미분리의 원칙이 바뀌어 행정과 사법이 분리되는 변화를 가져왔으며, 자정원과 의사회의 설립은 국회제도의 모형을 만들었다. 같은 날 지방관제 개혁상유가 있었는데, 중앙 고위대신과 지방 독무가 상의해 지방관제를 만들도록 하였다.

73 (美)費正清編, 中國社會科學院歷史研究所編譯室譯, 『劍橋中國晚淸史』(下冊), p.474.

74 1907년에는 원세개 혁광 집단과 구홍기 금춘란 집단 간의 정쟁이 일어나 통치 계급 내부에 큰 혼란이 일어났다. 역사에서는 이를 정미정조라고 부른다. 최종적으로 구홍기 집단이 몰락하고 원세개 집단도 적지 않은 타격을 입었다. 단방은 이 정쟁을 크게 우려하며 현재의 위기는 혁명파의 반란이 아니라 정치 세력의 분열에 있다고 보았다.

75 「出使德國考察憲政大臣于式枚奏立憲不可躁進不必豫定年限摺」, 『淸末籌備立憲檔案史料』(上冊), p.306.

76 「考察憲政大臣達壽考察日本憲政情形摺」, 『淸末籌備立憲檔案史料』(上冊), p.29.

77 영국에 파견된 왕대섭은 귀국 후 14종의 저작을 편찬해 영국헌정의 역사와 제도에 대해 객관적으로 소개하였다. 비록 자신의 입헌주장을 명확하게 밝히지 않았지만 대체로 군권의 신성불가침을 강조하였다.

78 양계초 중심의 입헌급진파(재야 입헌파 중심)는 영국식 虛位군주입헌제(의회군주입헌제) 모델을 선호해 헌법 제정을 군주와 의회의 협정을 통해 이루고 입헌권을 군주와 의회가 동시에 행사하자고 하였다. 의회가 헌법제정의 권리를 통해 군권을 제약해 남용을 막으려는 것이다. 손문 중심의 혁명파는 미국식 총통제를 모델로 민주공화헌정제도를 선호하였다. 그들은 청조의 군주입헌활동을 막고 민족혁명을 이루려

하였다. 혁명을 통해 민주공화제를 건립하고 삼권분립제도를 실행해 인민의 의지를 대표한 국회가 헌법을 제정하며, 총통은 선거에 의해 뽑고 인민에 대해 책임지는 것이다.

79 端方,「請平滿漢畛域密摺」,『辛亥革命』(四), pp.39-47.

80 재택은 선통 3년 4월에 성립한 황족내각에 도지대신으로 임명되었으나 무창봉기 후 사직서를 제출하였다. 대자홍은 선통 2년에 죽어 그나마 청조의 멸망을 지켜보지 않을 수 있었다(鍾叔河,『從東方到西方』, p.559).

3장

1 大久保利謙(1987),『日本歷史大系』4-近代 I, 山川出版社. pp.108-197.
2 大名, 藩主와 같은 상층무사들을 뜻한다.
3 明治維新의 주역이 된 중·하급무사 계층을 뜻한다.
4 丸山眞男(1983),『日本政治思想史研究』, 東京大學出版會, p.394.
5 高橋秀直(2004),「明治維新と國王」,『二〇世紀日本の天皇と君主制』, 吉川弘文館. pp.4-13.
6 今谷明(1990),『室町の王權-足利義滿の王權簒奪計劃』, 中公新書978. pp.116-123.
7 一橋家 출신의 慶喜를 추대하고자 하는 越前藩 번주 松平慶永 薩摩藩 번주 島津齊彬 등을 말한다.
8 紀伊藩 번주이자 장군가와 혈연적으로 가까운 德川慶福를 추대하고자 하는 譜代 大名 등을 말한다.
9 武家를 가리킨다.
10 石高에 따라서 천황을 호위할 兵衛를 차출하자는 건의이다. 원래 高割은 강호시대에 촌에 대하여 생산량에 따라서 조세 과역을 할당하는 것을 말한다.
11 천황이 있는 전각에 올라갈 수 있는 자격을 얻지 못한 귀족을 말한다.
12 정해진 期限보다 앞서거나 늦는 것을 말한다.
13 김광옥(2011),『변혁기의 일본과 조선』, 243~245.
14 김광옥(2011),『변혁기의 일본과 조선』, 246~247.
15 鈴木正幸/류교열 번역(1998)「근대일본의 천황제」, 이산. pp.23-24.
16 앞의 책. p.24.
17 遠山茂樹(1972),『明治維新』, 岩波書店. pp.216-239.
18 多田好問編(1906),『岩倉公實記』上卷, 皇后宮職. pp.399-402.「和宮降嫁ノ件勅問ニ付具視意見書ヲ進覽スル事」.
19 高橋秀直(2004), 앞의 논문. p.14.
20 遠山茂樹(1972), 앞의 책. pp.191-194.
21 『岩倉公實記』1권, p.84.
22 『岩倉公實記』1권, pp.115-116.

23 今谷明(1990), 『室町の王權-足利義滿の王權簒奪計劃』, 中公新書978. pp.116-123.

24 『朝鮮王朝實錄』太宗 5년 6월 29일 癸巳條.

25 『朝鮮王朝實錄』太宗 11년 2월 22일 癸丑條.

26 『朝鮮王朝實錄』太宗 14년 4월 22일 乙丑條.

27 高橋雄(2005), 「朝鮮國王使と室町幕府」, 『한일역사공동연구보고서-제2분과 중·근대사 일본편』, 한일공동역사연구위원회.

28 『朝鮮王朝實錄』宣祖 39년 12월 12일 丁丑條.

29 『岩倉公實記』1권 p.1028. 「具視가 堂上을 경계하는 의견서를 六條有容에게 보내는 일」. "조정을 섬기는 의관(衣冠)의 무리들은 편안하게(恬然) 무사함을 즐기는 자처럼, 도리어 자긍심을 수고로이 하지 않고 힘을 다하지 않은 채 손을 모으고 옷을 드리우고 (중략) 무신을 천한 노예와 같이 보고 병마(兵馬)가 어떤 것인지 알지 못한다. 하루아침에 일이 생기면 노복처럼 여겼던 무신에게 의지하여 그 안색을 살피면서 걱정하고 기뻐하며, 마침내 황조가 친히 내리신 대권(大權)을 수복하려고 하지 않는다. 이는 어찌 새가 두 날개를 잃고 새장 안에서 몸 둘 곳을 몰라 두려워하는 것과 다르겠는가. (중략) 황국이 무위를 떨치지 못하는 것은 조정이 병권을 포기하였기 때문이다. 조정이 병권을 포기한 것은 의관의 무리들이 교만하고 게으른 데 기인하는 것이다." 이 글에서는 岩倉는 상층 공가들을 '衣冠의 무리'라고 하면서 그들의 무능함과 교만함, 게으름을 통렬하게 비난하고 있다.

4장

1 Leopold H. Haimson, "The Problem of Social Stability in Urban Russia," Slavic Review, vol. 23, no. 4 (1964), pp.619-42.

2 Dominic Lieven, Nicholas II: Twilight of the Empire, (New York: St. Martin's Griffin), 1993; А. П. Бородин, Столыпин: реформы во имя России (Москва, 2004).

3 Terence Emmons, The Formation of Political Parties and the First National Elections in Russia (Cambridge, Mass.: Harvard University, 1983), pp.298-300.

4 ГАРФ, ф. 102, д. 164. л. 282-284. Правые партии: Документы и материалы 1905-193 гг. (Москва:РОССПЭН, 1998), tom 1: 1905-1910 гг. (이하 Правые партии: Документы и материалы로 약함) c. 7에서 재인용.

5 Отечество. Энциклопедический словарь (Москва: Большая Российская энциклопедия, 1999), c. 580.

6 우바로프에 대한 평가는 다음을 참조하라. Cynthia H. Whittaker, The Origins of Modern Russian Education: an Intellectual Biography of Count Serge Uvarov (Dekalb: Northern Illinois University Press, 1984).

7 Mikhail Loukianov, "Conservatives and Renewed Russia," Slavic Review, vol. 61, no. 4(Winter, 2002), pp.765-766

8   Cynthia H. Whittaker, "The Idea of Autocracy among Eighteenth-Century Russian," Russian Review, Vol. 55, Issue 2 (April, 1996), pp.149-171.

9   Walter Sablinsky, The Road to Bloody Sunday (New Jersey: Princeton University Press, 1976), p.274.

10 Richard Pipes, The Russian Revolution (New York: Alfred A. Knopf, 1990), p.27.

11 Полное собрание законов россиискойимимперии. Собрание третие. (Ст. Петербург: 1881- 1913), т. 25, часть 1, с. 132-133.

12 Pipes, The Russian Revolution, p.29.

13 자유주의적 정치세력들이 이러한 선언을 성취하는 과정에 대해서는 Ibid., pp.29-35 를 참조.

14 Новое время, Февраль 19 (1905), с. 3

15 Ibid., Февраль 20 (1905), с. 3.

16 Ibid.

17 〈Программа Русской монархическойпартии [1905 г]〉, А. Н. Аринина ред., Права и свободы человека основных политических партийи объединений России. ХХ век. (Москва, 2003), с. 35-36.

18 Don C. Rawson, Russian Rightists and the Revolution of 1905 (Cambridge, Cambridge University Press, 1995), p.33.

19 Права и свободы человека основных политических партийи объединений России. с. 34.

20 또 다른 우파 정치조직의 형성과정과 강령에 대한 상세한 설명은 다음을 참조하라. Rawson, Russian Rightists and the Revolution of 1905, pp.34-55: Права и свободы человека основных политических партийи объединений России, с. 44-46.

21 Rawson, Russian Rightists and the Revolution of 1905, pp.56-57

22 Hans Rogger, "Was there a Russian Fascism?: The Union of Russian People," Journal of Modern History, vol. 36: 4 (1964): pp.399-401.

23 Rawson, Russian Rightists and the Revolution of 1905, pp.58-59.

24 "Воззвание союза русского народа," Правые партии: Документы и материалы, с. 71.

25 "Самодержавие и абсолютизм" Правые партии: Документы и материалы, с. 78-79.

26 군주제에 대해서 티호미로프는 자신의 저서를 통해 광범위한 이론적, 철학적 성찰을 하였다. Л. А. Тихомиров, Монархическая государственность (Санкт-Петербург, 1992). 아울러 사회주의자에서 극단적 보수주의자로 변신한 티호미로프 사상의 변화에 대해서는 다음을 참조하라. Kyril Tidmarsh, "Lev Tikhomirov and a Crisis in Russian Radicalism," Russian Review, vol. 20, No. 1(Jan. 1961), pp.45-63.

27 Sergei Podbolotov, "Monarchists against Their Monarch: The Rightists' Criticism of Tsar Nicholas II," Russian History/Historie Russe, vol. 31, no. 1-2 (Spring-Summer, 2004), pp. 109-110.

28 Rogger, "Was There a Russian Fascism," pp.407-409.

29 "Обращение главного совета СРН в связи с предстоящими выборами в 1 государственную думу," Правые партии: Документы и материалы, с. 129.

30 "Листовка союза русского народа," Правые партии: Документы и материалы, с. 168-169

31 Rawson, Russian Rightists and the Revolution of 1905, p.154.

32 Ibid., p.168.

33 Ibid., p.169.

34 Русское знамя, Февраль 4 (1906), С. 2

35 Е. П. Шелаева ред,, Управленческая Элита российской империи. История министерств. 1802-1917, (Спб:Лики России, 2008), с. 290-293.

36 Русское знамя, Май22 (1907), с. 1.

37 Русское знамя, Остябрь 20 (1906), с. 2.

38 Русское знамя, Май19 (1906), с. 2.

39 Rogger, "Was there a Russian Fascism?" p.407.

40 Rawson, Russian Rightist, p.197.

41 2차 두마와 차르 정부와의 구체적 대립 양상에 대해서는 다음을 참조. Alfred Levin, The Second Duma: A Study of the Social-Democratic Party and the Russian Constitutional Experiment (Conn.: Archon Books,1966), pp.307-340.

42 "Его Императорскому Величеству Государю Императору Самодержцу Всероссийскому," Правые партии: Документы и материалы, с. 341.

43 Ibid.

44 Rawson, Russian Rightist, p.221.

45 Rogger, "Was there a Russian Fascism?" p.408.

46 Lieven, Nicholas II, p.107.

47 Русское знамя, Март 9 (1906), с. 3-4

48 Русское знамя, Март 9 (1906), с. 1-2.

49 "Избирательная программа (в связи с выборами в государственную думу), принятная 1 всероссийским съездом уполномоченных отделов СРН и обязательная для всех отделов," Правые партии: Документы и материалы, с. 190-197.

50 Mikhail Loukianov, "'Russia for Russians' or 'Russia for Russian Subjects'?: Conservatives and the Nationality Questions on the Eve of World War 1," Russian Studies in History, vol. 46, no. 4 (Spring 2008), p.78-79.

51 Aleksandr Bokhanov, "Hopeless Symbiosis: Power and Right-Wing Radicalism at the Beginning of the Twentieth Century," Anna Geifman ed., Russia under the Last Tsar: Opposition and Subversion 1894-1917 (Oxford: Blackwell, 1999), p.205.

52 Loukianov, "'Russia for Russians' or 'Russia for Russian Subjects'?" p.81.

53 С. А. Степанов, Черная сотня в России (Москва, 1992), с. 58.

54 Bokhanov, "Hopeless Symbiosis," p.209.

55 Rawson, Russian Rightists, p.132.

56 John Klier, Imperial Russia's Jewish Question (Cambridge: Cambridge University Press, 1986), pp.396-403

57 Русское знамя, Май 8 (1906), с. 1; Май 11 (1906), с. 1-2.

58 "Постановления IV всероссийского съезда объединенного русского народа в Москве,"Правые партии: Документы и материалы, с. 330-331.

59 Sergei Podbolotov, ""…And the Entire Mass of Loyal People Leapt Up" : The Attitude of Nicholas II toward the Pogroms," Cahiers du Monde russe, vol. 45, no. 1/2 (Janvier-juin 2004), p.198

60 Heinz-Dietrich Löwe, The Tsars and the Jews: Reform, Reaction and Antisemitism in Imperial Russia, 1772-1917 (Chur, Switzerland: Harwood Academic Publishers, 1992), p.223.

61 Heinz-Dietrich Löwe, "Political Symbols and Rituals of the Russian Radical Right, 1900-1917," Slavonic and East European Review, vol. 76, no. 3 (1998), p.14.

62 1905년 10월 선언 이후 광범위하게 자행되었던 집단학살에서 유대인의 정확한 희생 규모를 파악하기는 힘들다. 스테파노프는 살해자의 75%, 그리고 부상자의 73% 정도만을 인종별로 확인 가능하다고 주장하였다. 스테파노프가 경찰 조사기록을 통해 추정한 1905년 10월의 집단학살의 사망자 수는 1622명 이었고 부상자 수는 3544명 이었다. Степанов, Черная сотня в России, сс. 56-57.

63 Robert Warth, Nicholas II. The Life and Reign of Russia's Last Monarch (Westport: Praeger, 1997), p.102.

64 "Из стенографического отчета допроса бывшего министра юстиции И. Г. Щегловитова в ЧСК временного правительства 24 апреля 1917 г," Правые партии: Документы и материалы, том. 2,: 1911-1917 гг. (Москва: РОССПЭН, 1998), с. 717.

65 Русское знамя, Июнь 16 (1906), с. 3.

66 Rogger, "Was there a Russian Fascism?," p.412.

67 미하일 아르한겔 러시아 민족동맹의 세부강령과 목적에 대해서는 다음의 문건을 참조. "Обращение от главнойпалаты русского народного союза имени Михаила Архангела," Правые партии: Документы и материалы, том. 1, сс. 369-373.

5장

1 슈타인은 이렇게 정리했다. "역사는 더 이상 왕이 아니라 사원과 종교교단을 중심으로 전개되었다. 왕자와 귀족가문의 우두머리는 사원의 후원자나 시주자에 지나지 않았다. 이때가 11세기이다."(R.A.슈타인/안성두(2004), 『티벳의 문화』, 무우수, p.81)

2 牙含章은 '달라이 라마 체제'란 중국식 표현으로는 티베트의 정교합일의 봉건농노제를 말한다고 했다. (印度)英德·馬利克/尹建新 等譯(1991), 『西藏的歷代達賴喇嘛』, 中國藏學出版社, p.iv

3 "몽골-달라이 라마의 동맹은 서로 이익을 주는 것이었다." Mayank Chhaya, Dalai Lama : Man, Monk, Mystic, Newyork : Doubleday, p.24

4 "티베트 불교는 이렇듯 역사를 통틀어 그 시대의 가장 부유한 세계적인 제국들을 상대로 포교를 하고 그 제국의 지원을 받아 불교의 전통을 유지해왔다." 이시하마 유미코 편저/김한웅 옮김(2007), 『티베트, 달라이 라마의 나라』, 이산, p.52

5 이러한 사실은 지도 제작이 잘 말해줄 것이다. "서양 선교사의 도움을 얻어 강희제의 칙명으로 1708년부터 1718년까지 티베트와 新疆을 제외한 광대한 제국 전체를 측량해 전국 지도를 제작했고, 빠진 두 지역은 1860년대 건륭연간에 보충되어 『乾隆內府地圖』로 완성되었다. 이는 영·불보다도 빠른 세계 최초의 전국 지도였다."(서강대학교 동양사학연구실 편(2008), 『한중관계 2000년-동행과 공유의 역사-』, 소나무, 2008, p.515)

6 티베트를 바라보는 대표적인 시각에 대해서는 다음 연구를 참고할 수 있다. 김한규(2000), 『티베트와 중국-그 역사적 관계에 대한 연구사적 이해』, 소나무, 서론.

7 이것은 서구 학계나 중국의 학계에 공통적으로 보이는 현상이다. 물론 중국 학계에서는 중국의 주권 문제에 더 큰 관심을 갖는다. 周偉洲(2000), 『英國·俄國與中國西藏』, 北京: 中國藏學出版社, 서론.

8 중국학계에서는 14대 달라이 라마의 독립·자치 운동을 연상시키는 13세 달라이 라마 정부의 독립성 때문에 13대 달라이 라마 자체에 대한 연구가 그리 활발한 것은 아니었다. 1980년대에 소설을 통하여 복권되고 이후 연구가 본격적으로 진행되었다. 1990년대 이후 개혁정책 등을 중심으로 연구가 진행되기 시작하였다.

9 여기서 티베트의 당파 문제 등은 관심사가 아니다. 티베트 정부 문제에 대한 대표적인 연구 성과는 페텍의 연구를 들 수 있다.(畢達克 著/沈衛榮·宋黎明 譯(1990), 『1729-1959 西藏的貴族與政府』, 北京: 中國藏學出版社, 서론)

10 '종두'에 대한 본격적인 연구는 과문한 탓인지 찾아보기 힘들지만, 개설서에서는 빠짐 없이 등장하고, 서구의 의회와는 다르지만 티베트 상층부의 여론을 잘 보여주는 제도적 틀이라고 하겠다.

11 R.A. 슈타인/안성두(2004), 『티벳의 문화』, 무우수, p.158.(La Civilisation Tibétaine, 1962)

12 (加拿大)譚·戈倫夫/伍昆明·王寶玉 譯(1990), 『現代西藏的誕生』, 北京: 中國藏學出版社, pp.3~4.

13 (加拿大)譚·戈倫夫/伍昆明·王寶玉 譯(1990), 같은 책, p.5.

14 (意)畢達克/沈衛榮·宋黎明 譯, 『1728-1959 西藏的貴族和政府』, 北京: 中國藏學出版社, p.8

15 (淸)阿旺洛桑嘉措/陳慶英 等譯(1997), 『五世達賴喇嘛傳』, 北京: 中國藏學出版社,

p.5

16 클로드 B. 그방송/박웅희(2008), 『달라이 라마 평전』, 바움, p. 59

17 (加拿大)譚·戈倫夫/伍昆明·王寶玉 譯(1990), 같은 책, p.7.

18 (意)畢達克/沈衛榮·宋黎明 譯, 『1728-1959 西藏的貴族和政府』, 北京: 中國藏學出版社, p.15

19 丹珠昂奔 主編(1998), 『歷輩達賴喇嘛與班禪額爾德尼年譜』, 北京: 中央民族大學出版社, pp.341~416.

20 달라이 라마 '전생 방식'에 따른 최고 지도자 양성 방식은 반드시 성공적인 것이라고 하기는 힘들다. 추증된 1대, 2대 달라이 라마를 빼면 현재까지 티베트에서는 12명의 달라이 라마가 배출되었다. 3대, 5대, 13대, 14대 정도가 뛰어난 인물이었다. 어릴 아이를 국가의 최고지도자로 키워내는 이러한 특별한 '최고지도자 선발방식'은 항상 성공적인 것은 아니었으나 매우 독특한 것이었다. 달라이 라마가 친정하기까지는 많은 어려움이 있었다. 외부세력의 간섭과 어린 달라이 라마를 대신하여 달라이 라마가 성년이 될 때까지 티베트 국정을 맡는 섭정도 자신의 권력을 계속 유지하기 위하여 달라이 라마를 견제하고 심지어 제거하기도 했다. 13대 달라이 라마의 연보는 다음의 것을 참고할 수 있다. 西藏自治區政協文史資料研究委員會 編, 『西藏文史資料選集(11) -第十三世達賴喇嘛年譜』, 北京: 民族出版社, pp.1~183

21 Sir Charles Alfred Bell(1955), Portrait of the Dalai Lama, New Haven : Human Relations Area Files.

22 牙含章(1984), 『達賴喇嘛傳』, 人民出版社. 이 책은 1952~3년에 쓰여져서, 1956년에 중앙통일전선부에서 인쇄하여 관련 기관에 배포하였고, 1963년에 三聯書店資料室에서 내부발행으로 간행하였다.

23 야한장은 티베트가 13세기 원대 이래 통일된 조국대가정의 일부였다고 주장하였다.(牙含章, 앞의 책, p.3) 이러한 견해는 현재 사실상 중국학계의 '공식적' 견해가 되었다고 할 수 있다.

24 西藏自治區政協文史資料研究委員會 編(1989), 『西藏文史資料選集(11) 第十三世達賴喇嘛年譜』, 北京: 民族出版社, p.1.

25 格桑卓嘎(1991-2期), 「十三世達賴喇嘛土丹嘉措是怎樣選定的」, 『中國藏學』, pp.151~159.

26 박장배(2001.7), 「淸末 民國時代 中國의 변경 지배와 동부 티베트[Khams]-西康省 창건 과정(1903-1939)을 중심으로-」, 서강대학교 대학원 박사학위논문. 이런 내용은 이 논문의 2장과 3장의 내용을 요약한 것인데 각주를 일일이 달지는 않는다.

27 클로드 B. 그방송/박웅희(2008), 『달라이 라마 평전』, 바움, p.86

28 韋剛(1987-2期), 「評達賴十三世-土登嘉措」, 『西藏研究』, pp.15~20. 韋剛은 13대 달라이 라마의 두 차례 해외 피난이 '기회주의' 정책이라고 할 수 있고 과오보다는 공이 더 큰 인물이라고 평가했다.

29 王貴 外著(1995), 『西藏歷史地位辨』, 北京: 民族出版社, pp.174~175.

30 (藏族)郭衛平(1986-3期),「淸季十三世達賴出走庫倫考」,『西藏硏究』, pp.37~49.

31 개혁문제에 대해서는 다음의 글을 참고할 수 있다. 次央(1986-3期),〈淺談十三世達賴的新政措施〉,『西藏硏究』, pp.32~39.

32 김영미(2009),『그들의 새마을운동』, 푸른역사, 147쪽.

6장

1 『燃藜室記述』, 廢主光海君故事本末, 議遷都交河.

2 이태진(2000)『고종시대의 재조명』태학사, pp.129-131.

3 명치시기 에도의 개명, 명치천황의 行幸 배경, 과정 및 의미 등에 대한 기본 사료는 『明治天皇紀』(宮內廳臨時帝室編修局 編, 吉川弘文館, 昭和 13년 初刊)이다. 아울러 관련 연구는 매우 많지만, 국내에 소개된 주요 연구 성과로는 도널드 킨 지음/김유동 옮김(2002)『明治天皇』상-하, 다락원;다카시 후타니 지음/한석정 옮김(2003)『화려한 군주』-근대일본의 권력과 국가의례-, 이산;타키 코지(多木浩二) 지음/박삼헌 옮김(2007)『천황의 초상』, 소명출판;와카쿠와 미도리 지음/건국대학교 대학원 일본문화 · 언어학과 옮김『황후의 초상』(2007), 소명출판 등이 있다.

4 고종 시대의 御眞 또는 寫眞御眞에 대하여는 이윤상(2003)「고종 즉위 40년 및 망육순 기념행사와 기념물 : 대한제국기 국왕 위상제고사업의 한 사례」『한국학보』111;주형일(2003)「사진매체의 수용을 통해 본 19세기 말 한국사회의 시각문화에 대한 연구」『한국언론학보』47권 6호;박청아(2003)「한국근대초상화연구 : 초상사진과의 관계를 중심으로」『미술사연구』17;박청아(2003)「고종황제의 초상사진에 관한 고찰」『한국사진의 지평』, 눈빛;최인진(2004)「고종, 고종황제의 御寫眞」『근대미술연구』;김세은(2004)「高宗初期(1863-1873) 國家儀禮 시행의 의미」『조선시대사학보』31;신명호(2005)「대한제국기의 御眞 제작」『조선시대사학보』33;권행가(2005.12.)「高宗 皇帝의 肖像 : 近代 시각매체의 流入과 御眞의 변용 과정」홍익대학교 박사학위논문;권행가(2006)「사진 속에 재현된 대한제국 황제의 표상」『한국근현대미술사학』16;조인수(2006)「전통과 권위의 표상 : 高宗代의 太祖 御眞과 眞殿」『미술사연구』20 참조.

5 권행가(2006)「사진 속에 재현된 대한제국 황제의 표상」『한국근현대미술사학』16, pp.9-22.

6 권행가(2006)「사진 속에 재현된 대한제국 황제의 표상」『한국근현대미술사학』16, p.8.

7 이윤상(2003)「고종 즉위 40년 및 망육순 기념행사와 기념물 : 대한제국기 국왕 위상제고사업의 한 사례」『한국학보』111, pp.109-112.

8 명치시기 천황의 초상화에 대하여는 다카시 후타니 지음/한석정 옮김(2003)『화려한 군주』-근대일본의 권력과 국가의례-, 이산;타키 코지(多木浩二) 지음/박삼헌 옮김(2007)『천황의 초상』, 소명출판;와카쿠와 미도리 지음/건국대학교 대학원 일본

문화 · 언어학과 옮김 『황후의 초상』(2007), 소명출판 참조.

9 광무시기 대한제국, 러시아, 일본, 열강 등의 관계에 대하여는 최문형(1990) 『제국주의 시대의 列强과 韓國』, 민음사;현광호(2007) 『대한제국과 러시아 그리고 일본』, 선인 참조.

10 광무시기 중립화 정책에 대하여는 박희호(1997) 『舊韓末 韓半島中立化論 硏究』, 동국대학교 박사학위논문;엄찬호(2008) 「韓末 高宗의 中立化政策 연구」 『강원사학』 22-23 참조.

11 이윤상(2003) 「대한제국기 국가와 국왕의 위상제고사업」 『진단학보』 95, p.81.

12 이태진(2000), 『고종시대의 재조명』, 태학사, pp.129-131;김윤정 · 서치상(2009) 「광무 6년의 평양 풍경궁 창건공사에 관한 연구」, 『대한건축학회논문집』 25권 9호, pp.178-179.

13 "批曰 千年古都 事蹟亂昧 今卿詳陳古事 皆有的據 宜其有措處"(『고종실록』 42, 39년(광무 6, 1902) 5월 1일).

14 『고종실록』 42, 39(광무 6) 5월 6일.

15 『윤치호일기』 5권, 1902년(광무 6) 4월 28일(음력 3월 11일).

16 『고종실록』 41, 38년(광무 5) 7월 24일.

17 『고종실록』 42, 39년(광무 6) 3월 14일.

18 『고종실록』 42, 39년(광무 6) 4월 15일.

19 『고종실록』 41, 38년(광무 5) 7월 6일.

20 『고종실록』 41, 38년(광무 5) 7월 24일.

21 "豐慶宮 李朝末期に建てれた離宮で今の道立病院である. 光武六年(明治三十五年) 露人某提唱し韓國顯官某等之に和して工を起し經費二百萬圓は平安南北黃海三道の村邑に一人平均二圓の割にて賦課して之を徵收したと云はれて居る"(平壤府(1936) 『平壤小誌』, p.68).

22 『明治天皇紀』 권 21, 1년(1868) 7월 17일.

23 『明治天皇紀』 권 21, 1년(1868) 8월 4일.

24 『明治天皇紀』 권 32, 2년(1869) 11월 7일.

25 『明治天皇紀』 권 33, 3년(1870) 3월 14일.

26 『明治天皇紀』 권 33, 3년(1870) 3월 14일.

27 『明治天皇紀』 권 45, 5년(1872) 3월 5일.

28 광무시기 태조 어진 제작과 경운궁 선원전 중건에 대하여는 신명호(2005) 「대한제국기의 御眞 제작」 『조선시대사학보』 33;조인수(2006) 「전통과 권위의 표상 : 高宗代의 太祖 御眞과 眞殿」 『미술사연구』 20 참조.

29 "詔曰 穆淸殿奉安太祖高皇帝影幀 以璿源殿本 移摹擧行事 分付影幀模寫都監"(『고종실록』 40, 37년 12월 1일).

30 개성으로 옮겨진 태조 어진은 穆淸殿이 완공될 때까지 개성 行宮에 보관되다가 7월에야 穆淸殿에 봉안되었다. 고종 38년(1901) 7월 9일에 고종은 穆淸殿의 태조 어진

을 돌아보고 온 의정부 議政 尹容善과 掌禮院 卿 申箕善을 접견하였다. 따라서 7월에 태조 어진이 穆淸殿에 봉안되었음을 알 수 있다. (『고종실록』 41, 38년 7월 9일).

31 "詣會極門 祇迎璿源殿各室影幀 仍爲陪奉 詣眞殿 奉安"(『고종실록』 41, 38년 6월 13일).

32 김정식은 광무 5년(1901) 7월 6일에 평양감리 겸 평양부윤에 임명되었다.(『고종실록』 41, 38년(1901) 7월 6일).

33 "詔曰 御眞之每十年一次圖寫 厥有兩聖朝已行之彛典 而連値事會 迄玆未遑矣 今將圖寫 亦紹述成憲之意也 以此知悉擧行"(『御眞圖寫都監儀軌』 詔勅, 신축 9월 27일, 장서각 도서분류 2-2757).

34 이윤상(2003)「고종 즉위 40년 및 망육순 기념행사와 기념물 : 대한제국기 국왕 위상제고사업의 한 사례」『한국학보』 111, p.111.;권행가(2005.12.)『高宗 皇帝의 肖像 : 近代 시각매체의 流入과 御眞의 변용 과정』홍익대학교 박사학위논문, pp.83-84.

35 『御眞圖寫都監儀軌』時日, 장서각 도서분류 2-2757.

36 예컨대, 아관파천 중 고종은 경운궁으로 환궁하기 전에 경복궁에 있던 어진들을 미리 경운궁으로 옮겼다. 이외에도 조선시대에 유사한 사례들은 수없이 찾아진다.

37 『御眞圖寫都監儀軌』詔勅, 신축 9월 28일, 장서각 도서분류 2-2757.

38 "陰曆十月初十日(양력 11월 20일) 巽時爲吉云 以此日時擧行何如 謹上奏 奉旨依奏"(『御眞圖寫都監儀軌』詔勅, 신축 10월 4일(양력 11월 14일), 장서각 도서분류 2-2757).

39 "詔曰 御眞圖寫 對明春 擧行"(『御眞圖寫都監儀軌』詔勅, 신축 10월 9일(양력 11월 19일), 장서각 도서분류 2-2757).

40 『御眞圖寫都監儀軌』詔勅, 임인 1월 1일(양력 2월 8일), 장서각 도서분류 2-2757.

41 『고종실록』 41, 39(광무 6) 4월 15일.

42 『고종실록』 42, 39(광무 6) 5월 6일.

43 광무시기 평양의 豐慶宮 건설에 대하여는 김윤정 서치상(2009)「광무 6년의 평양풍경궁창건공사에 관한 연구」『대한건축학회』 25권9호 참조.

44 "永崇殿舊有高皇帝御眞奉安之禮 今將御眞睿眞 奉安于西京 亦率由之意也"(『御眞圖寫都監儀軌』詔勅, 임인 4월 초8일(양력 5월 15일), 장서각 도서분류 2-2757).

45 『明治天皇紀』권 45, 5년(1872) 4월 11일.

46 『明治天皇紀』권 47, 5년(1872) 8월 5일.

47 『明治天皇紀』권 48, 5년(1872) 11월 18일.

48 1872년 명치천황의 초상화에 대하여는 타키 코지(多木浩二) 지음/박삼헌 옮김(2007)『천황의 초상』, PP.111-123 참조.

49 『明治天皇紀』권 51, 6년(1873) 1월 4일.

50 『明治天皇紀』권 52, 6년(1873) 10월 8일.

51 『明治天皇紀』권 52, 6년(1873) 10월 14일.

52 『明治天皇紀』권 58, 7년(1874) 11월 5일.

53 『明治天皇紀』권 62, 8년(1875) 7월 22일.

54 『고종실록』42, 39년(광무 6, 1902) 5월 14일.

55 "〈宮號豐慶興慶 正殿號太極會極 便殿號至德含德 東宮殿號重華繼明 正門號皇建景化 東門號建元景陽 西門號大有景成〉上奏 制曰 竝首望爲之"(『고종실록』42, 39년 6월 23일).

56 『고종실록』43, 40년(광무 7, 1903) 11월 6일.

57 "參攷沁都舊影幀奉安時儀節 豫爲准備磨鍊可也"(『御眞圖寫都監儀軌』詔勅, 임인 4월 초8일, 장서각 도서분류 2-2757).

58 『영조실록』61, 21년(1745) 2월 20일.

59 『國朝五禮儀序禮』嘉禮, 鹵簿.

60 『國朝續五禮儀序禮』嘉禮, 鹵簿.

61 『御眞圖寫都監儀軌』班次圖, 장서각 도서분류 2-2757.

62 『御眞圖寫都監儀軌』奏本, 임인 8월 11일, 장서각 도서분류 2-2757.

63 『御眞圖寫都監儀軌』奏本, 임인 8월 11일, '班次式', 서각 도서분류 2-2757.

64 "上御咸寧殿 西京回還大臣以下入侍 (중략) 根命曰 臣進詣西京 日吉辰良 天氣淸美 御眞睿眞 安寧奉安于太極殿重華殿 群情慶祝 曷以形達 朕曰 風雪寒程 一行回還 無事乎 根命曰 皇靈攸曁 一行無事 往返矣 仍奏曰 陪奉之日 南北道 縉紳儒生之陪從 其數以千計 士女雲集 路傍觀瞻 擧皆歡欣蹈舞 氣像雍熙矣 朕曰 城內民物 比卿往年所見 果何如 根命曰 臣之任觀察時 經亂未久 太半爲瓦礫之場 流民未集 市井蕭然 極其愁亂 今則閭閭櫛比 民物殷繁 幾復舊觀 惟他國人家 比前稍多矣"(『御眞圖寫都監儀軌』詔勅, 계묘 10월 22일, 장서각 도서분류 2-2757).

65 1870년대 명치천황의 行幸에 대하여는 다카시 후타니 지음/한석정 옮김(2003)『화려한 군주』-근대일본의 권력과 국가의례-, 이산 참조.

66 『明治天皇紀』권 56, 3월 13일.

67 『明治天皇紀』권 86, 1월 10일.

68 『明治天皇紀』권 70, 2월 6일.

69 『明治天皇紀』권 84, 10월 16일.

70 『明治天皇紀』권 104, 14 26일.

71 『고종실록』48, 44년(광무 11, 1907) 7월 18일.

72 『순종실록』1, 즉위년(융희 1, 1907) 8월 24일.

73 『순종실록』2, 1년(융희 2년, 1908) 4월 2일. 그런데 순종황제는 11월 18일에 같은 명령을 또 내렸다. 아마도 어떤 사정으로 인해 서경의 어진을 곧바로 회수하지 못하고 있다가 연말에야 겨우 회수할 수 있었던 듯하다.[『순종실록』2, 1년(융희 2년, 1908) 11월 18일].

1 만주족에 대해 어떤 학자는 만주팔기의 구성원이라고 하고, 다른 학자는 만주팔기
   는 만주족 말고도 한족 몽골족 등 다수의 종족이 섞여있으며, 몽골팔기와 한군팔기
   중에도 만주족이 섞여있었다고 본다. 만주족은 민족 융합의 산물이라는 것이다. (로
   즈에 따르면) 청대 이후 만주족을 이해할 때 특히 강조할 사실은 만주족 즉 '기인'
   은 민족이라기보다는 하나의 직업적 세습신분으로 간주되었다는 점이다. 만한을 구
   별하는 기준은 민족이나 정치적 지위가 아니라 직업이었다는 것인데, 이러한 만주족
   이 다시 '민족'으로 간주되기 시작하는 때는 청말민국초 시기였다고 보았다.(김형종
   (2001) 「서평: Edward J. M. Rhoads, 『Manchus & Han』…」, 『중국근현대사연구』 제11
   집, p.109). 그리고 (엘리엇에 따르면) 팔기제가 무술연마와 근면 강직을 강조하는
   만주족의 전통을 중심으로 기인들을 하나의 민족 집단으로 결집하는 기능을 담당했
   다고 보았다. 이에 대해 혹자는 민족성이라는 개념이 청말 이전의 상황에서 사용되
   기에 적절하지 않다고 주장했으며, 혹자는 팔기를 민족과 동일시하는 저자의 주장에
   대해 비판했다(마크 C. 엘리엇 지음, 이훈 김선민 옮김(2009), 『만주족의 청제국』, 푸
   른역사, 옮긴이의 말, pp.7-8). 팔기체제 안에 여러 민족이 오랜 시간 섞여 살았기 때
   문에 민족 구분이 힘들며, 그래서 "旗와 民을 묻지, 滿漢을 나누지 않는다."는 말이
   있었다. 이에 따른다면 엄격한 의미의 민족을 나누기보다는 스스로 만주족 아이덴티
   티를 가졌는지 여부가 중요할 것이다. 여기서는 대체로 만주족과 기인을 동일한 범
   주에서 바라볼 것이다.
2 (美)費正淸編, 中國社會科學院歷史硏究所編譯室譯(1985), 『劍橋中國晚淸史』(下
   册), 中國社會科學出版社, p.472.
3 마크 C. 엘리엇 지음, 이훈 김선민 옮김(2009), 『만주족의 청제국』, pp.521-523.
4 청말신정 시기의 관제개혁이나 만한평등책에 대한 대표적인 자료집은 故宮博物院明
   淸檔案部編(1979), 『淸末籌備立憲檔案史料』(上·下册)(中華書局)가 있다. 그리고
   구미학계에서 민족문제의 각도에서 신해혁명 전후 만한관계와 정치권력의 문제를
   다룬 대표 저작으로는 Edward J. M. Rhoads(2000), 『Manchus & Han: Ethnic Relations
   and Political Power in Late Qing and Early Republic China, 1861-1928』, University
   of Washington Press)이 있다(에드워드 로스의 연구에 대한 국내서평으로는 김형종
   (2001), 「서평: Edward J. M. Rhoads, 『Manchus & Han』…」(『중국근현대사연구』 제11
   집)이 있다. 그리고 만주족을 중심에 놓고 청을 연구하는 미국학계의 연구동향에 대
   해서는 피터윤(2005), 「만주족의 정체성과 '한화'(漢化)이론에 대한 서구 학계의 신
   간 소개」(『만주연구』 제2집)가 있다. 중국학계의 혁명공간에서 만주족과 한족 간
   의 평등정책을 다룬 최초의 전문적인 논문은 遲雲飛(2001), 「淸末最後十年的平滿
   漢畛域問題」(『近代史硏究』, 제5기)가 있으며, 근래에 나온 박사학위논문인 常書紅
   (2003), 『辛亥革命前後的滿族硏究』(北京師範大學博士學位論文)도 참고할 만하다.
   국내에는 임계순(1999), 「청말 滿漢關係에 대한 고찰」, 『명청사연구』 제10집; 이영

옥(2008), 「청말 만주족 지위하락과 반만정서」, 『중국근현대사연구』 제39호 등이 있다. 최근 청말신정과 예비입헌 연구가 활발해지면서 만한관계에 대한 글들이 증가하고 있다.

5 미국인 선교사 마틴(W. A. P. Martin)은 중국정치에 정통한 인물로 『중국의 각성』 (1906년)이라는 책을 저술하면서 서문에 청말신정과 관련해 세 가지 사건과 두 명의 인물을 특별히 언급하였다. 세 가지 사건이란 신군훈련, 유학생파견, 여자학교이며, 두 명의 인물은 바로 단방과 원세개였다. 이런 사건과 인물들이 당시 중국의 각성을 가장 잘 표현한 사례였기 때문일 것이다(張海林(2007), 『端方與清末新政』, 南京大學出版社, p.552).

6 18세기에는 청나라 재정의 약 4분의 1이 기인들에게 배정되었다는 통계가 있다(마크 C. 엘리엇 지음, 이훈 김선민 옮김, 『만주족의 청제국』, p.512).

7 「江楚會奏三折」의 주요 내용에 대한 설명으로는 李細珠(2003), 『張之洞與清末新政研究』(上海書店出版社, pp.80-110)를 참고.

8 이영옥(2008), 「청말 만주족 지위하락과 반만정서」, 『중국근현대사연구』 제39호, p.11.

9 『光緒朝東華錄』, p.4808.

10 遲雲飛(2001), 「清末最後十年的平滿漢畛域問題」, 『近代史研究』第5期, pp.28-29.

11 "현재 관제가 갖추어져 있지 않아 民智가 깨이지 않으니… 쌓여 있는 폐단을 없애고 책임을 분명히 하려면 반드시 관제로부터 시작해야 하며, 먼저 관제를 나누어 분명히 하고 다음에 더욱 넓힐 것이다." 「宜示豫備立憲先行釐定官制諭」, (故宮博物院明清檔案部編(1979), 『清末籌備立憲檔案史料』(上册), 中華書局, p.44).

12 청말신정 시기 군대 정치 교육 분야의 개혁에 대해서는 Edward J. M. Rhoads(2000), 『Manchus & Han: Ethnic Relations and Political Power in Late Qing and Early Republic China, 1861-1928』(Seatle and London: University of Washington Press)을 참고할 것. 1906년의 관제개혁 이전에도 여러 차례 소규모의 관제개혁이 있었다. 청말신정 초기 대표적인 중앙 관제개혁으로는 1901년에 총리아문을 외무부로 바꾼 것, 1902년에 詹事府와 通政使司를 폐지한 것, 1903년에 商部를 만들고 財政處와 練兵處를 설치한 것. 1905년에 巡警部와 學部를 만든 것 등이 있다.

13 단방의 관제개혁론에 대해서는 졸고, 「清末新政 시기 五大臣出洋과 군주입헌론의 전개」를 참고.

14 원세개가 입헌에 참여하도록 독려한 그의 막료로는 張謇, 張一麐, 徐世昌 등이 있다. 장건은 원세개의 막료이자 입헌파의 우두머리로 원세개에게 입헌을 강력히 권고하였다. 장일린도 원세개에게 관망하는 태도를 버리고 시대의 조류에 따르도록 권고하였다. 원세개 막부의 핵심인 서세창은 병부시랑으로 독판정무처대신을 겸임하면서 직접 청말 입헌에 관여하면서 원세개와 호흡을 맞추었다(黃滿紅·李慧(2005), 「袁世凱幕府與清末立憲」, 『晋陽學刊』第1期).

15 관제개혁 후 군기대신은 慶親王 奕劻(황족), 瞿鴻禨(한족), 世續(만주족), 林紹年(한

족)이었다. 각 상서로는 외무부 구홍기(한족), 이부 鹿傳霖(한족), 민정부 徐世昌(한족), 도지부 溥頲(종실), 예부 溥良(종실), 학부 榮慶(몽기), 육군부 鐵良(만주족), 법부 戴鴻慈(한족), 농공상부 載振(황족), 우전부 張百熙(한족), 이번부 壽耆(종실), 都察院都御史 陸寶忠(한족)이었다. 15인 중 중복되는 외무부 상서를 빼고 만주족(황족과 종실 포함)이 8명, 한족이 7명이었다(遲雲飛, 「淸末最後十年的平滿漢畛域問題」, p.43). 이것은 개혁 전의 8:6의 비율과 별다른 차이가 없는 것이다.

16 「御史趙炳麟奏立憲有大臣陵君郡縣專橫之弊並擬豫備立憲六事摺」, (故宮博物院明淸檔案部編『淸末籌備立憲檔案史料』(上冊), p.124).

17 『時報』, 1906.9.30.

18 李剛(2008), 『大淸帝國最後十年-淸末新政始末』, 當代中國出版社, p.156.

19 侯宜杰(1993), 『二十世紀中國政治改革風潮-淸末立憲運動史』, 人民出版社, pp.91-96.

20 朱英(1995), 「淸末新政與淸朝統治的灭亡」, 『近代史硏究』第2期, p.82.

21 20세기 초 동북지역의 신정개혁에 대해서는 趙雲田(2003), 『淸末新政硏究-20世紀初的中國邊疆』(黑龍江敎育出版社, pp.71-139)을 참고.

22 만주지역은 만주 왕조의 발상지로 늘 황제직속의 군사장관이 다스려왔다. 이것과 관련해 상기해야 할 사실은, 이른바 중국제국은 실제로는 만주제국이었다는 점이다 (레지널드 존스턴 지음, 김성배 옮김(2008), 『자금성의 황혼』, 돌베개, pp.81-82).

23 遲雲飛, 「淸末最後十年的平滿漢畛域問題」, p.29.

24 常書紅, 『辛亥革命前後的滿族硏究』, p.70.

25 「豫備立憲之滿洲」, 『民報』第19期, 1908년 2월.

26 「일본제국헌법」과 「흠정헌법대강」을 비교한 것으로는 李剛, 『大淸帝國最後十年-淸末新政始末』, pp.162-163의 도표 참고.

27 張枬 · 王忍之編(1978), 『辛亥革命前十年間時論選集』(제1권, 상책), 三聯書店, 서문 참고.

28 楊度, 「'大同報'題詞」, 『楊度集』, p.413(常書紅, 『辛亥革命前後的滿族硏究』, pp.123-124 재인용).

29 "만주인은 입헌에 불리하다고 말하는 것은 오직 일 개인의 이익에 근거한 견해로 결코 국가에 충성하려는 것이 아니다. 배만 정책을 행하는 것은 반드시 스스로 멸망을 초래할 것이다."(「立憲紀聞」, 『辛亥革命』(四), p.14); 載澤, 「出使各國考察政治大臣載澤奏請宣布立憲密摺」(故宮博物院明淸檔案部編, 『淸末籌備立憲檔案史料』(上冊), pp.175-176).

30 端方, 「兩江總督端方奏請迅將帝國憲法及皇室典範編定頒布以息排滿之說摺」(위의 자료집, pp.46-47).

31 단방은 1901년에 쓴 「籌議變通政治摺」에서 기민을 이주시켜 일반인과 잡거시키고 공동 경작하도록 하며 서로 혼인하도록 만들어 만한 간 경계를 허물 것을 건의하였다(遲雲飛, 「淸末最後十年的平滿漢畛域問題」, p.25).

32 端方(1957), 「請平滿漢畛域密折」(光緒32년 7월), 『辛亥革命』(四), 上海人民出版社, p.41.

33 端方, 위의 글, pp.41-42.

34 端方, 위의 글, p.44.

35 端方, 위의 글, pp.44-47.

36 (로즈에 따르면) 청조에 큰 충격을 준 것은 1907년 徐錫麟에 의한 安徽巡撫 恩銘의 암살사건이다. 저자는 1905년 오월의 암살시도사건은 아이로니컬하게도 당시 그의 거사동기가 밝혀지지 않았기 때문에 상대적으로 영향력이 미약했다고 지적한다. 서석린의 암살사건이야말로 자희태후로 하여금 팔기제도의 개혁과 만한차별의 폐지에 관한 여러 가지 조치를 내리도록 만들었다는 것이다(Edward J. M. Rhoads, 『Manchus & Han: Ethnic Relations and Political Power in Late Qing and Early Republic China, 1861-1928』, pp. 104-107; 김형종, 「서평: Edward J. M. Rhoads, 『Manchus & Han』…」, p.107).

37 자희태후의 교시 가운데 한족 부녀의 전족을 폐지하라는 내용도 있었는데, 단방은 이를 받들어 한족 부녀의 전족을 금지하는 장정을 제정하는 등 天足운동에도 앞장섰다.

38 端方, 「兩江總督端方代奏李鴻才條陳化除滿漢畛域辦法八條摺」(故宮博物院明淸檔案部編, 『淸末籌備立憲檔案史料』(下冊), pp.915-917).

39 端方, 「著內外各衙門安議化除滿漢畛域切實辦法諭」(위의 자료집, p.918).

40 端方, 「兩江總督端方奏均滿漢以策治安擬辦法四條摺」(위의 자료집, pp.926-931).

41 「寧夏副都統志銳奏黜陟賞罰滿漢應視一律摺」(故宮博物院明淸檔案部編 『淸末籌備立憲檔案史料』(下冊), pp.934-936).

42 「寧夏副都統志銳奏化除滿漢畛域在使旗民自食其力幷裁減滿缺補以漢員摺」(위의 자료집, pp.954-956).

43 「四川補用道熊希齡陳撤駐防改京旗之策幷請從精神上化除滿漢之利害呈」(위의 자료집, pp.942-946).

44 「御史江春霖奏化除滿漢畛域爲治標之術請勿輕聽囂議摺」(위의 자료집, pp.946-948).

45 「暫署黑龍江巡撫程德全奏滿漢其迹政本其原必眞刳弊根而後可言維新摺」(위의 자료집, pp.948-949).

46 「釋仇滿」, 『蘇報案紀事』(張枏·王忍之編(1978) 『辛亥革命前十年間時論選集』(제1권, 하책), 三聯書店, p.678).

47 Edward J. M. Rhoads, 『Manchus & Han: Ethnic Relations and Political Power in Late Qing and Early Republic China, 1861-1928』, pp.106-107; 遲雲飛, 「淸末最後十年的平滿漢畛域問題」, pp.30-31.

48 『淸德宗實錄』, 권579, 光緒33년8월(常書紅 『辛亥革命前後的滿族研究』, p.59 재인용).

49 『淸德宗實錄』, 권579, 광서33년9월(常書紅『辛亥革命前後的滿族硏究』, p.57 재인용).

50 遲雲飛, 「淸末最後十年的平滿漢畛域問題」, p.31.

51 常書紅, 『辛亥革命前後的滿族硏究』, p.56.

52 常書紅, 위의 책, p.75.

53 遲雲飛, 「淸末最後十年的平滿漢畛域問題」, pp.40-41.

54 Edward J. M. Rhoads, 『Manchus & Han: Ethnic Relations and Political Power in Late Qing and Early Republic China, 1861-1928』, pp.171-172.

55 (美)費正淸編, 中國社會科學院歷史硏究所編譯室譯, 『劍橋中國晚淸史』(下冊), p.447.

56 민두기(1994), 『신해혁명사-중국의 공화혁명(1903-1913)』, 민음사, p.119.

57 1911년 철도부설 감독이 된 단방이 부임하는 과정에서 창덕을 지날 때 원세개를 방문하였다. 그 때 원세개는 둘째 딸을 단방의 조카에게 시집보내기로 약속하였다. 그러나 단방이 죽은 후 약혼은 취소되었다(허우이제 지음, 장지용 옮김, 『중국의 마지막 황제-원세개』, p.213).

58 (美)費正淸編, 中國社會科學院歷史硏究所編譯室譯, 『劍橋中國晚淸史』(下冊), p.448.

59 遲雲飛, 「淸末最後十年的平滿漢畛域問題」, pp.42-43.

60 「奉天旗務處總辦金梁條陳憲法與皇族旗籍之關係呈」(故宮博物院明淸檔案部編『淸末籌備立憲檔案史料』, p.354).

61 지방자치를 실시할 때에도 만주족의 특권은 여전히 보장되는 경향이 강했다. 중앙정부는 각 지방의원 선발에서 京旗는 10인, 각 성의 주방은 1-3인정도 의무적으로 배당했고, 「資政院院章」과 「滿漢世爵選擧資政院議員章程」의 규정에서는 자정원도 滿漢世爵(만주 몽골 한군기인과 한인 가운데 삼등남 이상의 작위자)에게 일정한 인원을 배당하였다(常書紅, 『辛亥革命前後的滿族硏究』, pp.72-73).

62 故宮博物院明淸檔案部編, 『淸末籌備立憲檔案史料』(上冊), pp.561-565.

63 허우이제 지음, 장지용 옮김, 『중국의 마지막 황제-원세개』, p.245 재인용.

64 鄭曦原編(2001), 『帝國的回憶』, 三聯書店, pp.135-136.

65 「命袁世凱爲內閣總理大臣諭」(故宮博物院明淸檔案部編『淸末籌備立憲檔案史料』(上冊), p.601).

66 「헌법대강」이 아니라 「십구신조」야말로 근대중국의 첫 번째 헌법이라고 보는 학자들도 있다.

67 「宣統帝退位詔書」(레지널드 존스턴 지음, 김성배 옮김, 『자금성의 황혼』, pp.124-125 재인용). 「선통제퇴위조서」 원문은 같은 책, p.679 참고.

68 허우이제 지음, 장지용 옮김, 『중국의 마지막 황제-원세개』, pp.251-252.

69 청조의 몰락이 곧바로 중국사회에서 군주입헌론의 소멸은 아니었다. 신해혁명 후 원세개의 帝制運動의 실패야말로 사실상 군주입헌론의 종결이었다. 아마도 원세개는 변발을 자른 중국의 마지막 황제일 것이다.

8장

1   多木浩二, 박삼헌옮김. 『천황의 초상』, 소명출판. 2007. pp.3-4. 그밖에도 천황의 巡
    幸, 천황의 軍服 등 종래 '보이지 않는 천황'에서 '보이는 천황'이라는 관점에서 접
    근한 다양한 연구성과가 있다(박진우, 『근대일본형성기의 국가와 민중』, 제이앤
    씨, 2005. pp.79-97., 佐佐木克, 『幕末の天皇 · 明治の天皇』, 講談社學術文庫. 2005.
    pp.160-279).

2   천황릉이라는 용어 자체가 근대적인 것이라고 할 수 있다. 그 이전에는 천황들의 능
    을 山陵 · 御陵이라고 불렀다.

3   都出比呂志, 『古代國家はこうして生まれた』, 角川書店, 1998. pp.8-50.

4   宮川 徏, 「陵墓限定公開の成果と問題點」, 『日本の古墳と天皇陵』, 同成社, 2000.

5   吉田 孝, 『歷史の中の天皇』, 岩波新書, 2006. pp.2-7.

6   따라서 대형 전방후원분을 중심으로 천황릉을 비정하였다는 것 자체가 역사적인 사
    실과는 크게 어긋나는 것이다.

7   天智天皇陵은 上圓下方墳이라는 독특한 형식이다. 上圓部는 실제로는 팔각형이다.
    下方部는 2단으로 축성되어 있는데, 하단 남쪽변은 70m, 상단은 46m이다. 이처럼
    대왕(천황)의 분묘가 전방후원분에서 탈각하는 것이야말로, 그 권력이 초월성을 확
    보해가기 시작하였음을 보여주는 것이라고 할 수 있다.

8   물을 채우지 않은 해자를 隍이라고 하고, 물을 채운 것은 濠라고 한다.

9   都出比呂志, 『王陵の考古學』, 岩波新書, 2000. pp.162-163.

10 都出比呂志, 앞의 책. p.173.

11 都出比呂志, 앞의 책. p.174.

12 都出比呂志, 앞의 책. pp.165-169.

13 공가와 무가, 조정과 막부를 뜻하는 말이다. 공가(조정)은 천황을 중심으로 한 귀족
    들이고, 무가(막부)는 장군을 정점으로 하는 무사 집단 전체를 지칭하는 말이다.

14 『孝明天皇紀』 권48(宮內省, 1906). http://kindai.ndl.go.jp(日本國會圖書館 근대디지
    털라이브러리에 의함. 검색일:2010.4.30). 이때 신무천황릉의 위치에 대해서는 大和
    國 畝傍山 東北陵 高市郡으로 기록하고 있다.

15 『孝明天皇紀』 권48. p.20.

16 外池昇, 『天皇陵論』, 新人物往來社, 2007. pp.59-60., 茂木雅博, 『天皇陵の研究』, 同
    成社, pp.91-93. 天武天皇이 즉위의 정통성을 주장하기 위하여 신무천황릉으로 새로
    이 조영하였을 가능성이 크다.

17 外池昇, 앞의 책. pp.61-62.

18 外池昇, 앞의 책. pp.62-63.

19 현재는 綏靖天皇陵으로 지정되어 있다.

20 그는 前方後圓墳이라는 용어를 처음 사용하였다.

21 外池昇, 앞의 책. pp.63-70.

22 藤田友治,「神武天皇陵と被差別部落の移轉」,『續天皇陵を發掘せよ』, 三一新書, 1995. pp.92-93.

23 みさんざい라는 이름은 みささぎ(御陵)가 와전된 것이다. 나라 주변에는 '미산자이' 라고 불리는 고분들이 많이 있다.

24 신무천황릉의 결정은 현실적인 상황을 반영한 것이다. 丸山古墳·塚山古墳처럼 그나마 고분의 외관을 분명히 가지고 있는 후보들이 있었음에도 불구하고, 古墳으로 보기 어려운 神武田을 정하였다. 丸山古墳 주변에는 洞村이라는 피차별부락이 있고 이들을 이주시킨 다음 천황릉으로 조성할 만큼 시간적인 여유가 없었기 때문이다(茂木雅博, 앞의 책, pp.102-110.).

25 都出比呂志, 앞의 책. pp.175-176.

26 都出比呂志, 앞의 책. pp.176-177.

27 천황릉에 여러 가지 물품을 바치고 제사를 지내기 위하여 파견한 사신이다.

28 『孝明天皇紀』권155. p.22.

29 安田 浩,「近代天皇制における陵墓の觀念」,『日本の古墳と天皇陵』, 同成社, 2000. p.138.

30 상동. p.139.

31 藤田友治, 앞의 글. p.91.

32 천황이 만세일계라는 관념도 새롭게 창출된 것이다. 특히 孝明天皇과 公家가 미국과의 수호통상조약 체결 허용 문제를 두고 갈등하는 과정에서 天皇의 우위를 확보하기 위한 논리로 등장하기 시작한다.(井上勝生,『幕末·維新』, 岩波新書, 2006. p.65.)

33 吉本隆明·赤坂憲雄,『天皇制の基層』, 講談社學術文庫. 2003. pp.45-81. 특히 吉本은 천황은 세습적인 제의를 통하여 항상 주술적 혹은 종교적 위력의 원천일 수 있었고, 이를 바탕으로 정치적 권력을 장악한 집단이나 세력과 공동지배 체제를 만들 수 있었다고 본다. 이는 '二重體制' 혹은 '二重王權'으로서의 天皇制'라고 부를 수 있다. 이러한 생각에 기본적으로 동의하지만, 이 글에서는 원의 침입 때 神風이 불어 외적을 격퇴한 경험이 洋夷의 출몰에 직면하면서 다시 상기된 측면과 천황 자체가 神格일 수 있다는 측면에 주목하고자 하였다.

34 村上重良,『日本史の中の天皇』, 講談社學術文庫, 2003. pp.67-99.

35 859년 大安寺의 승려 行教가 宇佐神宮에 참예하였을 때 "내가 도성 가까운 男山의 봉우리에 移座하여 国家를 鎭護하고자 한다"는 神託 이 있었다고 하여, 860년에 淸和天皇의 명으로 건립된 신사이다. 王權과 水運의 신으로서 皇室·朝廷 두터이 신앙하였으며, 天皇·上皇·法皇 등이 직접 행차한 것이 250여 차례에 이른다고 한다. 또한 源氏를 비롯하여 足利氏·德川氏·今川氏·武田氏 등 많은 淸和源氏가 氏神으로 숭앙하였으며, 武神·弓矢의 神·必勝의 神으로 여기고 있다.

36 양위한 天皇을 上皇이라고 하고 그 거처를 院이라고 한다. 御所는 천황의 거처를 말한다. 상황의 거처가 院御所이다.

37 밀교의 修法 중 하나로 不動明王·降三世明王·大威德明王·軍茶利明王·金剛夜叉

明王을 각각 따로 모시고, 국가의 평안을 기원하는 것이다.

38 尊勝佛頂을 本尊으로 하여 尊勝陀羅尼를 외우는 密敎의 修法으로 息災·增益·滅罪·安産 등을 목적으로 행하였다.

39 「弘安四年異国御祈禱記」, 『群書類従』.

40 神佛에 대하여 100회에 걸쳐서 참배한다는 뜻이다. 신사의 경우에는 參道의 입구에서 本殿까지 100차례 왕복하면서 매번 賽錢 등을 바치고 기원한다.

41 神明이나 부처의 가호로 외적을 물리칠 수 있다는 생각은 高麗나 朝鮮의 경우도 다르지 않았다. 고려는 거란과 몽고의 침입 때 각각 大藏經을 만들어 불력으로 외적을 물리치고자 하였다. 조선도 조상들의 신주를 모신 宗廟에 나라의 변고 등을 늘 보고하였고, 또한 그 조상들의 음덕으로 나라를 유지하고자 하였다.

42 『孝明天皇紀』卷第46.

43 상동. p.44

44 『孝明天皇紀』권49.

45 『孝明天皇紀』권49. 22寺는 伊勢·石清水·賀茂(上·下)·松尾·平野·稻荷·春日·大原野·大神·石上·大和·廣瀨·龍田·住吉·日吉·梅宮·吉田·廣田·祇園·北野·丹生·貴布禰이다.

46 『孝明天皇紀』권57, 권94.

47 『孝明天皇紀』권53, 권55.

48 『孝明天皇紀』권102.

49 『孝明天皇紀』권87, 권100.

50 『孝明天皇紀』권136.

51 川澄哲夫, 『黑船異聞』, 有隣堂, 2004. p.50

52 『孝明天皇紀』권46.

53 『孝明天皇紀』권46.

54 外池昇, 『天皇陵の近代史』, 吉川弘文館, 2000. p.55

55 수호통상조약 체결 문제에 있어서도, 세계의 정세를 이해하고 있으면서 개명적이고 현실적인 막부의 개혁파 세력이 '신무제로부터 황통이 연면하게 이어져 오고 있다는 신화에 기초한 大國主義思想에 경도된 孝明天皇 때문에 크게 지장을 받았다.(井上勝生, 『幕末·維新』, 岩波新書, 2006. pp.65-67.)

56 『孝明天皇紀』권144.

57 『孝明天皇紀』권180.

58 『孝明天皇紀』권196.

59 『孝明天皇紀』권199.

60 『孝明天皇紀』권205.

61 『孝明天皇紀』권207.

62 『孝明天皇紀』권210.

63 『孝明天皇紀』권212.

64 今井堯, 『天皇陵の解明』, 新泉社, 2009. pp.56~63. 이하 陵墓란 천황의 능과 황비·황자 등의 墓를 통칭하는 근대적인 용어이다.

65 外池昇, 『天皇陵論』, p.78.

66 『延喜式』「諸陵寮式」百舌鳥耳原中陵難波高津宮御宇仁德天皇在和泉國大島郡, 兆域東西八町南北八町, 陵戶五烟.

67 『日本書紀』, 神代下 第九段, 本文.

68 神代三陵으로 비정된 고분은 九州 남쪽 지역을 중심으로 거주하였던 隼人들의 문화 유적으로 생각할 수 있다. 천손강림신화 등에 등장하는 옥·칼·거울과 같은 문화요소들은 주로 福岡을 중심으로 구주 중부 이북지역에서 나타나므로, 신화의 내용과도 어긋나는 것이라고 할 수 있다.

69 森浩一, 「仁德陵から大山古墳へ」, 『日本の古墳と天皇陵』, 同成社, 2000. pp.30-31.

70 都出比呂志, 앞의 책. p.180-181.

71 日本經濟新聞 2001년 10월 27일자. 「五世紀半ばの須惠器片」

72 都出比呂志, 앞의 책. p.179-180.

73 다만 흠명의 능은 河內의 高市에 殯을 행하고 檜隈坂合陵에 장사지냈고, 620년에 무덤 위에 흙과 돌을 덮었다는 기록이 있다. 그런데 見瀬丸山古墳은 檜隈 지역이라고 할 수 없고, 葺石 등을 올린 흔적이 없다고 한다. 이 때문에 蘇我稻目을 피장자로 보려는 견해도 있다. 다만 이 고분에 사용된 화강암은 무게 100t에 달하는 것으로 달리 유례가 없을 정도로 큰 것이어서 大臣의 무덤으로 볼 수 있을지가 문제가 되고 있다.

74 大阪府 堺市에 있는 일본 최대의 전방후원분으로 분구 길이 486m, 높이 36m이며 주위에는 3중의 周壕가 있고, 총체적은 140만㎥에 달한다. 大仙古墳이라고도 하지만 塚山, 作山, 造山 등과 같이 원래는 山으로 불렸을 가능성이 크다(森浩一, 앞의 글).

75 大山古墳 혹은 大仙古墳이라고도 한다.

9장

1 Albert S. Lindeman,, The Jew Accused: Three Anti-Semitic Affairs (Drefys, Beilis, Frank) 1894-1915 (Cambridge: Cambridge University Press, 1991).

2 Л.Ф. Кацис, "Дело Беилиса в контексте 'серебряного века.'" in А. Ковельман и М. Гринберг ред. Царская Россия и дело Беилиса (Москва, 1995), cc. 412-434.

3 Hans Rogger, "The Beilis Case: Anti-Seitism and Politics in the Reign of Nicholas II," Slavic Review, vol. 25, No. 4 (Dec., 1966), pp. 615-629.

4 George Kennan, "The Ritual Murder Case in Kiev," The Outlook (Nov. 8, 1913).

5 A. S. Tager, The Decay of Czarism: The Beilis Trial (Philadelphia: Jewish Publication

Society of America, 1935), p. 48.

6   John Klier, "Cry Bloody Murder," East European Jewish Affair, vol. 36, no. 2 (Dec., 2006), p. 214.

7   Ibid., p. 215.

8   Roggers, "The Beilis Case," p. 616.

9   Maurice Samuel, Blood Accusation: The Strange History of the Beilis Case (Philadelphia: Jewish Publication Society of America, 1966), pp. 77-78.

10 Lindemann, The Jew Accused, pp.186-187.

11 Mendel Beilis, The Story of My Sufferings (New York, 1926), p. 49.

12 О.О. Грузенберг, "Речи защитников Беилиса О.О. Грузенберга и А.С. Зарудного," in Царская Россия и дело Беилиса, с. 482.

13 Samuel, Blood Accusation, pp.212-213.

14 Klier, "Cry Bloody Murder," p. 224. 클라이어는 여기에 마이크로필름으로 재생된 배심원들의 판결 원문을 사진의 형태로 게재하였다.

15 Ibid., p. 225.

16 Samuel, Blood Accusation, p. 250.

17 В. А. Маклаков, "Спасительное предосторежение: смысл дела Беилиса," Русская мысль, no. 11 (1913), сc. 139-141.

18 Klier, "Cry Bloody Murder," pp. 215-216.

19 Lindemann, The Jew Accused, p. 182.

20 Arnold D. Margolin, The Jews of Eastern Europe (New York, 1926), pp.192-193.

21 Leoplod Haimson, "The Problem of Social Stability in Urban Russia, 1905-1917," Slavic Review 22, no. 4 (Dec., 1964), pp. 624-627.

22 애서는 스톨리핀을 러시아의 문제를 진단하여 그러한 문제들을 해결하기 위한 "강제적 치유책"을 제공한 "권위주의적 개혁가" 또는 "실용주의적 보수주의자"로 규정하였다. Abraham Ascher, P. A. Stolypin: the Search for Stability in Late Imperial Russia (Stanford, 2001), pp. 11, 398-399.

23 Hans Rogger, Jewish Policies and Right Wing Politics in Imperial Russia (London: St. Antony's/Macmillan, 1986), pp. 42-44.

24 В. Н. Коковцов, Из моего прошлого: Воспоминания, 1903-1919 (Москва, 1992), Т. 1, с. 313.

25 Ezekiel Leikin, The Beilis Transcript: The Anti-Semitic Trial that Shook the World (Northvalue, NJ: Jason Aronson, 1993), p. 11.

26 Samuel, Blood Accusation, p. 119.

27 러시아 민족동맹의 조직과 강령, 전제정부와의 관계를 알 수 있는 사료집으로는 다음을 참조. О. В. Волобуев, В. В. Шелохаев ред., (Политические партии России конец XIX - первая треть XX века. Документальное наследие) (Москва, РОССПЭН,

1998).

28   Ezekiel Leikin, The Beilis Transcript, pp. 210-214.

29   Tager, The Decay of Tsarism, p. 170.

30   Ezekiel Leikin, The Beilis Transcript, pp. 8-9.

31   Tager, The Decay of Tsarism, p. 177.

32   Leikin, The Beilis Transcript, p. 10.

33   Paul Mendes-Flohr & Jehuda Reinharz ed., The Jew in the Modern World: A Documentary History (New York: Oxford University Press, 1995), pp. 412-413.

34   Sergei Podbolotov, ". . . And the Entire Mass of Loyal People Leapt Up": The Attitude of Nicholas II towards the Pogroms," Cahiers du Monde Russe, vol. 45, no. 1-2 (Janvier-Juin 2004), p. 194.

35   Aleksandr Bokhanov, "Hopeless Symbiosis: Power and Right-Wing Radicalism at the Beginning of the Twentieth Century," Anna Geifman ed., Russia under the Last Tsar: Opposition and Subversion 1894-1917 (Oxford: Blackwell, 1999), p. 209.

36   "Постановления IV всероссийского съезда объединенного русского народа в Москве," Правые партии: Документы и материалы (Москва:РОССПХЭН, 1998), с. 330-331.

37   "Переписка Николая II и Марии Федоровны." Красны архив, 22(1927), с. 169

38   С. А. Степанов, Черная сотня в России (Москва, 1992), с. 68.

39   Yohanan Petrovsky-Shtern, "The 'Jewish Policy' of the Late Imperial War Ministry: The Impact of the Russian Right," Kritika: Exploration in Russia and Eurasian History, vol. 3, no. 2 (Spring, 2002), p. 247.

40   Simon Dubnow, History of the Jews in Russia and Poland from the Earliest Times until the Present Day, vol. II: From the Death of Alexander I until the Death of Alexander II (Philadelphia: Jewish Publication Society of America, 1918), pp. 150-53.

41   Leikin, The Beilis Transcript, pp. 205-210.

42   Petrovsky-Shtern, "The 'Jewish Policy' of the Late Imperial War Ministry," pp. 248-249.

43   John Klier, Imperial Russia's Jewish Question (Cambridge:Cambridge University Press, 2005), pp. 396-403

44   유라시아주의의 개념규정과 1920년대부터 현재까지의 역사적 전개과정을 살펴보기 위해서는 다음을 참조. Marlène Laruelle, "The Two Faces of Contemporary Eurasianism: an Imperial Version of Russian Nationalism," Nationalist Papers, vol. 32, issue 1 (Mar., 2004), pp. 115-136.

10장

1 영국의 식민지 인도 관리로 복무했던 벨은 1910년 망명자 신분의 13대 달라이 라마의 안전과 생활을 책임졌다. 그는 1920년대 초에 퇴직 이후 티베트에 대한 저술을 내 놨고 티베트와의 인연을 이어갔다. ① Tibet: Past and Present, Oxford: The Clarendon Press, 1924 ② The People of Tibet, Oxford: The Clarendon Press, 1928 ③ The Religion of Tibet, Oxford: The Clarendon Press, 1931 ④ Portrait of the Dalai Lama, London: Collins, 1946. 사망하기 직전에 완성한 『달라이 라마의 초상』은 13대 달라이 라마의 이미지를 집약적으로 보여준다고 하겠다.

2 이에 대해서는 졸고(2009. 06),「19세기 말~20세기 초 티베트의 군주론의 변용」, 『동북아문화연구』등을 참고할 수 있다. 그러나 티베트 이미지나 역사귀속 논쟁 등은 상당히 자세하게 토론되거나 분석되었다. 서구 픽션의 티베트 이미지에 대해서는 다 음 자료를 참고할 수 있다. Martin Brauen(2004), Dreamworld Tibet-Western Illusions, Bangkok : Orchid Press.

3 이에 대해서는 티베트 정부가 1940년대 발행한 13대 달라이 라마의 전기를 참고할 수 있다. 전기의 내용은 달라이 라마를 신적인 인물로 묘사하고 있는데, 이것은 티베 트에서 달라이 라마가 갖는 높은 권위를 보여준다고 하겠다.

4 졸고(2001.8),『清末 民國時代 中國의 변경 지배와 동부 티베트[Khams]-西康省 창 건 과정(1903-1939)을 중심으로-』, 서강대학교 대학원 박사학위 논문 등.

5 周晶(2004.6),「20世紀上半叶西藏地方政府的自然灾害应对策略研究」,『西藏大学学』 제19권 제2기, p.27.

6 久·米龐嘉措 著·耿予方 譯(1987),『國王修身論』, 拉薩: 西藏人民出版社, p.92.

7 西藏自治區科學技術委員會·西藏自治區檔案館 編譯(1982),『西藏地震史料匯編』第 1卷, 拉薩: 西藏人民出版社, p.288.

8 苏全有, 姚翠翠(2008.9),「20世纪80 年代以来我国地震史研究述评」,『防灾科技学院 学报』, 제10권 제3기, p.92.

9 鲁克亮(2005.2),「清至民国时期西藏地震研究」,『贵州民族研究』제25권 총권105기, p.131. 수재나 설재에 비해 티베트 정부의 원 문서는 지진에 대해서 상대적으로 세밀 하게 기록하고 있다.

10 『西藏地震史料匯編』第2卷, pp.456~469.

11 西藏自治區科學技術委員會·西藏自治區檔案館 編譯(1982),『西藏地震史料匯編』第 2卷, 拉薩: 西藏人民出版社, 부록(pp.465~527쪽) 참조. 자료집의 지진 관계 사료는 1700년부터 내용이 풍부해져서 지진 행정체계가 훨씬 잘 가동되고 있다는 느낌을 준다. 이것은 티베트 까삭(정부)의 공문서 자료가 비교적 충실하게 남아있기 때문이 기도 할 것이다. 1700년 무렵은 17세기의 5대 달라이 라마 체제가 청 제국체제로 편 입되어 가던 시기였다. 티베트는 1720년 무렵부터 청 제국 체제에 편입되었다.

12 앞의 『西藏地震史料匯編』第1卷, p.42.

13 앞의 『西藏地震史料匯編』第1卷, p.244.

14 앞의 『西藏地震史料匯編』第1卷, p.226.

15 앞의 『西藏地震史料匯編』第1卷, p.183.

16 앞의 『西藏地震史料匯編』第1卷, p.214.

17 앞의 『西藏地震史料匯編』第1卷, p.283.

18 앞의 『西藏地震史料匯編』第1卷, p.288.

19 W.Y.에반스웬츠 편저 · 이정섭 역(1992), 『히말라야의 성자 미라래빠』, 고려원미디
   어, p.116.

20 앞의 『西藏地震史料匯編』第1卷, p.160.

21 P.E.빌 지음 · 정철웅 옮김(1995), 『18세기 중국의 관료제도와 자연재해』, 민음사,
   p.42.

22 진현종 옮겨 엮음(2003), 『티베트 우화』, 청어람미디어, pp.178~186. 이 우화집은
   W.F.오코너 대위가 1904년 제2차 영국-티베트 전쟁 시기에 '무장한 외교관'의 신분
   으로 티베트에 들어가 2년간 머물면서 티베트인의 이야기를 채록한 것이다.

23 久 · 米龐嘉措 著 · 耿子方 譯, 앞의 책, p.61.

24 앞의 『西藏地震史料匯編』第1卷, p.233.

25 앞의 『西藏地震史料匯編』第1卷, p.272.

26 앞의 『西藏地震史料匯編』第1卷, p.250.

참고문헌

한국

『日省錄』,『고종실록』,『春秋公羊傳』,『禮記』,『春官通考』,『大韓禮典』,『景孝殿日記』(장서각 도서분류 2-2418).

『國朝五禮儀序例』,『國朝續五禮儀序例』,『세종실록』,『영조실록』,『고종실록』,『순종실록』,『承政院日記』,『燃藜室記述』,『윤치호일기』,『독립신문』,『御眞圖寫都監儀軌』(장서각 도서분류 2-2757),『明治天皇紀』.

平壤府(1936),『平壤小誌』.

강대덕(1995),「華西 李恒老의 현실대응론과 춘천지역 前期義兵運動개항전후 화서학파의 尊攘衛斥論과 을미의병활동분석-」,『강원사학』11.

강창일(1999),「삼국간섭과 을미사변」,『한국사』41 국사편찬위원회, pp. 38-43.

교수신문 기획 엮음 이태진 김재호 외 9인(2005),『고종황제 역사청문회』, 푸른 역사.

국사편찬위원회(1999),『한국사』41-열강의 이권침탈과 독립협회-.

국사편찬위원회(1999),『한국사』43-국권회복운동-.

권행가(2005.12.),『高宗 皇帝의 肖像 : 近代 시각매체의 流入과 御眞의 변용 과정』, 홍익대학교 박사학위논문.

권행가(2006),「사진 속에 재현된 대한제국 황제의 표상」,『한국근현대미술사학』, 16, pp.9-22.

김구 원저, 우현민 현대어역(2001),『백범일지』, 서문당, pp.91-92.

김상기(1989),「조선말 갑오의병전쟁의 전개와 성격」,『한국민족운동사연구』3.

김상기(1990),『甲午乙未義兵 硏究』, 한국학중앙연구원 박사학위논문.

김상기(1992),「갑오경장과 갑오을미의병」,『국사관논총』36.

김상기(1996),「갑오을미의병의 참여층과 擧義理念」,『인하사학』3.

김세은(2004), 「高宗初期(1863-1873) 國家儀禮 시행의 의미」, 『조선시대사학보』, 31, pp.196-200.

김윤정 · 서치상(2009), 「광무 6년의 평양 풍경궁 창건공사에 관한 연구」, 『대한건축학회논문집』 25권 9호, pp.178-179.

다카시 후타니 지음, 한석정 옮김(2003), 『화려한 군주』, -근대일본의 권력과 국가의례-, 이산.

도널드 킨 지음, 김유동 옮김(2002), 『明治天皇』, 상-하, 다락원 .

민경식(2007), 「大韓國 國制」, 『법학논문집』 31집 1호 중앙대학교 법학연구소.

박민영(1998), 『대한제국기 의병연구』, 한울.

박청아(2003), 「고종황제의 초상사진에 관한 고찰」, 『지평』, 눈빛, pp.61-81.

박청아(2003), 「한국근대초상화연구 : 초상사진과의 관계를 중심으로」, 『미술사연구』 17, pp.201-232.

박희호(1997), 『舊韓末 韓半島中立化論 硏究』, 동국대학교 박사학위논문.

서영희(2003), 『대한제국 정치사연구』, 서울대학교 출판부, pp. 2-19.

서진교(1996), 「1899년 고종의 '大韓國國制' 반포와 專制皇帝權의 추구」, 『한국근현대사연구』 5.

서진교(1997), 『대한제국기 고종의 황제권 강화정책연구』, 서강대 박사학위논문.

신명호(2005), 「대한제국기의 御眞 제작」, 『조선시대사학보』 33, pp.245-280.

신명호(2005), 「대한제국기의 御眞 제작」, 『조선시대사학보』 33.

신용하(1976), 「獨立協會의 創立과 組織」, 『獨立協會硏究』, 일조각.

신용하(2001), 「甲午改革과 獨立協會運動의 社會史」, 서울대학교 출판부.

안선호 홍승재(2007), 「조선시대 태조 진전의 건축 특성과 공간 구성」, 『대한건축학회논문집』 23권 7호, pp.224-225.

양상현(1997), 『대한제국기 내장원 재정관리 연구』, 서울대 박사학위논문.

엄찬호(2008), 「韓末 高宗의 中立化政策 연구」, 『강원사학』 22-23, pp.171-192.

오영섭(1998), 「춘천지역의 을미의병운동」, 『북한강유역의 유학사상』, 한림대 아시아문화연구소.

와카쿠와 미도리 지음, 건국대학교 대학원 일본문화 · 언어학과 옮김(2007), 『황후의 초상』, 소명출판.

이민원(1994), 『아관파천 전후의 韓路關係-1895-1989-』, 한국학중앙연구원 박
사학위논문.

이민원(2002), 『명성황후 시해와 아관파천』, 국학자료원, pp. 83-107.

이상찬(1995), 『1896년 의병의 정치적 성격』, 서울대 국사학과 박사학위논문.

이원태(2008), 「개화기 '禮治'로부터 '法治'로의 사상적 전환:미완의 '大韓國國制
體制'와 그 성격」, 『정치사상연구』 제14집 2호.

이윤상(1996), 『1894-1910년 재정제도의 운영과 변화』, 서울대 박사학위논문.

이윤상(2003), 「고종 즉위 40년 및 망육순 기념행사와 기념물 : 대한제국기 국왕
위상제고사업의 한 사례」, 『한국학보』 111, pp.109-112.

이윤상(2003), 「대한제국기 국가와 국왕의 위상제고사업」, 『진단학보』 95, p.81.

이태진(2000), 『고종시대의 재조명』, 태학사.

전봉덕(1974), 「大韓國國制의 制定과 기본사상」, 『법사학연구』, 창간호.

조인수(2006), 「전통과 권위의 표상 : 高宗代의 太祖 御眞과 眞殿」, 『미술사연구』
20, pp.29-56.

주형일(2003), 「사진매체의 수용을 통해 본 19세기 말 한국사회의 시각문화에
대한 연구」, 『한국언론학보』 47권 6호, pp.354-425.

최덕수(1995), 『19세기 후반 개화 개혁론의 구조와 전개-독립협회를 중심으
로-』, 연세대 박사학위논문.

최문형(1990), 『제국주의 시대의 列强과 韓國』, 민음사.

최인진(2004), 「고종, 고종황제의 御寫眞」, 『근대미술연구』, pp.44-73.

타키 코지(多木浩二) 지음, 박삼헌 옮김(2007), 『천황의 초상』, 소명출판.

한영우(2001), 『명성황후와 대한제국』, 효형출판, pp. 39-82.

현광호(2007) 『대한제국과 러시아 그리고 일본』, 선인.

중국

(美)費正淸編(1985), 中國社會科學院歷史研究所編譯室譯, 『劍橋中國晚清史』(下
冊), 中國社會科學出版社, pp.436-477.

(美)李約翰(2006),『清帝遜位與列強(1908-1912)』, 江蘇教育出版社, pp.1-470.

(英)馮客著, 楊立華譯(1999), 『近代中國之種族觀念』, 江蘇人民出版社, pp.90-114.

Edward J. M. Rhoads(2000), Manchus & Han: Ethnic Relations and Political Power in Late Qing and Early Republic China, 1861-1928, Seatle and London: University of Washington Press, pp.1-394.

故宮博物院明清檔案部編(1979), 『清末籌備立憲檔案史料』(上·下冊), 中華書局, pp.1-1074.

金滿樓(2008), 『帝國的凋零-晚清的最後十年』, 江西教育出版社, pp.1-307.

冀滿紅·李慧(2005), 「袁世凱幕府與清末立憲」, 『晋陽學刊』第1期, pp.81-85.

端方(1966), 『端忠敏公奏稿』(6)(沈雲龍主編, 『近代中國史料叢刊』正編, 第十集), 臺灣文海出版社, pp.635-848.

戴鴻慈(1986), 『出使九國日記』(鍾叔河主編, 『走向世界叢書』第1輯, 第9冊), 岳麓書社, pp.291-560.

陶緒(1995), 『晚清民族主義思潮』, 人民出版社, pp.195-235.

董方奎(1991), 『梁启超與立宪政治』, 華中師大出版社, pp.107-245.

馬先彥(2002), 「清末民初民族融合思潮考略」, 『貴州民族研究』第4期, pp.93-99.

范鐵權·潘崇(2006), 「端方研究的回顧與思考」, 『歷史教學』第7期, pp.72-75.

常書紅(2003), 『辛亥革命前後的滿族研究』, 北京師範大學博士學位論文, pp.1-174.

徐爽(2006), 『1901-1911: 舊王朝與新制度-清末立憲改革述論』, 中國政法大學博士學位論文, pp.1-136.

沈雲龍主編(1966), 『端忠敏公奏稿』(6) (『近代中國史料叢刊』正編, 第十集), 臺灣文海出版社, pp.635-848.

梁嚴冰(2004), 「袁世凱與清末官制改革」, 『河南師範大學學報』第2期, pp.82-86.

王開璽(2006), 「清末滿漢官僚與滿漢民族意識簡論」, 『社會科學輯刊』第6期, pp.61-71.

王開璽(2006), 『晚清政治新論』, 商務印書館, pp.203-273.

王淑娟(2003),「1901-1907年淸末中央官制改革的影響」,『唐山師範學院學報』第 1期, pp.61-63.

王人博(2001),『中國近代憲政思潮硏究』, 中國政法大學博士學位論文, pp.76-126.

劉高葆(1996),「端方與淸末豫備立憲」,『學術硏究』, 1996年第6期, pp.16-66.

劉高葆(1996),「端方與淸末豫備立憲」,『學術硏究』第6期, pp.1-4.

李剛(2008),『大淸帝國最後十年-淸末新政始末』, 當代中國出版社, pp.1-289.

李細珠(2003),『張之洞與淸末新政硏究』, 上海書店出版社, pp.1-397.

李學智(2007),「淸末政治改革中的滿漢民族因素」,『天津師範大學學報』第5期.

張繼格·劉大武(2007),「試析淸末化除滿漢畛域原因」,『江蘇科技大學學報』 第2期.

張硏(2007),『1908帝國往事』, 重慶出版社, pp.1-305.

張海林(2007),『端方與淸末新政』, 南京大學出版社, pp.1-577.

載澤(1986),『考察政治日記』(鍾叔河主編,『走向世界叢書』第1輯, 第9冊), 岳麓書 社, pp.561-685.

翟海濤·王建華(2003),「端方與淸末的滿漢政策」,『江南社會學院學報』第1期, pp.1-4.

田東奎(2006),「淸末立憲中的滿族因素」,『政法論壇』第5期, pp.117-127.

鄭曦原編(2001),『帝國的回憶』, 三聯書店, pp.1-469.

趙雲田(2003),『淸末新政硏究-20世紀初的中國邊疆』, 黑龍江敎育出版社, pp.71-139.

鍾叔河(2002),『從東方到西方』, 岳麓書社, pp.539-559.

朱英(1995),「淸末新政與淸朝统治的灭亡」,『近代史硏究』1995年第2期, pp.76-94.

朱英(1995),「淸末新政與淸朝统治的灭亡」,『近代史硏究』第2期, pp.76-94.

中國史學會主編(1957), 中國近代史資料叢刊『辛亥革命』(四), 上海人民出版社, pp.1-102.

遲雲飛(1997),「端方與淸末宪政」,『辛亥革命史叢刊』(第九辑), 中華書局.

遲雲飛(2001),「淸末最後十年的平滿漢畛域問題」,『近代史硏究』第5期,

pp.21-44.

陳向陽(1998),「90年代淸末新政硏究述評」,『近代史硏究』, 1998年第1期,
　　pp.297-315.

崔志海(2003),「國外淸末新政硏究專著述評」,『近代史硏究』2003年第4期,
　　pp.249-290.

侯宜杰(1993),『二十世紀中國政治改革風潮-淸末立憲運動史』, 人民出版社,
　　pp.1-106.

김형종(2001),「서평: Edward J. M. Rhoads,『Manchus & Han』…」,『중국근현대사
　　연구』제11집, pp.105-110.

김형종(2001),「청말 혁명파의 '反滿'혁명론과 '五族共和'론」,『중국현대사연구』
　　제12집, pp.1~20.

김형종(2002),『청말 신정기의 연구-강소성의 신정과 신사층』, 서울대학교 출판
　　부, pp.1~15.

레지널드 존스턴 지음, 김성배 옮김(2008),『자금성의 황혼』, 돌베개, pp.1-221.

마크 C. 엘리엇 지음, 이훈 · 김선민 옮김(2009),『만주족의 청제국』, 푸른역사,
　　pp.1-763.

민두기(1994),『신해혁명사-중국의 공화혁명(1903-1913)』, 민음사, pp.1-334.

백영서(1997),「共和에서 革命으로-민초 논쟁으로 본 중국 국민국가 형성」,『동
　　양사학연구』제59집, pp.41~81.

신우철(2007),「근대 입헌주의 성립사 연구: 청말 입헌운동을 중심으로」,『법사학
　　연구』제35호, pp.269~294.

葉高樹(2008),「최근 10년(1998-2008)간 대만의 淸史연구 동향」,『이화사학연
　　구』제37호, pp.75-137.

이영옥(2008),「청말 만주족 지위하락과 반만정서」,『중국근현대사연구』제39호,
　　pp.1-23.

임계순(1999),「청말 滿漢關係에 대한 고찰」,『명청사연구』제10집, pp.53-87.

조세현(2009),「淸末新政 시기 五大臣出洋과 군주입헌론의 전개」,『동북아문화
　　연구』제19집, pp.23-48.

피터윤(2005), 「만주족의 정체성과 '한화'(漢化)이론에 대한 서구 학계의 신간 소개」, 『만주연구』제2집, pp.173~182.

허우이제 지음, 장지용 옮김(2000) 『중국의 마지막 황제-원세개』, 지호출판사, pp.1-360.

일본

高橋秀直(2004), 「明治維新と國王」, 『二〇世紀日本の天皇と君主制』, 吉川弘文館.

高橋雄(2005), 「朝鮮國王使と室町幕府」, 『한일역사공동연구보고서-제2분과 중·근대사 일본편』.

宮內省, 『孝明天皇紀』, 1906.

宮川 徙(2000), 「陵墓限定公開の成果と問題點」, 『日本の古墳と天皇陵』, 同成社.

今谷明(1990), 『室町の王權-足利義滿の王權簒奪計劃』, 中公新書978.

今井堯(2009), 『天皇陵の解明』, 新泉社.

吉本隆明・赤坂憲雄(2003), 『天皇制の基層』, 講談社學術文庫.

吉田 孝, 『歷史の中の天皇』, 岩波新書, 2006. pp.2-7.

大久保利謙(1987), 『日本歷史大系』4-近代Ⅰ, 山川出版社.

都出比呂志(1998), 『古代國家はこうして生まれた』, 角川書店.

都出比呂志(2000), 『王陵の考古學』, 岩波新書.

藤田友治(1995), 「神武天皇陵と被差別部落の移轉」, 『續天皇陵を發掘せよ』, 三一新書.

茂木雅博(1990), 『天皇陵の研究』, 同成社

森浩一(2000), 「仁德陵から大山古墳へ」, 『日本の古墳と天皇陵』, 同成社.

安田 浩(2000), 「近代天皇制における陵墓の觀念」, 『日本の古墳と天皇陵』, 同成社.

外池昇(2000), 『天皇陵の近代史』, 吉川弘文館.

外池昇(2007), 『天皇陵論』, 新人物往來社, 2007.

遠山茂樹(1972), 『明治維新』, 岩波書店.

井上勝生(2006),『幕末・維新』, 岩波新書.

佐佐木克(2005),『幕末の天皇・明治の天皇』, 講談社學術文庫.

川澄哲夫(2004),『黑船異聞』, 有隣堂.

村上重良(2003),『日本史の中の天皇』, 講談社學術文庫.

丸山眞男(1983),『日本政治思想史研究』, 東京大学出版会.

『岩倉公實記』

『日本書紀』

『朝鮮王朝實錄』

김광옥(2011),『변혁기의 일본과 조선』, 인문사.

多木浩二(2007), 박삼헌 옮김.『천황의 초상』, 소명출판.

박진우(2005),『근대일본형성기의 국가와 민중』, 제이앤씨.

鈴木正幸, 류교열 옮김(1998).「근대일본의 천황제」, 이산

러시아

"Переписка Николая II и Марии Федоровны." (1927). Красны архив, 22, с. 169

Бородин, А. П (2004). Столыпин: реформы во имя России, Москва.

Волобуев, О. В.В. В. Шелохаев ред., (1998). Политические партии России конец XIX – первая треть XX века. Документальное наследие, Москва, РОССПЭН,

Грузенберг, О.О. (1995) "Речи защитников Беилиса О.О. Грузенберга и А.С. Зарудного," in А. Ковельман и М. Гринберг ред. Царская Россия и дело Беилиса. Москва

Кацис, Л.Ф. (1995), "Дело Беилиса в контексте 'серебряного века.'" in Царская Россия и дело Беилиса, Москва, сс. 412-434.

Кирьянова, Ю. И. сос. (1998). Правые партии: Документы и материалы, Москва:РОССПХЭН,

Коковцов, В. Н. (1992). Из моего прошлого: Воспоминания, 1903-1919, Москва.

Маклаков, В. А. (1913). "Спасительное предосторежение: смысл дела Беилиса," Русская мысль, nо. 11, сс. 139-141.

Новое время (1905).

Отечество. Энциклопедический словарь (1999). Москва: Большая Российская энциклопедия.

Полное собрание законов россииской империи. Собрание третие. (Ст. Петербург: 1881-1913), т. 25, часть 1.

Права и свободы человека основных политических партийи объединенийРоссии. XX век (2003). Москва, 2003.

Правые партии: Документы и материалы 1905-1911 гг. (1998). Москва:РОССПЭН, tom 1: 1905-1910 гг.

Правые партии: Документы и материалы, том. 2,: 1911-1917 гг. (1998). Москва: РОССПЭН.

Русское знамя (1906-1907).

Степанов, С. А. (1992). Черная сотня в России, Москва.

Степанов,С. А. (1992). Чёрная сотня в России, Москва,

Тихомиров, Л. А. (1992). Монархическая государственность, Санкт-Петербург.

Шелаева Е. П. ред, (2008). Управленческая Элита российской империи. История министерств. 1802-1917, Спб:Лики России.

Löwe, Heinz-Dietrich (1992). The Tsars and the Jews: Reform, Reaction and Antisemitism in Imperial Russia, 1772-1917, Chur, Switzerland: Harwood Academic Publishers.

_____ (1998). "Political Symbols and Rituals of the Russian Radical Right, 1900-1917," Slavonic and East European Review, vol. 76, no. 3, pp.441-467.

Emmons, Terence (1983). The Formation of Political Parties and the First National Elections in Russia, Cambrige, Mass.: Harvard University.

Geifman, Anna ed. (1999). Russia under the Last Tsar: Opposition and Subversion

1894-1917, Oxford: Blackwell.

Haimson, Leopold H. (1964). "The Problem of Social Stability in Urban Russia," Slavic Review, vol. 23, no. 4, pp.619-42.

Klier, John (1986). Imperial Russia's Jewish Question, Cambridge: Cambridge University Press.

Levin, Alfred (1966). The Second Duma: A Study of the Social-Democratic Party and the Russian Constitutional Experiment, Conn.: Archon Books.

Lieven, Dominic (1993). Nicholas II: Twilight of the Empire, New York: St. Martin's Griffin.

Loukianov, Mikhail (2002). "Conservatives and Renewed Russia," Slavic Review, vol. 61, no. 4 (Winter), pp.762-786.

_____ (2008). " 'Russia for Russians' or 'Russia for Russian Subjects'?: Conservatives and the Nationality Questions on the Eve of World War 1," Russian Studies in History, vol. 46, no. 4 (Spring), pp.77-92.

Pipes, Richard (1990). The Russian Revolution, New York: Alfred A. Knopf.

Podbolotov, Sergei (2004). "Monarchists against Their Monarch: The Rightists' Criticism of Tsar Nicholas II," Russian History/Historie Russe, vol. 31, no. 1-2, (Spring-Summer), pp.105-121.

_____ (2004). " "... And the Entire Mass of Loyal People Leapt Up" : The Attitude of Nicholas II toward the Pogroms," Cahiers du Monde russe, vol. 45, no. 1/2 (Janvier-Juin), pp.193-209.

Rawson, Don C. (1995). Russian Rightists and the Revolution of 1905, Cambridge, Cambridge University Press.

Rogger, Hans (1964). "Was there a Russian Fascism?: The Union of Russian People," Journal of Modern History, vol. 36: 4, pp.398-415.

Sablinsky, Walter (1976). The Road to Bloody Sunday, New Jersey: Princeton University Press.

Tidmarsh, Kyril (1961). "Lev Tikhomirov and a Crisis in Russian Radicalism,"

Russian Review, vol. 20, No. 1 (Jan.), pp. 45-63.

Warth, Robert (1997). Nicholas II. The Life and Reign of Russia's Last Monarch, Westport: Praeger.

Whittaker, Cynthia H. (1984). The Origins of Modern Russian Education: an Intellectual Biography of Count Serge Uvarov, Dekalb: Northern Illinois University Press.

_____. (1996). "The Idea of Autocracy among Eighteenth-Century Russian," Russian Review, Vol. 55, Issue 2 (April), pp.149-171.

Ascher,Abraham. (2001). P. A. Stolypin: the Search for Stability in Late Imperial Russia, Stanford,

Beilis, Mendel. (1926). The Story of My Sufferings, New York,

Dubnow, Simon (1918). History of the Jews in Russia and Poland from the Earliest Times until the Present Day, vol. II: From the Death of Alexander I until the Death of Alexander II, Philadelphia: Jewish Publication Society of America.

Geifman, Anna ed. (1999). Russia under the Last Tsar: Opposition and Subversion 1894-1917, Oxford: Blackwell.

Haimson, Leopold. (1964). "The Problem of Social Stability in Urban Russia, 1905-1917," Slavic Review 22, no. 4, pp. 619-642.

Kennan, George (1913). "The Ritual Murder Case in Kiev," The Outlook, Nov. 8,

Klier, John. (2006) "Cry Bloody Murder," East European Jewish Affair, vol. 36, no. 2, pp. 213-229,

_____.(2005). Imperial Russia's Jewish Question, Cambridge:Cambridge University Press.

Laruelle, Marlène. (2004). "The Two Faces of Contemporary Eurasianism: an Imperial Version of Russian Nationalism," Nationalist Papers, vol. 32, issue 1, pp. 115-136.

Leikin, Ezekiel. (1993). The Beilis Transcript: The Anti-Semitic Trial that Shook the World, Northvalue, NJ: Jason Aronson,

Lindeman, Albert S. (1991) The Jew Accused: Three Anti-Semitic Affairs (Drefys, Beilis, Frank) 1894-1915, Cambridge: Cambridge University Press.

Margolin, Arnold D. (1926). The Jews of Eastern Europe. New York,

Mendes-Flohr, Paul& Jehuda Reinharz ed. (1995). The Jew in the Modern World: A Documentary History, New York: Oxford University Press.

Petrovsky-Shtern,Yohanan. (2002). "The 'Jewish Policy' of the Late Imperial War Ministry: The Impact of the Russian Right," Kritika: Exploration in Russia and Eurasian History, vol. 3, no. 2. pp. 217-254.

Podbolotov, Sergei. (2004). ""···And the Entire Mass of Loyal People Leapt Up": The Attitude of Nicholas II towards the Pogroms," Cahiers du Monde Russe, vol. 45, no. 1-2, pp. 193-208.

Rogger, Hans. (1966) "The Beilis Case: Anti-Seitism and Politics in the Reign of Nicholas II," Slavic Review, vol. 25, No. 4, pp. 615-629.

_____. (1986) Jewish Policies and Right Wing Politics in Imperial Russia, London: St. Antony's/Macmillan.

Samuel, Maurice. (1966). Blood Accusation: The Strange History of the Beilis Case, Philadelphia: Jewish Publication Society of America,

Tager, A. S. (1935). The Decay of Czarism: The Beilis Trial, Philadelphia: Jewish Publication Society of America, 1935,

티베트

(加拿大)譚·戈倫夫/伍昆明·王寶玉 譯(1990),『現代西藏的誕生』, 北京: 中國藏學出版社.

(意)畢達克/沈衛榮·宋黎明 譯,『1728-1959 西藏的貴族和政府』, 北京: 中國藏學出版社.

(印度)英德·馬利克/尹建新 等譯(1991),『西藏的歷代達賴喇嘛』, 中國藏學出版社.

(清)阿旺洛桑嘉措/陳慶英 等譯(1997),『五世達賴喇嘛傳』, 北京: 中國藏學出版社.

(藏族)郭衛平(1986-3期),「清季十三世達賴出走庫倫考」,『西藏研究』.

格桑卓嘎(1991-2期),「十三世達賴喇嘛土丹嘉措是怎樣選定的」,『中國藏學』.

久·米麗嘉措 著·耿予方 譯(1987),『國王修身論』,拉薩:西藏人民出版社.

丹珠昂奔 主編(1998),『歷輩達賴喇嘛與班禪額爾德尼年譜』,北京:中央民族大學
　　出版社.

魯克亮(2005.2),「清至民国时期西藏地震研究」,『贵州民族研究』제25권 총권
　　105기.

西藏自治區科學技術委員會·西藏自治區檔案館 編譯(1982),『西藏地震史料匯
　　編』第1卷,拉薩:西藏人民出版社.

西藏自治區科學技術委員會·西藏自治區檔案館 編譯(1982),『西藏地震史料匯
　　編』第2卷,拉薩:西藏人民出版社,부록.

西藏自治區政協文史資料研究委員會 編(1989),『西藏文史資料選集(11) 第十三
　　世達賴喇嘛年譜』,北京:民族出版社.

苏全有, 姚翠翠(2008.9),「20世纪80 年代以来我国地震史研究述评」,『防灾科技
　　学院学报』,제10권 제3기.

牙含章(1984),『達賴喇嘛傳』,人民出版社.서문.

王貴 外著(1995),『西藏歷史地位辨』,北京:民族出版社.

韋剛(1987-2期),「評達賴十三世-土登嘉措」,『西藏研究』.

周偉洲(2000),『英國·俄國與中國西藏』,北京:中國藏學出版社,서론.

周晶(2004.6),「20世纪上半叶西藏地方政府的自然灾害应对策略研究」,『西藏大学
　　学』제19권 제2기.

次央(1986-3期),「淺談十三世達賴的新政措施」,『西藏研究』.

畢達克 著/沈衛榮·宋黎明 譯(1990),『1729-1959 西藏的貴族與政府』,北京:中
　　國藏學出版社,서론.

Martin Brauen(2004), Dreamworld Tibet-Western Illusions, Bangkok：Orchid Press.

Mayank Chhaya, Dalai Lama：Man, Monk, Mystic, Newyork：Doubleday.

Sir Charles Alfred Bell(1955), Portrait of the Dalai Lama, New Haven：Human

Relations Area Files.

Sir Charles Bell(1946), Portrait of the Dalai Lama, London: Collins, 1장, 2장.

P. E. 빌 지음, 정철웅 옮김(1995), 『18세기 중국의 관료제도와 자연재해』, 민
음사.

R. A. 슈타인/안성두(2004), 『티벳의 문화』, 무수.

W. Y. 에반스웬츠 편저, 이정섭 옮김(1992), 『히말라야의 성자 미라래빠』, 고려원
미디어.

김한규(2000), 『티베트와 중국-그 역사적 관계에 대한 연구사적 이해』, 소나무,
서론.

박장배(2001.7), 「淸末 民國時代 中國의 변경 지배와 동부 티베트[Khams]-西康
省 창건 과정(1903-1939)을 중심으로-」, 서강대학교 대학원 박사학위논문, 2
장과 3장

박장배(2001.8), 「淸末 民國時代 中國의 변경 지배와 동부 티베트[Khams]-西康
省 창건 과정(1903-1939)을 중심으로-」, 서강대학교 대학원 박사학위 논문.

서강대학교 동양사학연구실 편(2008), 『한중관계 2000년-동행과 공유의 역
사-』, 소나무, 2008.

이시하마 유미코 편저, 김한웅 옮김(2007), 『티베트, 달라이 라마의 나라』, 이산.

진현종 옮겨 엮음(2003), 『티베트 우화』, 청어람미디어, 2003.

색인

ㅎ

필자소개

박원용은 서울대학교 서양사학과에서 학사와 석사를 마치고 미국 인디애나 대학교에서 박사학위를 취득하였다. 현재 부경대학교 사학과 교수로 재직 중이며 박물관장을 겸하고 있다. 저서로『19세기 동북아 4개국의 도서분쟁과 해양경계』(공저),『대중독재와 여성: 동원과 해방의 기로에서』(공저) 등이 있고『E. H. 카 평전』,『10월혁명: 볼셰비키 혁명의 기억과 형성』등의 번역서가 있다.

박장배(朴章培)는 서강대학교 사학과에서 학사와 석·박사 과정을 마쳤다. 근현대 중국의 티베트 통합정책 연구로 박사학위를 받았다. 현재 동북아역사재단에서 연구 사업을 하고 있다. 저서에는『역대 '중국'의 판도(版圖) 형성과 '변강'지배』(공저),『중국 동북 연구-방법과 동향』(공저) 등이 있다.

신명호는 한국학중앙연구원 한국학대학원에서 석사를 마치고 동 대학원에서 조선시대 왕실문화 연구로 박사학위를 받았다. 현재 부경대학교 사학과에서 학생들을 가르치고 있다. 저서로는『조선왕실의 의례와 생활, 궁중문화』,『조선공주실록』,『한국사를 읽는 12가지 코드』,『고종과 메이지의 시대』등이 있다.

이근우는 서울대 동양사학과, 한국학대학원 석·박사과정을 거쳐 일본 경도대학 일본사교실 박사과정을 수료하였다. 현재 부경대학교 사학과에 재직 중이며 대마도연구센터 소장을 겸하고 있다. 저서로는『고대왕국의 풍경』,『부산 속의 일본』,『대한민국은 유교공화국이다』등이 있다.

조세현은 서강대 사학과에서 학사와 석사과정을 마치고 북경사범대학에서 중국 근현대 사상사와 문화사 연구로 박사학위를 받았다. 현재 부경대학교 사학과에서 학생들을 가르치고 있다. 저서로는『清末民初無政府派的文化思想』,『동아시아 아나키스트의 국제교류와 연대』,『부산화교의 역사』등이 있다.

아시아총서 11

근대 서구의 충격과 동아시아의 군주제

동아시아 5개국의 대응사례를 중심으로

1판 1쇄 발행 2014년 10월 27일

지은이 박원용 박장배 신명호 이근우 조세현
펴낸이 강수걸
편집장 권경옥
편집 손수경 양아름 윤은미
펴낸곳 산지니
등록 2005년 2월 7일 제14-49호
주소 부산광역시 연제구 법원남로15번길 26 위너스빌딩 203호
전화 051-504-7070 | 팩스 051-507-7543
홈페이지 www.sanzinibook.com
전자우편 sanzini@sanzinibook.com
블로그 http://sanzinibook.tistory.com

ISBN 978-89-6545-267-6 93910
ISBN 978-89-92235-87-7(세트)

*이 저서는 2008년 정부(교육과학기술부)의 재원으로 한국연구재단의
지원을 받아 수행한 연구임(NRF-2008-321-A00003)
*이 도서의 국립중앙도서관 출판시도서목록(CIP)은 e-CIP 홈페이지
(http://www.nl.go.kr/ecip)에서 이용하실 수 있습니다.
(CIP 제어번호: CIP2014028146)